《中国电视文艺通论》作者

（以姓氏笔画为序）

王 羽	王晓娟	任惠颖	刘子琪
刘已粲	刘飒飒	杨明品	李红玲
肖永亮	吴让平	邹友开	张华立
陆绍阳	邵 将	易 凯	罗 昕
和群坡	周欣欣	郑维东	胡迎节
高小立	盛伯骥	符夏菁	喻 狄
薛晋文	戴 清		

中国电视文艺通论 (1958—2018)

策划　中国电视艺术家协会艺术评论专业委员会
主编　盛伯骥

中国广播影视出版社

前言
Preface

中国电视文艺通论（1958—2018）

这是一本非常精彩的书，这也是一本非常经典的书，这还是一本非常精致的书。

自1958年开始，中国有了电视台，至今刚刚60年。由于中国电视从第一天播出时，文艺类节目就占据了百分之五十以上，故中国电视文艺也就有了60年的历史。为这60年做个论述，就是本书的宗旨与任务。

电视文艺，从广义来概括，它是电视文学、艺术的统称，其包括电视剧和其他各类电视文艺节目。近年来，无论各种电视节目的形态如何异变，都万变不离其宗，以"文"和"艺"为资源的各类电视作品，都是电视文艺这个庞大家族中的成员，故本书涉猎的内容范围也是由此而定，甚至包罗今天热播的真人选秀等节目。

今天的中国影视界，评论家们的团队意识似乎不太强烈，时而庞大也时而单调，时而集约也时而分散，特别在21世纪的影响下，怎样担当与成就一个名副其实的影视艺术评论家，还有待研讨与认证。但在中国电视艺术家协会艺术评论专业委员会的努力工作下，聚合了一个多素质、多功能、多知识的新时代影视评论团队。其中不但有中国电视文艺界元老级人物，也有中国电视文艺新军中的优秀者；不但有中国电视文艺的研究专家，还有中国电视文艺研究领域的知名学者。在充分议论的基础上，集体创作了这部影视艺术新论，这就是本书的精彩之处。

过去的中国影视论，评论家们的写作意识似乎受传统文学艺术评论影响甚深，文嚼得太烂，字咬得太狠，不但让新时代的观众感觉离他们太远，也使广大影视从业同行视为陌路人。而本书不但从影视文化的影视艺术的历史与沿革、特质与发展等方面进行论述，而且还从我国各时期的政策影响、环境影响、人才影响、市场影响、产业影响以及融合影响来综合论说我国电视文艺的基础性、成长性以及方向性。同时，各章作者不但注重各自的观点表达，还十分注重各自章节的文献感、数据性的信息量，以致全书"干货"俱多，从而摒弃了传统的艺术评论专著编辑思路，成了新时期影视艺术评论的开拓典范。这也是本书成为业界经典著作的缘由之一。

尤为重要的是，由于本书的策划者、写作者均来自电视媒体，实践体验甚深，故在全书的总量以及各章节篇幅上作了精心的思考。全书控制在25万字以内，各章节控制在1万~2万字，既便于表达，又适于阅读，这也是本书精致所在。

总之，这是一本各篇章风格各异、角度各异、观点各异的新时期影视艺术通论。全书以其非线性组合方式，从多种文化视角、社会视角以及个体视角来系统地审视了中国电视文艺60年的历程、60年的艰辛以及60年的丰功。它不但是一部跨世纪的论说，也是一部实践者的心得，更是一份智者的精粹。希望每位读完它的人，会有一个不舍的记忆。

编者

2018年秋

目录
contents

前言   编 者 /1

论道六十年
——为《中国电视文艺通论》作序   胡占凡 /7

综论   张华立 /11

第一章 政策论   1

第二章 综艺论   19

第三章 实践论   47

第四章 剧评论   75

第五章 环境论   93

第六章 批评论   115

目录
contents

第七章 类型论　129

第八章 人才论　143

第九章 模式论　164

第十章 制作论　180

第十一章 受众论　198

第十二章 题材论　224

第十三章 产业论	248
第十四章 竞争论	269
第十五章 国际论	305
第十六章 融合论	325

后记 盛伯骥/348

中国电视文艺通论
(1958—2018)

论道六十年
——为《中国电视文艺通论》作序

◎ 胡占凡

1954年，毛泽东主席说中国要有电视。

1958年，中国终于有了电视。

2018年，中国电视已经60年。

令人欣慰的是，纪念中国电视60年之际，中国电视也终于有了一本系统而全面评价它的通论，就是眼前的这一本书。这不但可喜，更为可贺，因为中国电视已经实实在在成就了一个成熟的传媒体系。

由中国电视艺术家协会艺术评论专业委员会主编的《中国电视文艺通论（1958—2018）》，集聚了中国电视评论界的精英与专家，经过一年多的策划、组稿、定稿，终于脱稿出版，这应该算是中国电视界的一件大事。这本书从十六个不同的理性角度来议论评判中国电视60年来的风雨历程，既有理论意识，也有史学意识，还有结构意识，是目前电视理论丛书中很值得一读的一本著作。

我也了解到，参加这本书写作的作者们，既有几十年坚守在电视文艺战线的老将，也有近年活跃在电视娱乐创新领域的新人；既有理论界领军者，也有评论界精英；当然，更多的还是著名学者、教授、专家。这些撰稿人以不同的学科、迥异的经历、多维的视角,将中国电视60年的发展历程条分缕析,目的是让中国电视的未来更加鲜活,更加光亮。

趁着为《中国电视文艺通论(1958—2018)》作序的机会,我想对中国电视的艺术评论现状讲一点个人观感,为中国电视评论的过去喝彩,更为中国电视评论的未来祝福。

首先,电视艺术评论要为理论服务。

电视艺术评论是电视理论重要组成部分。所谓理论,是指研究系统的一般模式,是关于结构和规律的学问,是人们对自然、社会现象按照已知的知识或者认知,经由一般化与演绎推理等方法,进行合乎逻辑的推论性总结。由于电视在中国生长还只有60年,作为电视理论而言,在电视实践中的认知、总结、发展的过程还不甚成熟,受到了时间、环境、人才的客观制约。

但是,时间虽短,电视艺术评论在中国电视理论的形成、成熟的过程中却起到了不可估量的作用。可否这么说,中国电视理论是从电视评论这一学术形态上起步的,也是在电视评论的基础上进步的。在我国电视初创时,无论是电视理论的基础研究,还是电视人才的教学培养都还是一张白纸。然而,

序言
> 胡占凡

我们的电视人白手起家、大胆创新,终于让广大受众认可了中国电视,也让中国成了世界电视大国。在这一过程中,中国电视艺术评论伴随着各种研究、切磋、争论,伴随着各级广电学刊和专著等纸质、电子多种媒介的传播,一点一滴地辅佐了我国电视节目的健康发展,同时促进了我国电视理论的形成与完善。从这个角度讲,重视电视艺术评论的发展机制,健全电视艺术评论的运行机制,不但是电视理论研究是否能向前发展的大计,更事关电视节目的健康创新发展。

其次,电视艺术评论要为创新服务。

目前全国电视媒体和制作机构都在以节目创新为龙头,带动媒体的发展与市场的繁荣。电视节目创新是一个综合工程,不但取决于创新者的综合实力,还要依靠综合化的优质环境。然而,这种环境的建立与完善,与每位艺术评论家的良好姿态都有非常紧密的关系。一个健康、积极、现代的艺术评价体系,会为创新者助力;反之,病态运行的艺术评价体系,会误导节目的创新。因此,任何电视艺术评论家都不要忽略自己的能量,同时更不能忘记自己神圣的职责,要讲真话,要讲行话,更要讲有能量的话。

最后，电视艺术评论更要为受众服务。

任何一种艺术形态，最终的目标都是受众。因此，我们的电视艺术评论在分析作品、评价作品，甚至批判作品时，虽然代表自己的专业立场，但更多的是代表受众的立场、社会的立场、党和人民的立场。其理由是，在任何政治环境或社会环境中，艺术评价都有自己的政治标准和社会导向，只有遵循和符合这些原则，我们的艺术和作品才会有生命力，才会受到社会和人民的欢迎。而我们电视艺术评论家正是代表人民、代表社会，对电视艺术作品进行艺术监督、文化监督和社会监督。

代表人民说话、代表艺术说话、代表时代说话，这正是我们电视艺术评论家的光荣所在、责任所在。

（作者系中国文联副主席、中国电视艺术家协会主席、中国广播电影电视社会组织联合会副会长）

综论

我们追寻心灵启迪，沉浸于集体认同，都离不开仪式文化。电视内容的道统相较于去中心化的碎片依然发散着人性的温度。

◎张华立

徜徉在心灵夜空的仪式大革命

中国电视从不可一世变得步履蹒跚花了60年，未来还要多少年，它真的就会完全退休呢？我是一个有32年从业经验的电视人，经历了中国电视发展的黄金时代，如今又时时感受着电视影响力急剧下降的残酷现实，不免产生五味杂陈之想。波澜壮阔的电视进化史虽然不足百年，其影响远非这本书所能述尽的。而关于电视的故事及其面貌，其浩荡曲折，其妖娆斑斓，它一时集万千宠爱，一时又遭尽鄙视，如同镜头剪辑方法的不同，我们每个评论者都会做出完全不同的叙述。它常常让我疑惑，电视到底是什么？电视算不算艺术？或者说电视是一门什么样的艺术？

按照经典艺术门类的界定方式，传统精英知识分子对电视艺术颇有不屑，业内论者也多踌躇不决。然而事实不能罔顾，自从1936年英国广播公司播出第一个电视节目以来，电视就以一门完全颠覆传统的艺术方式，简单粗暴，野蛮生长，迅速渗透到人类现实生活的各个方面。无论是间接的审美引导，还是直接的情感体验，都大范围地持续实现着艺术的本质功能，中国电视文艺发展的60年，无疑是电视艺术灿烂绽放的60年，特别是在改革开放40年的宏大布景，电视艺术的舞台享受了其他艺术从来不曾有的掌声，我相信，多年之后，后人在撰写这100年艺术史的时候，电视艺术的章节毫无疑问将会置顶安放。

一、电视艺术是一门革命性的综合艺术

深夜，星空灿烂。远古部落的人们围坐在篝火旁，载歌载舞，对浩瀚无垠抽象的恐惧，对牛羊稻谷具象的祈求，对男欢女爱不可思议的沉溺……人类艺术的种子一直匍匐在熊熊的火光之下。伴随着欲望、迷惘、奋斗，所有的引吭高歌或喃喃低语，或慰藉期盼，或虚构刺激，虽然各种方式和符号充满隐喻，但不变的是情怀，它引领着各类艺术沿着时光长河纷至沓来。从这个意义上说，艺术的创新与嬗变都来自工具也只有工具的创新，因为仪式的变迁，使心灵夜空的场景不断迭变，而我们的心灵，其实一直和那颗种子与火光在一起，痛苦而欢愉地生长、燃烧。

今天，艺术大约可以分为四大类，第一类是以绘画、雕塑、建筑、书法、摄影等为表现的造型艺术；第二类是以音乐、舞蹈、曲艺为表现的表演艺术；第三类是语言文字艺术，以文学为表现；第四类就是综合艺术，包含了戏剧、电影等，而电视艺术，就是新晋的最具覆盖性的综合艺术门类。相对于戏剧和电影而言，电视的综合性内涵要丰富得多，首先，它参照和融合了其他艺术形式，如从文学中吸取了叙事的方式和结构，从戏剧中吸取了演员的表演方法，从绘画中吸取了构图和色调，从音乐中吸取了节奏，从电影中吸取了镜头语言的规律等。其次，它还可以是其他艺术品类的简单组合和再现，例如，在综艺晚会中独立的音乐和舞蹈节目，依托可视化技术焕发出新的艺术魅力。客观地说，随着直播虚拟技术等新科技不断地加入，电视在艺术形象

塑造以及情感表达上的独特优势越来越明显，由此也创造出电视独有的审美特征和内容范式。

回顾电视的历史，最初的发明绝对不是为艺术而来。科学家们将电磁波原理转化为一系列应用的探索中，电视的雏形可能就是视频通信的设想，动机来自现实生活中真切的愿望，那就是"看到远处的人"。这一视频通信的初心直到今天仍然还因为居高不下的成本而没有全面普及，反倒是基于电视的应用一发不可收拾。人们想看到的东西越来越多，内容类型越来越丰富，从新闻纪实入手，逐步再衍化出戏剧虚构和场景再造。基于对历史的惯性认识，人们很容易接受电视作为媒体形态的新式存在，而对于电视本身归为艺术充满不安，一个重要的原因是从来没有哪一种艺术是从降低信息编码解码的难度开始。人类艺术形态的演变史本质上是信息技术的革命史，艺术样式尽管表现手法不同，但大体上都需要一种特定的信息编码系统，审美体验的建立必须依赖于特定的技巧学习和训练，因此普罗大众通常不会是这些艺术活动的主要对象。但是，电视应用技术史无前例地提升了信息传递的效率，动态影像表达的直观形式，极大地降低了受众的观赏门槛，而源源不断的内容供给，又加大了观赏活动的频率，使电视成了有史以来第一个与大众亲密接触的艺术样态。艺术之路从来都是由大众而小众的专业化模式，创作者与欣赏者在审美体验中的一致性决定了曲高和寡的局面，然而电视手艺却反其道而行之，不断提升专业化的方法，却是放下身段先来适应大众的审美能力，通过调节大众情绪再来提升审美层级。这种自下而上的文化逻辑与其他传统的艺术种类相比自然显得另类新奇。

电视文艺的另类之处还在于它的创作过程糅合了受众表达，带动了前所未有的参与规模。区别于传统艺术大多产生于农耕时代，基本上为个体作坊的创作模式，电视则根植于工业化时代，属于集体化创意和生产，其制作、传输、播出的每一个环节，都有着周密精细的专业化分工和协作要求，整个过程需要大量不同工种的专业人员参与。一部剧、一档大型电视晚会或户外竞技真人秀的节目，可能会有成百上千名制作人员各司其职、投入其中。电视节目的逼真呈现，也离不开真实的观众作为演员参与，电视活动是一个高度社会化的组织模式，需要及时地调动庞大受众资源进入制作阶段。这种参与开放性的结构塑造了一种互动的表达关系，突出了电视文艺在引导和传递大众情绪的特殊价值。艺术的起源都来自技术和工具，但最终的艺术价值，与创作者自身的天赋异禀密不可分。尽管电视工艺同样需要台前幕后人员的精彩表现，然而个人色彩并不浓厚，与同是视听综合艺术的电影大相径庭。从这个角度来看，电视的媒介属性在人们印象中总是大过艺术表现，似乎被理所当然地视作一个展现天赋的舞台，而不是充满天赋技能的行业。

简言之，经典艺术充满着私人的元素，而电视艺术从一开始就颠覆了这个规则，它包容了当今社会的一切，特别是社会权力，这是它对艺术史不可替代的特殊贡献。

二、电视艺术是当今第一艺术

依照艺术演化的历史，绘画、雕塑、建筑、舞蹈、音乐、戏剧被公认为六大艺术，在电影横空出世后又恳切地冠以第八艺术的头衔。事实上，艺术归根结底是人对世界一种精神把握的方式，在每一个不同的历史阶段，会自然催生出一种主流的艺术形态，以最大限度地满足意识形态的需求。比如汉赋、唐诗、宋词、元曲，以及明清的小说。在今天，电视毫无疑问是最为主流的艺术形态，堪称第一艺术。

首先，它拥有前所未有的视听表现方式，大众共情的感染力史无前例。从语言文字的产生、印刷术的发明、电信革命、计算机的诞生、互联网以及移动互联网的极速扩张，到人工智能的新算法时代，每一次信息科技的革命，都会产生与之相适应的艺术形态。新的技术创造新的物种，赋予它表现力，也给予它开宗辟世的文化权力。电视艺术几乎用电子成效涵盖和包容了所有原来的艺术分支，要么将其要素作为电视形塑能力的构成部分大行其道，要么将其整体移植为电视的一个品类加以艺术重构而重装上阵。前者如把视觉造型、表演、文学等艺术形式化为己有，在屏幕再现还原；后者比如电视剧，完全就是长篇小说电视化的结晶。可以说，电视文艺不仅是综合艺术，而且越来越像一门母艺术，融合了各门类艺术的基本原理，通过灯光、舞美、动画、蒙太奇等新兴视觉造型手段，形成了电视独特直观的审美原则，也造就了情绪感染的最佳即视效果，同时创新的技术应用又带动了其他艺术品类的现代化蜕变。

其次，它具有前所未有的传播影响力，为情感大面积共鸣统一了时间维度。电视是单线程的时间艺术，永远处于直播状态，可以即时反映过程，可以同步推送情绪，是有史以来最大规模的大众传播工具，随着卫星和有线网络的覆盖拓展，理论上电视信号可以无处不在。翻看人类文明史，虽经万年时间，却在其间99%的世界里，从来不曾有这样的仪式，可以将一个形象'一个声音'一些意义组合起来，跨过疆域，超越文化，让数以亿计的人们同时感受，共享欢喜或者悲伤。这是宇宙星球里无与伦比的形塑存在，它的感染力、号召力、想象力，无疑都达到了地球文明的顶峰。当人类第一次登上月球的现场画面在地球上同步直播时，对于大众心理的震撼可以说远远超过任何文学巨匠的描绘和戏剧大师的演绎。物理覆盖的到达广度和声画同步的内容深度，带来了电视对观众的历史性影响。正是因为这种巨大的传播影响力，使电视艺术具有了特殊的话语权，也承载了巨大的社会责任。

电视文艺成为第一艺术自然是历史的选择。虽然有电影在前，第一个使用镜头语言表达，在视听艺术上为电视开路；也有广播电台先声夺人，第一个将信息以无线电波传遍世界，在传播模式上为电视树立标杆。但是，电视最终还是依靠技术优势后来居上。相生相伴，电视文艺的第一艺术地位本质上依托于电视的媒体属性，某种意义来说这也仅仅只是工具的胜利。电视体系以卫星、无线、有线、微波等多重传输技术手段组成一个中心化的信息网络，在信息连接能力上前无古人，内容分发效率大大超过纸质印刷出版，而即时传送的能力也具备了制造大事件聚焦注意力的前提条件，这一属性通常被广告商所看重，为电视行业的商业化运营提供了解决方案，客观上又促进了电视体系的进一步完善和提升。正是因为附着在如此强大的生态系统里，电视文艺内容拥有了其他艺术品类难以企及的仪式场景，满足了群居社会对于灵性共情的巨大需求，从而也让自身掌控着这个时代最为主流的对话形态。

三、电视艺术的基本特征

从艺术属性而言，运动性、逼真性、综合性、假定性、表演性、参与性等要素构筑起电视艺术的美学体系，也由此形成了审美体验的工艺标准。但是，区别于在漫长岁月中才逐步演化成熟的其他艺术形态，电视扮演的毕竟是一个速成的全能英雄，单一的技能层面很难从根源上解释这一现代化产物，为何深受大众喜爱，迅速成为人们生活的一部分。基于对未来的担忧，我们也希望或许能找到一个路径，可以理解下一步电视的嬗变逻辑，预测电视行业在未来大媒介环境中的转化方位。

在我看来，电视文艺的本质特征在于仪式感的场景消费，它的过去、现在和未来，关乎着一场"仪式"大革命。仪式，源于远古人类的祭祀需要，也是千万年来篝火映照的心灵祈盼。仪式的内容设计是一种政治化、社会化的行为艺术，通常都是特定的程序化安排，包含了原始歌舞表演的内容，也在服饰和造型上动用了超越日常生活的元素来营造特殊氛围。随着人类社会的发展，不管是部落，宗教，乃至后来的国家，都会主动通过举办各种形式包括娱乐消遣的集会，设置仪式来动员感召民众，进行意识形态的教化。作为集体意绪的主要表达方式，仪式内容的安排越来越多，也逐步朝向严肃和娱乐两极分化。偏于娱乐的仪式，由于加重了艺术表现的色彩和审美体验的成分，慢慢转化为专业化的艺术形式。这种自古延续而来的仪式消费需求，来自人们对外围世界不确定的心理压力。人们希望自己得到认同，希望能够进入集体，希望自己的情绪可以宣泄和释放，而参加仪式无疑可以满足这一需求，也是保持与社会密切联系的主要管道。电视节目为什么制造现场仪式感？正是基于这样的一个由来已久的心理传承。为什么是电视文艺带来了仪式大革命呢？这是由于电视的属性与此天然契合，放大了仪式文化的情感力量。美国当代美学家苏珊·朗格从符号学美学出发，认为艺术是人类情感的符号形式的创造，艺术品就是人类情感的表现性形式。从原始民族的礼仪到文明社会的艺术，无非都是人所制造和使用的符号，艺术活动的实质就在于创造表现人类情感的符号形式，而电视借助视觉造型和音乐等元素，充分挖掘和放大了符号形式在节目中的呈现，从而也放大了这种仪式的情感价值，使其更能奠定仪式本身在塑造社会精神文化中的地位。除此之外，电视的技术超越其他艺术形态，第一次突破时空局限，将仪式感消费的功能拓展到史上最大的水平。在电视出现以前，由于各种各样的限制，人类艺术的仪式性表演和观赏必须是现场同步的参与性活动，这些艺术表达不免局限于点状和片段的状态。显而易见，宫廷和权贵组织的文艺演出，目标受众自然不是寻常百姓，而专门化的表演，也常常处于一种稀缺的输出模式而与大众疏离。即便是今天，一个普通的县城，恐怕仍然无法提供演唱会、话剧、歌舞表演等高质量的文艺活动。唯有电视时代，人们"到场"的成本持续降低，而受众规模的扩大，使组织优质内容的中心化效应大大溢出，边际成本越来越低，才算真正为普罗大众全面开启线性稳定的夜间精神生活，让丰富多彩的世界与屏幕前的每一个观众相遇，让一种观看行为浸入每天议程，为心灵的大范围碰撞书写技术和艺术融合革新的篇章。电视娱乐是什么？好莱坞作家麦基认为对电视观众来说，娱乐实质上是这样一种仪式：坐在家里的沙发上，将注意力集中在屏幕之上，来体验节目的意义以及随着对内容的见解而来的强烈的有时甚至是痛苦的情感刺激，并且，这种感情会随着意义的加深而得到极度的满足。电视艺术，以仪式感文化为基本消费特征，推动大众文化进入了一个空前的繁荣时期。

"央视春晚"无疑是仪式感文化消费的一个典范，也是观察中国电视文艺的最好切片。央视春晚最初大受欢迎的原因在于集中提供了华人世界里新颖时尚的顶级节目内容，如美轮美奂的歌舞开场秀，层层筛选的曲艺作品和明星荟萃的歌唱。在春晚"一夜爆红"的节目和其中的流行元素，因为贴近百姓生活，反映时代特征，总能勾起人们共同的回忆和情感共鸣。而央视春晚大受欢迎的深层次原因则是在传播方式上的领先，它以现场直播为基本手段，多机拍摄，现场切换，同期录音，强化了"此时此刻"的概念，增强了观众的现场感和参与感，在具体操作上，如武警官兵和驻外华人机构的恭贺新春，零点敲钟，重要时事及相关人物的穿插出场等，渲染了除旧迎新这一特定的文化心理场景。历经34年的积淀，央视春晚在探寻节目内容和形式上带动了"直播晚会"的节目类型发展，在全球电视文化里独树一帜。它已经不再是简单的文艺活动、联欢晚会，而是一个影响全球华人的重要文化事件，一个与放鞭炮、吃饺子等同的过年新民俗。作为一个电视晚会它创造了一个文化奇迹，完成了一个电视神话，究其根本，在于它演绎为一个普天同庆的国家仪式，从而让全体国民获得了一种集体记忆，这种仪式感的沉淀又催生新一年的关注与期待。

改革开放后的40年，才是中国电视正式起步发展并不断繁荣的40年。由于早期精神文化生活的匮乏，看电视这个行为本身被国人视为一种特殊的经历，具有一种独特精神感受的心理体验。这种早期带有神圣仪式感的收看行为，与电视节目的播映机制相互影响，慢慢又具备了收看内容和时间点的对应属性，让大众与电视的约会意识强化，绝大多数现代家庭把看电视列入了每天的生活内容，形成一种固定的具有仪式化的长期生活模式。伴随这一过程的展开，中国电视业一方面深入学习声光电技术的艺术表现力，另一方面沉潜观众心理探寻，从传统文化中挖掘电视题材，逐步建构和发展了具有中国特色的电视文化。电视文艺也成为一种空前的影响力巨大的艺术形态，开始了其艺术价值在社会层面的原始积淀，影响着全国观众的情感意绪、心理结构与审美体验。从20世纪80年代末期，电视文艺作品就逐步担当起国人对重大事件的情绪输出期待，持续不断产生全民影响的现象级内容，例如《渴望》的万人空巷、《超级女声》的疯狂投票以及《人民的名义》的热议浪潮。可以说过去40年来，中国电视文艺受益于电视传播机制和集体生活传统的无缝结合效应，在社会共情的仪式组织层面发挥得淋漓尽致。

四、电视艺术的未来走向

　　一场仪式大革命，让电视艺术依靠着一个中心化传播的电视网络，成为现代社会的情绪调节器。然而，电视属于直觉艺术，降低了思想性和艺术性，感官刺激效果明显，负面影响随之而来。一方面，电视媒介扩大了"仪式"的分量，受众空前活跃，电视内容的影响日益扩大；另一方面，"仪式"的日常化，催生个性化需求，电视内容不断丰富的同时，也解构了"仪式"本身的严肃性。"仪式"大革命的副作用也越来越明显，人类文明的解码从思想降维到了直觉。"娱乐至死"不是杞人忧天的口号，一旦人们对生命意义的体验让位于单纯的视觉感官享受，电视的负能量也会因为它的强大传播效应而放大。低俗、恶俗、庸俗的内容，如果不加以警惕和控制，也很容易在收视率压力之下滥觞。新鲜事物层出不穷，电视追新的能力彰显越大，管控的成本也就越大。整体来说，电视文艺由于第一艺术的地位，一举一动都牵动社会的神经，必须坚持正确舆论引导，培育和践行社会主义核心价值观，坚持思想精深、艺术精湛、制作精良相统一。

　　现在，新的仪式大革命正在分裂，信息科技极速发展的步伐依然脚步匆匆，视频应用从互联网世界汹涌而来，电视，曾经的新媒体，退潮为传统媒体。这一次，去中心化的浪潮颠覆了电视为首的现代传播大格局。分布式的互联网技术，将信息切分在多重网络模式中，混合多元化的立体传播体系不用泾渭分明地筛选内容和受众群体，移动互联网在消费端完全打破时空局限，消解了原来客厅场景所带来的严肃性。用户摆脱供给端的束缚，随时随地自由索取的行为，快捷夹杂着随意，便利丢失了尊重，多选造成困惑，对权威的需求让位于谁是权威的思辨。公众议题四处飘荡，在嘈杂的广场和私语的密室之间切换自如，可以说，原来的秩序正在打破，新的秩序还在建立当中。不过，媒介流变的规律依然清晰存在，新的技术取悦人心的优势不可阻挡。所有电视从业人员心知肚明电视行业的颓势已来，主要佐证是电视台不再增长的广告收入和日渐下滑的观众群体。以互联网技术构筑的互联网视频产品，不管是视频门户网站还是短视频工具和移动直播平台仍然处于难以盈利的状态，也似乎说明了电视和视频之间有着共同的消费市场，此消彼长的搏杀烈度势必与日俱增，电视貌似在迷雾之中盲眼前行，而视频正手持红外装备步步推进。在中国作为舶来品的电视文艺，正处于将制作水准提高到了世界级水平的历史时期，但面对媒体环境的全新局面，不得不打足精神重新应对新的革命。这一次，中国互联网应用的创新已经在全球领先，电视在新时代的蜕变也就失去了模仿学习的红利，我们必须学会自己掌控前行的方向。

电视的崛起是工具的胜利，它的衰败也是工具的悲哀。新故相推，日生不滞，自怨自艾不能阻挡太阳的升起。回归电视媒介的本质属性，我们可以看到这里面有两个维度，一是线性传播的时间维度，决定了价值取决于直播内容的重要性和首播内容的稀缺性；二是单向传播的空间维度，决定了价值必须依赖于内容输出的权威性。这两个维度的价值，实际上不可避免地将融合新的媒体和新的技术。延伸到电视文艺，属于它的选择仍是坚持内容创新，坚守仪式感消费的内容战场，将用户体验做到极致。这方面的内容涵盖了头部的现场直播，如演唱会、综艺竞赛、主题晚会、首映礼、表演秀等现在已经成熟的大型节目类型，同时也意味着不能抱残守缺，需要开发新的交互型内容来升级仪式感的审美体验。

李泽厚说："当艺术品完全失去社会功用，仅供审美观赏，成为'纯粹美'时，它们即将成为完美的装饰而趋向衰亡。"传统观念上的电视艺术也许将趋向于衰亡，与此同时，也是前所未有地更加接近艺术的本质。这一点颇具自嘲的讽刺意味。演化中的电视艺术，极有可能将重新进入另一个新的艺术生命周期，一方面狭义的电视文艺伴随电视的命运走向转入更纯粹、更细分的方向；另一方面广义的电视文艺，也早已变形为视频文艺，进入了更为宽阔的历史舞台。

昼夜交替，浩荡不息。徜徉夜空之下，篝火旁的人们讲故事，编排戏剧，吟唱和舞蹈。今天屏幕边的人们，选择看电视，刷朋友圈，或者玩直播和短视频。不管如何，在貌似连接越来越密切的现代社会，孤独感却更加强烈，这就是我们的情感宿命：我们追寻心灵启迪，沉浸于集体认同，都离不开仪式文化。电视内容的道统相较于去中心化的碎片依然发散着人性的温度，"此时此刻，所有人"，就是该道统不死的本质。电视文艺开启的仪式大革命，曾经或仍然奠基着人类情感表达的高度，也植根于此，电视文艺一定将为人类文明永续光辉。

（作者系中国电视艺术家协会艺术评论专业委员会主任，湖南广播电视台党委副书记、副台长、总编辑）

中国电视文艺通论（1958—2018）

政策论
> 杨明品

第一章
政策论,

十多年来，我国电视文艺节目政策始终围绕三个主要议题：导向管理全覆盖；反低俗反过度娱乐化；创新创优和发展文化类节目。

政策是政府部门针对公共事务提出并实施的具有强制性的规范和导向，经济社会的任何领域均需要通过政策来设置规范、提供指引。同其他影视节目相比，电视文艺节目制播具有相当的独特性，因而政策也有一定的专业性。本章拟从国家政府历年来关于电视文艺节目的政策入手，研究我国电视文艺各阶段的走向及规律。

在我国广播电视业务实行政府独办、管办一体阶段，电视文艺节目制作和播出主体只能是电视台，运行遵从内部行政管理机制，并未进入社会化的公共政策议题。

进入21世纪，国家广播电视体制机制改革加快推进，市场开放不断拓展，电视文艺节目获得快速发展，进入了专业化发展阶段，成为影响巨大的社会文化现象，因此进入了公共政策议题。

电视文艺节目进入专业化发展的特征包括节目形态的类型化、制作机构的专业化、创作团队的专业化、制作流程的专业化、制播的规模化、运营的产业化、运行机制的市场化。特别节目专业化是市场发展的结果,随着专业化、市场化的加深,政策成为规范和引导电视文艺发展的极为重要的资源。

十多年来,围绕我国电视文艺节目发展与繁荣,坚持目标导向和问题导向,电视文艺节目政策不断调整、创新,逐步形成了约束与激励、底线与高标、直接与间接、规范与发展、作品与创作者、传统电视文艺与网络视听文艺、目标导向与问题导向相结合的政策组合。先后实施了社会上俗称的"禁丑令"(禁止丑闻劣迹者发声出镜)、"禁奢令"(遏制豪华铺张办晚会)、"限娱令"(治理过度娱乐化)、"限广令"(加强广告管理)、"限童令"(限制未成年人参加真人秀节目)等一系列行业监管措施。

由于电视文艺节目成为我国广电政策创新的热点,基于节目的突出问题和目标要求,在不同的阶段有不同的政策议题,以及确定政策调节的重点和力度,因而不断完善了中国特色的电视文艺节目政策选择。

进入21世纪,尤其是2003年前后,我国文化体制改革正式按下启动键,电视文艺节目也进入了发展冲动与快速演化期,但发展突破与政策规范有时面临激烈冲突。

随着全国上星频道特别是省级卫视节目、广告和收视市场竞争的加剧,电视剧、综艺节目、文艺专题节目成为竞争高地。特别是选秀节目、综艺节目热初起,为了博取眼球提高收视率,泛娱乐化低俗问题日益突出,严重影响了媒体导向,治理低俗是有关部门节目管理政策的重要任务。

2006年:反低俗成了政策主题。

在加强对电视剧、动画片等节目创作生产的播控引导的同时,国家广电总局出台政策,加强电视文艺等节目的规范管理,如《关于加强对综艺娱乐类电视节目管理的通知》《关于及时报告重要节目调整事项的通知》《关于进一步加强收听收看工作的通知》《关于开展抵制低俗之风专项行动的通知》。

2006年5月,国家广电总局召开"2006年全国广播电视抵制低俗之风、加强收听收看工作座谈会",正式启动本年度广播电视抵制低俗之风专项活动。

6月，国家广电总局进一步明确了2006年治理低俗之风的工作重点和具体部署。同时，从5月至7月，各省广电局按照工作部署，开展自查自纠活动，国家广电总局编发专刊通报全国，并要求把各地整改情况上报总局。在这期间，国家广电总局通报了有突出问题的广播电台、电视台。而且，在抵制低俗之风专项活动的总结提高阶段，针对重点工作，国家广电总局还召开了"全国综艺娱乐类和谈话类节目抵制低俗之风工作会议"，研讨如何认识目前广播电视节目中存在的低俗现象并提出解决办法。

2007年：反低俗力度增强，着力完善相关政策。

由于我国广播电视节目低俗之风的形成原因相当复杂，并不断出现新问题，针对此，国家广电总局持续加大管理力度，发出《关于加强对综艺娱乐类电视节目管理的意见》《关于进一步加强和改进综艺娱乐节目的意见》《关于加强群众参与的选拔类广播电视活动管理的通知》等一系列政策文件。

2007年4月，国家广电总局在南京召开"全国广播电视抵制低俗之风工作会议"，对治理广播电视节目低俗问题做了部署，先后下发了《关于开展抵制广播电视低俗之风专项行动的通知》等规范性文件，全面开展专项治理工作，治理重点对象是选秀类节目、综艺娱乐类节目、涉性节目、购物类节目和谈话类节目。其专项治理的措施包括：明确重点，严格自查，及时解决突出问题；全面排查，细化管理，加大播出监管力度；完善制度与机构，落实责任，建立健全长效机制。

这一年，国家广电总局还派出3个调研组，从6月上旬开始，分赴山东、安徽、上海、江西、湖北、云南、贵州、重庆等省市，对当地的广播电视新闻、专题、访谈、综艺娱乐及选秀、广播午夜性话题、短信有奖竞猜、医疗资讯服务尤其是涉及性医疗保健等方面的节目及其广告进行了抽查。同时，召开若干座谈会，听取各地开展抵制低俗之风、加强收听收看工作的情况汇报，征求各台节目制作一线人员对国家广电总局即将颁布试行的广播电视节目监管标准的意见，着手采取更有效的措施。

这一年，国家广电总局还针对全国广播电视领域出现的节目低俗问题，加大治理力度，强化监管督察，先后给全国28个省（自治区、直辖市）广播影视局下发了45份督察通知单，要求对不规范的节目进行治理和整改。

2007年，重庆电视台选秀节目《第一次心动》出现严重问题，国家广电总局对其做出停播处分。这一事件成为电视选秀节目管理的一个转折点，此后国家广电总局专门颁布了进一步规范选秀类节目的通知，实行"闭环监管三级通知整改"（白色整改、黄色警告、红色停播）监管制度。

在"闭环监管三级通知整改"管理中，分别就成都人民广播电台等违规涉性广播电视节目、青海卫视不雅挑逗性娱乐节目、广东电视台整容变性类真人秀节目以及一批违规低俗的选秀节目发出18张相关整改通知单。对此，各有关广播电台、电视台及时检查整改，取消、撤换了违规节目，对相关负责人进行了严肃处罚，并将处罚结果及时上报国家广电总局。

但是，格调庸俗、品位低下等低俗现象，并非只存在综艺娱乐节目之中，但在综艺娱乐节目造成的影响最大。

其时综艺娱乐类节目低俗现象主要表现在言行异化、性别错位、穿戴暴露、粗口、撒娇、索吻等方面。最突出的表现是以"性"为"佐料"，用荤段子、暧昧字眼和暴露镜头来吸引观众；掺杂一些以残忍、卑鄙、博彩为看点的情节，刻意暴露人性弱点和阴暗面，言行举止失态等，严重挑战公众的道德底线。

分析其原因是：一方面，由于节目规范不够明确，主持人和参与者随机发挥多，监控难度大，容易出现低俗、媚俗和格调低下的现象；另一方面，由于少数节目策划和主持人素质不高，综艺类节目粗制滥造现象突出，导致低俗现象严重。

2007年，国家广电总局加强了大型真人秀节目的事前监管。如上星频道申请举办、播出群众参与的选拔类活动要提前3个月报国家广电总局批准；上星频道申请举办、播出群众参与的选拔类活动如在境外设立赛区，必须向国家广电总局单项报批；需变更数量、场次、时段、时长等，必须按程序向国家广电总局申报；省级、副省级电视台地面频道举办本辖区范围内群众参与的选拔类活动必须报省级广电行政部门批准。这一系列政策出台，对群众参与选拔的唱歌类真人秀节目产生了重大影响，此类最后退出了上星电视频道。

2008年：全面治理低俗之风。

在这一年中，国家广电总局继续加强治理全国广播电视节目低俗之风，而且重点加强访谈类节目、涉性节目、选秀节目、故事类节目、综艺娱乐类节目的管理，加大治理力度，有效遏制了使广播电视节目低俗之风。

此外，对一些故事类节目为迎合某些观众的窥私、猎奇心理，而刻意选择大量负面、恶性或边缘题材，导致节目中充斥种种低俗现象，国家广电总局及时发现问题，提出批评并坚决予以制止。在重点监管和有效治理下，有关广播电台、电视台及时停播了相关节目，或按上级的要求对节目进行了整改，有效遏制了低俗现象。

这一年为加强监管引导，规范播出秩序，国家广电总局着力加强对广播电视节目的监管和引导，及时处理低俗、违规节目。先后向11个省的70多家广播电视播出机构提出批评和整改意见，向问题较严重的单位发出了3张黄牌警告，向问题特别严重的单位发出了3张红牌停播通知单。

根据国家广电总局的监管政策，一些地方广电行政部门建立健全了重点选题审批制度、节目环节审查制度、领导定期会商制度以及信息报送制度等，致力于细化管理流程，有效抵制了低俗之风。

经过不断收紧的治理，总体上我国广播电视泛娱乐化倾向得以纠正，群众参与的选拔类活动得以规范，各类涉性节目得以遏制，选秀类、法制类、访谈类、综艺娱乐类节目导向偏差得以纠正，播音员主持人素质得以提升，荧屏得到净化，受到广大群众的欢迎和肯定。

2009：深化反低俗，启动推优引导。

虽然原有的低俗、泛娱乐现象得到有效遏制，但新的现象又产生了。2009年，国家各有关部门进一步加大了净化社会文化环境工作力度，以此为契机，国家广电总局和地方广电部门，采用收听、收看和集中整治方式，进一步加强治理广电节目低俗之风工作。

2009年4月，国家广电总局发出《关于重申严禁炒作名人丑闻、绯闻、劣迹的通知》，要求广播电视综艺、娱乐、访谈等类节目严格禁止谈论名人绯闻秘史、艺人隐私恋情等花边新闻，不得邀请有丑闻、劣迹和有犯罪记录者做节目嘉宾、评委等，更不得将丑闻、绯闻、犯罪等做卖点等。

2009年，国家广电总局在治理政策思路上出现了重大转变和创新，除了加强监管查处提出禁止事项外，还通过表彰评优进行引导，提出应该怎么做，健全引导机制，推动优秀节目栏目建设。

在这一年中，为协助做好优秀新创少儿歌曲宣传、群众性歌咏活动宣传，国家广电总局下发《关于安排播出优秀新创少儿歌曲的通知》《关于做好"爱国歌曲大家唱"群众性歌咏活动宣传工作的通知》，大力宣传推介优秀文艺节目，引导文艺节目创新创优。

2009年年初，在总结第一次推荐工作经验的基础上，国家广电总局第二次向全国推荐了20个2008年度创新创优典型节目样态，此举对各地不断创新栏目形式和节目内容起到了重要引导作用。这些受推荐的节目主要是综艺节目，其中包括：中央电视台的《文化访谈录》、江西卫视的《传奇故事》、广西卫视的《金色舞台》、贵州卫视的《中国农民工》、上海第一财经频道的《头脑风暴》、河北卫视《读书》、广东卫视《社会纵横》、四川卫视《真情人生》、江苏卫视《名师高徒》、东南卫视《开心100》、内蒙古卫视《蔚蓝的故乡》、安徽卫视《相约花戏楼》、重庆卫视《拍案说法》、深圳卫视《直播港澳台》、湖南卫视《智勇大冲关》、山东台少儿频道《谁不说俺家乡好》、黑龙江卫视《珍贵记忆》、北京电视台《岁月如歌》、湖北卫视《有奖有法》、浙江卫视《我爱记歌词》等。从这些推荐节目中，可看出国家相关政策鼓励有意义的娱乐节目出台。

2009年，国家广电总局进一步规范群众参与的选拔类广播电视活动和节目的政策，逐步得到落实。各地积极引导各级广电播出机构开展相关的选秀和大赛类节目制作，确保群众参与的选拔类节目积极、健康、向上。

这一年，全国经批准举办、播出的大赛类节目共有30个，包括中央电视台的第七届小品大赛、民族器乐电视大赛、第五届舞蹈大赛,江西卫视《中国红歌会》,上海东方卫视《加油!东方天使》,湖南卫视《快乐女声》等。

与此同时,国家广电总局制定了包括法制节目、谈话节目、综艺类娱乐节目、未成年人节目、科教文化类节目和生活服务类节目在内的《广播电视节目监管细则(2009年版)》,进一步完善节目监管工作机制和要求,使监管工作覆盖到更多的节目类型。

2010年:反低俗聚焦定点发力。

2010年,是国家完善电视文艺管理政策的一年。针对一些电视台制作播出的情感故事类、婚恋交友类电视节目出现品位低俗、格调低下、造假编假、传播、放大错误观点和不良情绪等问题,国家广电总局先后发出《关于加强婚恋交友类电视节目管理的通知》《关于进一步规范婚恋交友类电视节目的管理通知》和《广电总局关于加强情感故事类电视节目管理的通知》,对情感故事类、婚恋交友类节目的嘉宾、主持人、话题、内容、审查、播出等各环节进一步提出明确要求。

由于对情感故事类、婚恋交友类节目的果断处理,及时遏制了不良势头,最大限度地消除了负面影响,有效维护了广播电视的公信力和社会形象。同时,国家广电总局还针对综艺娱乐节目进行专项治理,严肃处理传播明星八卦、炒作网络争议人物的节目。如加强对综艺娱乐节目低俗之风回潮的治理,针对综艺娱乐节目中经常出现的价值取向偏差、娱乐过度、环节无聊和主持人与嘉宾言行低俗、无聊等问题,并及时通知有关局、台整改。

此时,各地方广电行政部门也加大了净化声频荧屏的力度,针对负面报道集中、与主流宣传不合拍、价值观偏颇、庸俗低俗媚俗倾向等问题,及时警示、督促整改。还有一些省市提出创建绿色频率频道的呼声。

2011年:专项治理低俗之风,加强制度建设。

这一年,国家广电总局下发了《关于规范使用情景再现和故事演绎等手法的通知》等规定,研究制定了当前广播电视节目低俗表现的10个认定标准,并研究总结了广播电视节目过度娱乐的若干表现,为加强宣传管理、节目管理提供了坚实依据。

2011年，全国继续开展专项行动治理低俗之风。这一年中，全国广电行政部门不断强化节目内容管理，着力抓导向、抓倾向、抓动向，针对突出问题开展多次整治行动，对问题多发地带进行重点监管和重点整治。

如国家广电总局下发了专门通知，列出10项内容作为清理整改的重点，坚决纠正部分节目中出现的拜金主义、挑战社会道德底线、过度追求娱乐效果、迎合不健康猎奇心理等突出问题，随后一批节目被停播或整改。

为进一步巩固专项行动成果，在这次专项整治行动中，全国共清理整改了400余个节目，并处理了一批责任人。与此同时，各省（自治区、直辖市）相继建立健全抵制低俗之风各项制度。

2011年4月，国家广电总局向全国推荐2010年度10个创新创优栏目，如《我的这五年》《星光大道》（中央电视台）、《档案》（北京卫视）、《天天向上》（湖南卫视）、《成长不烦恼》（中国教育电视台）等，以及10个优秀栏目如《国宝档案》《探索·发现》（中央电视台）、《村里这点事》（河北电视台）、《欢乐喜洋洋》（湖北卫视）、《巴山蜀水之城市故事》（四川电视台）等，以此加强创作引导，提高广电节目创新创优水平。

在创优机制的引导下，各级电台电视台积极推进节目栏目创新。例如，湖南广播电视台2011年新创节目37档。此外，湖北卫视推出了10多档新节目，形成了财经节目带、生活服务节目带、人文节目带、高品质综合节目带四大自办节目带。

2011年，国家广电总局出台了《关于进一步加强电视上星综合频道节目管理的意见》（"限娱令"），重申上星频道以新闻宣传为主的综合性频道的定位，对婚恋交友类、才艺竞秀类、情感故事类、游戏竞技类、综艺娱乐类、访谈脱口秀、真人秀等类型节目实行播出总量控制。

《意见》要求全国34个电视上星综合频道，在每晚19:30~22:00播出上述类型节目的总数控制在9档以内，每个电视上星综合频道每周播出上述类型节目总数不超过2档，每档节目时长不超过90分钟。

与此同时，为扩大新闻、经济、文化、科教、少儿、纪录片等多种类型节目播出比例，《意见》也明确要求，从2012年1月1日起，全国每个电视上星综合频道每日6：00～24：00新闻类节目不得少于2小时（含转播中央电视台《新闻联播》节目）；18：00～23：30必须有两档以上自办新闻类节目，每档时长不得少于30分钟（含新闻专题节目、新闻访谈节目，不含娱乐资讯节目）；在着力办好新闻类节目的同时，各电视上星综合频道至少开办一个弘扬中华民族传统美德和社会主义核心价值体系的思想道德建设栏目。此政策出台后，全国各上星综合频道新闻类节目明显增加，并相继开办了30多个弘扬中华传统美德的道德建设栏目。

由于"限娱令"对加强电视节目管理具有重要意义，意味着过度娱乐化和低俗倾向治理的政策原则正式确立，成为此后节目管理的基本依据。

"限娱令"着力解决的是电视上星综合频道节目存在的突出问题，比如娱乐性节目总量过多、比例过大，特别在黄金时间过于集中，既影响了上星频道新闻宣传、舆论引导、服务教育等主功能的有效发挥，也不能满足广大观众对电视节目的多层次需求和多样化选择。

根据国家广电总局收听收看中心统计分析，2011年全国34个电视上星综合频道在晚上黄金时间段（19：30～22：00）内播出的婚恋交友类、才艺竞秀类、情感故事类、游戏竞技类、综艺娱乐类、访谈脱口秀等娱乐性较强的节目每周总计有126档，平均每个电视上星综合频道每周播出这些类型的节目3.7档，平均每天晚上黄金时间全国电视上星综合频道共有18档这类节目同时播出。

《意见》的出台，主要是为了扭转当前一些电视上星综合频道存在的过度娱乐化和低俗倾向，进一步明确上星频道定位、提高节目品位、改善节目结构，为广大观众提供更加丰富多彩的优质电视节目服务。

这些，意味着我国电视文艺节目管理政策基本成形，如国家广电总局新闻发言人答记者问中，就衡量电视节目是否存在过度娱乐化倾向，提出了功能原则、元素原则、效果原则、总量原则四大原则，明确了电视文艺节目的社会责任和媒体责任。

《意见》的实施，为全国上星综合频道带来"转型升级"的动力，不少频道下力气创办推出了一些新栏目，播出后使观众耳目一新。这年在国家广电总局备案的新栏目就有50多个。

2012年："限娱令"落地，推动结构化管理。

2012年，全国各级电视台治理节目过度娱乐化、雷同化和低俗倾向取得明显成效。一些卫视频道在节目创新中，照搬照抄、内容雷同，甚至格调低下、展示丑态、炫富拜金的不良现象得到了遏制。此外，节目形态雷同、过多过滥的婚恋交友、才艺竞秀、情感故事、游戏竞技、综艺娱乐、访谈脱口秀、真人秀七类节目实行了总量调控。

经过多年持续用力，全国广播电视节目过度娱乐化、雷同化和低俗倾向得到有效遏制，节目生产播出呈现出健康向上、风清气正的新气象。

据统计，全国受调控的七类节目减少了三分之二，晚间黄金时段原有的126档娱乐性较强节目减少到38档。在34个电视上星综合频道中，开办新闻栏目20多个，开办道德建设栏目36个，新闻日播出总量达到193档、89小时，比2011年增加了三分之一。

此外，新闻类、道德建设类、文化科技教育类、生活服务类以及纪录片等节目大幅度增加。从2012年国家广电总局节目备案情况看，全国广播电视台共策划制作了50多档新栏目，涉及21个类别，广播电视节目类型结构更加合理，内容样式更加丰富多彩。

同时，全国各级广播电视行政部门和播出机构进一步严把审批关，对不符合要求的节目不予备案，对违规节目坚决处置。据央视—索福瑞调查统计，2012年省级上星综合频道收视率和收视份额，比2011年分别提高了0.22%和1.4%。

2013年：实施"禁奢令"，启动原创激励。

2013年是贯彻落实党的十八大精神的第一年，电视文艺节目管理政策进入升级阶段。

其一，坚决制止豪华铺张提倡节俭办晚会和节目。

2013年1月，落实中央"八项规定"和"厉行勤俭节约、反对铺张浪费"的要求，国家广电总局下发《关于节俭安全办节目的通知》，要求各级电台电视台节俭安全办好节日广播电视节目。

通知强调，包括春节晚会在内的节日广播电视节目要坚持以人民为中心的创作导向，在思想性、艺术性、观赏性相互统一上下功夫，不要讲排场、比阔气、拼明星；要提倡节俭简约朴素大方的艺术风格和舞台效果，不要一味追求舞美灯光炫目、服饰道具奢华；要削减不必要的项目，压缩不必要的开支，把节约的资金用于提高节目水平、资助公益事业，为形成勤俭节约良好风气发挥引领示范作用。

2013年8月，中宣部、财政部、文化部、审计署、国家新闻出版广电总局再次联合发出通知，制止豪华铺张，提倡节俭办晚会和节庆演出。在电视播出方面，通知要求加强电视文艺晚会播出总量控制和宣传管理，对上星综合频道播出电视文艺晚会实行总量调控，避免晚会播出扎堆。

这两个规定发布后，中央和地方广播电视媒体积极响应，付诸行动，取得了实际效果。如2013年中秋节、国庆节期间，全国上星综合频道共只播出了8台晚会，比上一年同期减少69%；2014年元旦期间共有9台晚会申请播出，比2013年同期减少55%。

至此，广播电视节目铺张奢华之风和同质化倾向得到了有效遏制，荧屏呈现出清新节俭新气象。

其二，鼓励原创，建立创新引导机制，为广播电视节目原创提供方向指引。

2013年，国家新闻出版广电总局相继出台了《关于进一步规范歌唱类选拔节目的通知》《关于做好2014年电视上星综合频道节目编排和备案工作的通知》等一系列文件鼓励节目原创。

接着，2014年1月，国家新闻出版广电总局进一步出台《关于积极开办原创文化节目，弘扬和传承优秀传统文化的通知》，并明确提出，各广播电视机构要重视和加强节目创新，要在资金、人才、评优评奖等方面给予重点支持和倾斜。其后全国各电视台相继推出了15档优秀电视文艺节目：如央视的《开讲啦》《中国汉字听写大会》、中国教育台的《天才知道》、天津台的《幸福来敲门》、河北台的《感恩成长》、辽宁台的《中国好人》、吉林台的《身边发现》、江苏台的《赢在中国蓝天碧水间》、江西台的《传奇故事》、河南台的《汉字英雄》《成语英雄》、湖北台的《大王小王》、湖南台的《我是歌手》《爸爸去哪儿》、广东台的《技行天下》等。

为了巩固政策成果，完善政策措施，在2013年年中，国家新闻出版广电总局组成课题组，进行了为期10个月的调查研究，于10月出台了有关电视上星综合频道节目编排和备案工作的文件，并要求从2014年元月开始执行。

文件要求，一是进一步扩大电视上星综合频道新闻、经济、文化、科教、生活服务、动画和少儿、纪录片、对农等类型节目的播出比例，总播出时长按周计算平均不少于30%；二是实行严格的备案管理制度，为进一步抵制电视节目的过度娱乐化，继续按照"总量控制、错时播出、优化结构、提升质量"的原则，对同质化、扎堆播出的各类节目进行宏观调控。文件规定，凡拟在2014年1月1日起每天任何时段播出的新闻类、道德建设类、歌唱选拔类、晚会类、引进境外版权模式节目，需提前两月申报备案；每天19:30～22:00播出的婚恋交友类、才艺竞秀类、情感故事类、游戏竞技类、综艺娱乐类、访谈脱口秀、真人秀等类型的节目，需按规定履行备案手续。三是实行年报制度和承诺制度，接受政府和公众监督。这虽是世界主要国家广播电视管理的通常做法。但对于回过去的管理方式，仍是重要创新，对完善我国新时期的广播电视宣传管理提供了制度条件。

针对歌唱类选拔节目出现的新问题，2013年国家新闻出版广电总局下发《关于进一步规范歌唱类选拔节目的通知》，对歌唱类选拔节目实施总量控制、分散播出的调控措施。文件要求歌唱类选拔节目要坚持少而精原则，力戒铺张奢华、力戒炫目包装、力戒煽情作秀，对参赛选手、评委、嘉宾、主持人等做好把关和引导工作，大力加强自主创新，改变对引进节目模式的依赖心理。

2013年8月,中宣部、财政部、文化部、审计署、国家新闻出版广电总局联合发出通知,要求制止豪华铺张,提倡节俭办晚会。

2013年10月,总局下发《关于做好2014年上星综合频道节目编排和备案工作的通知》,通知要求进一步扩大电视上星综合频道新闻、经济、文化、科教、生活服务、动画和少儿、纪录片等类型节目的播出比例,各频道总播出时长按周计算不少于30%。同时,还明确要求各电视上星综合频道每年播出的新引进境外版权模式节目不得超过1个,当年不得安排在19:30~22:00播出,大力倡导原创节目。

2014年:聚焦原创和文化节目。

2014年1月,国家新闻出版广电总局发布《关于积极开办原创文化节目弘扬和传承优秀传统文化的通知》,要求全国各广播电视机构特别是电视上星综合频道要深入挖掘传统文化资源,积极开办以弘扬和传承优秀传统文化为主旨的原创文化节目。

5月,中宣部、国家新闻出版广电总局召开全国电视非新闻类栏目节目深化社会主义核心价值观宣传工作现场会,要求把社会主义核心价值观作为广播电视宣传的灵魂,贯穿广播电视创作生产播出全过程,并在结合融入上下功夫。

9月,国家新闻出版广电总局出台《关于加强有关广播电视节目、影视剧和网络视听节目制作传播管理的通知》("禁丑令"),要求各级广播电视播出机构不得邀请有吸毒、嫖娼等违法犯罪行为者参与制作广播电视节目;不得制作、播出以炒作演艺人员、名人明星等的违法犯罪行为为看点、噱头的广播电视节目;暂停播出有吸毒、嫖娼等违法犯罪行为者作为主创人员参与制作的电影、电视剧、各类广播电视节目以及代言的广告节目。

10月,习近平总书记主持召开文艺工作座谈会并发表重要讲话,明确强调,在文艺创作中,要牢牢把握坚持以人民为中心的创作导向,努力创造出更多无愧于时代的优秀作品。

为此，国家新闻出版广电总局召开多次会议，部署推动广播电视文艺精品创作的细化工作措施，切实把讲话精神落到实处。

在网络视听节目方面。12月，国家新闻出版广电总局推选包括《星空日记》《我的成人礼》《侣行》在内的中国梦原创网络视听节目38部进行扶持，这意味着网络视听文艺节目正式纳入节目管理。在政策指引下，各地方基于网络视听特点纷纷开展一系列中国梦主题创作、评选及征集活动，推动中国梦网络视听节目繁荣发展。

在这一年中，中央宣传部、文化部、国家新闻出版广电总局、中国文学艺术界联合会、中国作家协会五部门印发了《关于在文艺界广泛开展"深入生活、扎根人民"主题实践活动的意见》，针对电影、电视剧、广播电视文艺节目、网络文艺等方面的编剧、导演、制片人、编辑、记者、主持人以及管理人员，分别举办马克思主义文艺观、出版观专题培训班，将"深入生活、扎根人民"主题实践活动引向深入，转化为新闻出版广播影视文艺工作者的思想自觉、行动自觉，结出丰厚创作硕果。

在这个文件的指导下，各广播电视机构积极开展"好节目下基层"活动，纷纷到基层汲取营养，寻找灵感，努力创作出更多贴近现实、贴近人民的优秀作品。

将主创人员的思想教育纳入节目管理范畴。这既是管理的延伸，也是政策的创新。

2015年：聚焦创新创优，强化真人秀节目管理。

在这一年中，国家努力提倡弘扬中华优秀传统文化，全国各级广播电视台积极开办以弘扬和传承优秀传统文化为主旨的原创文化类节目，取得不菲的收获。如中央三台和全国34家卫视陆续研发推出30多档节目，有些栏目一经推出，就在社会上产生了广泛而积极的影响，迅速形成品牌效应并产生品牌经济效益。

此外，对上星综合频道节目进行调控和结构化管理后，催生出大批丰富多样、健康向上的优质节目。特别是2015年关于"一剧两星、一晚两集"

的电视剧播出政策实施以来，各上星综合频道纷纷开辟"920"节目带，仅电视上星综合频道就涌现出240多档新节目，大大丰富了观众的选择。

在这一年中，国家新闻出版广电总局开展广播电视创新创优节目的评选表彰活动，引导广播电视加大原创力度、弘扬社会主义核心价值观、传承中华优秀传统文化。

在2015年度中，有10个广播节目、20个电视节目受到表彰。此次表彰紧紧围绕突出中国梦主题、讲好中国故事，贯穿社会主义核心价值观主线，传承优秀传统文化，进一步显示出总局对节目创新创优的引导方向。这些节目是：中央电视台《挑战不可能》和《叮咯咙咚呛》、北京广播电视台《〈解密〉系列》、河北广播电视台《档案》和《中华好家风》、山西广播电视台《走进大戏台》、辽宁广播电视台《归来》、上海广播电视台《欢乐喜剧人》、江苏广播电视台《芝麻开门》、南京广播电视台《民声》、浙江广播电视集团《今日聚焦》、山东广播电视台《我是先生》、湖北广播电视台《你就是奇迹》、湖南广播电视台《真正男子汉》、广东广播电视台《你会怎么做》、广西电视台《美丽乡村音乐课堂》、四川广播电视台《诗歌之王》、陕西广播电视台《丝绸之路万里行》、宁夏广播电视台《解码一带一路》、新疆电视台《东西南北新疆人》等。

2015年之后，全国上星综合频道管理继续强化，运用播出杠杆调节节目制播重心，有效遏制了娱乐化节目的泛滥。

其一是持续执行上星综合频道结构化管理政策。有关部门继续加大对"920"节目带监管力度，国家新闻出版广电总局监听监看部门，每周对电视上星综合频道播出的八类公益节目进行监看，并对"920节目带"的新节目进行专项排查，着力纠正节目过度娱乐化和同质化倾向。

其二是坚持"好节目进入好时段"的政策导向，将类型管理与品质管理相结合。既对七类以娱乐为主要功能的节目在播出数量和时间上严格限制，同时大力扶持优秀节目，抑制缺少价值观引导的节目，坚决纠正查处直至取缔低俗有害的节目，并鼓励上星综合频道加大公益节目研发力度，增加播出数量，提高播出密度。

其三是大力推动节目创新，鼓励原创。特别鼓励上星综合频道加大自创及原创力度、对原创节目进行备案、进入黄金时段，在各类评奖评优等方面予以倾斜。与此同时，严格限制每年播出的新引进境外版权模式节目数量及播出时间。

由于全国上星频道"920"节目带的开辟，推动了公益类节目数量和播出时长大幅增长，道德建设类、文化类节目成为主流，全国各级电视台的娱乐类特别是泛娱乐化节目得到有效遏制。

2015年7月，国家新闻出版广电总局发布《关于加强真人秀节目管理的通知》，提出坚决抵制真人秀节目的过度娱乐化和低俗化，要求真人秀节目实现积极的教育作用和社会意义。同年8月，国家新闻出版广电总局还举办真人秀节目培训班，以训强管。

2016年：创新创优，自主创新。

2016年，全国电视文艺节目政策聚焦原创，并落实优秀传统文化创造性转化及创新性发展，催生了《中国诗词大会》《叮咯咙咚呛》《传承者中国意象》《见字如面》等优秀原创节目。

在这一年中，进一步强化导向管理全覆盖，督促严格执行各项宣传管理制度。针对上星综合频道节目存在的问题，国家新闻出版广电总局发布了《关于进一步加强电视上星综合频道节目管理的通知》，调整引导真人秀节目，重点治理真人秀节目追星炒作之风，倡导做"有意思"更"有意义"的真人秀节目，进一步完善了真人秀节目政策指引。

为了进一步完善创新创优引导机制，国家新闻出版广电总局设置了曲创作指导、季度推荐、宣传推广、奖惩机制等环节建立了季度创新评选，在政府部门、行业组织、研究机构、新闻媒体广泛参与下，评选周期为每季度一次，年终在每季度创新创优节目基础上再评选出年度创新创优节目。在2016年中，共评选表彰了四个季度创新创优节目35个，其中广电类节目27个，并向全国广电系统推广经验，发挥典型节目的示范引领作用。

为大力推动广播电视节目自主创新，2016年6月，国家新闻出版广电总局还出台《关于大力推动广播电视节目自主创新工作的通知》，要求支持鼓励自主原创节目，做好引进境外版权模式节目备案工作，做好节目编排，加强节目评议监管，进一步规范引进境外版权模式节目播出秩序，引导激励各广播电视机构自主创新。

为此，国家新闻出版广电总局在太原组织召开广播电视节目自主创新座谈会，提出"小成本、大情怀、正能量"的创新创优方向。宏观调控晚会类节目，避免扎堆播出。并督促落实"节俭办晚会"和"三不用"原则，即低俗媚俗的节目一律不用，思想境界和格调不高的节目一律不用，有污点和道德问题的演员一律不用，严格导向、品质。

2017年：讲导向、有文化、尚原创。

2017年，全国电视文艺节目政策聚焦在讲导向、有文化、尚原创。这年7月，国家新闻出版广电总局下发《关于把电视上星综合频道办成讲导向、有文化的传播平台的通知》，部署高标准办好电视上星综合频道，要求进一步强化全国电视上星综合频道公益、文化属性。认真落实政策要求，进一步加强了综艺娱乐、真人秀等节目管理调控，反对低俗庸俗媚俗和过度娱乐化、过度商业化等不良倾向。坚决抵制追星炒星，严格控制影视明星参与综艺娱乐、真人秀等节目的播出数量和播出时段，鼓励制作播出星素结合的综艺娱乐和真人秀节目。

与此同时，国家新闻出版广电总局还要求加强广播电视节目备案管理和违规处理，进一步严肃违规节目处理处罚，完善问题节目整改、警告、停播制度，严肃整治在政治导向、价值导向、审美导向上出现的问题。深化"小成本、大情怀、正能量"的节目自主创新政策导向，引导电视节目形态与更多主题、更广领域的融合，加大公益、文化、科技、经济、理论类节目制播力度。

这些政策的出台，对我国电视文艺节目发展将产生重要和深远影响，催生出《中国诗词大会（第二季）》《朗读者》《国家宝藏》《阅读·阅美》

一大批优秀原创文艺节目。

十多年来,我国电视文艺节目政策始终围绕三个主要议题:导向管理全覆盖;反低俗、反过度娱乐化;创新创优和发展文化类节目。其政策创新的基本路径是从微观创新到宏观创新、从管理措施到管理制度,始终围绕中心、服务大局,落实中央决策部署和国家战略,形成了管理上的从遏制低俗到宣传核心价值观,从设底线到树高标,从跟风和购买国外模式到自主创新和出口,从过度娱乐到公益文化,从制作到播出,从惩戒到激励的全流程、全覆盖政策机制,引导电视文艺节目成为文艺宣传和文化建设的主要力量之一,形成了中国特色的电视文艺节目政策,促进了市场环境下电视文艺的繁荣健康发展。

(作者注:本文的数据和信息均来自国家广电总局发展研究中心编撰的历年的《中国广播电影电视发展报告》(〈广电蓝皮书〉))

第二章

综艺论，

> 未来中国电视综艺节目在推进"走出去"的国际化的同时，还会扩大"请进来"的国际化，中国电视综艺国际化的新阶段已经到来。

中国电视文艺60年起落兴衰，印证了一条规律，那就是时代要求、政策引导、审美嬗变、市场需求、制播理性、技术进步等形成合力，以净化心灵、启发心智、价值引领为核心，共同推动电视文艺发展。

中国电视文艺60年是中国政治、经济、文化60年发展在电视文艺领域的表现。今天的中国电视文艺发展，更是映射出中国特色社会主义的道路自信、制度自信、理论自信和文化自信，映射着中华民族伟大复兴的精神与力量。回顾中国电视文艺一路的风雨兼程，既可看到史学家眼中的文艺史，也可看到艺术家眼中的审美进化、批评家眼中的价值思考，更重要的是，60年中国电视文艺的足迹连接成闪光的道路，一直向着新时代延伸，垒成中华文化传承创新发展的新层积，成为文化史和电视史上的华彩乐章。

一、中国电视文艺的起步（1958—1978年）

这一时期，中国电视文艺从无到有，从萌生到蹒跚成长，有展现新生事物的惊喜，也有停滞不前的阵痛，这一时期更多的是摸索、创造，用具有时代感的打开方式开启了我国电视文艺发展的征程。

（一）起步阶段电视文艺在艰难中探索

从1958—1965年，是我国电视媒体发展早期，电视文艺展现出鲜明的教育宣传功能，传播了社会主义新价值观念，引领社会主义思想建设风潮，整合新生社会文化秩序，但也深受国家经济形势、政治形势、社会形势的影响，成为配合政治活动的重要手段。

1. 开创传统文艺的电视化表达方式

中国的电视事业起始于1958年，北京电视台（中央电视台前身）创建之初，就有了文艺组的建制。1958年5月1日，北京电视台首次对外广播，播出的综艺节目包括中央广播实验剧团表演的诗朗诵《工厂里来的三个姑娘》，北京舞蹈学校演出的舞蹈《四小天鹅》《牧童和村姑》《春江花月夜》等。这些节目都是在一间60平方米的小演播室完成，采用直播形式，节目虽然简单，但却成为中国电视文艺的开篇之作。

1958年6月26日，北京电视台尝试对剧场文艺演出进行转播，充分发挥电视即时传播的优势，让电视观众在同一时间内收看到剧场演出的现场实况，从此我国有了电视综艺节目的雏形。

中国电视文艺在早期发展中，传统艺术门类为其提供了丰富的养分和创作素材，特别是音乐、舞蹈、诗歌、戏曲成为这一时期荧屏主角。但是，由于技术的制约，当时大多数文艺节目只能在演播室直播，或对舞台表演进行实况转播，电视化的艺术表达还未真正体现。

然而，初创的电视传媒与传统的文艺形式已产生自觉结合。由于当时的节目紧密贴合时期观众的审美兴趣，在精神文化生活尚不丰富的年代，给予了群众全新的娱乐生活方式。尤其是对一些名家演出进行转播，不仅满足一票难求的需求，更是对艺术经典的记录，为保存我国优秀文化艺术遗产做出了重要贡献。

2. 地方广电文艺节目注重特色，初露锋芒

随着北京电视台的创建，各地掀起了广电建设高潮，为电视文艺发展搭建了更广阔的舞台。

1958年10月1日，上海电视台开始试验播出，其建台刚刚25天，就播出了第一部自编自创的电视剧《红色的火焰》。

此时，哈尔滨电视台也播出了自己创作的以北方曲艺为主的文艺节目：山东快书、西河大鼓、诗朗诵、相声、歌唱等。

天津电视台开辟了《文化生活》等20余个电视专栏节目，制作方式除直播外，还插入了事先用胶片拍摄的片段。在短短8年间，上海、广东等电视台文艺节目的播出量已占到节目总量的70%。在一些民族地区和基层电视台，也都办起了富有民族区域特色的电视文艺节目。

1959年至1961年，天津、广东、吉林、辽宁、山西、江苏、浙江、安徽、山东、湖北、四川、陕西等省、市，因陋就简相继办起了电视台。即使像贵州、云南、甘肃这样经济欠发达的地区，以及齐齐哈尔、牡丹江、佳木斯、鹤岗等中等城市也办起了电视台。

但是，因为经济困难和大跃进的影响，全国电视台数量有所缩减，但到"文化大革命"前，全国仍有12家电视台播出，这对当时和未来电视文艺发展起到重要的平台支撑作用。

3. 电视综艺晚会雏形出现，样式不断发展

1960年，北京电视台新建了600平方米的演播室，演播条件和艺术加工能力有所提高，运用电视手段进行艺术再创造的能力增强，电视文艺节目的表现力和电视化水平提升，为电视文艺节目制作创造了更大空间，电视文艺晚会雏形出现。

1960年，北京电视台首次在演播室播出了综合性春节文艺晚会，节目形式包括诗朗诵、相声、戏曲、歌舞等。

1961年至1962年，北京电视台又相继举办了三次以"笑"为主题的专题晚会，内容涵盖相声、小品等。

北京电视台这三次晚会的成功举办,为未来电视综艺类节目创作积累了经验。特别是电视文艺晚会能综合各种文艺样式,反映出电视承载艺术、塑造艺术的能力。自此,我国电视传媒将电视晚会作为一种电视文艺样式保留和发展下来,以至成为我国电视文艺节目的主体形态。

4. 录制技术拓展电视文艺创作空间

1964年12月底,北京电视台利用黑白录像机录制了常香玉主演的豫剧《朝阳沟》第二场和京剧《红灯记》中"智斗鸠山"一场,并在迎接1965年元旦的文艺晚会中成功播出。这是我国电视媒体第一次使用录影带记录方式播出电视文艺节目。

由于录像技术的出现,大大拓展了电视文艺创作的空间,不但为电视化语言在艺术表演中的应用创造了机会,更为电视能大量存储各种文艺素材奠定了基础。

(二)动乱冲击下中国电视文艺几近停滞

1966—1976年,是中国电视重创时期。在这个时期前段,电视文艺节目总体上还能按照电视规律来创作,但截至1966年5月,中共中央"5·16"通知文件发表后,电视文艺节目受到极大管控。由于当时要求所有文艺节目要从正面树立典型,要突出高举毛泽东思想红旗,紧密配合政治宣传和重大活动等原因,"文化大革命"以前制作的大量节目"一律不播"。在这一时期,全国大多数电视台被迫停办,北京电视台也受到管制,各类电视节目多以实况转播为主,自办节目很少,中国电视文艺被迫处于停滞状态。

在这一时期中,我国电视文艺主要呈现出四个特点:一是文艺领域遭受重创,加之政策高压,导致电视文艺节目日益匮乏。二是电视荧屏成为政治斗争的舆论场,电视文艺成为政治斗争工具,除具有鲜明政治色彩的"样板戏"在电视反复播出外,电视还成为"批斗"舞台,"电视斗争大会"成为当时特有的节目样态。三是政治色彩浓厚的外国文艺节目进入中国,成为宣传范本。如阿尔巴尼亚地拉那市"一手拿镐、一手拿枪"业余艺术团访华演出,朝鲜大型歌舞《党的好女儿》等。四是"文革"中的政治宣传需求,客观上推动了电视基础设施的发展。

由于电视具有鲜明的宣传喉舌作用,因此当时电视基础设施得到某种特别重视与加强,如黄山电视调频转播台于1970年建成,彩色电视在1973年试播,多条微波线路开通等,电视节目覆盖面和传播网逐渐扩大。

(三)电视文艺逐脱掉去政治斗争外衣

1977—1978年,我国粉碎了"四人帮",长期受到禁锢的电视文艺有了喘息发展的机会,一些新的电视形式不断涌现出来。虽然这一时期的文艺节目政治色彩依旧浓厚,但基本符合当时的时代背景和人民需要。

在这个时期,电视荧屏也不再是政治斗争的舞台,电视文艺逐渐复苏。我国文艺领域"解冻",一批遭到"四人帮"迫害的艺术家登台表演,为电视文艺提供了丰富的素材内容。如王昆、郭兰英、常香玉等再次唱响被禁的优秀革命歌曲,电视文艺再现生机。

此时,一批反映人民群众与"四人帮"斗争,深切缅怀无产阶级革命家的电视艺术作品应时而生,引起强烈共鸣,受到观众欢迎。如北京电视台直播的《诗刊》编辑部诗歌朗诵音乐会,以及主办的专题文艺节目《我们永远怀念你啊,敬爱的周总理》等,都极大满足了广大人民群众的情感和精神需求。

同时,一批重点电视栏目逐渐恢复,显示电视文艺步入正轨。如1977年5月23日,北京电视台复播《文化生活》栏目,随后又推出《世界各地》《体育之窗》《祖国各地》等专栏。

1978年5月1日,北京电视台正式改名为中央电视台,其电视文艺节目开始常态化创作,艺术性、欣赏性、趣味性融入节目,我国电视文艺掀开自制节目的新篇章。

二、中国电视综艺的青葱岁月（1979—1992年）

1978年，中国共产党十一届三中全会召开，中国经济社会发生了根本转变，随着中国社会秩序全面恢复，经济建设迈向正轨，实事求是、解放思想的观念广泛传播和深入人心，中国电视文艺迎来了发展的春天。

（一）由重政治宣传向重电视文艺创作规律转型

电视既是宣传媒介，也是艺术媒体。但在只重宣传不重艺术的政策引导下，早期电视文艺凸显出浓厚的政治宣传意味，电视文艺创作规律被置于次要地位，电视的艺术化创作没有得到重视。

自党的十一届三中全会后，我国电视文艺工作者深刻意识到电视文艺"艺术属性"的重要价值，开始对过度宣传个人、神话领袖和鼓吹以阶级斗争为纲的节目内容进行清理，并对电视文艺创作进行艺术化思考，使电视文艺从单纯配合政治宣传，逐渐回归电视文艺功能和艺术价值，电视文艺领域的探索创新精神开始激活。尤其是开办了大量自办的电视文艺栏目，逐渐形成了电视文艺独立的形式和品格。

此时，电视文艺理论界也掀起了电视文艺创作的讨论思考，1981年全国优秀电视节目评选举办，全国性的电视节目专题座谈会召开，电视文艺在各种奔涌而来的艺术思潮和解放思想观念的催化下，新的发展变革思路逐渐形成，节目创新成为当时电视文艺发展的重要主题。

（二）电视综艺栏目日趋丰富，逐渐走向成熟

我国电视综艺节目发展早期，自办节目较少，编排随意性大，随着电视制播技术和电视创作团队的发展，电视综艺节目趋向在固定时间，以组合编排的形式出现，栏目化态势愈加明显。

由于栏目化可使电视台更主动地创作节目，提前设置主题议题，也培养了观众的收视习惯。如中央电视台最早的综艺栏目是《外国文艺》，1984

年又推出了《艺苑之花》《音乐与舞蹈》《曲艺与杂技》以及《周末文艺》。

1990年3月，中央电视台在《周末文艺》《文艺天地》专栏的基础上，推出当时唯一的现场直播综艺栏目《综艺大观》。该栏目以轻快的编排节奏、喜闻乐见的内容、新颖的表现手法，让人耳目一新，深受观众欢迎。

由于中央电视台栏目建设引领行业之先，其开办综艺栏目多集娱乐性、知识性、趣味性、新闻性、将参与感于一体，受到广大观众的广泛好评。加之编辑性综艺节目也博采众长，既有本台节目，也有地方台选送节目以及舞台演出实况。截至20世纪80年代末，中央电视台已拥有多个较为成熟的综艺栏目。

此时，各地方电视台的电视综艺栏目建设也取得了长足发展。

早在1981年，广东电视台就开办了大型文艺专栏《万紫千红》，同时又推出了《百花园》；1984年上海电视台开办了《大世界》和《大舞台》两个栏目，其收视率也名列前茅；此外，吉林电视台的《艺林漫步》、湖北电视台的《心声》、天津电视台的《画中曲》《戏曲之花》、河北电视台的《每周一歌》等，都赢得了观众广泛好评。

由于地方电视文艺栏目将电视优势与地方文化特色和民族特点相结合，雅俗共享、老少皆宜，具有鲜明的地域感、亲切度和贴近性，很多栏目在当地逐渐形成了固定的观众群。

（三）央视春节联欢晚会诞生，在成长中引领综艺晚会发展繁荣

1978年，中央电视台首次举办《迎春晚会》，在此后的1979年、1980年、1982年的几年中，也分别举办了春节晚会，中国电视屏幕上的综合文艺晚会自此起步、逐渐形成品牌。

不过，业界普遍认为，在1983年由黄一鹤、邓在军执导的中央电视台春节联欢晚会，才是央视春晚的开端。央视春节联欢晚会是中国电视文艺发展的重大事件和重要标志，其集电视文艺的各种形态、内容、表现方式于一体，在我国电视文艺节目中占有重要地位，成为一种文化盛宴和新年俗，为

我国电视综艺晚会探索出一套成熟的模式,带动和引领我国电视综艺晚会的快速发展。

伴随着央视春晚的影响,全国各级电视台的各种综艺晚会也不断出现,成为电视荧屏的重要担当。这些晚会多涉及社会生活中的重大特殊事件,如节日庆典综艺晚会、纪念活动综艺晚会、赈灾募捐综艺晚会等,具有强烈的仪式感、观赏性,既丰富了中国电视文艺的内涵,又满足了观众对文化艺术不断增长和变化的精神需求。

三、中国电视综艺节目的改革与发展(1993—2012年)

(一)电视综艺走向初步繁荣

1. 各类综艺晚会纷纷涌现,成为中国现代电视文艺主流节目

1993年12月26日,毛泽东100周年诞辰,全国各主要电视台纷纷举办电视文艺晚会,如中央电视台与湖南电视台联合举办的大型文艺晚会《人间正道是沧桑》《毛泽东诗词京剧演唱会》,上海东方电视台的《上海文艺界纪念毛泽东诞辰100周年文艺晚会》,北京电视台的大型文艺晚会《人民领袖毛泽东》等,这些晚会均以饱满的感情、磅礴的气势、高雅的格调,表达了全国人民对毛泽东的缅怀和思念。

1994年,中央电视台创新春节晚会模式,首次在三个频道同时分别播出"春节联欢晚会""春节戏曲晚会"和"春节音乐歌舞晚会",形成春晚浩大阵容。这是央视春节晚会对综合晚会创新中,针对观众个性化需求推出分类化晚会的新探索,这不仅是媒体观众意识的强化,也体现了电视综艺晚会对民族传统文艺和现代高雅文艺的尊重。

由于央视春晚的影响,也逐渐成为全球华人春节文化的重要内容。1995年,中央电视台和全美中华团体工商联合会举办了《祝福你,中国——洛杉矶华人新春晚会》,首次推出华人春晚概念。接着,1996年由中央电视台举办的《枫雪桑梓情——97多伦多华人春节联欢会》,将国家之喜、

民族之情、个人之感融为一体，营造出四海同春、情感互融的浓厚氛围。后来，全国侨联同湖南卫视合作，继续举办华人春晚，华人春晚成为全球华人共同的春节文化盛宴。

1997年，香港回归祖国。中央电视台于1997年7月2日在人民大会堂现场直播了大型文艺晚会《回归颂》，把回归庆祝活动推向高潮，也将电视综艺晚会的发展推上一个新高度。

由于电视综艺晚会随着我国电视事业的发展而发展，随着观众需求的变化而变化，逐渐成为电视文艺的主体形态。

20世纪90年代，是我国电视综艺晚会第一轮高潮期，无论是数量还是规模都蔚为大观，有力推动了中国电视文艺的发展。但是，也暴露出不少问题，比如程式化、商业化突出，跟风现象严重，节目良莠不齐，偏重经济效益，电视技术运用创新匮乏等。这些问题使电视综艺晚会的发展受到一定挫折，面临困境。

进入21世纪，我国电视综艺晚会穷则思变，电视人着手改革综艺晚会，取消非必要的宣传性晚会，理性举办各类综艺晚会，主流创作团队精品意识增强，综艺晚会质量明显提升。

从2003年开始，中国文联举办了《百花迎春》中国文学艺术界春节大联欢；从2004年起，中央电视台举办中秋晚会，打造"中华情"品牌；2005年，中央电视台提出"开门办春晚"，伴随着文化体制改革的脚步，坚持问题导向和观众导向，中国电视文艺走上了追求品质和质量的改革之路。

与此同时，随着电视综艺节目的不断创新和卫星电视的竞争发展，全国各级电视台相继推出一批受到广大观众热捧的电视综艺节目。

1997年7月，湖南卫视正式推出综艺娱乐节目《快乐大本营》。这档节目秉持娱乐时尚化、娱乐知识化、娱乐社会化理念，以明星参与游戏、表演为主要内容，明星在舞台上与主持人或观众互动娱乐，注入了"真人秀"内涵，打破"明星"和"草根"壁垒，真正将"全民娱乐"落到实处。主持人不再拘泥于台词，而改为说自己的话，风格也焕然一新，引领综艺主持人风格之变。

这 20 年间，由于中国电视文艺不断转型与创新，电视综艺晚会也在走向"分众"和"分艺"时代，并出现了《同一首歌》《中华情》和跨年演唱会等具有时代特色"歌会"，获得大量中青年观众的喜爱。

由于中国电视综艺晚会与中国社会经济发展紧紧相依，承载着厚重的文化价值和历史意义，它不仅满足了大众审美和娱乐需求，也成为社会文化和意识形态的艺术化书写，以至成为今天中国电视最重要的文艺样式之一。

2. 音乐电视大放异彩，成为荧屏新宠

进入 20 世纪 90 年代，音乐电视应运而生。作为电视荧屏的新生力量，音乐电视主要是源于改革开放后人们的思想观念发生深刻变化，流行音乐受到追捧。这些音乐突破了之前革命歌曲的固有风格，去政治化的内容满足了人们长期被压抑的娱乐和情感需求，形成一种大众审美新趋势。基于此原因，一些电视台纷纷设置点歌节目，在一段时间内非常火爆，不但深受观众喜爱，又给电视台带来可观的经济效益。

1993 年《东方时空》子栏目《金曲榜》《东西南北中》等第一批中国荧屏 MTV 栏目开播，从此中央电视台、地方电视台和许多音像出版公司拍摄了大量的音乐电视作品，开创了中国音乐电视持续多年的辉煌。

1993 年，中央电视台在《东西南北中》的基础上，借鉴"青年歌手电视大奖赛"的经验，推出了第一届中国音乐电视 MTV 大赛，全国数十家电视台、音像公司和文艺团体共选送了 100 余部参赛作品，其中《长城长》《牵手》《长大后我就成了你》等作品获得金奖，这些作品画面与歌曲相互诠释，意境优美，主题内容积极健康，成为当时被广为传唱的佳作。"音乐电视"也被作为一个专用名词，在这次比赛中首次正式提出。

1995 年，中央电视台投资 250 万元，制作了"95 新歌"音乐电视系列40 余部，这是首次由国家大规模投资拍摄流行音乐电视作品。

1995 年广州电视台薛芳芳执导的《阿姐鼓》在美国获得全美音乐电视网最佳外语片提名，标志着中国优秀音乐电视作品获得国际认可，中国音乐电视步入成熟阶段。

在这一阶段中，中国音乐电视主题和体裁广泛，兼容传统民歌和民族歌曲、欧风抒情歌曲、港台通俗歌曲，民族化风格显著。

进入21世纪，互联网拓展了音乐电视的传播渠道，中国音乐类电视节目步入平稳期，栏目更加常态化、多元化、专门化。此时，中央电视台陆续推出《中国音乐电视》《音乐电视城》《天籁村》等MTV栏目。至2000年，又推出《新民乐》栏目，民乐被赋予时尚化的创作趋势。同时中央电视台音乐频道、戏曲频道开播，音乐节目走向专门化。

3. 真人秀节目涌现荧屏，引发新一轮电视狂欢

电视真人秀自20世纪90年代末在西方诞生以来，始终活跃在各大电视台。2000年广东电视台率先推出中国首档独立创作的类真人秀节目《生存大挑战》，被称为中国真人秀节目的雏形。

随后，全国各级电视台和制作机构纷纷跟进，推出各种类别的真人秀节目。2001年北京维汉文化传播公司与四川电视台等二十多家电视台共同制作了《走入香格里拉》，不但是国内最早的真人秀电视节目之一，而且是国内最先开展多媒体运营的真人秀节目。该节目实现了与网络（千龙网）和报刊的互动，并在全国几十家电视台黄金时间同步播出。虽然该节目没有收到预想市场效果，但对真人秀节目探索迈出了重要一步。

我国真人秀节目创作的第一个真正高潮，是2003年6月由湖南卫视推出的《超级女声》。这档节目全方位创新，零门槛报名，不分唱法，不论外形，只要是年满16周岁的女生就可参加。由于参赛选手的表演被真实记录，增强了亲近感、真实感，将平民选秀推向顶峰。

在《超级女声》带动下，国内综艺选秀节目达到白热化程度，不仅有《梦想中国》《我型我秀》《加油！好男儿》《绝对唱响》《快乐男声》《红楼梦中人》等平民选秀，还有《舞林大会》《名声大震》《明星大练冰》为代表的明星选秀节目，以及展示角色交换、生活体验的《变形记》等。综艺真人秀节目已然成为中国电视荧屏重要的节目样式。

由于这一时期真人秀节目呈现出爆发状态,各个节目领域、各种题材资源,几乎都采用真人秀节目的元素及形态,真人秀节目裂变出无数子类型。除了用室内、室外划分外,真人秀还因题材、年龄、生活领域等不同,产生出新的类型。

但是,在我国综艺真人秀节目发展早期,这些节目多克隆外国节目,一些省级卫视看到国外真人秀节目的火爆,甚至直接开启引进模式,自主创新能力被削弱。同时,还有一些真人秀节目误入以模仿为主的歧途,导致电视节目原创能力下降,为其后电视文艺节目的发展埋下了危机。

4. 综艺谈话类节目广受社会关注,"教""乐"融合探索不断深入

1993年1月18日,上海东方电视台推出的《东方直播室》,成为我国第一个电视谈话节目,开启了中国电视综艺谈话节目的探索之旅。由于这档节目采用现场直播的方式,反映和讨论社会问题,在社会上引起了一段时间的关注,但没有产生太大的社会影响。

但是,这个栏目的出现,透露出一个趋势,那就是随着电视媒体影响力的大幅提升,观众期待其更多关注社会问题。

1996年中央电视台电视谈话节目《实话实说》面世,由于节目的精心策划和主持人崔永元风趣幽默的现场把控,使其成为当时中国第一个具有强大社会影响力的电视综艺谈话节目。随后,许多省级电视台纷纷效仿,至90年代末期,全国上星电视节目中谈话节目有二十多个。其中,北京电视台推出了《谁在说》,湖南电视台推出《有话好说》,重庆电视台推出《龙门阵》,陕西电视台推出《人间别话》等。谈话节目的面世,使电视观众看到电视艺术的多重魅力,荧屏上语言对话迸发出的新思想、新观点深深吸引着观众,使他们在节目中找到了情感共鸣和艺术感召力。

但到2000年之后,中国电视综艺谈话节目由于创新不足,遇到发展瓶颈,暴露出诸多问题,比如节目选题一般化、节目内容同质化、谈话主持人素质不高、节目文化品位较低等,一批名牌电视谈话节目相继进入滑坡阶段,如《实话实说》《艺术人生》也面临嘉宾资源枯竭、观众流失的窘境。

2003年之后，电话综艺谈话节目以创新应对窘境，在表达风格、主题内容上有了明显改观，并加入大量娱乐元素和文化元素。如《超级访问》营造轻松娱乐的氛围，使谈话节目呈现新的状态；陕西电视台的谈话节目《开坛》关注文化，每期话题都与中国社会的文化现象相关，满足了电视观众对文化议题的需求。

随着观众对电视综艺谈话节目个性化需求的增长，主持人的个人魅力成为吸引观众的重要因素，一批以主持人命名的谈话节目相继出现，如《鲁豫有约》《杨澜访谈录》《非常静距离》等，谈话对象既有名人也有普通百姓，嘉宾都是在各个领域都具有新闻性的人物，内容形式也偏向故事化和情感交流，这种真实的现场讲述，较好满足了观众的情感需求和眼界扩展需求，推动电视谈话节目形成新的高潮。

（二）电视文艺节目的市场化及产业化改革探索

从1993年至2012年的20年间，是中国改革开放不断深化的时期，特别是进入21世纪，更是文化体制机制改革创新的新时期。中国电视综艺节目受承改革创新的时代力量，逐步推进市场化产业化改革，创造了一次次发展奇观。

1. 探索制播分离改革，以市场机制增强电视综艺节目发展活力

制播分离是推动电视文艺创新发展的机制改革。开放市场，允许合法社会制作公司参与制作经营，不仅可以通过竞争优化资源配置，促进节目的专业化集约化生产，而且还可以在融资、制作、营销等方面进行市场化操作。

2004年，中央有关领导做出批示，要求认真研究国内外制播分离的实践，明确哪些节目栏目可以制播分离，引入竞争机制，不断提高节目制作水平。同年，国家广电总局在《2004年广播影视工作要点》中，正式提出制播分离改革，并将其作为该年度改革工作的重点事项。

2006年，国家广电总局出台《广播影视改革工作实施方案》，明确提出文艺、科技、体育类节目可以有选择地逐步探索实行制播分离。

2009年8月底,国家广电总局下发《关于认真做好广播电视制播分离改革的意见》,第一次专门针对制播分离改革发布的指导性政策,标志着制播分离改革进入了快速推进期。

这轮制播分离改革的重点是中央电视台、中央人民广播电台和部分省级、副省级广播电台、电视台,内容主要涉及影视剧、影视动画、体育、科技、娱乐等节目栏目。

由于此次制播分离改革成效明显,中央电视台及各省市电视台都相继播出了来自社会公司制作的节目,并且安排在黄金时段。电视文艺也顺势进入一个以市场为杠杆,以资金为保障,以播出为手段,以盈利促发展的产业时代。

2.文化产业发展政策相继出台,电视文艺迎来产业发展机遇

2002年,党的十六大明确提出要深化文化体制改革,积极发展文化事业和文化产业。

2005年,中共中央、国务院出台了《关于深化文化体制改革的若干意见》,接着,国务院又出台了《关于非公有资本进入文化产业的若干决定》,文化部、国家广电总局等五部委出台了《关于文化领域引进外资的若干意见》等一系列重要文件,提出了我国文化产业发展改革的方针、原则、目标和重点,对电视文艺节目产业化发展起到重要的政策指引和支撑作用。

2009年9月,我国第一部文化产业专项规划《文化产业振兴规划》发布,标志着文化产业上升为国家的战略性产业。特别是国民经济"十二五"规划中,首次明确提出"推动文化产业成为国民经济支柱性产业",这些都对电视文艺市场产生了巨大的推动力。

在此时期,电视文艺节目在政策的鼓励推动下,参与主体不断扩大,创作成果持续增多,创新力度不断加大,整体规模不断扩大,一批又一批电视综艺节目、电视晚会及电视剧涌向荧屏,极大丰富了国民的文化生活,也成为时代文化的鲜活印记。

截至2012年,全国全年共生产制作电视节目343.63万小时,增速较2011年翻了一番。电视文艺节目成为广告经营的重要资源,市场竞争进入

白热化阶段。

（三）中国电视综艺在发展中出现的问题

1. 电视综艺的艺术价值、精神价值被削弱

市场竞争促进发展，也可能搅起文化垃圾。电视文艺在发展过程中，出现了市场逐利的倾向，在唯眼球效应的引导下，一时间艺术价值、精神价值被挤到边缘，出现了"低俗、庸俗和媚俗"的现象。如一些相亲节目公然宣扬"炫富""拜金"，话语出位出格，节目的审美价值被大打折扣。由于娱乐仅是电视文艺节目的一个元素，不能成为价值取向，不能成为唯一的追求目标，电视文艺节目的精神价值和艺术价值不能削弱，应承担更为重要的价值引领和文化传播的社会责任。

2. 唯收视率制约电视综艺节目健康发展

收视率调查的真正兴起，源于20世纪90年代中国电视的市场化改革。一方面电视行业被推向市场，广告收入成为电视业主要资金来源，而收视率成为广告市场的标准；另一方面电视资源逐步丰富，受众细分市场化竞争加剧，收视率成为电视制作者获取观众收视行为的重要手段，也成为电视台进行评估的重要标准。

受市场竞争的负面影响，电视节目出现了唯收视率的现象。唯收视率往往忽略了节目的质量和格调，一味迎合某些受众的低级趣味，导致低俗、暴力、色情的节目渗入电视综艺节目，电视综艺节目曾陷入低层次竞争。如大量出现的娱乐选秀类节目、现场相亲节目、明星娱乐节目，甚至形成对国外节目模式的依赖，题材趋同、风格单一，文化感缺失，创新不足。在收视率造假的促动下，一时电视文艺出现了劣币驱逐良币的现象，观众的满意度降低。电视文艺节目对过度娱乐的追逐，削弱了审美和价值引领，阻碍了电视文艺的健康发展。

3. 电视综艺节目过度娱乐化倾向明显

在一些电视综艺娱乐节目中，一味追求节目"傻乐"，主持人庸俗调侃，

打情骂俏，造型怪异，甚至用博位出彩的方式搞低级的"娱乐"，导致电视节目质量降低。如一些选秀节目大肆渲染的非主流文化，过分强调娱乐观念，冲淡主流价值观念，极易给青少年带来误导。某些亲子类节目，人为制造孩子与成人的暧昧话题，对未成年人防侵犯教育产生不良影响等。

因此，电视综艺节目如在"教"与"乐"中失去平衡，过度娱乐化，必然暴露出节目的精神空虚和价值观的迷失，对观众的审美品格和人生观、世界观、价值观养成带来负面影响。这种风气会产生传染效应，从而导致整个电视产业的文化堕落。同时，这种过度娱乐化倾向就是一剂毒品，会引起了社会激烈批评，也会激发了管理部门加强管理引导紧迫感。

4.过于依赖模式引进，电视综艺节目创新能力降低

据不完全统计，中国在2002年到2005年引进了4个境外电视节目模式，2006年至2009年引进了10个。2010年《中国达人秀》第一次以正版模式引进的方式，将国外电视真人秀带到人们面前；至2015年年底，我国各级电视台仅引进的境外电视真人秀模式就达到61档。

在短短几年时间，以境外模式开发的电视节目就成为电视荧屏的主力军。虽然电视节目在资金投入和失败风险的重压下，更倾向于对经过市场检验的成熟节目模式，进行引进改造，但这将不可避免地影响本土制作团队的原创能力。在一段时间内，无论是电视台内制作部门，还是社会制作公司，在挖掘新的节目样式时，首先想到的不是原创，而是先找找国外的节目模式。因而，制作团队的原创水平被模式绑架，电视文艺节目的整体创新能力降低。同时，由节目模式滥用引起的负面效应，不仅在电视领域内部，在引进过程中对本土价值观的观照缺失，以及在文化及意识形态层面暴露出的"媚洋"问题，也引起了社会高度警觉。

（四）加强政策监管，有力引导电视综艺节目的发展

2003年至2012年，既是中国电视业快速发展的十年，也是电视文艺节目蓬勃发展的十年。针对发展中不断和反复出现的问题，国家广电总局相

继出台一系列政策举措。尤其从 2005 年后,重点针对"三俗"、过度娱乐化、唯收视率等热点难点问题,开展排查,强化监管,对电视文艺发展起到规范引导作用。

2005 年,国家广电总局在全国开展电视节目低俗化现象专项治理行动,要求坚决清理电视节目中存在的低俗化现象,建立抵制电视低俗之风的长效机制。

2006 年,针对某些电视节目出现的倾向性问题,国家广电总局发出了《关于加强对综艺娱乐类电视节目管理的通知》《关于开展抵制低俗之风专项行动的通知》,对全国性和跨地区"选秀"活动类以及法制类、综艺娱乐类和谈话类等节目加强管理,并召开专题座谈会,开展抵制低俗之风专项活动。

2007 年,国家广电总局进一步加大宣传管理力度,相继发出《关于禁止播出群众参与的整容、变性节目的通知》《关于加强对综艺娱乐类电视节目管理的意见》《关于进一步加强和改进综艺娱乐节目的意见》《关于加强群众参与的选拔类广播电视活动管理的通知》《关于开展抵制广播电视低俗之风专项行动的通知》等一系列文件。并召开"全国广播电视抵制低俗之风工作会",对治理广播电视低俗问题进行部署。同时,针对选秀节目《第一次心动》出现的问题,做出停播处分,其后,给全国 28 个省(自治区、直辖市)广播影视局下发了 45 份督查通知单,要求对不规范的节目进行治理和整改。

2008 年,国家广电总局进一步加强治理全国广播电视节目低俗之风,重点加强访谈类节目、涉性节目、选秀节目、故事类节目、综艺娱乐类节目的管理。先后对一些地方台的涉性节目进行排查和通报,及时遏制了涉性节目的蔓延趋势。在北京奥运会和残奥会开幕前夕,总局同省级广电行政部门加强对选秀节目或带有选秀环节的综艺节目的排查和监听监看;对一些故事类节目为迎合某些观众的窥私、猎奇心理,刻意选择大量负面、恶性或边缘题材,导致节目中充斥种种低俗现象,及时发现坚决予以制止。

2009 年,国家广电总局持续深入开展抵制低俗之风行动,重点整治涉性节目、综艺娱乐节目和少儿节目成人化、故事题材边缘化等问题。再次下发《关于进一步严肃查处广播电视涉性下流节目的紧急通知》，对涉性下流节目进行全面彻底的检查清理。并发出《关于重申严禁炒作名人丑闻、绯闻、劣迹的通知》，要求广播电视综艺、娱乐、访谈等类节目严格禁止谈论名人绯闻秘史、艺人隐私恋情等花边新闻，不得邀请有丑闻、劣迹和有犯罪记录者做节目嘉宾、评委等，更不得将丑闻、绯闻、犯罪等做卖点等。

2010年，国家广电总局进一步加强对综艺类、情感故事类、婚恋交友类、法制类、选秀类、谈话类节目的重点监管和重点整治。根据《广电总局关于进一步规范群众参与的选拔类广播电视活动和节目的管理通知》要求，加强对群众参与的选拔类节目的规范与管理，确保群众参与选拔节目播出的导向正确。针对一些电视台制作播出的情感故事类、婚恋交友类电视节目出现品位低俗，格调低下、造假编假、传播、放大错误观点和不良情绪等问题，先后发出了《广电总局办公厅关于加强婚恋交友类电视节目管理的通知》《广电总局关于进一步规范婚恋交友类电视节目的管理通知》和《广电总局关于加强情感故事类电视节目管理的通知》，对节目的嘉宾、主持人、话题、内容、审查、播出等各环节提出明确要求，严肃处理传播明星八卦、炒作网络争议人物的节目。

2011年，国家广电总局将节目管理的重点放在卫视频道，出台《关于进一步加强电视上星综合频道节目管理的意见》，要求各电视上星综合频道至少开办一个弘扬中华民族传统美德和社会主义核心价值体系的思想道德建设栏目，并对婚恋交友类、才艺竞秀类、情感故事类、游戏竞技类、综艺娱乐类、访谈脱口秀、真人秀等类型节目，实行播出总量控制。此项政策出台后，各上星综合频道迅速落实，开办了30多个弘扬中华传统美德的道德建设栏目，产生了明显的政策效应。

2012年，国家广电总局下发《关于建立广播电视节目综合评价体系的指导意见（试行）》和《关于加强广播电视收视（听）率调查数据使用管理工作的通知》，对广播电视节目的思想性、创新性、专业性、满意度、竞争力、融合力和收视收听率七项指标提出明确要求，并对评价体系建设中的评价对象、评价内容及权重、组织实施主体、评价程序和周期、评价结果公布等做出了具体规范。着力通过建立科学的节目评价体系来优化节目管理。各地广播电视机构认真落实管理规定，切实建立以栏目评价为基础的综合评价体系，进一步优化了创新创优栏目评选标准，这些措施始终着力促进电视综艺节目的健康发展。

综合起来看，这个十年是我国电视综艺节目不断创新、百花争艳的十年，受经济利益的驱动，加上政策监管的相对滞后，电视文艺在一段时间内存在野蛮生长的现象，以不同的形式不断冲撞导向管理的底线，这一过程说明，电视文艺节目管理平衡好发展与规范，的确不是一件容易的事。

四、中国电视综艺的繁荣与转型（2013—2018年）

（一）党的十八大以来中国电视综艺转型发展取得重大进展

1. 坚持以人民为中心的创作导向，人民群众成为荧屏主角

习近平总书记曾就精神文明建设"五个一工程"做出重要指示强调：坚持以人民为中心创作导向，坚定人民信心振奋人民精神。

党的十八大以来，我国行业管理部门采取系列措施，鼓励引导文艺工作者强化以人民为中心的创作导向，鼓励扶持高品质、精品化的优秀电视文艺作品创作，提出加强原创类、文化类、公益类、科技类等节目的制播。各级广电制播机构积极响应政策号召，着力中华优秀传统文化传承创新，从普通百姓故事中提炼节目内容，从火热时代生活中汲取精神养分，让人民群众成为节目舞台和电视荧屏主角，展示出当代中国人精神风貌，强化节目价值导向。中央电视台和地方广电制播机构将镜头对准普通人民，相继推出了《中国汉字听写大会》《中国诗词大会》《朗读者》《传承者》《耳畔中国》《经典咏流传》等一大批贴近生活、服务人民，彰显文化价值的电视文艺节目，以及《我在故宫修文物》《生门》《人间世》等一批关注百姓生活、展现世

间百态、紧接地气的优秀艺术纪录片，使电视文艺节目总体上创作格局发生了深刻转变。

2. 好口碑、高美誉的电视综艺节目纷纷涌现

党的十八大以来，中央电视台和一些省级卫视自觉强化主流媒体的责任担当和文化自信，恪守文化价值底线，对中华优秀传统文化进行深入挖掘和细致阐发，并以节目原创为手段，以创新创优为目标，打造出一批"叫好又叫座"的现象级电视文艺节目。

如中央电视台公益寻人节目《等着我》，既没有耀眼的明星阵容，也没有华丽的灯光舞美，而是踏踏实实讲述真切感人的寻人故事，从2014年开播以来，节目聚合了民政部、公安部、公益组织、志愿者等多方力量，开展公益寻人，弘扬真善美，激发正能量，观众反映强烈。

中央电视台推出的原创励志节目《挑战不可能》，以中国人最为熟知的"天行健，君子以自强不息"作为内核，用令人惊奇的挑战和励志故事予以生动诠释，被业界称为"中国素人真人秀的新标杆"。如今《挑战不可能》声名远扬，还在网络上出现中、英、法、阿、俄等多种语言发布的精彩视频，单条点击量往往数以亿计。

3. 公益类、文化类、科技类原创电视综艺节目成为创新重点和发展亮点

自党的十八大以来，电视文艺"三俗"之风被不断纠正，电视文艺创作重点向公益、文化、科技、经济类节目转向，电视文艺节目更重视文化价值、精神价值、社会效益。这时，一批文化品质类节目面世，恰恰满足了当下观众的文化饥渴和价值需求，扭转了过度娱乐化的节目倾向。这些节目不但没有带来收视率下降，反而赢得阵阵好评和广泛关注。这说明无论何时，观众都对高品质、高格调的文化内容具有强烈需求，电视文艺节目应准确感知观众需求和时代需求。

在公益类节目中，除了《等着我》外，还有把娱乐和纪实相融合的《梦想合唱团》，个人答题赢取公益基金的《为你而战》，关注乡村儿童成长的《第一书记》，围绕教育、扶贫、儿童等话题讨论的《公益的力量》等。这

些节目既宣传了慈善理念，传播了正能量，又唤醒了观众的公共意识。

此外，《中国诗词大会》《中国成语大会》《中国汉字听写大会》《中国成语大会》《中国谜语大会》等"大会"系列节目，再到《朗读者》《国家宝藏》《见字如面》《诗书中华》《阅读阅美》《耳畔中国》等文化传承类节目，兴起一波又一波创新高潮，展示出生活的热度、时代的高度、文化的厚度、情感的温度和导向的精度。同时，科技类文艺节目也成了当前电视荧屏的一大亮点，如《我是未来》《机智过人》等，以人工智能、增强现实、无人机等高新技术的节目转化作为看点，深入浅出地普及新科技常识，展现国家科技进步，拓展了电视文艺节目的新领域。

4. 艺术纪录片创作高潮迭起，标注新的历史高度

习近平总书记在多次讲话中指出："实现中华民族伟大复兴，就是中华民族近代以来最伟大的梦想。"中国梦凝聚和寄托了中国人民对国家富强、民族复兴的美好夙愿。

这一时期，电视艺术纪录片因应时代呼唤和政策引导，掀起了"中国梦"现实主义创作热潮，一批反映中国人寻梦、追梦、筑梦的优秀艺术纪录片应运而生。

其中，中央电视台制作的纪录片《中国人的活法》，呈现出10位主人公真实的生活状态，以及为梦想坚持的历程。广东卫视推出的纪录片节目《我的梦·中国梦——追梦在路上》，共有6个系列32集节目，讲述平凡人不平凡的人生经历。此外，北京电视台推出的微纪录片《中国梦365个故事》，展现了青年一代在日常生活中践行"中国梦"的故事，呈现出中华民族蓬勃向上的精神风貌，彰显在实现梦想过程中的人性光辉。

除这些关注普通人追梦的创作外，还涌现出一批宏大叙事的主题创作，如《中国梦·中国路》《百年潮中国梦》《追梦在路上》等，这些创作气势恢宏，寓理于情，不仅具有政治和文化的高度，也有艺术与思想的深度，还有家国情怀和价值引领的力度。

与此同时，弘扬中华优秀文化的纪录片创作，出现一批高峰之作。如《舌

尖上的中国》系列、《记住乡愁》等。可以这么认为，党的十八大以后中国纪录片达到了新的历史高度。

还值得特别提及的是，在电视文艺节目创新发展进程中，电视政论片正与艺术纪录片高度融合，创造出一道道新的节目景观。

为迎接党的十九大召开，在中宣部和国家新闻出版广电总局的指导下，央视汇聚多方面资源，制作播出了七部重大纪录片式的政论片，包括《将改革进行到底》《辉煌中国》《大国外交》《法治中国》《巡视利剑》《强军》《不忘初心 继续前进》7部电视片。这些电视片将政论与纪实融为一体，用新颖的艺术语言，站在中华民族伟大复兴的时代高度，呈现了中国经济社会正在发生的历史性变革、得到观众的普遍赞誉，标注出此类节目的新高度。

5. 春晚进入新一轮发展阶段，探索"新综艺"模式

春晚是重装备的电视文艺节目，自诞生那一年起，每年的春晚都是电视综艺节目的一次大汇聚、大融合、大检阅，也是推动综艺节目发展的重要契机。

党的十八大以来，以央视春晚为代表的各台春节晚会，以创新为动力，亮点频出、惊喜不断，展现出电视"新综艺"的身影，呈现出四个特征：一是主题突出，导向鲜明，充满时代感，回归综艺初心。每年春晚都有清晰的主题，正能量强劲，充满感召力。节目创作紧贴时代、紧扣实践、扎根人民。二是文化感凸显，人文内涵丰富，文化价值成为综艺的内核。央视春晚展示浓厚的中华文化，各地春晚均紧扣地域特色，展示中华文化大家庭中不同地域丰富多彩的年俗和人文内容，在娱乐的外壳下，满眼都是深厚中华文化的底色。三是综合性融合感增强，在跨界中推动创新。近年来的春晚中，各种舞台艺术、各种音乐、各种风格的综艺交相呈现，既体现出融合创新，也展示出众多个性化的元素，这种融合还体现在综艺与地方经济社会发展宣传的融合上，如2018年各台春晚，展现出各地经济社会的发展成就，从而拓展了综艺的功能和价值。四是科技元素大量应用，综艺手段得到明显拓展。不管是在央视春晚，还是在其他台的春晚，人工智能、机器人、虚拟技术、无人机等新的科技手段不再外在于节目，而已嵌入并成为节目的角色，令观众

大开眼界、大长知识，人机协同极大地增强了舞台艺术的时空拓展力和审美感染力。

（二）政策进一步引导电视综艺节目健康发展

党的十八大之后，广电对电视文艺节目的政策是产业繁荣与事业建设并重、扶持发展与严格管理并举，电视综艺节目创作更注重观众需求、创新表达和导向引领，开创了发展新格局。

2013年，国家广电总局下发《关于节俭安全办节目的通知》，要求包括春节晚会在内的节日广播电视节目要在思想性、艺术性、观赏性相互统一上下功夫，不要讲排场、比阔气、拼明星；提倡节俭简约朴素大方的艺术风格和舞台效果。广播电视节目铺张奢华之风和同质化倾向得到有效遏制，荧屏呈现出清新节俭的新气象。同年，国家广电总局又出台了《关于进一步规范歌唱类选拔节目的通知》《关于做好2014年电视上星综合频道节目编排和备案工作的通知》等一系列文件大力鼓励节目原创。

2014年，国家新闻出版广电总局进一步出台《关于积极开办原创文化节目弘扬和传承优秀传统文化的通知》，明确提出各广播电视机构要重视和加强节目创新，要在资金、人才、评优评奖等方面给予重点支持和倾斜。

2015年，国家新闻出版广电总局印发《关于加强真人秀节目管理的通知》《关于进一步加强法制类广播电视节目管理的通知》等文件，针对行业发展中的突出问题及时出台政策，提出意见要求、规范节目秩序。大力推动节目创新，鼓励原创。国家新闻出版广电总局鼓励上星综合频道加大自主创新特别是原创力度，在原创节目备案、进入黄金时段、各类评奖评优等方面予以倾斜，同时严格限制每年播出的新引进境外版权模式的节目数量及播出时间。

2016年，国家新闻出版广电总局针对上星综合频道节目存在的问题，发布了《关于进一步加强电视上星综合频道节目管理的通知》，有效调整引导真人秀节目，重点治理真人秀节目追星炒作之风；其次，倡导做"有意思"更"有意义"的真人秀节目。在原创节目方面，发布《关于大力推动广播电视节目自主创新工作的通知》，鼓励节目创新创优，避免过度依赖境外节目模式，规定在播出安排和宣传评奖等方面优先考虑优秀原创节目。

2017年，国家新闻出版广电总局发布了《关于把电视上星综合频道办成讲导向、有文化的传播平台的通知》，鼓励卫视"在黄金时段增加公益、文化、科技、经济类节目的播出数量和频次"，提出"影视明星参与综艺娱乐、真人秀等节目要严格控制播出量和播出时段"等要求，对卫视平台播出的内容进行了界定，以播出调控把握节目准入。

（三）新时代电视综艺发展的新态势

1. 电视综艺节目唯娱乐化倾向得到矫正，发展新格局基本形成

2016年2月19日，习近平总书记在党的新闻舆论工作座谈会上，就新闻舆论工作的职责使命提出了48字要求：高举旗帜、引领导向，围绕中心、服务大局，团结人民、鼓舞士气，成风化人、凝心聚力，澄清谬误、明辨是非，连接中外、沟通世界。这也是新时期文化和媒体工作的重要遵循，对电视文艺产生了重大影响。2017年6月15日中央领导在湖南台调研时，强调要把电视台办成讲导向、有文化的传播平台。国家新闻出版广电总局落实中央部署，及时出台政策意见，采取系列措施，节目格局发生重要变化，除新闻节目外，文化类、公益类、科教类、经济类节目成为发展重点。一批文化节目、科教类节目赢得广泛口碑和市场，唯娱乐化、"三俗"和综艺明星化倾向得到有效遏制，荧屏有了更浓厚的文化气息。未来，管理部门将围绕建设社会主义核心价值观，进一步规范电视文艺节目，扶优限劣，加快改变以收视率作为主要考核指标的做法，防止唯娱乐化的反弹。

2. 观众需求发生深刻变化，高品质有文化的节目将持续走热

观众需求是引领电视文艺变革的最大力量。文化类节目的兴起，其实也是需求引导的结果。透过这类节目的收视情况，可以看到原来被所谓的收视率调查遮蔽的年轻观众的内在需求，他们对文化内涵和正能量的需求是巨大的。央视"大会"系列、《见字如面》《国家宝藏》《假如国宝会说话》等，

不断兴起收视热潮，显现了观众对中华优秀文化的强烈渴望与需求。网络传播的普及催生了影视节目新兴商业模式付费观看的发展，付费模式从网络电影、网络剧延伸到了网络综艺，新的商业模式也将促进电视文艺传播方式不断创新，广播型、组播型和点播型将促进电视文艺快速演进，推动电视文艺进入新型化、专业化、类型化和品质化发展新阶段。

3. 融合创新将引领电视综艺节目加快嬗变

当前，我国广电传统媒体与新媒体正进行深度融合，电视综艺节目融合创新也正由"相加"迈向"相融"，多媒体之间的有机组合、融合互动更为深入。一方面电视综艺创意制作引入互联网思维，节目形式更具网感，节目主题聚焦网络热点；另一方面借助融媒体力量，大数据分析，进行融合制播，带动全民参与。中央电视台《加油！向未来》在新媒体平台上不仅有节目电视版完整视频，还有VR（虚拟现实）版实验体验视频，让观众有机会体验身临实验现场的感觉。在节目播出过程中，观众可以通过"摇一摇"实时参与节目互动，和节目中的嘉宾同步答题，不仅增加了节目对受众的黏性和观众参与深度，也让观众可以用更便捷的交互方式自行获取科学知识。

未来，电视综艺节目将借助新技术进行新一轮融合创新，电视综艺节目的体验感、参与度、网络化将更加明显。随着网络综艺、网络纪录片、网络秀场的专业化，一种新的网络文艺节目将进入消费主流，电视文艺将加速演变进化。

4. 中国电视综艺迈进国际化时代

一个国家电视综艺节目的发展与综合国力和文化软实力关系密切。随着中华民族伟大复兴和全球化进程的推进，中国的电视综艺节目必将参与国际化竞争并跻身前列。在"一带一路"建设以及广播影视"走出去"项目的大力推进，我国会有越来越多的电视文艺节目"走出去"，这一态势将深刻影响电视文艺的发展。据不完全统计，2016年，全国影视内容产品和服务出口共约6.66亿美元。其中影视服务出口约5.45亿美元；影视内容产品出口金额约1.21亿美元；出口时长约32217小时。一些综艺节目逐渐形成国际影响力，如江苏广播电视台《蒙面唱将猜猜猜》《我们相爱吧》等多档综艺节目在海外50多个国家和地区播出，《超级战队》节目模式销往美、德、法、西班牙和北欧等国，实现中国原创节目模式海外输出的重大突破。

与此同时，中国电视综艺节目的国际元素将越来越多，国际相关资源将应用到中国电视综艺节目中。

近年来，在电视综艺节目中，来自国外的创作元素越来越多，如在歌唱类节目中，国际歌手的参加提升了节目的国际化水平。

如湖南卫视的《歌手》，2017年邀请哈萨克斯坦年轻歌手迪玛希参加；2018年的《歌手》邀请了在英美主流社会具有重要影响的婕西（Jessie J）加入。这一举动，记录了中国电视综艺走向国际舞台的脚步，迪玛希的参加极大地扩大了中国电视综艺在哈萨克斯坦的影响，在2017年习近平主席访问哈萨克斯坦之前，《哈萨克斯坦真理报》上发表署名文章，称赞迪玛希为中哈友谊的使者，而婕西的参加，则极大强化了湖南卫视《歌手》在英国歌迷中的知名度，英国首相访华，邀请婕西担任"中英访华大使"，出席有关活动。其后，许多名气更大的英美主流歌手主动联系，希望上湖南卫视《歌手》。

可以预见，未来中国电视综艺节目在推进"走出去"的国际化的同时，还会扩大"请进来"的国际化，中国电视综艺国际化的新阶段已经到来。

主要参考书目：

1. 黄会林：《中国电视艺术发展史教程》，北京师范大学出版社，2006年。
2. 仲呈祥：《中国电视文艺发展史》，中国电影出版社，2013年。
3. 张凤铸、关玲：《中国当代广播电视文艺学》，中国传媒大学出版社，2016年。
4. 庞井君：《中国广播电影电视发展报告（2011）》，社会科学文献出版社，2011年。
5. 庞井君：《中国广播电影电视发展报告（2012）》，社会科学文献出版社，2012年。
6. 庞井君：《中国广播电影电视发展报告（2013）》，社会科学文献出版社，2013年。
7. 杨明品：《中国广播电影电视发展报告（2014）》，社会科学文献出版社，2014年。
8. 袁同楠：《中国广播电影电视发展报告（2015）》，社会科学文献出版社，2015年。
9. 祝燕南：《中国广播电影电视发展报告（2016）》，中国广播影视出版社，2016年。
10. 祝燕南：《中国广播电影电视发展报告（2017）》，中国广播影视出版社，2017年。
11. 王丹彦：《中国电视艺术发展报告 第二卷（2012）》，中国广播电视出版社，2013年。
12. 王丹彦：《中国电视艺术发展报告 第三卷（2014）》，中国广播影视出版社，2014年。
13. 游洁：《中国广播电视文艺大系（2001—2010）电视综艺节目卷（上、下册）》，中国广播影视出版社，2015年。
14. 毕根辉、杨荣誉：《中国广播电视文艺大系（2001—2010）电视纪录片卷》，中国广播影视出版社，2015年。

主要参考论文：

1. 孙灵茵：《"唯收视率论"与电视—观众对话的缺失》，青年记者，2009年。
2. 张静：《"中国梦"题材纪录片的主题传播》，西部广播电视，2015年。
3. 胡谱忠：《20世纪90年代中国民族志纪录片的文化维度》，北方民族大学学报（哲学社会科学版），2012年。
4. 李玮琪：《从＜爸爸去哪儿＞浅谈中国真人秀发展策略》，科技传播，2014年。
5. 匡素萍：《从《超级访问》停播看我国电视访谈类节目现状及发展趋势》，西部广播电视，2016年。
6. 刘亚夫：《当前我国电视谈话节目存在的问题及对策》，文史博览（理论），2009年。
7. 胡智锋、郝娴贞：《电视节目过度娱乐化问题辨析》，当代电视，2018年。
8. 杨琳：《电视谈话类节目的困境与出路》，新闻窗，2009年。
9. 曾庆瑞：《电视文艺不容"三俗"为非作歹》，中国艺术报，2010年。
10. 朱四倍：《对"唯收视率论"的纠偏》，工人日报，2011年。
11. 张媛：《对话类节目现状及发展方向的思考》，西部广播电视，2017年。
12. 冷冶夫、刘新传：《关于纪录片商业化运作的思考》，中国电视，2007年。
13. 朱虹、黎刚：《关于推进广播电视直播分离改革的若干思考》，现代传播，2009年。

14. 蒋宁平：《管理机制的创新：中国纪录片发展的转折点》，电视研究，2008年。
15. 郑伟：《记录与表述：中国大陆1990年代以来独立纪录片发展史略》，艺术评论，2004年。
16. 高峰：《纪录片发展的三个阶段》，中国广播电视学刊，2009年。
17. 何苏六：《纪录片市场化：中国问题与外国方法》，现代传播，2005年。
18. 王文英：《论我国电视谈话类节目的发展现状及隐忧》，文学界：理论版，2012年。
19. 王祯：《媒体融合视域下真人秀节目兴盛的现象分析》，传媒与教育，2016年。
20. 熊超：《浅谈中国电视谈话类节目的现状》，新疆社会科学，2011年。
21. 任远：《中国电视50年的风风雨雨》，人民网－传媒频道，2009年。
22. 谢拓：《奢华办晚会也有电视媒体的责任》，中国社会科学报，2013年。
23. 张红军：《生态与类型：90年代的中国纪录片》，艺术广角，2002年。
24. 赵伟东：《市场化——纪录片崛起的必由之路》，现代视听，2004年。
25. 朱伟中：《试析电视节目娱乐化对我国电视产业发展的作用》，当代电视，2014年。
26. 陈静：《我国电视节目过度娱乐化现象透视》，武汉理工大学学报（社会科学版），2016年。
27. 秦然然：《我国电视节目模式引进现状、原因和影响研究》，黄山学院学报，2016年。
28. 左瀚颖：《我国电视谈话节目现状分析》，视听界，2009年。
29. 刘鑫婷、李璨：《我国真人秀发展的创新突破路径》，广播影视评论，2016年。
30. 朱林、徐晶：《现象级节目之于电视节目创新创优的指导意义》，声屏世界，2016年。
31. 李静：《新闻谈话类节目发展趋势探析》，传播力研究，2017年。
32. 吕慎：《要收视率不要唯收视率》，光明日报，2011年。
33. 廖望劭：《以人民为中心 创作广播影视文艺精品》，声屏世界，2014年。
34. 杨凡、芮必峰、王学峰：《中国电视纪录片的市场化运营》，视听界，2005年。
35. 庞肖秋：《中国电视谈话节目的困境与对策浅析》，戏剧之家，2011年。
36. 杨状振：《中国电视文艺节目创作50年来的得与失——以社会主流价值观的建构与传播为例》，声屏世界，2010年。
37. 李安：《中国纪录片的市场现状和发展策略》，现代传播，2005年。
38. 董岩：《中国纪录片发展的态势》，今传媒，2006年。
39. 庄明：《中国纪录片发展现状探究》，新闻爱好者，2005年。
40. 周星：《中国纪录片现状与发展问题的思考》，中国电视，2005年。
41. 孙振虎：《中国纪录片制作力量的发展方向》，现代传播，2007年。

第三章

实践论,

—— 中央电视台综艺节目回眸

实践证明,就中国电视文艺而言,别人有好的,我们也有;别人没有的,我们都有。这是一门独特的艺术门类,这是一道独特的文化景观。

打开中国电视史,随着中央电视台的前身北京电视台1958年5月1日的开播,一批冠之以第一的电视文艺节目便展现在人们眼前:

1958年5月1日,第一次直播演播室内文艺节目;

1958年6月15日,第一次直播室内电视短剧;

1958年6月26日,第一次转播剧场演出;

1958年10月1日,第一次转播广场联欢;

1960年,第一次播出春节文艺晚会;

1964年,第一次黑白录像戏曲节目;

1974年,第一次彩色录像戏曲和曲艺节目;

……

在中国电视长达20年的起步阶段,尽管国内外政治风云变幻,一种全新的文艺欣赏方式还是出现了。中央电视台的电视文艺节目逐步具备了从演播室、剧场以至广场转播文艺演出实况(以戏曲和曲艺、话剧、音乐歌舞、诗歌朗诵、群众联欢、外国文艺团体访华演出为主），直播电视短剧、文艺晚会的基本形态，并率先使用了电子录像技术。然而，由于传播方式及传播范围各种条件所限，制作手法较为简单和舞台痕迹比较明显，步履蹒跚的中国电视文艺的真正成长，尚有待全面改革开放的春天。

20世纪80年代，随着整个国家政治、经济形势的剧变，中国电视文艺进入空前繁荣的20年。中央电视台春节联欢晚会成为最具中国特色的代表性的经典之作。主题性大型文艺晚会深入人心，备受重视。以《青年歌手电视大奖赛》为代表的各种电视文艺大赛涉及器乐、舞蹈、戏曲、曲艺和谜语等方方面面。各类文艺专题栏目从无到有，以《综艺大观》为龙头的近五十个栏目兴盛一时，电视剧逐步成为观众收视的主角，电视文艺的国际交流也日益广泛。

随着电视文艺节目的全面繁荣与栏目化进程的深化，开办专业文艺频道成为大势所趋。随着一代又一代电视人的辛勤付出，从过去到现在再到将来，中国特色的电视文艺之路必将越走越宽广。实践证明，就中国电视文艺而言，别人有好的，我们也有；别人没有的，我们都有。这是一门独特的艺术门类，这是一道独特的文化景观。我们作为这一时代的亲历者和见证人，从几十年的实践中深刻体会到，有中国特色是开创和发展中国电视文艺的必由之路。

一、发展

1. 新起点：从"全国电视节目大联播"到创立"电视文艺星光奖"

改革开放给中国社会生活带来了巨大变化，电视机走进千家万户，男女老少一起收看电视节目，迅速成为中国亿万家庭文化生活最主要的方式。然而当时平均每周才有一次的剧场演出或体育比赛实况转播，根本无法满足人民群众日益增长的文化需求，中央电视台仅对北京地区试播的第三套节目亦是文体混编没有固定时段和具体预告。源源不断的电视文艺节目从何而来，既没有国际产品随手可取，又没有制作团队一家独大，而且还要面对电影公司文艺院团不断提出的版权要求。中央电视台只能对内开源，依靠我国四级办电视的体制优势，走出一条有中国特色的电视文艺之路来。

1979年9月15日至10月21日历时36天，中央电视台举办《庆祝30周年全国电视节目联播》，25个地方台推荐了100多个小时的各类节目，安排播出了70多个小时的节目，这是中国电视史上第一次大规模的节目交流活动。

1980年9月27日至10月26日，中央电视台又一次举办了《全国电视节目大联播》，从电视剧、译制片到纪录片、风光片，从音乐歌舞、戏曲杂技到各类专题节目，大大丰富了电视屏幕。

1983年7月，中央电视台在大连召开了东北片文艺节目交流会，围绕繁荣电视文艺，提高节目质量问题展开了热烈的讨论。

1984年5月，全国电视文艺座谈会在北京举行，各地电视台负责同志认真交流了电视文艺节目的创作经验，讨论了走有中国特色的电视文艺发展之路的愿景和设想，并商定了合力举办第一届全国青年歌手电视大奖赛和全国国庆文艺节目展播等重大合作项目。当年国庆期间，中央电视台举办了庆祝国庆35周年全国电视优秀奖节目展播，38个电视台的40台节目与广大电视观众见面后，在参展的节目中评出了13个优秀奖。同年11月，由各地电视台负责推荐歌手的首届全国青年歌手电视大奖赛成功举行，开创了全国电视文艺工作者合作交流的新局面。

1987年1月，中央电视台面对各地竞相举办春节节目的新态势，又开始举办全国迎春电视文艺节目展播，共有28个电视台的27台节目参加，播出总时长达1500分钟。参展节目参加了同年5月举行的首届电视文艺"星光奖"的评选，8台节目获一等奖，另有一大批在中央电视台各栏目中播出的节目亦榜上有名。各电视台的获奖代表会聚北京，登上了《今夜星光灿烂》颁奖晚会的领奖台，随后参加了首届全国电视文艺研讨会，大家各抒己见，畅所欲言，探讨如何走好有中国特色的电视文艺发展之路。

由此，以展播合作、评奖研讨系列形式进行的，中国电视文艺工作者大协作，开创有中国特色的电视文艺发展之路的新起点，展现在我们面前，并形成了中央电视台与各地方电视台长期合作的友好关系和优良传统，电视文艺"星光奖"后来也升格为由国家广电总局颁发的全国电视文艺节目的专门奖项。

2. 新标杆：中央电视台"春节联欢晚会"成为中国电视文艺代表作

1983年农历除夕中央电视台现场直播的春节联欢晚会，这一划时代的事件早已作为最有中国特色的电视文艺代表作载入史册。央视春晚30多年来常演不衰，就是因为在这一国家电视文艺的第一品牌身上，集中体现了中国电视文艺的根本特点：符合时代需求和观众心理，反映现实生活，弘扬民族文化，运用现代电视科技手段，发挥综合艺术优势，形式活泼多样，为海内外电视观众带来欢乐吉祥。

春节是中国传统农业社会文化积累的一种浓缩，凝聚了中华民族文化的情感，凝聚了中国民众对社会发展、生命意识、人文关怀的思想内涵，百姓过节的时候，都会贴对联，都喜欢红色，喜欢喜庆的气氛，而1983年的春节之所以特别，就是因为全中国改革开放的春风化雨，"实践是检验真理的唯一标准"深入人心，电视文艺工作者多年积蓄的创造力和亿万名观众日益增长的迫切需求交织于一体，"忽如一夜春风来，千树万树梨花开"。中央电视台举办除夕文艺晚会的传统早就源于20世纪60年代，1979年除夕的《迎新春文艺晚会》和1980年除夕的《80年代第一春》晚会，已具备了后来春晚的雏形。晚会主持人的出现和现场直播、观众点播的采用，则令人们耳目一新，这一极具中国特色的电视文艺形式得以一夜之间应运而生。

年年岁岁花相似，岁岁年年人不同。中央电视台一年一度的春节联欢晚会，成为一个国人话题常说常新，成为一种文化现象常驻芳华，其奥秘究竟何在呢？

解读这一央视文艺的第一品牌，谜底其实就在谜面的"春节联欢晚会"这六个字上——在春节这一特定时间，以联欢这一特定内容，用晚会这一特定形式进行的极具中国特色的继承民族文化传统、凝聚海内外华人之心、借助现代电子传媒手段打造的一场视觉盛宴与艺术狂欢。其巧妙之处在于利用了农历除夕子时这一千百年来国人除旧迎新的牢不可破的心理节点，以丰富多彩的表演艺术方式把国泰民安这一全民愿景加以放大渲染，承载起安定团结或祥和稳定或欢乐和谐等不同时代色彩的政治母题，以超越时空的东方坐标——北京时间的新春零点倒计时形成联系起中华大地上56个民族乃至全球华人的共同心理计时——"东方格林尼治"，从而完成以电视手段集结十数亿群体的超级现代祈福仪式、达到短短十秒钟欢乐高潮的全球文化传奇。这一精细的品质设计，已在1997年春晚倒计时之前的一首配乐诗朗诵《北京时间》里显露无遗，尽管有着当年香港回归祖国的特定背景，但仍能品读出央视春晚长盛不衰的超指向终极秘密。十年后的2007年除夕，央视春晚剧组负责人做演员动员时说："今天你们的表情不是你们自己的，而是中华民族的表情，今天你的表情是所有中国人对一年来的工作及生活进行总结的表情，所以你没有理由，仅仅带着个人的理解去表演，你应该带着全中华民族的理解，带着一年来中国人成功的喜悦、中国人自信的神情去登台。之所以这样说是因为，世界上有许多国家的人们，都要通过春节联欢晚会来分析这一年中国的发展状况，和睦、和美、和顺、和谐的主题要求，就是我们春节联欢晚会的宗旨。"由此可见，"北京时间"和"中国表情"是我们解析春晚现象的两个关键词。

  春节联欢晚会从1983年开办至今，已经走过35年的历程。35年来，春节联欢晚会伴随无数的中国人，度过了一个又一个难忘的除夕之夜。发展到今天，春节联欢晚会越来越难办，观众的欣赏口味在不断提高，希望每年都给大家带来具有时代气息的新人新作，这是春节联欢晚会每年都会面临的一个新课题。

  如果简单地归纳起来，30多年来春节联欢晚会的发展历程，实际上就是"变"和"不变"这三个字。"变"，不断创新是央视春晚的生命力所在，是春节联欢晚会最本质的东西，就是每年的晚会都必须不断地创新。观众对于晚会的要求是希望每年都能看到一些新的节目和内容、新的面貌；每年能和头一年整个国家的发展，特别是在艺术产品的创作方面所取得的成就相吻合；与时代同步，和老百姓的心声产生强烈的共鸣，这个"变"是每年春节联欢晚会必须坚持的。"不变"，是指春节联欢晚会有一个非常重要的特点，那就是直接服务于广大电视观众，它的核心理念是喜庆和欢乐，这是春节联欢晚会30多年来不能变的基本理念。

春节联欢晚会既是中央电视台的开年所系，也是全国观众除夕之夜不可或缺的"精神大餐"。如何把今后的每一届春节联欢晚会办得更好；如何维护好这一中央电视台电视文艺的第一品牌；如何能使不同层面的电视观众，特别是青年观众，对春节联欢晚会更感兴趣；如何使春节联欢晚会的节目质量和观众的收视群体，在现有的基础上进一步增长；如何使春节联欢晚会在海内外观众心目中更具中国特色，这是我们电视文艺工作者前赴后继不断追求的长期目标。

3. 新水平：各类大型主题节目和节庆晚会精彩纷呈

20世纪80年代，现代电子技术的装备，使电视文艺工作者首先在国家大型庆典活动的现场直播中大显身手，如虎添翼。

1984年10月1日晚，中央电视台在北京天安门广场现场直播了《庆祝中华人民共和国成立35周年焰火晚会》。现场投入两辆转播车、18台摄像机、6名解说员全方位介绍晚会实况，达到了热烈、欢乐、亲切的总体效果。

1989年10月1日晚，中央电视台又在北京天安门广场现场直播了《庆祝中华人民共和国成立40周年焰火晚会》。城楼上增设的一套EFP设备，更好地保障了转播效果，突出了隆重、热烈、欢快的氛围。同时，一台题为《我爱你，中国》的专题文艺晚会呈现荧屏，以真挚的情感、宽阔的场景、恢宏的气势给观众留下深刻的印象。

1990年9月22日，中央电视台在北京工人体育场通过国际卫星向海内外现场直播了第十一届亚运会开幕式及万人团体操表演《相聚在北京》，转播中多种艺术手段融为一体，空中地面遥相呼应，场内外一片欢腾，团结、友谊、进步的亚运精神得到充分体现，中国电视文艺工作者的新水平受到海内外观众一致好评。

进入20世纪90年代，随着改革开放进一步深入发展，屏幕上各类大型主题节目和节庆晚会层出不穷且精彩纷呈，成为中国电视文艺的主流形态。《走进九月》《一切为了你》《拥抱太阳》《灿烂星空》《抗洪救灾义演》《大地深情》等作品，或讴歌时代变化，或歌颂党的生日，或赞美人间真情，总体导向鲜明、基调健康、内容丰富、形式活泼，艺术质量稳步提高，开电视文艺一代新风。

这些大型主题节目和节庆晚会，最突出的特点是主题鲜明，时代色彩强烈，深刻的思想内容与丰富的艺术形式紧密结合。如中央电视台1992年播出的纪念毛泽东《在延安文艺座谈会上的讲话》发表50周年大型文艺晚会《丰收大地》和海内外共同欢庆中秋佳节的《中秋月正圆》，这两台节目从表现形式上恰好体现了之后一段时期内电视文艺晚会发展的两个基本走向：

一是内景剧场式晚会，规模从数百人的演播厅向上千人的现代化剧场以至上万人的人民大会堂发展，成为国家级的盛大节日庆典和重大的政治活动。

1991年夏天连续奋战八昼夜赶制的赈灾义演直播晚会；

1992年欢送即将出征第25届奥运会的中国体育健儿《奥林匹克风》的晚会；

1993年9月1日播出的纪念中央电视台建立35周年文艺晚会《今宵属于你》；

1994年9月10日播出的纪念教师节十周年晚会《走进九月》；

1995年9月2日播出的纪念抗战胜利50周年大型音乐舞蹈史诗《光明赞》；

1995年7月1日播出的庆祝中国共产党成立74周年文艺晚会《七月礼赞》；

1995年9月第四次联合国世界妇女大会《相聚北京》大型文艺演出；

1995年11月25日播出的庆贺加扰电视频道开播文艺晚会《一切为

了你》；

1996年11月16日播出的为纪念中国电视文艺大发展十年的《星光灿烂》；

1997年7月2日播出的庆祝香港回归大型文艺晚会《回归颂》等，它们代表了当时中国电视文艺达到的最高水平。

二是外景广场式晚会，观众与演员成千上万，规模宏大、气势磅礴，追求大手笔的艺术风格，展现电视艺术特点。

如1993年12月26日在韶山毛泽东故居前直播的纪念毛泽东诞辰100周年文艺晚会《人间正道是沧桑》、1994年10月1日在北京天安门广场直播的《庆祝国庆45周年焰火联欢晚会》、1995年10月29日在星海音乐节开幕式上直播的万人大合唱《黄河魂》、1997年6月30日在北京天安门广场直播的《庆祝香港回归大型联欢晚会》、1997年7月1日在北京工人体育场直播的大型广场团体歌舞《欢庆香港回归》，以及陆续举办了逾百场的中央电视台"心连心"艺术团赴全国各地的慰问演出，充分展现出中国改革开放的盛世图景。

与此同时，《九曲》《毛泽东诗词》《黄山》《陈毅诗词》《抗日烽火》《百年梦归》《可爱的中国》等大型电视专题艺术片的播出，也使中国电视艺术的发展始终保持着较高的欣赏水平。跨越世纪之交，围绕重大节庆活动组织编播的大型文艺晚会节目系列，已成为中央电视台文艺节目的又一重要品牌。在国庆50周年的宣传中，1999年9月28日晚由中央五部委联合主办的国家级庆典活动大型文艺晚会《祖国颂》在人民大会堂现场直播，受到国内外观众的广泛好评。中共中央、国务院的通令嘉奖中说"《祖国颂》大型文艺演出结构宏大、制作精美、气势磅礴、高潮迭起，给人以振奋、给人以激励、给人以力量"。10月1日晚，在北京天安门广场直播的《国庆焰火晚会》展示了全国各地包括港澳地区十余个城市的普天同庆，既充分体现了现场组织的大型演出，又调动电视手段插入自己精心设计和创作的节目。同时还制作和播出了大型文艺晚会《江山如此多娇》，歌唱伟大祖国 50 年金色历程；讲述改革开放二十载春天的故事；礼赞世纪中国十二亿人豪迈的情怀。以精彩的文艺节目为主体，与生动感人的专题性、新闻性访谈相结合；突出电视特点，内外景跨时空交错；辉煌庆典的昂扬基调中不失浪漫与抒情的风格。澳门回归之际，中央电视台12月19日晚在天安门广场倒计时牌下直播了《迎接澳门回归大型群众联欢》活动，12月20日直播了在首都体育馆举办的首都人民庆祝澳门回归大型文艺晚会《中华日月明》，12月21日直播了在人民大会堂举办的《庆祝澳门回归大型音乐会》。

2001年庆祝建党80周年之际，中央电视台在人民大会堂录制了《光辉的路程——庆祝中国共产党建党80周年大型京剧交响音乐会》，在中国共产党的诞生地之一嘉兴南湖，"心连心"艺术团举办了特别演出《你是一面旗帜》，场面壮观，气氛热烈。同时《红旗颂》《东方之光诗歌朗诵会》《历史丰碑朗诵音乐会》《欢歌相聚在七月》《我们在党旗上闪光》《灯塔颂》《革命人永远是年轻》《七月赞歌》《中华根 华夏情文艺晚会》《献给母亲的辉煌》等一大批节目陆续播出。

2005年为纪念中国人民抗日战争暨世界反法西斯战争胜利60周年播出的大型文艺晚会《为了正义与和平》、数千名各界群众放声高歌的《爱我中华——抗战歌曲大联唱》大型群众文艺活动、由海峡两岸艺人联袂演绎的史诗性大型文艺晚会《中华情——纪念台湾光复60周年》，三场晚会共同揭示了中华民族取得抗日战争胜利的根本原因，表达了中华民族牢记历史、不忘过去、珍爱和平、开创未来的坚定意志，抒发了13亿中华儿女团结一心，为实现中华民族伟大复兴而努力奋斗的壮志豪情。

围绕重大节庆活动组织编播的大型文艺晚会节目系列，这一中央电视台文艺节目的品牌战略，也有两个实施走向。

一是积极配合党和国家的重大宣传工作需求。例如，从党的十六大到党的十九大，无不是届时宣传工作的重中之重。按照文艺宣传要充分营造好整体氛围的要求和"浓墨重彩、营造氛围、打造精细、激动人心"的指导方针，充分展示电视文化艺术的特殊魅力，用观众喜闻乐见的艺术形式来感染人、教育人、鼓舞人。以宣传改革开放的重大成果，彰显党的建设的辉煌成就为主题，发挥电视文艺特有的传播广泛、平易近人的特点，将歌颂党的宣传内容以丰富多彩的艺术形式传播出去，使宣传作用达到最大化，产生"润物细无声"的实效。为此，中央电视台从前期的预热、欢庆召开到圆满结束，分阶段、分层次、分步骤地实施，力求活泼欢快，风格多样。大型综艺活动是营造节日喜庆氛围最有效的艺术手段之一，同时关注文艺栏目的整体开发，充分发挥名牌栏目的品牌效应，推出各种系列节目，以形成文艺宣传的规模格局。相关栏目立足于发挥自身的优势，精心打造，全力出击，绘制一个又一个精彩的节目篇章奉献给观众。为了更好地突出宣传效果，还在频道的包装上下功夫，制作主题宣传片分时段滚动播出，形成频道宣传布局的整体化。

二是走进基层、贴近群众，始终保持与广大人民群众的血肉关系，保持"为有源头活水来"的艺术创作活力。这一方面，陆续举办了逾百场的，中央电视台"心连心"艺术团赴全国各地的慰问演出，是最具典型性的代表。

1996年春天在中宣部直接指导下成立的中央电视台"心连心"艺术团，坚持"三贴近"原则，坚持改革创新，带领德艺双馨的艺术家深入群众、深入生活，为革命老区、少数民族地区、祖国边疆、贫困地区的广大人民群众带去党中央、国务院的亲切关怀，带去丰富多彩的精神文化大餐，同时充分展示当地历史、文化和经济发展情况，以及当地人民群众的精神风貌，为进一步推动社会主义文化大发展大繁荣作出了应有贡献。"心连心"艺术团深入基层的慰问演出活动，声势浩大，影响广泛，一直深受各地人民群众的热烈欢迎。

1996年"心连心"艺术团在河北西柏坡的田间地头举办了《沃野春潮》、在北京第一机床厂举办了《五月花正红》、赴江西井冈山革命根据地举办了《永远的深情》、在北京大学举办了《七月歌如潮》、在北京军区某部举办了《我是一个兵》、赴革命圣地陕西延安举办了《延安颂》六场演出。

1997年"心连心"艺术团又进行了五场慰问演出，赴贵州革命历史名城遵义的《山水情思》、赴黑龙江大庆油田的《劳动赞》、赴湖北宜昌三峡工地的《和祖国心连心》、赴湖南韶山的《情满潇湘》以及赴回归后的香港的《万水千山总是情》。

1998年"心连心"艺术团分别在广西百色为纪念邓小平逝世一周年举办了《百色情思》,在江苏淮安为纪念周恩来诞辰100周年举办了《百年丰碑》、在辽宁鞍山为庆祝五一国际劳动节举办了《五月礼赞》三场演出。

1999年中央电视台成功组织了五场"心连心"慰问演出:《飞向太空的赞歌》——赴西昌卫星发射中心慰问演出,《情系太行》——赴山西左权县慰问演出,《情深意长》——赴云南禄劝县慰问演出,《同心唱祖国》——赴西藏慰问演出,《心连心文艺晚会》——中南海怀仁堂汇报演出。

2000年,"心连心"艺术团先后赴福建闽西古田、中国一汽、内蒙古包头、山东临沂、西安杨林和澳门等地进行了五次慰问演出。

2001年,"心连心"艺术团赴浙江嘉兴南湖进行慰问演出。

2002年,"心连心"艺术团分别赴海南文昌、天津渤海湾、河南郑州、沈阳中航、黑龙江伊春、吉林延边和临江,以及甘肃庆阳、安徽大别山老区和江西萍乡10个地区进行慰问演出。

2003年,"心连心"艺术团先后赴云南文山壮族苗族自治州、宁夏回族自治区、重庆三峡、江苏兴化等地进行慰问演出。

2004年,"心连心"艺术团举办了赴浙江温州、河北西柏坡、内蒙古赤峰、山东威海、湖南张家界、广东清远、四川广安、江苏东海科钻基地、新疆生产建设兵团9次慰问演出。

2005年,"心连心"艺术团分赴广西河池、山西长治、江西赣州、四川阿坝、辽宁丹东及中国酒泉卫星发射中心进行慰问演出。

2006年,"心连心"艺术团分赴福建湄州、泉州、甘肃会宁、上海宝钢、湖南郴州、四川仪陇进行慰问演出。

2007年,"心连心"艺术团又分赴北京的奥运工地、辽宁抚顺的棚户区改造现场、黑龙江佳木斯的"北大荒"粮仓和江西井冈山的革命根据地、山东莱芜的解放区战场以及南水北调施工现场湖北丹江口和河南南阳进行了慰问演出。

"心连心"艺术团将精彩的电视文艺节目、将党和国家的关怀送到革命老区、各界人民群众身边，受到广泛热烈的欢迎。他们通过充满激情的表演，一次次掀起基层文艺宣传的新高潮，共同营造了团结向上、和谐真挚的宣传氛围，使党中央、国务院与各族人民心心相连的亲情得以不断深化和升华。中央领导同志指出："心连心"是中央电视台服务基层、贴近群众的知名品牌，有很高的知名度和影响力。要很好总结经验、周密策划、提升质量、增强效果，不负人民群众的期望。"心连心"演出充分体现了"三贴近"原则，强化了电视文艺品牌建设的文化含量与公益品质，体现出责任感与使命感是这一公益性演出的核心价值所在。

"心连心"在演出形式和组织方法上不断进行改革，既强调"变脸与瘦身"，又突出"朴素与真情"。演出形式突出"变脸"，主会场的演出地点设到乡镇一级，小分队演出设到村寨一级并将比例调整到50%，增加了一些适宜村头乡间演出的节目零距离演出；在后期编排上打破传统模式，以文艺娱乐性与新闻纪实性相结合，前期拍摄与后期剪辑相结合，现场演出与电视手段相结合；组织方式上精减人员，突出"瘦身"，取消迎来送往等与演出关系不大的活动，得到各级领导和广大观众的一致肯定。

这些大型晚会、大型节目和大型活动不仅为广大电视观众带来高雅的视听享受，充分体现了中国电视文艺节目的高水准、高立意与高品位，其有中国特色的品牌意义，在于充分发挥了电视文艺宣传重要的引导功能与示范作用，为全国媒体文艺宣传做出了良好表率。

4. 新局面：以青年歌手电视大奖赛为代表的竞赛节目层出不穷

各类电视文艺竞赛活动的举办和节目播出，是有中国特色的电视文艺事业发展中的重要创新举措，它具有专业性和广泛性结合、普及性与竞争性结合的显著特点，既推动了其艺术门类的发展，又繁荣了电视屏幕；既促进了文艺创作，又满足了观众需求。这类节目首推以全国青年歌手电视大奖赛为代表。

实践论

> 邹友开 胡迎节

1984年5月在北京举行的全国电视文艺座谈会上，中央电视台与各地电视台负责同志商定了合力举办第一届全国青年歌手电视大奖赛等重大合作项目。同年11月，由各地电视台负责推荐歌手，中央电视台组织演出直播的首届全国青年歌手电视大奖赛成功举办。

从1986年的第二届全国青年歌手电视大奖赛起，比赛分专业组和业余组进行，并开创了民族、美声、通俗三种唱法划分，既尊重音乐艺术规律，又突出电视艺术特点。现场打分、公开亮分、专家点评、观众参与、气氛热烈、现场直播，既取得了良好的屏幕效果，又推动了声乐艺术的发展，对培养和发现声乐人才，普及音乐知识，提高观众欣赏水平，活跃群众性歌咏活动，都起到了积极的推动作用。

全国青年歌手电视大奖赛隔年举办，持续不断，靠进一步创新来保证观众的收视热情。2002年五一节日期间，打破常规，利用长假连续现场直播了八场第十届全国青年歌手电视大奖赛（业余组）比赛。

2006年举办的第十二届全国青年歌手电视大奖赛，进一步强化国家级赛事的专业性、权威性和严肃性，在赛事科学性、规范性和观赏性上创新求变，进行多方面的全新改革，在美声、通俗、民族三种唱法的基础上，又新增了组合和原生态两种新的演唱形式，使比赛更富竞争性、观赏性，达到了唱法多样性与风格独特性的有机统一。特别是原生态演唱形式的设置，成为本届大赛的一大亮点，反映了国家主流媒体高度的文化自觉精神，重新唤起社会对民族音乐资源的重视，为弘扬民族文化起到积极促进作用。

2008年，第十三届全国青年歌手电视大奖赛秉承正确导向、民族精神、广泛参与、风格多样、专业标准、权威公平等原则，在比赛种类、赛程和奖项等方面，做了合理改进，在继续保留"原生态"唱法之外，新增加"合唱"的比赛环节，形成新的收视亮点，并将"通俗"唱法改成"流行"唱法。参加复赛的选手共2786人，参赛人数和规模均为历届之最。尤其是新增的"合唱"类，为群众性合唱活动提供了普及和提高的平台。

全国青年歌手电视大奖赛在突出创新特色、体现高雅品位的同时，不断加大变革力度，推出大量新人新作，真正丰富了电视荧屏，有力提升了电视文艺赛事活动的品牌效应，产生良好的社会效益，为繁荣电视文艺起到积极的促进作用。这是与中央电视台的周密策划、认真组织、严格管理分不开的，是与各地方电视台和有关参赛单位的高度重视、积极参与、精心准备分不开的，是与所有评委们的艺术良知、审美眼光、辛勤工作分不开的，更是与广大观众的热情支持和踊跃参与分不开的，它为中央电视台随后举办的各类电视文艺竞赛活动提供了宝贵的经验。

1985年首次举办"桃李杯"中国舞邀请赛；

1986年首次举办全国部分省市电视相声邀请赛；

1986年首次举办全国电视书法大赛；

1987年开始举办全国戏剧小品电视大赛；

1987年开始举办全国青年京剧演员电视大赛；

1987年举办首届"中华杯"谜语大赛；

1989年举办全国部分民族乐器"山城杯"电视大奖赛；

1992—1994年连续举办梅兰芳金奖大赛；

1993年开始举办中国音乐电视大赛；

2000年举办首届CCTV电视舞蹈大赛；

2001年开始举办全国京剧戏迷票友电视大赛；

2002年开始举办CCTV全国电视相声大赛和全国电视节目主持人大赛；

2004年举办CCTV全国喜剧小品大赛和CCTV朗诵艺术大赛；

2006年举办越剧青年演员电视挑战赛；

2007年举办CCTV民族器乐电视大赛。

中央电视台举办的这些电视文艺竞赛，是有中国特色的电视文艺的重要组成部分。举办方式不同于传统的赛事，具有鲜明的电视特点。内容丰富多彩，涵盖了各大艺术门类；形式多种多样，最大限度地满足了广大受众的欣赏需求；不仅丰富了荧屏，拉动了收视，在观众中产生较大的轰动效果，还推出了大量新人新作，弘扬了中华民族的传统文化艺术，促进了有中国特色的电视文艺事业的繁荣发展。

5. 新方向：电视文艺栏目的建设与专业文艺频道的开办

电视文艺栏目建设乃是有中国特色的电视文艺大厦的基础工程，然而20世界80年代初，中国电视屏幕上的文艺节目仍以舞台演出实况录像为主，节目长度不一，播出时间不定，没有固定的观众收视群体，当时只有《文化生活》《舞台与银幕》《戏曲常识》几个专题栏目。中央电视台为适应改革开放形势发展的需要，满足广大观众的欣赏需求，明确主攻方向，调集精兵强将，经过认真筹划和周密准备，第一批电视文艺栏目应运而生。

1984年《艺苑之花》《音乐与格言》《歌与花》《音乐与舞蹈》《曲艺与杂技》《周末文艺》等栏目陆续与观众见面。

1985年推出《戏曲欣赏》栏目。

1986年《百花园》《电视剧场》栏目相继问世。这些全新的电视文艺栏目崭露头角，使有中国特色的电视文艺形象初见端倪。

1988年，《周末文艺》分化为《文艺天地》《旋转舞台》两个栏目，开办《短剧与小品》，《文化生活》改为《花信风》。至此，中央电视台的电视文艺栏目建设基本定型。

1990年3月14日，集娱乐性、知识性、新闻性、趣味性于一体的《综艺大观》以现场直播的方式与观众见面，它以节目短、节奏快、内容精、手法巧、现场感和参与感强为突出特点而深受广大观众喜爱。视野开阔、活泼生动的《正大综艺》也于同年诞生。

1991年，改版的《旋转舞台》提高了欣赏性，《短剧与小品》《曲艺与杂技》《戏曲欣赏》升级为《人间万象》《曲苑杂坛》《九州戏苑》。

1992年，《戏曲直播》开办、《艺苑风景线》加盟。

1993年后，《东西南北中》《同一首歌》《梦想剧场》《欢乐中国行》《电视诗歌散文》《艺术人生》《文化视点》等优秀栏目成批涌现。

筚路蓝缕，十年艰辛，中央电视台的电视文艺栏目建设终于呈现全新格局。随着各专业文艺频道的开播，有中国特色的电视文艺事业发展开始进入由栏目化向频道化过渡的新阶段。

1995年11月30日,中央电视台原第三套节目由对北京地区文体节目混播的地面频道,改为向全国卫星加扰传送的文艺频道。这是中国电视第一个以娱乐节目为主的频道,节目包括电视剧、译制片、音乐电视、综艺晚会、文艺栏目和动画片。一批全新的文艺栏目出现在文艺频道中:《综艺走廊》《周末大回旋》《文艺广角》《专题文艺》《中外歌舞》《戏剧博览》《星光舞台》《音乐厅》《午夜剧场》《下周屏幕》等。

1996年1月1日,随着新办的戏曲音乐频道在第三套节目中开播,原文艺频道改在第八套节目中播出。这是为喜爱戏曲和音乐的电视观众服务的又一专业艺术频道。为了办好戏曲音乐频道,中央电视台1996年6月在北京举办了电视文艺规划研讨会,与全国各电视台协力推出更多、更好的具有时代特色和民族特点的文艺节目。7月1日频道正式上星对海内外播出,戏曲和音乐节目隔日轮换。

戏曲音乐频道中开办的栏目有:《音乐直播厅》《星星擂台》《中国音乐电视60分》《星星音乐会》《音乐知多少》《我的成名曲》《请跟我唱》《银屏歌声》《音乐电视赏析》《戏迷园地》《戏曲采风》《戏苑百家》《戏曲大舞台》《梨园群英》《名段欣赏》《知识库》等,以及《中国京剧音配像精粹》和《中国戏曲精品库》系列节目。这些栏目既有娱乐性、欣赏性,又有专题性、服务性。至此,中央电视台的各类文艺栏目扩充到47个,每周播出时间长达19124分钟。

新频道的扩张,使大量文艺栏目如雨后春笋,呈丰富多彩之势。

随着频道整体建设与形象塑造的深化,栏目的重新定位与调整提高又成为有中国特色的电视文艺事业发展的新目标。

1999年8月30日,中央电视台第三套节目进行了由戏曲音乐频道过渡为综艺频道的改版。2000年12月18日,综艺频道又遵循"弘扬优秀文化、重在文化品位、荟萃文艺精华、注重社会效益"的宗旨进行了全面改版。2003年7月,由于第一套节目的改版,一批文艺栏目调整到第三套来,综艺频道再次引入竞争机制，实行末位淘汰制进行了改版。

2004年3月29日，中央电视台音乐频道开播。遵循着"弘扬高雅艺术、严肃音乐和民族音乐"的宗旨，开办了一批具有知识性、趣味性、观赏性和引导性的系列品牌栏目，如《民歌中国》《风华国乐》《CCTV音乐厅》《经典》等，成为国内2200多个电视频道中唯一一个全天候播出中外古典音乐和民族传统音乐的专业性很强的音乐频道。

上述文艺专业频道的成功创办，使中央电视台的电视文艺宣传频道布局日益完善合理，呈现出以综合频道的精品文艺节目为龙头，综艺频道和电视剧频道为支柱，戏曲频道和音乐频道为两翼的态势，互为补充，发挥合力，广泛地满足着不同文化层次和欣赏趣味的电视观众的收视要求。中央电视台一直以弘扬主旋律、提倡多样化、创作精品节目、繁荣电视文艺为宗旨，采取扩大频道影响力、强化栏目竞争力的有效举措，持续推进频道品牌化建设进程，对频道、栏目的内容与形式进行动态整合，达到强化栏目建设、优化频道宣传的积极目的。

6. 新拓展：海外优秀节目的"引进来"与中国电视文艺"走出去"

有中国特色的电视文艺对外国文化，既不一概排斥，也不全盘吸收，借鉴外国的艺术形式、改造对我有用的外国文化、接纳外国优秀文化，正确处理好外国文化与中国文化关系，洋为中用，为我所用，创造、整理和丰富中国电视文艺内涵和外延，搭建促进中外文化交流的空中桥梁，是中国特色电视文艺又一组成部分。

洋为中用的中国电视文艺，起始于与境外国家和地区合作制作大型节目，从最初的《波恩之夜》到后来的《音乐家舞台》等，走过了一条漫长的道路。电视人在这条路上，洒下汗水，走过艰辛，同时也收获喜悦，收获甜蜜，海外国家和地区的电视同行，纷纷表示"你们的电视文艺的确与众不同"。

1986年6月，中央电视台首次参加意大利电视一台主办的《夏至世界音乐之夜》节目。

1987年5月，由青歌赛特约演员和电视制作小组组成的中国青年歌唱家艺术团访问新加坡。

1987年夏天，中央电视台与德意志联邦共和国电视一台联合制作了《北京—波恩之夜》晚会。

1988年4月，录制西班牙情歌王子胡里奥自费到中央电视台献歌。

1989年10月，中央电视台组织中国民歌艺术团赴港参加国庆演出。

1992年中央电视台与日本NHK开始联合举办《中日友好歌会》。

1993年6月，中央电视台与台湾全能制作公司和良世集团合作，通过卫星传送为台湾中华电视公司录制了综艺节目《综艺总动员》。

同年与香港卫视中文台合办了《海峡两岸中秋演唱会》。

1995年中央电视台与日本NHK合作直播了《亚洲歌坛演唱会》。

1997年7月，开始举办的《为中国喝彩》系列演出，先后在美国好莱坞、莫斯科克里姆林宫、伦敦泰晤士河畔、南非、丹麦等地进行。

1999年5月，开始与美国MTV联合举办《CCTV—MTV音乐盛典》，开始与韩国KBS联合举办《中韩歌会》。

同年10月中央电视台在北京故宫午门广场，与奥地利等欧洲四国联合举办了《音乐家舞台文艺晚会》。

2002年，开始与新加坡广播局联合举办《中新歌会》。

2006年，播出中奥萨尔茨堡之夜《音乐家舞台》。

2007年，播出《首届国际幽默大汇演》和《首届亚洲青年艺术节》。

从1995年开始，随着中央电视台文艺频道的诞生，洋为中用的中国电视文艺，开始走进栏目，从最初的《正大综艺》到后来的《佳艺大世界》《世界文化广场》等栏目，同样走了一段很长的路。

1979年1月，第一个介绍外国优秀文艺作品的《外国文艺》开办。随后《人与自然》《环球》《动物世界》《世界各地》等栏目成为常青树。

从1991年开始，每年元旦中央电视台都要转播《维也纳新年音乐会》。

1995年新生的文艺频道中，开办了一批向中国观众展示外国优秀文化的栏目，《每日佳艺》《佳艺五线间》《佳艺影院》《佳艺新视点》《外国音乐》《世界影视城》《海外剧场》《国际影院》《世界文化广场》等。

2002年《世界影视博览》《国际艺苑》栏目引进了"韦伯音乐剧盛典""意大利圣雷莫音乐会""法国戛纳电影节""加拿大喜剧节""格莱美颁奖典礼""金球奖颁奖典礼""恺撒电影奖颁奖典礼"等节目。

海外电视文艺走进栏目,说起来简单,做起来却难。阻力不是来自外部,而是在电视人自己,就看你有没有一种自信心和责任感,是创造自己特色的电视文艺还是照抄照搬。说到底,是把电视文艺看成一种寓教于乐的文化还是"娱乐至死"的商品。几经风雨的有中国特色的电视文艺,自然属于前者而非后者。

1991年开播的《正大综艺》栏目,除了栏目名称外,本是一档地道的引进版栏目。但从引进那天起,就不断地探索着,力争摆脱原版的束缚,开辟属于自己品牌的新天地。

1993年出现的音乐电视,就是美国的MTV,本是商业上用电视手段包装歌手的一种艺术形式。从引进开始,我们对MTV从形式到内容都加以改造,做到题材丰富广泛、品类多种多样,电视手段丰富,音乐表现力强,声画有机统一,创造出属于中国自己的音乐电视。

1996年第七届青歌赛中,深感业余歌手与专业歌手水平越来越接近,可给他们提供舞台的空间几乎没有。中央电视台大胆借鉴海外流行的选秀节目模式,开辟了自己新栏目,名称从最初的《星星擂台》到《星光无限》,又到《音乐擂台》,最后定格在《星光大道》。

不难看出,对待外来的电视栏目和文化,要进行改造,洋为中用,为我所用,如《正大综艺》和《中国音乐电视》。中央电视台根据时代的发展和观众的审美需求,着力打造属于中国文化品牌新栏目,如《星光大道》《中国民歌大会》《经典咏流传》等。实践证明,凡是洋为中用、为我所用者,这条路必然越走宽广;反之,凡是"拿来主义"、照抄照用者,必然是"水土不服",到头来进退维谷。

同时,以电视文艺为媒,在海外国家和地区搭建空中舞台,推广中华民族的传统文化,有利于中华文化走向世界,有利于提高中华文化在国际上的吸引力和影响力,有利于世界上各种文化的相互借鉴,取长补短,保护世界文化的多样性,促进世界文化的繁荣和发展。仅获奖节目就有:

1987年起,中央电视台连续参加了在莫斯科举办的四届民间创作"彩虹"国际电视节,《民族歌舞与杂技》在第七届电视节上,获"中国人民多种传统形式艺术专业表演奖";1989年《中国民间舞蹈——秧歌儿》在第八届电视节上,获"优秀创作奖"和"电视观众大奖";1991年《中国戏剧绝技荟萃》在第九届电视节上,获得正式等级的二等奖;1994年在第十届电视节上,《大唐舞韵》和《中国民族民间舞蹈》获得"彩虹奖"。

1988年6月,中央电视台的《金舞银饰》节目,在第二十五届"金色布拉格"国际电视节上获得"传统与民间音乐电视节目奖"。

1991年12月,在意大利阿格里琴托举办的第二十八届"皮兰德娄国际戏剧研讨会"上,中央电视台导演因录制皮兰德娄的《给她穿上漂亮衣服》室内剧,荣获"外国优秀电视导演奖"。

1992年11月,在美国南海有限公司举办的首届"南海金猴奖"评选中,中央电视台1992年春节联欢晚会获得综艺节目一等奖。

1996年6月,音乐电视《乡风乡韵》在保加利亚第六届"金天线"国际电视节上,获得"音乐的纪实和印象"特别奖;《黄河源头》在罗马尼亚第九届"金鹿杯"国际音乐节上,获得电视音乐一等奖。

1997年10月,电视舞蹈节目《黄河的故事》在亚广联第三十四届大会上,获得"文化放送亚广联娱乐奖"。

二、特性

有中国特色的电视文艺,紧贴时代的脉搏,与中华民族的文化一脉相承,与百姓的文化生活息息相关。它是一湾清泉,滋润着人们的心灵;它是一扇窗户,展现给海内外观众壮美的文化景观。

有中国特色的电视文艺既是一种民族的文化，也是一种消费文化。在社会发展日新月异的今天，在人们文化消费不断求新求变的当下，有中国特色的电视文艺，从形式到内容都需要求新求变，然而，这种形式和内容的"求新"和"求变"绝不是无规则的。回首几十年来中国电视文艺的发展史，丰富多彩的有中国特色的电视文艺与其他艺术一样特色鲜明，具备其固有的特性。

1. 时代性和导向性

中国的电视文艺从它诞生的那天起，就性质明晰，既有文艺的属性，也有新闻的属性。紧贴时代脉搏，是时代对中国电视文艺的要求，是人民对中国电视文艺的呼唤。不断地推出具有鲜明的社会主义时代精神，深刻反映现实生活，讴歌社会主义新人、新事、新风尚，是电视人责无旁贷的任务。

导向者，乃引导方向也。大到站在国家层面来说，有那么一句话，"舆论导向正确，是党和人民之福，舆论导向错误，是党和人民之祸"。小到从一个孩子成长来看，也有那么一句话，"家长的言行是孩子的表率"。两句话一个意思，就是在事物发展过程中，既要把握好方向，又要善于引导。

翻开中国电视文艺几十年的历史，每一次大的活动、每一个大型主题性节目或栏目的特别节目，都带有时代鲜明的印记。从主创者到编导们，心里印象最为深刻可能就是"导向性"三个字。这就是有中国特色电视文艺有别于其他艺术的显著特征。

从我们亲自经历的20世纪80年代以来春节晚会看，"欢乐、热烈、团结、奋进"等重大的导向性主题似乎不变，如果仔细辨析，又可以看到鲜明的时代印记。

1983年春晚，李谷一演唱的《乡恋》等。

1984年春晚，张明敏演唱的《我的中国心》、李富荣、张燮林表演的《乒乓球赛》等。

1987年春晚，费翔的歌曲《故乡的云》，徐良、王虹的歌曲《血染的风采》等。

1989年春晚，蔡红虹的歌曲《指南针》，潘安邦的歌曲《外婆的澎湖湾》和访谈《台湾老兵》等。

1990年春晚，台湾地区歌手文章的歌曲《我是风》，张晓梅的歌曲《好大一棵树》和少儿节目《京剧迪斯科》等。

1991年春晚，冯巩、牛群的相声《亚运之最》和毛阿敏的歌曲《都是一个爱》等。

1992年春晚，郁钧剑的歌曲《说句心里话》，南京军区话剧团的小品《拜年》和郭昶、潘长江、黎舒兰表演的小品《草台班子》等。

看罢细想，每一个节目，都会引出那个年代的一个故事；每一个节目，都会体现出整台晚会的时代特色。

2. 节奏性和创新性

节奏是人类一种艺术的把握。自然界中万物生长皆有节奏，人们的日常生活也是在节奏的把控下进行活动的。艺术更是如此，艺术活动久在于节奏的把握。电视艺术的节奏体现在声音和画面的变化中，包括画面的长短和转换、声音的快慢和强弱，也包括灯光、服装等色彩的变化。节奏在电视文艺中，比在任何艺术中都显得更为重要，它的特性显得尤为鲜明。

一台舞台剧，一般演两个小时；一部电影，一般演100分钟，而一集电视剧，一般是45分钟。一场演唱会，一般都在两小时以上；可一台电视晚会都在100分钟之内，从时长就可见节奏差别之大。

一首完整歌曲，一般都在4分多钟甚至超过5分钟，一旦用于电视晚会，特别是春晚，就显得长了。必须剪短，保持相对完整。这就是我们编创电视晚会时经常说的，"相对的完整必须服从整体的完整"。

如1989年春晚，中国剧院分会场有一个陆、海、空和武警战士拉歌的互动节目，6首歌曲，共2分27秒。平均每首歌曲不到30秒，可见节奏之快。1996年春晚，时间最长的节目是北京、上海和西安3个会场9个演员共同完成的小品《一个钱包》，是15分钟39秒；其次是赵丽蓉、巩汉林表演的小品《打工奇遇》13分55秒；赵本山的小品《三鞭子》，13分05秒；其中最短的是《激光琴演奏》，才2分10秒。

　　以节奏带动电视文艺的受众，以创新引领电视文艺的发展，"求新、求精、求变"，几乎成了电视人的口头禅，节奏和创新乃是有中国特色的电视文艺的生命力所在，创新在于突破、在于跨越。然而电视艺术的创新，必须遵循其固有的艺术规律。若以打破艺术规律为代价而"创新"，或以形式创新代替内容的创新，以致生搬硬套式照抄别人的所谓经验，其结果必然功败垂成。

　　如当年《正大综艺》栏目的开场语是"不看不知道，世界真奇妙"，后来改为"不看不知道，中国真奇妙"，看似只有两字差别，实则从形式到内容都发生重大变化。而《综艺大观》栏目应时代变迁和观众的要求，在十年间，前后改版在10次以上，有时一年改版两次以上。

　　创新首先是一种思想观念的创新，对中国电视媒体发展总体趋势的把握和作为国家电视台应该如何引领先进的文化发展方向。创新是中国电视文艺发展永远不竭的动力，没有创新，中国电视文艺很难发展，也很难走过20多年艰辛而辉煌的历程并取得巨大的成功。

　　创新有两个层面的意义，一是内容创新，符合时代前进的方向和社会进步的呼唤；二是主题表现的创新、艺术形式的创新、技术手段的创新，可以说创新渗透在中国电视文艺发展的方方面面，从精雕细刻的每一台重大文艺晚会，到推陈出新的每一个电视文艺栏目和不厌其烦的每一次频道改版，都令每一位电视文艺工作者刻骨铭心。然而无论什么方式的创新，必须符合党和国家总体的宣传要求，符合社会发展的要求，符合观众审美的要求，符合有中国特色的中国电视文艺发展特定的基调和氛围。

　　3. 广泛性和包容性

　　现代电视被称为第九艺术，除即时性的新闻报道、体育比赛之外，电视文艺节目显然最具这种艺术特质，而我们中国的电视文艺节目正是在与各类传统艺术的结合创新过程中，完成了脱胎换骨的自我重生，具备了全新的独立的艺术地位。

电视与文学的结合，产生了电视文学节目／电视诗歌散文；

电视与音乐的结合，产生了电视音乐节目／音乐电视；

电视与舞蹈的结合，产生了电视舞蹈节目／舞蹈电视；

电视与曲艺的结合，产生了电视曲艺节目／相声电视；

电视与美术的结合，产生了电视美术节目／电视动漫；

电视与戏剧的结合，产生了电视短剧／电视连续剧；

电视与书法的结合，产生了电视书法节目；

电视与戏曲的结合，产生了电视戏曲节目；

电视与电影的结合，产生了电视电影。

电视文艺节目品种之广泛，门类之齐全，几乎把所有其他艺术形式统统纳入麾下。电视与各种艺术结合产生新的艺术，绝不是不同艺术形式的简单叠加，而是经历了各种艺术手段综合运用且反复加工锤炼的复杂过程。

一些所谓的"四不像"节目，就是各种不同的艺术形式"杂交"后，与电视相结合产生新的节目；如杂技与舞蹈结合产生的《肩上芭蕾》；小品与相声结合产生的情景相声节目——1998春晚中冯巩、牛群的《坐享其成》；小品与舞蹈的结合产生了1997春晚中赵本山的《红高粱模特队》等。

特别值得一提的是电视诗歌散文，最初出现在地方电视台提供的综合文艺节目中，它精选当代优秀的诗歌或散文，拍摄精美的、体现作品内涵和意境的电视画面，辅之恰当的音乐、深情的诵读、精致的字幕，实现了书面的文学艺术的立体化呈现，给人更直接、更丰富、更多层次的艺术享受和审美体验。中央电视台发现这一新颖的艺术形式后，不仅把它通过《地方文艺》《文艺广角》等栏目推介给全国的电视观众，而且经过选题规划拨出专款，组织扶植各地方电视台拍摄制作，进而组建自己的创作队伍，在黄金时段开办了专门的《电视诗歌散文》栏目，并在电视文艺"星光奖"中设专项对其中的优秀作品予以表彰奖励。《电视诗歌散文》以及电视诗歌朗诵栏目《岁月如歌》的不懈探索，不仅为有中国特色的电视文艺做出了一定贡献，而且成为后来的《中国诗词大会》《朗读者》等节目的滥觞。

4. 艺术性和纪实性

艺术欣赏性是电视文艺的第一属性，中国电视文艺虽然具有新闻纪实属性，但绝不能降低艺术标准，否则，节目则成了说教，失去了艺术的魂而毫无感染力。有中国特色的电视文艺，在政治思想色彩浓厚的主题性晚会中，越是思想性强的节目，越要在艺术性上下功夫。

如1997年6月1日在黄河壶口岸边现场直播的《飞越黄河》活动和文艺节目直播中，动用直升机航拍，设置地面卫星站。整台节目因纪实性而惊险壮观，因艺术性而恢宏热烈。

1998年夏，面对大江南北同时遭受百年不遇的特大洪水，中央电视台连续直播了三台大型晚会。大型赈灾义演晚会《万众一心》明星荟萃，声势浩大，新闻纪实性突出，现场热线募捐，气氛热烈动人。另一台《为了灾区的孩子》，异曲同工，现场募捐超过四亿多元。抗洪救灾全面胜利之际，《抗洪精神颂》请来了一线记者和英模代表，感人的真人真事和高度艺术感染力的节目一起催人泪下。

再如中央电视台2003年4月29日播出的同心抗非典大型特别节目《我们众志成城》，同年7月28日播出的抗非典庆功晚会《我们一同走过》；以及2008年春的抗击冰雪专题文艺晚会《情满中国》等，这些晚会中那些讴歌越挫越坚的民族精神和互助互爱的人间真情的节目，与真切生动的现场访谈、新闻背景画面一起，达到了"激情民意、振奋人心"的效果，演出现场总会热泪纵横、掌声不断，高潮迭起、荡气回肠，受到广大观众的普遍欢迎。

在央视春晚或其他主题性晚会中，经常把感人的真实事件与抒情的文艺表演相结合，形成虚实相济的板块结构，即所谓的"集束手榴弹"或"动情点"，具有强烈情感冲击力和艺术感染力。如观众评价2008年春晚，一是抗冰雪救灾板块"凝聚民心，打动人心"；二是《农民工之歌》"温暖亲切""用真实的力量震撼人心"；三是奥运元素成为亮点，凸显"时尚性和生活化"。

5. 民族性和时尚性

鲜明的民族性是有中国特色的电视文艺的基本特征，然而电视文艺越是民族的,越要追求时尚性,既要继承传统,还要追求时尚,符合现代观众审美要求。中央电视台除了每年举办《春节联欢晚会》外,还以弘扬传统艺术、民族性突出的《春节戏曲晚会》,满足广大戏迷观众的需求;《春节歌舞晚会》则精品荟萃,形式讲究,尤其在拍摄技术和技巧上使用了高新技术,画面优美、制作精湛,追求时尚。三台晚会各具特色,相得益彰。具有开创性的《古今戏曲大汇唱》,也风靡一时,给人留下深刻印象。

又如2002年,为纪念《毛泽东同志在延安文艺座谈会上的讲话》发表60周年,中央电视台直播了京剧交响乐《杨门女将》及第二十届全国电视剧"飞天奖"和第十五届全国电视文艺"星光奖"颁奖典礼,播出了群众歌咏大会《走进新时代》和《"心连心"慰问演出暨第十届全国青年歌手电视大奖赛业余组颁奖晚会》。相关栏目也积极予以配合宣传,《文化视点》栏目重点报道宁夏大篷车艺术团、煤矿文工团、大厂评剧团、内蒙古乌兰牧骑长年深入生活;《周末喜相逢》栏目在延安、西安现场录制并播出四期节目,《综艺快报》栏目系列报道纪念《讲话》60周年专辑,共计20余集;《走进幕后》《锦绣梨园》栏目组随文化部、中国京剧院赴延安老区慰问演出团进行跟踪拍摄,制作了专题片。9月8日播出了一台"庆祝中国京剧音配像工程胜利完成专题晚会"——《盛世京剧情》,现场节目以"现场音配像"、京剧名段演唱和大型戏曲歌舞三种形式与观众见面,表现形式新颖,复原老戏园的习俗别开生面,民族性与时尚性浑然一体。

6.娱乐性和知识性

寓教于乐,寓乐于心,使欣赏者在审美的体验和感受中陶冶心灵,追求人格的真、善、美,这是有中国特色的电视文艺的题中应有之义。随着社会生活的不断进步,电视文艺中的娱乐功能大大增强,越来越多的娱乐节目,丰富了人们的观赏感受。

在中央电视台的春节联欢晚会中,小品、相声是最受观众欢迎的节目。戏剧情景小品,本是演员表演训练的功课项目,经过改造出现在综艺晚会中,喜剧性增强,效果意外火爆,成为综艺晚会的保留项目和"撒手锏"。传统的曲艺相声，经过电视化改造而焕发生机，各种电视小品、相声大赛及"脱口秀"节目层出不穷，"七天乐"系列节目在长假编排中也收到良好效果。2002年春节期间播出的4集共240分钟的特别节目《难忘今宵相约20年》，观众纷纷反映，节目精彩，常看常乐，常演常新。

电视文艺节目给观众带来欢乐的同时，不忘科学知识的传播和普及，促进全社会文化水平的提高，各类知识竞赛节目和益智节目，主要承担了这一功能，在各种综艺节目中，这种知识性也有体现。

如中央电视台1998年举办的第八届全国青年歌手电视大奖赛中，增设了现场文化知识综合素质考核环节，选手答题、专家点评成了新的屏幕焦点，丰富了比赛内容，观众兴趣盎然。

7. 参与性和互动性

广大电视观众的积极参与和大力支持，是中国电视文艺迅速发展而长盛不衰的重要原因，注重节目中的互动效果，是有中国特色电视文艺的又一显著特征，这种参与性在新兴的选秀节目中体现更为明显。

如1990年开播的《综艺大观》，集娱乐性、知识性、新闻性、趣味性于一体，采用现场直播的方式，以节目短、节奏快、内容精、手法巧、现场感和参与感强为突出特点，设立了《请你参加》《送你一支歌》等小栏目，主持人亲切和蔼地与现场观众互动，从而深受广大电视观众喜爱。

又如2000年举办的第九届全国青年歌手电视大奖赛，进行了大胆的改进和创新。如监审组的设立、电话热线的开通、第二现场的穿插点评、综合素质考核趋于规范等，使节目的参与性和互动性大大增强。

回首过往，有中国特色的电视文艺的创立和发展过程，与全国人民在党的领导下，建设有中国特色的社会主义事业的伟大征程完全同步。展望未来，在新时代无限光明的前景里，有中国特色的电视文艺之路，必将越走越宽广。

参考文献：

杨伟光：《中央电视台发展史》（1958-1977），中国广播电视出版社，2008年。

赵化勇：《中央电视台发展史》（1998-2008），中国广播电视出版社，2008年。

第四章 剧评论

中国电视剧艺术在弘扬中国传统优秀文化的践行上,不是故步自封的,而是与时俱进的。这也和中国文化历久弥新、不断往前发展的脚步相适应。

中国电视走过风风雨雨60年,已成为中国最广泛受众的艺术形式,尤其是改革开放40年来,被誉为生活第四餐的电视艺术,为人民群众极大丰富了文化生活,带来了持续性的审美享受。中国电视艺术的繁荣发展,离不开电视人的积极进取和努力创新,也可以说是电视艺术这一独特的形式与特质成就了电视艺术的生命力。

电视艺术本体特征决定了其传播的广谱性、发散性,媒介平台、传播渠道、节目制作的技术变革又助推电视艺术的不断发展、繁荣。

电视艺术的本质特征是视听艺术。而视听语言在直观表达方面的优势,使电视艺术作品能够更加贴近受众对世界、人生、社会、事业、家庭、生活等在生理、心理层面的感受。以最能体现电视艺术特征、受众面最广泛的电视剧来说,影响深远的四大名著的改编,一经问世,电视剧的具象化人物,瞬间终止了人们数百年来对小说中人物的无限遐想,观众从此定格在了电视剧的人物形象上。一提起孙悟空,必想到六小龄童;一谈到《红楼梦》,脑海里的林黛玉就是陈晓旭那个样子。80版四大名著中的人物，已成为扎根观众脑海的根深蒂固的形象，无法撼动，以至于后来再度重拍四大名著观众不买账，包括经典名著改编电视剧《四世同堂》等。

电视剧具有文学性，但是文学却不具备具象化的视听表达，加上对于文学载体本身文字的认知、理解差异，以及对文学无限的想象空间，使文学在传播的广泛性上与电视艺术难以比较。

由于电视艺术的传播特质为电视文艺带来了广泛的受众。面对受众的社会阶层、知识结构，以及不同地域、年龄、性别的差异性，使电视艺术都能达到无障碍的传播。比如，无论你是红学专家抑或是文化不高的普通观众，都可以通过电视剧《红楼梦》，去看、去听、去感受剧中人物的悲欢离合。

电视艺术是最大众化艺术，而大众艺术并不代表其内容在思想性、内涵深度方面的降格。一个孩童可能为电视剧《西游记》中孙悟空72般变化而着迷，同样，一个学者看到了电视剧《西游记》在天马行空叙事的背后，是强烈的现实主义批判精神。每个观众都能在电视剧中找到自己的观赏兴趣。

电视艺术与戏剧等同样具有视听艺术特质的姊妹艺术，有着剧情、人物、叙事方式等方面的共性，但在制作传播上，电视艺术的优势显而易见，作为舞台艺术的戏剧、话剧、歌剧、音乐剧，由于受限于舞台空间以及语言、道具等方面的限制，使传播广度不及电视艺术。比如，北方观众观看粤剧艺术，很可能因为方言隔阂而听不懂，歌剧因为使用拉丁语抬高了欣赏的门槛，话剧因为舞台空间受到限制，这些舞台艺术视听层面的广度、深度，作品的传播性都与电视艺术无法相比。

电视艺术不仅仅突破空间限制，同时，具有家庭电影属性的电视艺术在时空的延展性上，也是舞台艺术无法比拟的。即便作为当代视听艺术最有影响力的电影艺术，也因为影院、银幕数量、放映时间的局限，以及对于电影硬件、软件的要求，使其与电视艺术在传播的广谱性上有着巨大差距，更无法做到电视艺术随时开机随时观看的特性。因此，尽管电视艺术从视听效果层面达不到电影艺术效果，但是电视艺术以家庭为传播对象的特点，使电视艺术比电影艺术更具有广泛的传播性、即时性和贴近性。

　　根据相关数据统计，20世纪八九十年代，中国电视人口混合覆盖率达到80.7%，90年代初，全国电视机保有量达到2亿台。这些数字充分验证了电视艺术传播的广谱性与发散性。与此同时，媒介平台、传播渠道、节目制作的技术变革中，又助推了电视艺术的不断发展、繁荣，尤其是改革开放的40年，电视事业的加速度发展，使电视艺术迎来空前繁荣期。

　　从观看电视艺术的载体电视机的发展看，从黑白电视到彩色电视，再到液晶、平板电视、高清电视，可谓一日千里，在视听效果上不断进步，为观众带来惊喜。电视台从几家到几十家上星卫视，还有上百家地方电视台，观众手中的遥控器自由地选择、换台。与之同步发展的电视传播技术，从模拟信号发展到数字信号，再到机顶盒，乃至网络电视。

　　对于电视艺术来说，虽然越来越多的年轻人不再像父辈一样，每天下班守在电视机旁，但是并不代表他们对于电视艺术的内容不再关注。改变的不过是从电视机前被动接受电视艺术，转而通过网络、移动终端，在工作、生活节奏越来越快的当下，充分利用碎片化的休闲时间来选择喜爱的电视艺术。比如广受好评的《人民的名义》，不仅得到中老年观众在电视机前的热烈追捧，同时，"80后"、"90后"也通过网络、手机等移动终端追剧。特别是电视艺术传播平台的渠道扩张，以往通过网络看剧而出现的卡壳、拖曳、模糊成为过去，带宽与网速的大幅度提升，流畅、高清、蓝光不断提升观众在网络观看电视艺术的视听享受。而中国作为世界领先无线网络的普及国家，我们在机场、餐厅、酒店等公共场所中，只要有无线WiFi，不需要提前下载，就可以随时随地利用移动终端观看电视节目。可以肯定，电视艺术不仅没有因为新媒体崛起而没落，相反电视艺术通过更广泛的传播渠道渗入百姓生活的方方面面。

　　随着电视技术的发展和进步，电视节目制作的效率更高、质量更好，如3D动画、计算机非线性编辑以及现实虚拟技术这些当前先进的电视技术，紧紧围绕着艺术创造，将电视艺术的表现力大大加强，给观众不断带来全新的视听感受，提升了电视节目的观赏质量。

再如新版电视剧《西游记》与83版电视剧《西游记》相比，电视技术的进步为这部新版魔幻题材电视剧增强了表现力和观赏性。最重要的是，电视技术的发展对电视艺术创作观念带来了颠覆性的转变，为电视艺术的想象力、创造力提供了良好的发展空间。

近些年兴起的魔幻剧、玄幻剧、穿越剧、科幻剧都是电视技术的受益者。当然，电视艺术性不能让电视技术绑架和过分地强调途径依赖，否则，将出现本末倒置和电视艺术内容的空心化。

由于国家主管部门关于"制播分离"的政策实施和民间资本的介入，更加使电视艺术的内容制作空前繁荣。如电视剧、综艺、真人秀等电视艺术在内容选择、目标受众、制作方式等方面越来越专业化、定制化。

以电视综艺类节目为例，文化类节目《朗读者》《中国诗词大会》《国家宝藏》《见字如面》《经典咏流传》《谢谢了，我的家》，选秀综艺类节目《超级女声》《中国好声音》《中国好歌曲》，真人秀节目《爸爸去哪儿》《奔跑吧兄弟》，综艺节目《春节联欢晚会》《快乐大本营》《天天向上》，以及各种访谈类、益智类、婚恋类节目等，每一档节目都有不同年龄段、不同审美喜好的观众。

在电视内容空前繁荣、传播方式多样化的当下，电视艺术也越来越从"让我看什么"到"我要看什么"的转变。举个明显例子，20世纪八九十年代，电视综艺类节目估计留下印象最深刻的只有《正大综艺》和《综艺大观》了，电视台提供什么，观众只能看什么。又如近年来各级卫视春晚的关注度下降，并不是观众远离了电视艺术，不喜欢春晚了，而是电视节目的丰富性使电视机前的观众有了更多自主选择，这种选择的多样性，恰恰就是电视艺术内容不断丰富、传播渠道更加广泛的结果。

电视剧作为中国电视艺术的核心艺术，其在艺术层面的特质更可以体现中国电视艺术的独特性和审美特质。中国电视剧艺术在凸显社会主义核心价值观前提下，其内核体现的是以儒家思想为主的东方哲学主导下的中华传统文化，所涵盖的社会、家庭伦理道德，是中华民族悠久文化历史的必然反映，也是中华民族在民族性上的体现，同时，这种传统文化基因特质又和不断发展的时代审美碰撞、交融，使中国电视剧思想性与时俱进，艺术性不断创新，在发展进取中吐露芬芳。

中国电视于1958年开播以来，就成为中国当代政治、文化与传媒中的主体形态之一，传递社会主流价值，实现宣传、教育、娱乐、服务等方面的功能，电视剧艺术也成为人们思考、聚焦、提取和储存能量的中心。

中国电视剧艺术具有强烈的时代烙印。这种时代性特征是和新中国发展不同历史阶段密不可分的。

中国电视艺术大致可分为三个历史阶段，第一个历史阶段是1958年中国第一部电视剧《一口菜饼子》诞生到"文革"，这个阶段可以看作中国电视剧的初创期。可以说，在中国电视剧的初创期，中国电视剧艺术就是党和国家在"文艺战线上的轻骑兵"。因此，在电视剧艺术体现上，更多为意识形态服务，以"教化"为首要职能。

以1958年第一部电视剧《一口菜饼子》为例，该剧根据《新观察》杂志上刊登的同名小说改编而成。影片塑造了一个忆苦思甜承受了生活重压，为救女儿而省下仅有的一口菜饼子，最后死在饥寒交迫之中的伟大母亲的形象，提醒人们不要忘记过去苦难生活。显而易见，在那样一个物质生活非常贫乏的年代里，选择这样的题材作为中国电视剧的开山之作，也是为了配合党中央关于"忆苦思甜""节约粮食"的宣传精神。值得一提的是，该剧制作过程类似当代室内情景剧，但是，这部只有20分钟长的电视剧却是以演员的调度和表演都是按照镜头艺术的要求进行处理，通过摄像机和话筒把声音和图像变成信号，由导演切换组接直接播放出去，其难度可想而知。

同年9月，在报道上海广慈医院抢救严重烧伤工人邱财康的真实事迹的第二天，北京电视台据此以最快的速度编写了《党救活了他》一剧。

这个阶段的电视剧创作，抛开拍摄播出条件外，其反映的是革命和生产中的英雄事迹、好人好事，以教化的方式对广大人民群众宣传党和政府的大政方针,传递社会主义国家的集体意识、爱国精神,体现民族自我觉醒意识,呼唤家国情怀和新中国老百姓当家做主的自豪感。

在此,初创期的中国电视剧艺术强烈的意识形态烙印,不仅和新中国的文化艺术政策和创作环境有关系,也是和国内外政治军事形式相关。

从国内看,新中国政权尽管初步稳定,但是诸如面对敌特残留势力、西方经济封锁等问题,面对国内大干社会主义的高潮,我们最为迫切的是要全国上下团结一心。

而在国际上,"二战"后东西方阵营泾渭分明,处于"冷战"状态。"冷战"不仅仅是政治、军事、外交的斗争,意识形态斗争也是一个重要战场。这些综合性因素,就决定了这个时期的中国电视剧艺术不可能提供给大众过多的娱乐化审美需求,而更多需要为国家的对外对内政治和意识形态服务为首要。

第二个历史阶段是"文革"期间,电视剧艺术发展陷入停滞期。这个时期,只拍摄了《考场上的反修斗争》《公社党委书记的女儿》《神圣的职责》《三家亲》四部电视剧。尽管《公社党委书记的女儿》《神圣的职责》是彩色电视剧,但是电视技术手段的发展,无法替代电视剧艺术本体。"以阶级斗争为纲,纲举目张"是任何艺术形式在此阶段无法回避的。

第三个历史阶段是从改革开放到当下这40年,中国电视剧艺术进入发展、繁荣期。其艺术表达的思想性也从初创期的"教化"到"寓教于乐",从政治权力的顶层俯瞰角度到关注社会鲜活个体生活体验的平民化视角,在弘扬社会主义核心价值观,唱响主旋律,凸显正能量的原则下,更加关注电视剧艺术的故事性、情节的悬念性、人物角色的复杂性,并充分考虑到观众对电视剧艺术在观赏层面的需求。

因此,中国改革开放的40年,也是电视剧艺术进取创新的40年,其创作高潮迭起,作品数量不断突破。

从20世纪80年代初开始,改革开放,国门打开,国内观众看到了来自欧美以及中国港台的电视剧。如美国电视剧《大西洋底来的人》《加里森敢死队》，紧张刺激的剧情，超乎国人的想象力，精彩的战斗爆破场面，吸引了众多观众的眼球；同时，港台地区的《霍元甲》《上海滩》《射雕英雄传》，不仅剧情引人入胜，内容又是反映中国传统文化中的侠义文化，加上精美的服饰，演员出色的表演，一经播出，轰动一时。

然而，中国改革开放后，可以载入电视剧发展史的第一部现象级作品，既不是科幻、战争、历史剧，也不是武侠、功夫、刑侦剧，而是诉说都市普通老百姓情感故事的婚姻家庭剧《渴望》。该剧当时引爆了荧屏，当时"举国皆哀刘慧芳，举国皆骂王沪生，万众皆叹宋大成"，出现了真正的万人空巷。

《渴望》最大的成功在于，该剧将平民百姓人性中的善恶美丑有机地融入社会大时代的背景中，感情真切、台词生活化，加上演员的出色表演，具有了极高的社会审美价值。当时刘慧芳的发型、衣着一度成为年轻女性的模板，男青年交女朋友、老百姓家里娶儿媳妇都要以刘慧芳为标准，虽然这些要求不切实际，但可以此看出，一部电视剧对人们生活的重要影响。

整个20世纪80年代到90年代，中国电视剧艺术透露社会反思、朴素、真诚、以人为本的气质。当时，从政治经济、思想意识形态等领域从上而下的改革开放，文化艺术领域也出现了的百花齐放、百家争鸣，为中国电视剧艺术提供了良好的外部环境和自由生长的土壤。

一如文学领域的"伤痕文学"和美术领域的"85新潮"一样。社会批判精神和对"文革"的反思，继而在痛苦的自我否定的忧患意识中寻求精神层面的放飞与艺术层面的突破，这种反思和自我批判精神是非常难能可贵的。而且这种忧患、反思、自我批判意识某种程度上是和"五四精神"一脉相承的，也为后来30年中国电视剧艺术的发展提供了强大的思想基石。

当时电视剧创作的这种自我批判和反思的创作理念的外延体现在两个方面：

一是眼睛向内看。无论是《蹉跎岁月》的知青体，还是反映"文革"流毒对青少年影响的《寻找回来的世界》，抑或是《便衣警察》，都大获成功。这些电视剧不管是英雄叙事的平民化视角，还是对于社会个体命运的关注，其艺术核心在于对社会、体制反思过程中,撕开人们记忆伤疤下艺术层面的解构,那么,在此基础之上,再塑社会秩序与重构社会道德伦理,这是这个阶段中国电视剧艺术的本质诉求。

二是眼睛向外看。比如《北京人在纽约》这部极具影响力电视剧,不仅受到平民百姓的追捧,同时在文化界和广大知识分子间获得强烈反响。剧中美国纽约的高楼大厦和繁荣景象给观众带来强烈的震撼,而国内长久以来的政治斗争和对经济的僵化管控,使观看该剧的观众更加体会到以经济建设为中心的思想内涵,以及对于国家改革开放搞活经济的渴望。

值得肯定的是,《北京人在纽约》在展现美国的强大同时,主创没有陷入非此即彼的窠臼。"冷战"结束,随着苏联解体,整个东方社会主义阵营轰然倒塌,世界秩序由"美苏两极争霸"以及东西方两个阵营的微妙平衡,变成美国一家独大,这种巨大的冲击不仅体现在东欧政治剧变,同时在思想、文化艺术等意识形态领域,也给世界和国人带来巨大的思想冲击。但是,中国坚守住了自己的信念,坚持走自己的改革开放道路,事实证明这是最符合中国的发展道路。在《北京人在纽约》中,主创冷静的剖析了强大繁荣的美国背后存在的社会游戏规则以及诸多问题,比如主人公到了纽约投奔亲戚,却被亲戚安排在地下室便不管不问,当然一方面反映了在资本主义社会一切靠自己奋斗这样的社会法则;另一方面也反映了资本主义社会金钱至上的冷酷和亲情的缺失。《北京人在纽约》这部电视剧的意义在于,国人不再只将眼睛盯住自己这一亩三分地,而是开始关注世界、走向世界。

改革开放的推进,使社会个体不再仅仅是依附于体制下的螺丝钉,不同发展路径使个体在社会中的存在价值出现多样化,同时,家庭替代单位越来越成为社会最基本的构成细胞。电视剧艺术对于家庭和家庭成员的命运关注越发凸显,而传统中国文化中家庭与土地的紧密联系,随着改革开放,打工潮的涌动,也不断冲击家庭的稳定性。

在家庭中,中国女性长久以来作为家庭最重要的维系者,在工作、家庭、社会人格、家庭角色的不断切换中,给予了电视剧艺术的创作带来极具中国特色的艺术表达。

比如反映农村女性命运题材的《篱笆·女人和狗》《辘轳·女人和井》《古船·女人和井》三部曲,"离婚、分家、自由恋爱"的剧情叙事,其实就是在反映改革开放下女性自我意识的觉醒和对个体幸福的自我追求。但是,这些与传统农村道德伦理必然发生冲突,于是,抗争、妥协、变革成了电视剧戏剧冲突的表现方式,给电视机前观众带来深深的思考。

当时,另一部反映女性题材电视剧《外来妹》,在1991年一经播出,影响巨大。《外来妹》主要描述了六个从农村到广东打工的女性命运,着力刻画女主角赵小云从一个普通的打工妹成长为一个乡镇企业的负责人的成长。这部最早反映广东地区外来打工者生活的电视剧,创下了几个第一:它是第一部反映劳资关系的电视剧,也是第一部聘请香港演员加盟的电视剧。这部电视剧涉及农村、广东、中国香港三个地域,农村象征旧的传统观念、思想意识,广东象征改革开放所需要的敢闯敢干的新观念,香港则代表我们需要追赶的目标以及与内地存在的文化冲突。由于《外来妹》凭借在文化冲突中的国人如何寻找自己的位置,如外来妹的问题,也几乎是所有中国人的问题。即便今天,这个问题依然困扰着以北上广深大都市为代表的发达地区的外来务工人员。在这个问题的背后,就是中国长期存在的城乡差距、地域差距,而弥合这些差距最终达到共同富裕,是国人全面迈进小康社会所要集体面对的。对于这种差距与矛盾的存在,也是中国电视剧现实主义创作的宝库,是电视剧从编剧、导演到演员不间断地"即时性"刻画对象。

从改革开放到20世纪90年代中期之前,中国的电视剧艺术大都以正剧形式出现,剧本也大都改编自文学作品。名著改编将那个时期的电视剧创作推向了一个新的高潮。除了名著改编热外,从知青题材、乡土题材、军旅题材,到都市家庭婚恋题材,其内容的深刻、厚重和所期望的使命感也是此阶段电视剧艺术的重要特征。

随着改革开放进入全面深化阶段,社会阶层开始分化,一部分人先富裕起来,伴随的是人们对于电视剧艺术娱乐、休闲功能的需求,以及不同社会阶层多元化审美需求的出现。那种过去"街上流行红裙子",一部电视剧万人空巷的局面难以再现,电视剧题材的多样化、类型化不断发展,如历史题材、农村题材、都市情感婚恋题材、战争、谍战、刑侦、武侠、科幻、玄幻、穿越、宫斗,等等。

从演员构成和表演特质来看,无论以拥有众多粉丝、流量明星主打的青春偶像剧还有以老戏骨为核心的实力派出演的电视剧等。电视剧不再单单以电视剧本身的生产为第一要素,而是在电视剧生产的前期,就开始以剧本特点、演员构成、目标观众等元素进行有针对性的定制化生产。同时,主流电视剧的生产也进入了规模化、工业化轨道。

中国第一部室内情景喜剧《我爱我家》横空出世,这是中国改革开放后电视剧艺术类型化的标志性作品。该剧讲述了20世纪90年代北京一个六口之家以及他们的邻里、亲朋各色人等构成的社会横断面,反映了改革开放大潮中社会上的各种类型的人物性格和市井百态。20世纪80年代,该剧是导演英达在美国留学期间,受到风靡美国的情景喜剧 *The Cosby Show* 影响,并给了英达巨大的启发。由于王朔、梁左加盟该剧,让该剧在诙谐幽默中尽显文学上的反讽意味。每每观众在被剧中人物精彩表演和极具夸张、感染力的台词逗得前仰后合时,也能于内心深处会心一笑。120集的电视剧《我爱我家》整整影响了一代人,尤其是"80后"。这部现象级电视剧作品至今依然受到人们在网络上的追捧,人们用剧中葛优等人的表演做了各种"表情包",甚至发明了"葛优瘫"这一网络用语,该剧对于国人影响之深之久远可见一斑。

专家评价,即便这部剧拿到世界范围内,依然是一部思想深刻的优秀喜剧作品,最优秀的喜剧就是那种"笑中带泪"的喜剧作品,如喜剧大师卓别林的《摩登时代》《大独裁者》就是这样的典范之作。今天,我们回过头,依然惊讶看到该剧对各色人等"改革开放现形记"的精彩捕捉刻画,还有对改革开放"泥沙俱下"现象的精准预测,以及对人性大胆的剖析。该剧的热播,包括之前引起轰动的《编辑部的故事》,带动了一批如《东北一家人》

《武林外传》《闲人马大姐》《家有儿女》等脍炙人口的情景喜剧。这些电视剧开始在人物角色塑造上，告别过去"好人"与"坏人"二元对立的脸谱化塑造模式，更多展现人物角色在人性复杂层面的多样性表达，这种艺术表达方式也越来越和世界接轨。

伴随着改革开放进入深水区，旧有的秩序、信仰、规范被打破，而新的秩序、规范乃至道德、信仰在社会剧烈变革中，不断碰撞、重塑。

因此，在这一过渡阶段的文化艺术发展进程中，作为权宜之计的解构主义被广泛运用到电视剧艺术创作中，《我爱我家》也好，戏说历史剧的《戏说乾隆》《宰相刘罗锅》也好，即便是"戴着镣铐跳舞"，都有解构主义的影子。

解构主义是作为一种设计风格的探索兴起于20世纪80年代，哲学家德里达基于对语言学中的结构主义的批判，提出了"解构主义"的理论。他的核心理论是对于结构本身的反感，认为符号本身已能够反映真实，对于单独个体的研究比对于整体结构的研究更重要。解构主义及解构主义者就是打破现有的单元化的秩序。当然这秩序并不仅仅指社会秩序，除了包括既有的社会道德秩序、婚姻秩序、伦理道德规范之外，而且还包括个人意识上的秩序，而打破秩序的目的是再创造更为合理的秩序。

长久以来，中国电视剧艺术中对于"高大全"英雄人物的塑造，现实生活中"造神"运动的流行，使普通大众限于模仿、崇拜、遵守的指导原则下。而情景喜剧、戏说历史剧的出现，更加强调社会个体的第一性，观众突然发现，皇帝也有凡人的七情六欲，宰相居然是个罗锅，和珅也有可爱一面。

接着，电视剧《还珠格格》则将这一热潮演绎到极致，大字不认几个，皇宫礼仪也不懂的浑不懔的小燕子，从宫廷闹到民间，观众与其说是对小燕子的疯狂喜爱，还不如说是坦然接受改革开放迎来的"庶民的狂欢"。

凡事过犹不及，解构主义的终极目的是秩序的重构，如果只是限于解构本身，那么，戏说的最后就是伦理道德的崩塌和信仰的迷失。这就需要我们电视艺术从业者、电视事业主管部门共同努力，反对电视剧艺术的过度娱乐化、庸俗化之风，反对以唯收视率来评判一部电视剧的优劣。反对片面以电视剧产业投资以流量明星为指标，忽视电视剧艺术从剧本、导演、演员表演的精品意识。

马克思、恩格斯所进行的文艺批评，并不是形式主义的和唯美主义的，他们总是把二者有机地结合起来，把二者看作一个有机的不可分割的整体。

因此，我们对于中国电视剧艺术的评论，必须就其在不同历史发展阶段的框架内，以遵从艺术创作规律的角度、美学的观点，将美学分析与历史分析有机统一起来。这就是为什么我们把中国电视剧艺术分为三个历史阶段来分析，具体到每部电视剧尤其是现实主义题材电视剧的艺术与美学价值的分析，要和当时的时代背景紧紧相扣的原因所在。

不仅如此，在改革开放初期，鉴于电视传播的广泛性特质，电视剧艺术的聚焦性，某种程度上，电视剧艺术对改革开放思想的引领，对大众所起到的启蒙作用不可低估。这点从世界范围来看，是西方和其他国家难以比拟的。

拥有五千年灿烂辉煌的中华文明，是世界四大文明古国中唯一延续不断的文明，其中最重要的原因就在于汉字，简言之，在中国，只要你有高中文化程度，就可以和数千年前的古人对话，就可以阅读诸子百家的著作。而这是西方表音文字所代表的文明所无法比拟的，是我们文艺工作者常说一句话：民族的就是世界的。

今天的中国已跻身世界强国。一个国家，一个民族的强大，不仅仅体现在军事、政治、经济上，更体现在文化艺术上。从这点来看，长久以来，中国的儒家思想为代表的中华文明深刻影响了日本、韩国为主的东亚，以及东南亚。中国灿烂辉煌的文化也得到中国周边国家人民的喜爱。

从电视剧艺术这个层面来说，尽管我们曾经受到美国好莱坞的影响，经历韩流的冲击。但是，我们在20世纪80年代开始，首先就从以四大名著改编为代表的历史剧向世界发出了文化自信的声音。特别是四大名著改编，反映了中国优秀传统文化电视剧的艺术核心是中华文明的博大精深，彰显东方哲学关于社会、道德、伦理的思想。

历史名著改编电视剧，最具代表的就是20世纪80年代电视连续剧《西游记》的诞生。1986年版杨洁导演的《西游记》大获成功，从1982年开始拍摄，到1986年春节一经播出，轰动全国，老少皆宜，获得了极高评价，造就了89.4%的收视率神话，至今仍是寒暑假重播最多的电视剧，重播次数超过3000次，成为一部公认的无法超越的经典。并且，该剧也得到中国港澳台、韩国、日本、新加坡、东南亚观众的热烈追捧，这部剧的播出也是横跨20世纪80年代直到21世纪，1986年播出11集，1988年播出25集，2000年《西游记续集》播出。

电视剧《西游记》之所以取得如此成就，就在于这是一部将中国传统文化中各种优秀的因素聚合在一起产生化学反应的优秀电视剧。首先，剧本取自中国四大名著之一的集浪漫主义与魔幻类型的巅峰之作《西游记》。这样一部代表中华文明的历史名著早已翻译到众多文字国家，被世界范围所熟知，其文学性、思想性不言而喻，而《西游记》章回体的叙事方式很像当下美剧，孙悟空等师徒四人取经过程的九九八十一难的描写，使观众顺畅地从任何一集切入观看，而无须了解太多的前情，这点也是美剧每集独立成片但依然前后连贯的特点。

86版电视剧《西游记》更是巧妙将中国传统戏曲艺术与电视剧艺术巧妙融合，六小龄童扮演的孙悟空惟妙惟肖，这是西方的《金刚》等通过电脑技术制作来表现猴子的形象所难以具备的，而这种融合又是那么自然不生硬。此后，《水浒传》《三国演义》《红楼梦》电视剧的出现，创造了中国电视剧艺术在名著改编上的高峰。这些电视剧不仅仅收视率高，又被再三重新改编，比如《三国演义》，新版《三国》在保持原作精神的同时，在战争场面刻画、剧情紧密度上更加贴近当下审美需求。

同时，在演员表演层面，从之前老版的话剧化表演方式转化到电影化的叙事演绎，这样，也使得剧中人物性格的丰满、复杂程度更加具有感染力。

通过以四大名著改编反映中华文化悠久历史和东方哲学思想精髓的电视剧的海内外推出，扩大了中国文化的影响力和民族文化的自信心。

中国文化历来有以古喻今的理念，四大名著以及四大名著改编的电视剧，都在托古言今，有着强烈的现实观照。如《赵氏孤儿案》《冯子材》《天下良田》《大秦帝国》等历史题材作品在弘扬中国优秀传统文化同时，突出"以史为鉴可以知兴衰"的当下与历史相互的关联性，从而用资政育人的方式，谱写历史正剧。

不仅如此，中国电视剧艺术也从当代优秀历史文学著作中寻求突破，比如改编自二月河历史巨著《康熙大帝》《雍正皇帝》《乾隆皇帝》的电视剧《康熙王朝》《雍正王朝》《乾隆王朝》，其中就有着关于改革遇到的包括既得利益者、贪官乃至保守势力阻碍的剧情，这恰恰具有强烈的观照当下的意味。

因此，中国电视剧艺术在弘扬中国传统优秀文化的践行上，不是故步自封的，而是与时俱进的。这也和中国文化历久弥新、不断往前发展的脚步相适应。

当代中国电视艺术中，还有个重要的题材资源，即"红色"革命题材电视剧。作为中国电视剧资源独特的类型，是凝结民族向心力，弘扬英雄主义、爱国主义，传承红色基因的重要艺术表现方式。

中国"红色"革命题材电视剧艺术从反映时代性上大致分为三个历史阶段；第一个历史阶段是自1840年鸦片战争开始到辛亥革命；第二个历史阶段是中国共产党成立，到中国共产党领导中国人民历经抗日战争、解放战争历史阶段；第三个历史阶段是新中国成立后反映诸如抗美援朝、建设新中国等重大革命历史事件的电视剧。

此外，从角色主体大致分为领袖人物、普通军人、地下工作者、爱国志士仁人等不同人物。比如基于中国革命真实历史创作的重大革命历史剧《寻路》《长征》《延安颂》《八路军》《东方》《解放》《解放大西南》《东方战场》《太行山上》《解放海南岛》《长征大会师》《热血军旗》《换了人间》等；表现领袖人物的具有传记色彩的《恰同学少年》《周恩来在重庆》《彭德怀元帅》《朱德元帅》《刘伯承元帅》《国家命运》等，还有纯属虚构的《亮剑》《历史的天空》《雄关漫道》等，这些作品不仅深受人民群众喜爱。也是普及历史知识特别是党史军史知识的重要渠道。

近年来,"红色"革命历史题材电视剧艺术特点也逐渐从强调革命本身和历史事件的叙事风格,到逐步更多挖掘还原革命历史背景的真实性,革命斗争的复杂性转变,人物刻画,尤其领袖人物刻画更加接地气,战争场面的呈现上,在体现战争残酷性和革命者钢铁意志同时,注重战争场面在视听冲击力和美学表达上的效果,比如在战斗中采用第一视角的拍摄方式,增强了战争场面的既视感和激烈程度。

同时,对于战争中英雄人物的典型化塑造,转变为在革命中军人所担负责任的角度去刻画。如轰动一时的《亮剑》可见一斑,剧中主人公李云龙经历了抗日战争、解放战争、抗美援朝。毫无疑问,敢打硬仗又胆略过人的李云龙,完全可以塑造成为英勇无比的共和国英雄形象。但是,我们在剧中更多感受到的是李云龙作为革命队伍中的一名职业军人,打起仗来毫不含糊,但在平时生活中,他又是一个有些粗鲁,为了自己队伍可以狡黠,追女孩子又有些浑不懔的人物。可是,观众丝毫没有因为这些枝节而降低其在自己心目中的形象,英雄身上的某些缺点也没有降低这部主旋律电视剧的艺术格调,反而使人物更加真实,更加贴近生活。

与此同时,"红色"革命题材电视剧在发展过程中,其外延不断拓展,其中最为典型的是谍战剧和当代军旅题材。如谍战剧代表作《风声》《暗算》《潜伏》《黎明之前》《独刺》《解密》《悬崖》《伪装者》《风筝》等,这些谍战剧为革命题材在艺术上的突破做出了贡献。如在刻画党的地下工作者机智勇敢同时,谍战剧以其独有的艺术特色开始注重整体电视剧情节的节奏感、紧张感、悬念感,也更加注重诸如情报传送方式、密电破译技术层面的解析。同时,对于矛盾设计、国际国内形势、敌我内部的组织框架等,有了更深的挖掘。特别在人物塑造上,如《风筝》中我党打入军统内部的"风筝"郑耀先,他同军统人员有的在抗日战争中成了生死兄弟,但是在地下斗争层面又是敌人,新中国成立后,他命运的起起伏伏,但依然初心不改。从这个角度评价,该剧是谍战剧标志性的转型之作,而且从某种意义上说,该剧从人性角度的艺术性塑造超越了传统谍战剧叙事范畴。

同时，当代军旅题材电视剧《士兵突击》《我是特种兵》《火蓝刀锋》《特勤精英》《深海利剑》《维和步兵营》等作品，切入视角都是普通士兵，更多反映他们在军营的大熔炉中，在军事训练、心理重塑过程中，不断战胜自我，超越自我，最终成为优秀士兵的故事。然而，这批剧不但展现了我军现代化的风貌，兵器、装备、训练立足于现代化战争要求，观众通过这些电视剧更加了解人民解放军担负中华民族钢铁长城的使命，增强了民族自信和自豪感。

针对一些观众产生的"红色"革命题材剧过于政治化而导致艺术性降低的固有偏见，这首先要分析此类题材电视剧的功能性。

比如美国战争类题材电视剧从《加里森敢死队》《兄弟连》到《反恐24小时》。其精良的制作、逼真的战争场面，都让观众在过足视听享受同时，不自觉被动接受剧情中美国是战争的正义一方。而美国此类电视剧就是美国的"主旋律"，那就是宣扬美国在战争、反恐中，是世界和平的守护者和世界秩序的捍卫者。

我们看到，为了扭转现实中美国的种族歧视的现状，在美剧中，都必然出现黑人种和有色人种。而这背后就是美国五角大楼和中央情报局对于美国文化和意识形态向世界输出的影子。随着中国国力不断的增强，随着我们的经济、贸易越来越和世界接轨，我们的军队所要担负的保护国人的合法利益已经不单单限于国门之内。如电影《战狼》《湄公河行动》《红海行动》火爆的票房和良好口碑，其实背后就是国人对于军队新时代的期望。

如果说，当初我们的战争题材电视剧在以往更多展现的是为了保家卫国而战、为了民族独立自由而战。那么，当下的军事题材电视剧也随着时代发展，将反恐、打击海盗、营救人质、海外撤侨等国际化元素融入进来。比如《我是特种兵》《舰在亚丁湾》《维和步兵营》等。这从另一个方面反映了中国在国际上由过去的"韬光养晦"政策，逐步过渡到"韬光养晦"和"有所作为"之上。剧中英姿飒爽的军人风采，也让越来越多年轻人投身军队，成为保家卫国的最可爱的人。

同时，通过这些电视剧，向国际展现了中国力量，这种层面的展现，是其他题材电视剧无法替代的。

中国电视剧艺术经过60年的发展，近十年来，进入电视剧艺术繁荣的成熟期。随着国家关于电视剧"制播分离"的政策实施，大量民间资本迅速涌入电视剧的制作、生产、播出。电视剧艺术进入工业化、专业化、定制化阶段。

目前，电视剧制作费用动辄过亿元，电视剧从剧本、场景、服装、道具、摄影越发精良，视听效果、情节设置、矛盾冲突逐步向电影艺术靠拢。

由于电视剧后续衍生品的开发越发成熟，电视剧演员的表演和台词风格从话剧舞台化的表演，从而过渡到根据角色人物性格、背景、行业特征，以接近角色现实性、真实性。

目前电视剧播出的平台和渠道日益扩大，从以往卫视首轮，地方、网络第二轮模式，发展到"网星同步"，甚至网络平台首播、独播。如《乡村爱情十》就是通过网站独播形式，观众既可以通过电视台追剧，也可以在网站通过会员方式高清收看无广告版。

今天，大陆电视剧的艺术整体水准全面超过港台地区。甚至像《步步惊心》《甄嬛传》《琅琊榜》《三生三世十里桃花》等以往中国香港擅长制作的古装剧，反而从大陆输出到中国港台以及日本、韩国、东南亚等国家和地区，并深受当地观众喜爱。

一批高水准的现实主义创作佳作不断涌现，如《人民的名义》《野鸭子》《白鹿原》《鸡毛飞上天》等。它们共同的特点就是文学性、思想性的厚度，都是反映现实，深入生活，都是弘扬正气、鞭挞丑恶。尽管它们有的收视率不都像那些大IP、大制作、流量明星剧火爆，但是，优良电视剧在社会效益层面给社会给观众带来影响是巨大的。

目前，中国电视剧每年制作规模在400部左右，稳居世界第一，但是，电视剧的精品数量却和巨大的产出数量不成正比。尚存在浮躁的急功近利的心态、缺乏打造精品的意识，优秀电视剧编剧人才的匮乏，以收视率论成败，深入群众生活蜻蜓点水等问题。

急功近利的心态导致跟风作品成堆。如谍战题材火了，各种谍战剧盲目跟风，既无新意，又缺乏突破。又如啼笑皆非的抗日神剧的反复出现，手榴弹炸飞机、手撕鬼子剧情出现，对抗日如此严肃的题材变成恶搞，不仅伤害抗日战士，也侮辱了观众的智商。

还有些剧唯收视率马首是瞻，导致缺乏演技的流量明星、小鲜肉一边拿着巨额片酬，一边显现的是面瘫的表演、不敬业的抠图和绿幕无原则的运用。而且，剧情动辄狗血，宫斗、穿越、魔幻、奇幻低水平层面的重复，常常出现表演幼稚化、剧情狗血化、逻辑弱智化、内容空心化、格调媚俗化倾向。

如何解决这些问题，首先要认清电视剧艺术作为艺术的重要性。正如习近平总书记在文艺座谈会上指出的，伟大的事业需要伟大精神，实现"两个一百年"奋斗目标、实现中华民族伟大复兴的中国梦这个伟大事业，文艺的作用不可替代；我们就是要从这样的高度来认识电视剧艺术的重要性和构筑中国精神的担当和责任。

当然，这些问题，都是发展中出现的问题，需要电视剧艺术各个参与方都要有强烈的精品意识，都要把电视剧的社会效益放在首位。最重要就是要深入群众生活中去，了解他们最为真实的需求，而不是闭门造车主观臆想下的悬浮于空中的现实，更不是无关痛痒的鸡毛蒜皮，要在把握时代脉搏的同时，拥有前瞻性的视野，创作出人民群众真正喜爱的电视剧艺术精品。

参考文献：

1. 周安华：《当代中国电视传媒发展现状与趋势》课程讲座。
2. 解构主义，（Deconstructivism）参考百度百科，网址：https://baike.baidu.com/item/解构主义。
3. 张天鹭： 浅谈电视节目制作技术和发展 魅力中国期刊 2010。
4. 中国产业信息网发布的《2015-2020年中国电视剧行业前景调查及投资策略分析报告》。

第五章 环境论

不同的电视节目类型共同组成了丰富多彩的中国电视环境,而不同电视节目形态随着社会历史进程的发展也呈现出不同的发展样貌,反映出社会文化的变迁。

一、电视节目环境构成的历时性梳理

自电视在中国出现以来,电视节目的环境构成也不断地发生变化。从横向角度来看,不同的电视节目类型共同组成了丰富多彩的中国电视环境。从纵向角度来看,不同电视节目形态随着社会历史进程的发展而呈现出不同的发展样貌,其背后也反映了包括人民群众文化需求的变化等丰富的社会文化现象。

因此,如果要研究中国电视文艺节目的环境构成,首先需要确定一套关于电视节目的分类标准。对此,中西方学者关注的焦点不同,西方国家对节目分类的研究是和产业发展同步进行的,虽然产业界和学界对具体节目的具体分类有一些争议,但大致有一个较为统一的划分标准,即根据文本内容,将电视节目划分为新闻、纪录片、娱乐杂志、脱口秀、肥皂剧、情景剧、喜剧和体育等几类。

在我国，也同样存在多种对电视节目的分类系统，但依据节目的内容性质，即节目的社会功能来对其进行划分的四分法比较受研究者们的青睐。这种四分法将电视节目分为新闻类节目、娱乐类节目、社教类节目和广告类节目四种类型。

鉴于此种分类方法在我国学界中最为常见，研究者在下述的分析中也将参考此种分类法，即分别对新闻类、娱乐类、社教类及服务类节目在中国电视不同的发展时期中所占据的地位进行梳理分析。

1958年是中国电视的起始之年，从这一年开始到1966年，我国电视节目的主要特点是注重思想教育、强调政治宣传、传播知识。电视主要功用为强调以"寓教于乐"的形式，以充实群众的文化生活。在节目类型上，主要以新闻类、社教类及文艺类节目为主。

作为新闻类节目，主要以1958年北京电视台（中央电视台前身）开办的《图片报道》为代表。至1960年，北京电视台开始设立固定的《电视新闻》专栏，主要播放电视台自拍的新闻片和纪录片。

相较于新闻类节目来说，电视文艺类节目则为丰富一些。1958年6月15日，北京电视台播出了我国第一部电视剧《一口菜饼子》；在此阶段，上海电视台、哈尔滨电视台、广州电视台也先后播出了本台编演的电视剧。

在这一时期，电视文艺节目另一个重要组成部分，则是转播剧场艺术。如一些传统戏曲节目，如梅兰芳主演的《穆桂英挂帅》、评剧《祥林嫂》等，都通过电视进行了播出。

当时电视文艺节目的第三大类型，则以每年央视春节晚会为代表。1960年，当时的北京电视台第一次举办播出的春节文艺晚会，奠定了后来电视综艺晚会的基本形态。

随后，在1961年8月3日和1962年1月20日，北京电视台（中央电视台前身）积极探索电视文艺节目新的形态，又相继举办了两台"笑的晚会"。

在"文革"期间,我国各级电视台文艺节目的创作和播出受到了政治环境的冲击,仅有《红灯记》《沙家浜》等"八大样板戏"可以在电视上播出。

1976年7月1日,北京电视台和全国各省级电视台联合举办了《新闻联播》,成为我国电视事业中最为重要的事件。

1978年5月1日,北京电视台正式更名为中央电视台。至此,我国电视事业开始蓬勃发展,电视节目的形式不断得到创新,节目内容也愈加丰富、深刻。特别是电视文艺类的节目创作,更是令人耳目一新。首先,是电视剧节目异军突起,其次,一批栏目性的电视文艺节目,不断从各级电视台相继涌现。

从1983年开始,中央电视台开始举办一年一度的春节联欢晚会,标志着我国电视文艺节目,开始在全国人民群众的文艺生活中占据了重要地位。

此时,在新闻节目方面,中央电视台在1980年5月,开始在《新闻联播》中增设国际新闻的报道;7月,中央电视台又开办了新闻评论性节目《观察与思考》。从此,我国新闻节目开始朝着更具广度的报道视角、更具深度的报道分析方向转变。

另外,这一时期开始,我国电视屏幕出现了对重大新闻事件的现场同步直播报道,其标志性事件是1978年6月,中央电视台对第十一届世界杯足球赛的现场直播。

在这一阶段,我国电视广告也随着经济的发展而快速增长,广告创意开始走向多样化,运用感性诉求、蕴含人情味的广告作品增多。

从1990年至今,是我国电视业发生剧烈变革的一个重要时期。市场竞争的日趋激烈,给电视媒体带来受众压力,电视频道专业化等新环境变化,都为电视节目的创作、制作提出了新要求。

在电视新闻节目方面,中央电视台《东方时空》《焦点访谈》《新闻30分》《新闻调查》等新闻栏目的开播,标志着我国电视新闻节目从深度、广度上有了飞跃。

同时,在电视文艺节目上,电视剧较之于20世纪80年代有了快速的发展,其制作更加精良,一批反映现实生活和历史题材的精品电视剧不断涌现。

在电视娱乐综艺节目方面,《快乐大本营》《开心辞典》等节目开始探索并发挥电视的大众娱乐功能;同时,《今日说法》等服务类节目开始采用杂志型板块方式,充分展现了其新闻性、服务性、知识性和娱乐性。

自20世纪90年代以来,特别要关注的是,我国电视广告类节目更加迅猛发展,并开始与国际接轨,追求创新,注重格调,由着重宣传商品信息转向文化渲染,公益性广告的比重也日渐增多。

二、电视文艺节目环境构成的影响因素

政治及政策因素是影响我国电视节目环境构成的首要因素。

我们知道,在中国共产党成立之初,就旗帜鲜明地主张要牢牢把握好意识形态领域的工作。因此,电视媒体作为党和政府的喉舌,作为集声音、图像于一体具有强大传播能力的现代媒介,更是党进行意识形态宣传工作的重要工具。

早在我国电视事业初创阶段,正是世界处于资本主义与社会主义两大阵营的激烈对抗时期。中国电视事业的起步,被赋予了意识形态宣传的政治意义,电视媒体主要作为党和政府的舆论宣传机关而存在,不论电视新闻节目还是电视文艺节目,都是国家政治宣传的重要手段。

进入改革开放后,中国开始了市场经济转型,经济制度和经济政策的重大变革波及包括文化传媒在内的诸多领域,中国电视事业从指导思想到经营管理体制,都发生了相应的变化。

此时,在指导思想上,正如1980年10月召开的第十次全国广播工作会议上所指出的,广播电视宣传应坚持"内容正确、富有思想性,形式多样,生动活泼地反映着我们这个伟大时代的脉搏"。至此,全国各级电视台开始逐渐改变以往空洞说教、宣传灌输的节目形式与内容设置。同时,在电视台经营管理体制上,以"事业单位,企业化管理"的思路作为指导,各级电视

台广告业务得以开展和发展，"四级办台"和频道内容专业化，以及多元化等一系列举措也开始实施。

如果说20世纪80年代电视事业商业化经营的最初目的在于弥补财政拨款的不足，但到20世纪90年代《关于加快发展第三产业的决定》实施，已把广播电视视为国家信息服务和文化卫生事业的重要部分，是国家发展第三产业的重点行业，产业属性进一步明确。这个历史环境的改变，对我国电视文艺的触动巨大。

此时，受众因素对电视节目环境构成影响，也在电视业走向市场化道路之后逐渐凸显。在过去以舆论宣传为主导的时代，电视在内容设置与呈现形式以及深层次的指导思想上，都坚持传者本位而几乎不考虑受众端的情况。但改革开放后，电视事业走市场化道路，尤其发展成为电视产业后，经济效益成为政治宣传任务之外首先考虑的目标。因此，在"受众商品"逻辑的支配下，各级电视台开始主动关注并满足受众多样化的需求与审美，提升收视率及完成"受众商品"的售卖，成为各级电视台要实现的市场目标。

20世纪90年代，电视业市场化速度明显加快。在这一时期，电视频道开始大幅增加，不少电视台采取了24小时播出。在电视节目的编排结构上，文艺类节目在播出时长中增长速度也最快。此外，新闻咨询类、专题服务类和教育类节目也呈上升趋势。

改革开放后的中国社会文化环境发生巨大变化，社会文化因素也是影响电视节目环境构成的重要因素之一。

一方面，改革开放以来，西方思想涌入我国社会意识形态领域，国内思想环境更加宽松，除了政治生活之外，精神文化生活的重要性逐渐受到关注；另一方面，电视媒体作为党和政府的喉舌，其角色位置一直没有改变，哪怕是走市场化道路之后，其所承担的宣传目标也始终高于市场目标。

因此，吸引更多的观众，除了有市场效益的考量外，也有利于更好地完成我党意识形态宣传工作。这与我党创办和领导的新闻传播事业的属性与使命有关，其不同之处在于，政治宣传的方式与改革开放前后有一定差异。

在这一时期，由于社会思想环境的开发与多元文化的冲撞，使以往意识形态宣传上所采取的单一灌输与说教的方式，无法继续发挥作用，而强制、直接、严肃、生硬的政治宣传已向潜移默化、润物无声的传播方式发生转变。

三、电视文艺节目与电视新闻节目的关系

由于电视新闻是以现代电子技术为传播手段，以声音、画面为传播符号，对新近或正在发生、发现的事实的报道。电视新闻类节目作为最早出现的一个电视节目种类，它题材广泛，及时传播新闻信息，对社会教育、公共服务以及舆论引导有重要作用。

而电视文艺类节目，则是运用艺术与审美思维为主的电视节目，电视文艺节目主要发挥的作用是给受众以美的感受和健康向上的精神鼓舞，并在潜移默化中影响和提高观众的审美和欣赏水平。

1. 电视新闻节目对电视文艺节目的借鉴

总的来说，电视文艺是电视和文艺的结合所产生的一种新的文艺样式；它是运用电视化的思维和手段，对各类文艺作品进行加工、综合、创造，并通过电视屏幕传播的一种别具一格的艺术形式。

综合参考不同学者对电视文艺类节目的分类，可以将电视文艺类节目细分为综艺节目、戏曲节目、文学节目、电视剧四种主要形态。

我们对电视节目的环境构成进行过历时性的梳理，从梳理中可以看出，随着社会环境的不断变化，电视节目也有了新的发展。在此发展过程中，尤其是20世纪80年代以来，不同类型的电视节目逐渐确立了自己的特色，其定位和作用都更为鲜明。

但是，在这样较为明显的分类当中，我们仍然可以发现不同类别的电视节目之间一些共通的特点。

首先，电视新闻类节目在不断发展改进的过程中，越来越多地运用艺术手法来使其形式更为活泼，从而能够帮助其更好地发挥传播信息、报道事实

的作用。

电视新闻节目借鉴艺术手法从而完善其功能发挥的几种表现总结如下：（一）强调运用视听语言传达信息；（二）在深度报道中采用更为精巧的叙事结构；（三）借鉴其他艺术种类使新闻节目艺术化。

与文字新闻报道不同，电视新闻报道的特点之一，在于它是通过电视这一独特的媒介向受众传达信息。因而，其所采用的是一种与文字所不同的特殊的艺术语言，即一套视听语言系统，这其中包括构图、光影、色彩、影调、人声、音乐、音响、造型等元素。如果我们对构图、光影、色彩和影调进行统一分析，可以将其概括成电视的视觉语言。电视新闻类节目往往通过捕捉典型形象的瞬间，让形象细节直接诉诸视觉感官，让画面加上字幕，使电视新闻可以做到字、声、画之间的相互配合，从而让受众对节目所要传达的新闻信息产生深刻印象。而人声、音乐、音响等元素的运用和画面结合，共同为受众营造出身临其境的现场感，能够帮助受众更好地理解新闻事件所发生的背景。

不仅是在传统的电视新闻节目的采编过程中可见新闻类节目对文艺节目的借鉴，在打破了传统的制作编播流程的电视新闻直播节目中，也蕴含着更内在的艺术审美追求。由于直播节目延伸拓展了演播室的空间感和新闻主播的播报风格，使处在不同地点的新闻主播和现场记者能够处在同一空间，可以进行访谈和互动。

从受众角度来说，他们可以与新闻事件进展同步，相较于传统的播报新闻，观看直播新闻的受众能够获得更具"现场感"的体验。因此，电视直播新闻能够带给受众以更强烈的体验。在这个意义上，可以说，电视新闻节目对审美的追求和文艺节目的追求达成了本质上的统一。

此外，自电视新闻类节目从以短小的简讯报道为主体，逐渐发展到出现更为丰富形式的电视深度报道以来，电视新闻中的叙事技巧也得到了更多的注意和运用。

故事的叙事技巧本来在文学和影视创作领域被较多地讨论，但随着电视新闻类节目的发展，如何在较长篇幅的深度报道节目中"讲好一个故事"也引起了制作者的注意。因此，如何在叙述中埋下伏笔、设计悬念、如何通过蒙太奇的剪接来吸引受众的注意力，使其在欣赏一个生动故事的同时，接收新闻信息并形成对新闻事件的看法等考虑，得到了电视新闻从业人员越来越多的关注。

曾任中央电视台《生活空间》制片人的陈虻，在打造这档节目时总结过纪实影像的三个功能，其中第一个就是叙事，这是电视表现手法"最基本的功能"。"它要求摄像能将全景、中景、近景、特写运用自如，表现空间关系、人与人之间的距离、心理、情感的关系，把这些关系交代清楚了，叙事的任务就完成了。"因此，在陈虻担任央视《东方时空》《生活空间》《新闻调查》等多档新闻节目制片人期间，这些节目开始逐渐探索出一条用电视镜头语言来对新闻事件进行故事化讲述的路径，并为后来的长篇深度报道提供了借鉴。

目前，电视新闻节目的故事化已经是电视新闻节目制作中不可阻挡的趋势。首先，故事化的讲述可以吸引受众对新闻事件的关注；其次，可以让受众更好地在情节的引导下理解新闻事件的全貌，主动引导观众形成对某一新闻事件的看法。

此外，直接借用其他艺术表现形式，比如评书、相声等来与新闻内容相结合，也是电视新闻与文艺相结合的一种趋势。虽然这种形式直接在电视新闻类节目中并不常见，但将新闻节目的内容与文艺节目的形式结合，在某些栏目中的尝试也有一些成功案例。比如齐鲁电视台推出的"曲艺新闻"、山东卫视推出的《百姓百事》、济南电视台的《有么说么》等栏目，将评书、相声等艺术形式播报新闻，为民生新闻的形式创新与开拓，做出了较好的尝试。

然而，在我国传媒业的"独立核算，自负盈亏"的新体制下，各级电视台加快了市场化和商业化的步伐，媒介商业竞争也日渐加剧。在此种背景下，各级电视台面临着争夺受众的巨大压力。因此，如何抓住广大受众的眼球、提高收视率、提高广告收入对各家经营电视台来说显得尤为重要。于是，在对电视新闻改革探索的背景下，如何对电视文艺节目的学习借鉴，而逐渐出现的"电视新闻娱乐化"的现象，实在令人担忧。

2. 电视新闻娱乐化现象

电视新闻节目娱乐化是指新闻与娱乐信息界限日益模糊而出现的一种现象。在国内，李良荣最先对新闻的娱乐化现象进行分析，他指出："新闻的娱乐化是指犯罪新闻、名人的风流逸事、两性纠葛。"林晖则对此一概念进行了更具体的阐释："……新闻向娱乐强行拉近，新闻与娱乐之间的界限日益模糊，即所谓的新闻娱乐化。"

具体来讲，电视新闻的娱乐化包括这样两个方面：一则在内容上软新闻数量增加，硬新闻被软处理；二则在形式上强调新闻事件的故事性、情节性、趣味性，并且运用技术性手段营造出一种轻松愉悦的氛围。

此处，我们暂且只讨论第二个方面，即电视新闻节目如何在与文艺节目互作的过程中，一定程度上改变了自身，以及在这一过程中出现的电视新闻娱乐化现象对其未来发展的影响。

随着20世纪90年代以来我国传媒政策的调整，加之市场化大潮影响，我国各级电视媒体的电视新闻开始出现一些新变化。譬如1993年中央电视台开播的《东方时空》栏目，这档新闻栏目改变了以往以播报新闻为主的新闻形式，其在形式设计上追求平民化、生活化，给予观众一种宛如在和新闻主播谈论见面一般的观感。此外，《东方时空》的子栏目《生活空间》的主旨亦和它相近，为"讲述老百姓自己的故事"。在具体内容上，《生活空间》聚焦于普通大众的生活，讲述老百姓自己的故事；在形式上，《生活空间》强调灵活运用电视视听语言来讲故事，让观众在故事中接受新闻事件的信息。

此外，在电视新闻娱乐化过程中，凤凰卫视的一系列尝试不容忽视。如《锵锵三人行》《新闻下午茶》《有报天天读》《娱乐串串烧》《新闻FUN轻松》等节目，将娱乐元素与新闻评论节目相结合，用轻松愉快的方式播报新闻，打破了以往平板严肃的播报新闻形式，给电视新闻带来了轻松活泼的气息。

随着传媒市场竞争环境愈演愈烈,电视新闻娱乐化的表现也越来越多样,不但表现在节目内容的娱乐化上,同时也表现在节目形式的娱乐化上。

一般来说,与娱乐有关的信息,往往主要通过电视文艺节目来向观众传达。但随着娱乐产业的不断发展,明星文化的盛行,电视文艺节目受到越来越多的关注。比如一档优秀的电视文艺节目往往能够迅速引起社会关注,甚至引发全民的热烈讨论。因此,在这一背景下,更多的电视新闻节目越来越愿意纳入与娱乐相关的因素,以博观众眼球。

由于娱乐新闻本来是电视新闻节目中不可或缺的一个部分,但由于电视新闻节目中娱乐新闻的比例不断上升,一方面挤占了传统"硬新闻"的位置,不利于引导观众关注真正有价值的时事信息,参与到公共事件的讨论中去;另一方面,这些娱乐新闻往往以"窥私"的方式播报明星艺人的私生活,对娱乐新闻的过分追求不仅对明星生活造成困扰,也不利于媒体公信力的塑造。

随着我国传媒的市场化改革进一步推进,全国各级电视台的新闻栏目之间的竞争也越演越烈,许多电视新闻栏目开始探索如何在讲述新闻的过程中尽可能多地吸引受众的注意力。

在这一探索过程中,故事化讲述的方式被广泛运用。比如在时长较长的深度新闻报道中,如何运用电视的镜头语言来讲述一个故事,设计悬念,埋下伏笔,制造情绪高潮,吸引受众看下去成了节目制作者们尤其关注的焦点。如著名的电视杂志栏目《东方时空》《生活空间》,长篇电视新闻节目《新闻调查》《看见》等一度都是讲述新闻故事的优秀代表。

与此同时,由于对电视新闻故事性的过度强调,也容易引发一些负面效果,如在某些民生新闻中常出现"为了吸引眼球而故意制造煽情细节"等现象。

在传统的电视新闻节目中,主持人端坐在摄像机前播报新闻是最主要的播报方式,但随着电视新闻节目与文艺节目的融合借鉴,电视新闻节目也吸收了许多电视文艺节目的方法,使其播报方式越来越活泼。

首先,在较为严肃的新闻节目中,比如《新闻联播》的主持人形象的改进,主持人与镜头之间的距离、主持人播报新闻的方式等细节都发生了变化。

而这些变化都是为了改善传统新闻播报中出现的过于严肃的风格。

其次，由于许多新闻评论性节目相继出现，传统的新闻主播变成了新闻评论员，这就要求他们采取一种和嘉宾、观众对话的平等姿态来制作节目。因此，在这类节目中，新闻表达用语往往更加口语化，需要增加了许多通俗色彩，从而加速了新闻节目的风格改造。

当下，不少具有新闻评论性质的栏目，采用了更为活泼的脱口秀形式。在这些节目中，主持人自身的风格较为明显，新闻评论的用语更加口语化（往往采用许多流行的网络用语），因而很容易吸引受众。

但值得注意的一点是，这种娱乐性较强的新闻评论节目，虽具有吸引更多受众关注新闻事件的能力，但是由于其时常采用一种调侃式的风格来对新闻事件进行解读，亦有容易分散观众对某一新闻事件中真正应该关注的议题的注意力，对本应引起更多实质性思考的新闻事件，在娱乐化的调侃中被消解了。

总的来说，电视新闻的娱乐化对电视新闻节目的发展有利有弊，其中它所引起的负面影响实质上反映的是新闻真实性与新闻故事性之间的矛盾与冲突。因此，在新闻节目中，把握客观与煽情之间的界限历来是新闻生产过程中的一个难题。真实是新闻的生命，是新闻必备的条件和存在的基础，新闻真实性原则要求新闻工作者所报道和反映的对象必须是客观存在的事实。而且这些事实中的时间、地点、人物、事件等所有细节和元素都必须准确清楚，缺一不可。

但是，在电视新闻节目在进行故事化设计的过程中，往往为了使整个新闻事件显得更加"精彩好看"，采取了设计悬念和安排冲突、突出不寻常的细节等方法。然而，这些技巧的采用本质是在对新闻事件进行"人为的裁剪"，且其"裁剪"是为了扩大戏剧性、冲突性，而非尽可能还原其全貌。由此，电视新闻的故事化讲述就可能超出"合理设计"的界限，比如某些电视新闻节目为了"情景再现"，或是为了使叙述更加完整，经常采用"摆拍"等做法，且这种做法在实际操作中常被"默认"。

电视新闻的娱乐化可能会造成另外一个后果，即电视新闻所关注的内容逐渐趋向低俗化。由于电视新闻节目在不断趋向故事化的过程中，往往非常重视"平民化"的叙述视角，打造为百姓喜闻乐见的新闻节目。但在这一过程中，电视节目往往走向了"满足观众'原始兴趣'"的方向，从而出现了一系列庸俗化的现象。

故事化的电视新闻节目，践行"受众为本"的新闻传播理念，重视以平民化的视角叙述新闻，打造通俗易懂、为百姓喜闻乐见的新闻节目，这本无可厚非。但"平民化"不能和平庸、粗俗画等号，通俗易懂也不等于低俗、粗陋。在媒体市场化运作及娱乐经济等因素的影响下，电视新闻节目的故事化无论是在内容选择还是表现形式上，都慢慢转向了满足观众"原始兴趣"的方向，逐步滋生了低俗化和庸俗化的倾向。哈贝马斯早已指出，公共领域的商业化取向将带来严重后果，在这一基础上，布迪厄更为具体地指出，一旦电视受到商业逻辑的侵蚀，电视便将走上只追求"轰动的、耸人听闻的东西"之路，最有收视效果的社会新闻将取代电视的文化品位。

善于采用故事化讲述方法的电视新闻节目往往具有较高的感染力，在引导受众了解某一新闻事件的过程中，也容易通过其巨大的影响力左右观众对社会事件的看法。诚如布迪厄在《关于电视》中所指出的，电视行业的职业眼光和内部循环往往导致同质化，因为电视人有一种特殊的"眼镜"，他们透过这特殊的"眼镜"去看世界，对某些事物视而不见，对另一些事物则片面夸大，这种选择原则有一个确定的目标："对轰动的、耸人听闻东西的追求。"

因此，如何避免电视新闻节目娱乐化现象可能带来的种种负面效果呢？

首先，电视新闻工作者要深入群众、深入实际、深入生活，不断扩大新闻信息来源，到广阔的社会生活中去寻找新闻素材和故事的"源泉"。要相信只有来自真实生活、来自基层一线的普通群众身边的家长里短和喜怒哀乐才是最精彩的故事，才是最真实的故事。

其次，在管理层面，则应该适时把握电视行业的发展形势，防止其被资本过度侵蚀,合理平衡资本等因素对电视行业的影响。

3. 电视文艺节目对电视新闻节目的影响

电视新闻类节目对电视文艺节目的影响主要体现在其制作过程中对新闻元素的借鉴。具体来说,这包括两个方面,其一表现为文艺节目在主题上结合新闻时事来进行节目创作;其二是电视文艺节目在节目制作的内容上穿插新近发生的热点事件。

由于新闻具有时间性强的特点,将新闻性注入电视文艺节目,容易吸引受众的注意,使文艺节目的传播达到"一石激起千层浪"的效果,短时间内形成一个接受的浪潮。

翟建国在《文艺节目也要抓住新闻性》中,以 2008 年北京奥运会和 2009 年国庆事件对电视文艺节目的影响为例,分析了将新闻性注入文艺节目的积极影响:"文艺节目中心的整个节目运作,以两起重大事件为契机,依托事件所激发的社会氛围,积极发挥节目的舆论导向作用,营造和谐的舆论环境,取得了较好的收视率和社会效应。"

从更为细微的角度来看,在电视文艺节目中插入新近发生的热点事件,有利于借助社会各界对热点事件的关注度,吸引更多受众关注节目。比如东方卫视的一档脱口秀节目《金星秀》,在节目制作过程中就十分注意"抓热点",在脱口秀制作的过程中加入制作人对当时的社会热点话题的评论和调侃,此种做法一方面可以为节目提供源源不断的素材,另一方面也有利于制作者们在文艺节目的制作过程中尽可能地发挥引导社会舆论的作用,实现文艺节目的审美和社会服务等多重功能。

四、电视文艺节目与电视社教类节目的关系

由于学界关于电视社教类节目虽尚未形成统一的界定,但总的来看,社教类节目是将科学文化知识与电视媒介相结合进行呈现,以传播知识、教育大众为宗旨的电视节目类型。

从整体上来说，电视文艺节目是以提高艺术审美和提供休闲娱乐为主要功能，以其艺术性内核和娱乐性、趣味性的节目呈现成为收视率最高的电视节目类型。而社教类节目则以其传递知识、教化大众的公共性成为电视节目中不可或缺的一种重要类型，对整个社会知识文化水平的提高有着不可忽视的作用。

因此，这两种节目类型只有相互配合、相辅相成，才能更好地发挥作用。作为强有力的大众传播媒介之一的电视媒介，在信息服务、教育大众、提供娱乐、增强审美等方面具有的功能着眼，电视文艺节目与社教类节目自诞生之日起就呈现出相辅相成的关系，在近年的发展中尤为明显。

1. 电视文艺节目对社会议题的关注彰显社会责任

不可否认，社会教化是电视文艺的一项重要功能，这一点在20世纪90年代电视业迅速市场化之前尤为明显。作为文学艺术，所具有的社会教化功能不言而喻，借助电视的视听呈现手段，电视文艺以更为通俗的形式将文学艺术及其背后的思想内涵向社会大众传播。与社教类节目相比，电视文艺的这种社会教育功能更加隐晦，是以一种润物无声的形式发挥着作用。由于它并不直言自己社会教化的功能，在表达上也从不采取说服教育的口吻而多偏向观众喜闻乐见的通俗形式，在内容上更是深入普通人的日常生活和内心世界，以轻松愉悦的故事与视听体验来吸引人，让人们在嬉笑怒骂中收获关于世界与生活的感悟，得到情感与心灵上的陶冶升华。可以看出，电视文艺的社会教化功能其实具有十分鲜明的审美娱乐属性，缺少教化功能支撑的娱乐性必定流于浅薄与庸俗，而没有娱乐性包装的教化功能也显得干瘪生硬。

然而，20世纪90年代开始，电视文艺节目定位开始有所转变，尤其进入21世纪后在消费文化的冲击下，电视文艺节目在形式与内容上都发生了明显变化，越来越多地取巧于明星炒作、猎奇、窥私，止步于嬉笑怒骂的表象，流于浅层的消费娱乐，而缺乏对社会现实和人的精神世界的关怀。因此，这种社会教化与价值导向功能消退，是可预见的后果之一，就是我们最终成为马尔库塞笔下的"单向度的人"，丧失对社会的思考与批评能力。

近年来，国家广电总局颁布的《关于进一步加强电视上星综合频道节目管理的意见》等一系列文件，对电视文艺节目的泛娱乐化现象做出行政上的管理，一些电视文艺节目也开始重新思考电视媒体的社会责任，主动关注社会议题。如北京卫视语言竞技真人秀《我是演说家》，从亲情、友情、理想、人生等多元话题出发，引导选手阐述观点表达情感，赋予了节目深刻内涵，集娱乐与正能量于一体；又如深圳卫视《闪亮的爸爸》回应社会对全面放开二胎政策的关注，聚焦于"80后""90后"独生子女一代在面临"孩子"这一人生抉择时的生活压力与内心纠结；湖南卫视生活角色互换的真人秀节目《变形计》秉承"换位思考"理念，让嘉宾深入对方的生活世界，以达到"体验不同人生，达到改善关系、解决矛盾、收获教益的目的"。

由于这些电视文艺节目对于社会议题的关注与呼唤，为节目树立了良好的口碑，体现了泛娱乐时代电视媒体应当承担的社会责任，更使整个电视行业都呈现出一种向上的精神力量。这同时也启示我们，社会教化功能不是社教类节目才需要关注的，电视文艺节目作为收视率最高、节目全年播出总时长最长、影响观众范围最广的电视节目类型，其对社会议题的关注与回应，不仅关系到社会价值观念的塑造、民族精神力量的传递，也在个人社会化过程中起着潜移默化的作用。

2. 娱乐与审美元素提高社教类节目的可观赏性

社教类节目对电视文艺节目的借鉴，在走市场化道路之前并不明显，因为这一时期电视节目始终都以政治宣传功能为主导，采取比较直接灌输的方式，"寓教于乐"的方式主要在20世纪90年代之后开始尝试。以《今日说法》为代表的法制节目，将文艺节目中常见的故事化的叙事手法和戏剧冲突运用到节目中，尤其通过故事讲述来塑造人物形象、描绘人物命运成为一种"套路"；此外，《大风车》《夕阳红》等对象性节目引入游戏、歌曲、纪实故事，也大大增添了节目趣味，降低了说教性。

到了21世纪，新媒体的强势崛起，赋予了观众自主选择的权利，新一批"80后"、"90后"及"00后"观众，在成长环境、受教育水平、思想文"化观念、审美趣味都和前代人有了较大差异。在这种情境下,社教类节目越来越缺少收视率,甚至让人产生抵触心理,特别是大部分省级卫视的社教类节目数量、播出时长及占比大幅下降,而市级、县级社教类节目在收视率上又缺乏竞争力,只有中央级频道的社教类节目尚能支撑。

值得注意的是,近几年随着《舌尖上的中国》《中国汉字听写大会》《中国诗词大会》《我在故宫修文物》《朗读者》《国家宝藏》等节目的热播,低迷许久的社教类节目似乎又找到了新的发展路径。分析这些节目,不难发现其热播的原因除了丰富的知识文化底蕴外,离不开节目对审美与娱乐元素的引进,如"大会系列"引入竞技机制而增加看点;《我在故宫修文物》将重点放在匠人身上有匠心有情怀,《朗读者》集文学、朗读、访谈等形式于一体,《国家宝藏》巧妙融入表演艺术代替生硬的知识科普。这些节目在网络上也收获了点击率与口碑,尤其在青少年聚集的二次元弹幕视频网站 bilibili 上也获得了大量播放量和弹幕数量。

由于提升观众文化知识素质和艺术审美能力是社会教化的重要一环,而丰厚的文化审美底蕴与娱乐趣味也越来越成为社教类节目获得收视率的标配。也正因如此,上述节目在某种程度上恰恰契合了综艺节目的特征,因而也被称为"文化综艺节目",节目类型在这里出现了互渗。

在不同节目类型之间的借鉴,一方面能够相辅相成、相互促进,另一方面也使节目类型的边界变得模糊,甚至带来节目类型的更新,出现新的节目样态。

当下电视文艺节目最热门的细分门类之一的电视综艺节目,如果能够更多地借鉴社教类节目的文化性和教育性,将在某种程度上矫正电视综艺节目领域中过度娱乐的风气。

由于电视社教节目在某种程度上反映了电视媒介的公共性,在走市场化道路的今天,平衡好媒介的商业性与公共性,坚持社会效益第一,需要一批有趣的、有吸引力的优秀的社教节目做出正确的价值引导。同样,电视文艺节目仅听从市场利益的指引而盲目追求消费娱乐,忽视对社会议题的关注和自身应承担的社会责任，也不是长远、健康发展之计。因此，只有两种类型的电视节目相互借鉴、相互促进，才能更好地保持不同电视节目类型之间相辅相成格局的平衡，从而保证整个社会有机体的正常运转。

五、电视文艺节目与电视广告节目的关系

自20世纪90年代以来，伴随着商品经济的发展，电视广告节目发展迅猛，与新闻节目、文艺节目、社教节目共同成为电视节目的重要组成部分。由于电视广告并非单纯的经济行为，它既是营销工具，也具有鲜明的电视节目的特征，因而简单来说，电视广告节目，即是通过电视媒体传播特定商品信息的节目。

1. 文艺节目与广告节目互利共生

电视文艺节目与电视广告节目具有明显的差异，这种差异主要体现在播出时长、呈现形式和节目功能三个方面。

首先，电视文艺节目以其内容的丰富性、趣味性，成为电视节目的重要组成部分，是观众最为喜爱的节目类型之一，其播出时长要远高于广告节目。据统计，全国各级电视台的广告节目时间，平均约占全部节目时长的13%。

其次，电视文艺节目的呈现形式十分丰富，不仅包括传统的文艺节目、文化艺术类节目，还包含电影、电视剧、综艺节目等。这些不同的节目形式能为观众传达文化艺术思想，满足越来越多观众对精神食粮的需求。而受电视文艺节目自身文艺多元化节目形式的影响，其受众也较为多元。而同样通过电视媒介，利用声画技术传播信息的广告节目，不但形式则较为单一，还力求在尽可能短的时间内引发关注。

最后，电视文艺节目和广告节目的节目功能截然不同，文艺节目重在提供内容满足受众观看需求，广告节目则重在吸引受众注意力贩卖商品信息。

但是，电视广告节目的作用和地位是不言而喻的，它不但是商品经济和媒介发展的必然产物，更是电视台赖以生存和发展的经济基础。作为电视文

艺节目，是受众观看电视的主要对象之一，而广告节目则因其明确的营销目的极易引发受众的抵触情绪。因此，电视文艺节目与电视广告节目之间，存在着一种互利共生的关系。文艺节目吸引受众，受众的关注度越高，节目的收视率越高，相关时段广告的到达率也就越高，相应地，该时段的广告收入也会增加。另外，收益的增加也会使文艺节目拥有更为充足的制作经费，反过来促进文艺节目的质量提高，帮助文艺节目获取更多注意力，从而形成一个良性循环。反之，低收视率的文艺节目会导致媒体经济陷入困境，经济实力的不足又会严重影响文艺节目的制作水准。文艺节目和广告节目是互利共生、相辅相成的，二者缺一不可。

2. 电视文艺节目中的广告形式

目前，我国电视广告节目主要分为常规广告形式和特殊广告形式。常规广告节目主要以贴片的形式插播于文艺节目之中。其插播方式可以归纳为三种情况：一是连接式，这种插播方式把电视广告安排在两个不同的电视节目之间，一般广告数量多，时间较长。目前，这种方式在各级电视台中被普遍采用。二是中断式，这种插播方式把电视广告安排在一个栏目之中，电视广告一般可以处于片头之后，片子中间，片尾之前，这种电视广告插播方式在各类影视剧、娱乐性栏目中被广泛使用，而省市县级电视台则表现得尤为突出。三是字幕式，电视节目的画面本身，以广告牌或上下字幕、左右角小块字幕的形式出现。目前，这种电视广告插播方式在各级电视台的文艺节目中普遍应用。

连接式的电视广告在我国出现较早，它能将两个不同类型的电视栏目衔接起来，但也因此混淆了受众类型，传播效果并不十分理想。中断式与字幕式电视广告出现较晚，中断式的电视插播广告中断电视栏目的正常传播流程，具有中断与连接的双重作用，能够在中断节目制造悬念的同时更为明确地突出自身传播的信息。而字幕式电视广告与电视节目同步播出，其传播并没有中断电视节目正常的播出流程，

具有一定的强制性，贴片的字幕、角标对节目播出形态具有干扰性，容

易引发观众的抵触情绪。

另外，目前电视文艺节目的主持人口播，节目现场的商品 LOGO 以及文艺节目中的软性商品等广告形式越来越多，呈现方式也越来越灵活。

此外，电视文艺节目中无盈利目的传递的商品元素可能也会形成一种隐形宣传广告，如《舌尖上的中国》纪录片会为很多地区的商家带来更多收益。

3. 广告节目的文艺性趋势

电视广告在我国起步较晚，自诞生至今只有 20 余年。在电视广告诞生初期，其形式多为直接宣传，艺术性较差。

由于任何新生事物都有一个由低级到高级的发展过程，电视广告也不例外。随着时间的推移，电视广告节目的艺术性增强，无论商业广告还是公益广告都出现了文艺化倾向，与文艺节目联系更加紧密。

因此，我国电视广告节目发展到今天，有着越来越优美独特的广告语言和丰富多彩的艺术形式。大量的广告信息，通过各种形式，使观众在艺术享受中接受并传播扩散。现在，在电视广告中，创意广告（具有一定剧情悬念的广告）已经占广告总量的一半以上，就是普通广告，作者也力求加以艺术地渲染，给观众赏心悦目的感受，许多广告歌词、广告歌曲也因其突出的艺术感染力而脍炙人口。

4. 如何促进文艺节目的广告营收

总的来说，文艺节目和广告节目之间的联动，会使广告节目更有针对性，到达率更高。当前，电视台播放的广告大部分是商家委托广告公司制作并分发的。这种以创意为轴心的广告，更注重商品的片面性强调，而这种片面性强调，应当不断增强广告节目本身的文艺性，通过更为丰富的视听语言，加强对商品信息的多方位宣传，将观众转化为认牌购买的消费者。

另外，电视广告节目正面临着不同电视台之间的激烈竞争，经受着来自不同媒体的挑战，因而提高制作水准是真正让广告脱颖而出的关键所在。

早在 20 世纪 80 年代至 90 年代开始，作为电视台广告部，最得天独厚的条件就是它与电视文艺制作者本属同一单位。由于这种独特的关系，使广告部在接受商家在电视文艺节目中委托安插的广告时,可以采取与众不同的特定形式宣传商品。就具体制作来说,电视台内部的广告部门可以联合文艺节目部门,对商家委托的广告进行深度创作。广告部门可以充分发挥创造力,借助电视台得天独厚的人力、财力、物力优势,将广告与文艺节目形式相结合,开发新的广告形式,淡化文艺节目与广告节目之间的界限。这样的电视广告,由于其形式的新颖,可以提高收视率,从不同的侧面凸显商品的特点、功能、产地等性质,且可以通过较为详细地展示生产流程的有关信息,加深观众对商品的认知,使消费者对商品由知晓层次进入理解层次,进而达到认牌购买的程度。

因此,充分发挥广告部的主动性,并大力促成与文艺节目部的互动,是最有可能使广告达到更高的制作水准,赢得更多消费者的喜爱,从而为商家也为电视台本身带来更大的经济效益。

总之,中国电视事业诞生之初,受当时国际政治环境的影响,电视事业的发展被赋予了意识形态宣传的政治意义,电视节目类型也以新闻节目和作为政治宣传的文艺节目为主。自改革开放以来,中国开始了市场经济转型,经济制度和经济政策的重大变革,并波及包括文化传媒在内的诸多领域,电视事业从指导思想到经营管理体制,都发生了重大变化。全国各级电视台逐渐改变了以往空洞说教、宣传灌输的节目形式与内容设置,在"事业单位,企业化管理"思路的指导下,电视广告业务得以开展和发展,"四级办台"、频道内容专业化和多元化等一系列举措也开始实施。到了20世纪90年代,广播电视被视为国家信息服务和文化卫生事业的重要部分,电视业市场化速度明显加快,这一时期电视节目套数开始大幅增加,很多电视台采取了全天播出制,在电视节目内部结构上,文艺类节目在播出时长中所占比例最高,增长速度也最快,其次是新闻咨讯类、专题服务类和教育类节目。进入21世纪,面对互联网的强势发展,国家资本自上而下地介入传统电视媒体与新媒体的融合,重新焕发生机。与此同时,社会文化因素和受众因素在节目生产过程中的影响越来越大,电视台开始主动关注并满足受众多样化的需求与审美以实现社会效益和经济效益的双重目标，形成了当下电视文艺节目、新闻节目、社教节目、广告节目等多种节目类型紧密联系的电视节目环境。丰富多彩的各类节目，为人民群众提供了各式各样的视听盛宴，提供便利的同时，也丰富了民众的精神生活。

如今，电视新闻类节目、社交类节目以及广告类节目从叙事形式、视听语言等多个方面呈现出较为明显的文艺化倾向，电视文艺节目中也更多地融入了新闻、社教、广告类元素，几种节目相辅相成，努力实现节目的审美、经济、社会服务等多种功能，形成了良好的电视节目环境。

但值得警惕的是，为了获取更多注意力，片面追求市场效益。电视文艺节目、新闻节目、社交节目等正呈现出较为明显的娱乐化倾向，不免有无条件迎合观众之嫌。有些节目甚至背离节目真实性、客观性的制作原则，使严肃内容的地位岌岌可危，不利于良好电视节目生态环境的形成和持续。而部分电视广告节目过度渗入其他几类节目之中，在达到传播商品信息目的的同时也在消耗节目本身的影响力。

眼下，受互联网节目的冲击，电视节目正面临着前所未有的严峻挑战，但能够建构广场语境的电视节目依旧不可替代。电视节目线性播出，其"直播态"形式能最大限度地获取不同年龄段、不同地区观众的同时关注，从而瞬间引爆热点。

总而言之，不同的电视节目类型共同组成了丰富多彩的中国电视环境，而不同电视节目形态随着社会历史进程的发展也呈现出不同的发展样貌，反映出社会文化的变迁。

参考文献：

1. 仲呈祥：《中国电视文艺发展史》，中国电影出版社，2014年。
2. 徐仲伟：《电视节目形态论》，中国传媒大学出版社，2006年。
3. 徐泓：《不要因为走得太远而忘记为什么出发》，中国人民大学出版社，2013年。
4. 何丹：《电视文艺》，中国广播电视出版社，2001年。

5. 张海潮：《中国电视节目分类体系》，中国传媒大学出版社，2007年。

6. 翟建国：《文艺节目也要抓住新闻性》，中国广播电视学刊，2010年。

7. 禹薇：《解析我国电视新闻的软化现象》，郑州大学硕士论文，2010年。

8. 傅娜：《当前电视新闻节目形式的艺术性研究》，山东师范大学硕士论文，2010年。

9. 李丽莹：《试论电视节目中的电视广告问题》，中小企业管理与科技，2010（4）。

10. 费依冰：《对电视广告插播方式与传播效果的思考》，当代电视，2011（10）。

11. 徐存甫：《广告、新闻与文艺节目的互动性》，新闻爱好者，2009（7）。

12. 郑保卫，李洋，郭平：《试论媒体格局变化中的电视业——关于我国电视业发展现状的研究报告》，东南传播，2007（12）。

第六章 批评论

这种需要以实践和理论之间建立互动的评判关系，应该是指导创作，扶植创新的重要手段，更是对电视事业、电视受众、电视节目及电视人有推动及促进的文化现象。

众所周知，文艺批评是根据一定的批评标准，对以文艺作品为中心的一切文艺现象进行分析、评价的科学活动。文艺批评是文艺理论与文艺创作实践相结合的产物，而文艺理论则是文艺批评的基础。

何谓电视批评，有专家认为，电视批评就是以电视节目的欣赏为基础，以电视理论为指导，以各种各样的电视节目及同节目相关的电视现象、电视思潮、电视受众、电视创作者等为对象的一种科学研究活动。

作为电视艺术的批评原则，也是基于电视文艺展开的评析与批判而建立的。这种需要以实践和理论之间建立互动的评判关系，应该是指导创作，扶植创新的重要手段，更是对电视事业、电视受众、电视节目及电视人有推动及促进的文化现象。

一、电视艺术批评的理论位置

客观来说,电视艺术批评应属于电视艺术理论体系的一个重要组成部分,更是电视理论领域的一个重要展示。因此,从电视艺术批评的基本属性来看,它是以电视文艺节目欣赏为基础,站在文化艺术的高度,用社会的视角,理性的思维,对电视文艺节目、电视文化现象、电视艺术创新进行分析、评述以及批判的一种理论化行为。它的存在与作用,在于指导和帮助学界的理论研究、业界的节目创新、受众的反馈领悟以及社会的监督关怀。

但是,由于中国电视虽然走过了60年,与其他社会学科不同的是,我国近年来的电视事业发展迅猛,在现代科学技术的催动下,电视的媒体地位突飞猛进,成为当代重要的强势媒体之一。此外,由于我国受众市场的体量不断增强,带来的是我国电视节目竞争加剧,电视节目产业不断拓展,电视文化核心理念也不断履新。

然而,由于我国电视事业的快速发展,不可避免地造成了一个误区,即电视理论与电视实践相互脱节,电视学界与电视业界沟通不力,电视批评与电视创新相互回避的尴尬局面。

因此,如果要健全我国电视艺术理论体系,就必须建立起良好的电视艺术评论环境,搭建好公正的电视艺术批评平台。特别是在当今大众文化与精品文化共谋融合大计的历史节点上,作为每一个电视艺术批评家,一定要谋划好自己的位置与未来。

1. 电视艺术批评要为实践服务

作为电视艺术批评者,如果要真正为广大电视媒体所重视,为媒体及节目实践服务,是其一个重要的目标与方向。

但是要达到这个诉求,对于我国许多电视艺术批评者来说,仍面临着一个极大的困境。因为我国目前大部分从事电视批评研究的学者或专家,都以学院派为多。他们中间多数人是由院校培养,在院校成长,为院校服务,因此对电视业界的实践、问题、需求不甚了解。加之中国的电视理论研究现状与中国电视事业发展不相匹配，故大多数批评意见难以传达到业界，即使被业界知晓，也会因离题甚远而遭受冷遇。

特别是近年来，我国学界还出现一种怪象，不少人致力于引进一些西方现代电视批评理念，如法兰克福学派的媒介研究理论、葛兰西的文化霸权理论、伯明翰学派的文化研究等。然而，由于这些西方理论大多已显过时，与中国电视创新与实践风马牛不及，何况这些学者还喜欢断章取义地套用西方电视批评理论，对这些舶来品只进行一些简单移植和概念翻新，这不仅使学界更加远离业界，远离实践，而且还从一个侧面反映出中国电视批评者的智慧匮乏和原创思想的贫瘠。

众所周知，作为一种文化艺术理论批评体系的建立，需要的是权威地树立标杆的确认。作为中国电视艺术批评领域，至今还没有形成权威和学派，故对电视实践缺乏指导价值成为事实。因此，无论是来自学界的艺术批评者，还是来自业界的艺术批评者，所有的批评起点都要站在被评论对象的立场上，要用实践者的感受来确定自己评析立场和评析方法。

首先，一个优秀艺术批评者，其理论意见要与媒体实践、节目实践、创新实践保持有效沟通；其次，任何艺术批评者，对于被批评对象的实践背景、实践过程、实践成果要有全景式的了解；最后，作为一个艺术批评者，要对被批评者的实践困惑、实践障碍、实践诉求有一个真诚的理解。

只有是这样，作为一名电视艺术批评者，你的声音才会更加真实、可信、有理、有据，才会让被评论者信服、甚至折服。

2. 电视艺术批评要为受众服务

对于电视艺术批评而言，为广大受众服务，这无疑也应该成为电视艺术批评者的重要诉求之一。然而，如何从受众接受角度观照批评对象，这里有一个让我国相当部分电视艺术批评者没能走出的误区。

曾有学者指出，在很长一段时期里，由于有相当部分的电视艺术批评者忽视电视受众结构广泛而复杂的特性，受文学批评的影响，多偏重于一些较为宏大的主题，偏重于对电视文本中的主题和人物作艺术、审美方面的批评和思想道德层面的批评,致使电视批评的视野较为狭窄,极少从受众接受的角度选取批评对象,也极少结合电视媒介本身的传播特点对电视文化产品及其他要素进行批评。

然而,作为一个电视艺术批评者,要站在受众的角度发言,这并非是一件轻而易举的事情,这也是电视理论研究与电视艺术批评的区别,前者是电视界的理性讨论,后者是电视界与社会的沟通。首先,批评者要成为受众的代言人,这就要求有广泛的代表性,绝不能为少数人代言;其次,作为普通受众的代言人,一定要具备全阶层的共同视觉,以及共性语言。如果不是讲百姓能理解的事,不是讲百姓愿意知晓的事,电视艺术批评从某种意义来讲就成了写作者的个人消费品;最后,电视艺术批评一定要找到受众关心的平台,而且这个平台一定要有平民性、开放性和权威性。

总之,电视艺术批评哪一天能走进寻常百姓家,哪一天能为广大受众普遍关注,电视艺术批评哪一天就会成为我国电视艺术发展的核心动力。

3. 电视艺术批评要为市场服务

作为我国电视机构,绝大部分是依靠市场生存,国家全额拨款的几乎没有,有部分拨款的毕竟是少数,其中相当一部分电视台是属于自收自支事业单位,不仅没有国家拨款,而且税收没有任何减免。因此,事业化属性,企业化管理,是中国电视台的最大特色。

特别是自 20 世纪 90 年代以来,我国电视事业更加迅猛发展,全国各级电视媒体的产业属性和社会属性双重影响日益凸显,不但节目创新十分活跃,而且商业气氛也十分高涨,各级电视台都在找寻自己的生存空间和发展空间。

于是,由于这些产业家一部分针对市场而开发的电视文艺类节目,相继遭到来自电视批评界各种具体的、指向性明确的文化批评。如批评综艺节目的娱乐化风潮、批评电视剧创作的戏说风潮、批评方言类节目的品性风潮等等,蔚然成风。大部分电视文艺节目都被戴上"低俗""低趣""低质"的帽子,以致使这类节目不管有没有收视,都只能夹着尾巴做人。

在此,建议电视艺术批评家们,可否在维护文化保护的基础上,还是从国家广电事业的实际情况入手,从中国电视受众文化结构的实际状态入手,从我国电视产业化的需求着眼,同时也从保护国家民族文化利益来综合考虑和通盘考虑,让批评更加情理化、更加合理化和更加说理化。

4. 电现艺术批评要为未来服务

对于电视艺术批评未来的环境与位置,应是学界与业界都要思考的。在当今电视理论跨学科的研究背景下,其电视社会学、电视伦理学、电视传播学、电视民俗学等学科的搭建,可以让电视艺术批评更富有理论的支持、学科的支持,以及学界的支持。

有专家认为,自21世纪以来,我国电视事业所呈现出的产业批评、艺术批评、文化批评三大文艺现象,是中国电视发展进程中一个可喜的局面。它虽然存在着中国早期文化批评痕迹、也存在着引进西方电视批评过时理论,存在着与受众社会过少互动、存在着节目评析实践演进过虚等缺陷,但这些却已成为中国电视艺术批评中的常态,为我们了解中国艺术电视批评的当下发展形势与运作状态,提供了一个相对清晰的视角和维度。

由于电视批评家的任务和职责就是要运用深厚扎实的生活阅历、宽广渊博的知识积累和善辨真伪美丑的哲学思维,通过敏锐深刻的洞察力、高屋建瓴的判断力,在繁难中见出简易,在深奥中理出浅显,从而引导普通受众进行文化体味,故对于中国电视的未来而言,中国电视艺术批评家任重而道远。

二、电视艺术批评的形式诸议

客观来说,电视的批评方式广泛地存在于电视环境下的每一个角落,只是有许多存在形式不容易让人感到清晰,只有梳理和细分之中,才会渐显其属性。

1. 行政式

从行政管理的层面建立起来的对电视节目的批评态度,是目前我国电视领域里最有权威、最有效果、最有动力的一种评价模式。

这种模式的建立，有以下几个特点：

其一，虽是批与评结合，但采用的是奖与惩分离方式。如国家新闻出版广电总局发布的关于表彰年度广播电视创新创优节目通报；国家广电总局公布年度广播电视节目、电视剧、纪录片扶持项目评选；国家广电总局关于年度优秀国产纪录片推荐播映的通知；国家广电总局关于年度广播电视公益广播电视广告扶持项目的通知等，均是以奖励为目的。而对于一些违规、违纪、违法的电视节目或现象，便常常采用管理条例或通报批评的方式进行。如国家广电总局近年来下发的《关于加强对综艺娱乐类电视节目管理的意见》《关于进一步加强和改进综艺娱乐节目的意见》《关于加强群众参与的选拔类广播电视活动管理的通知》等。

其二，行政式批评方式必定伴随行政化的后果。如受到国家新闻出版广电总局 2016 年度广播电视创新创优节目表彰的每一个电视节目可获 20 万元人民币奖励；而且，在对优秀电视剧、纪录片的推选通知中也明确表示有相应的资金配套支持。同时，对于违规节目的处置也带有极强的行政化色彩。如 2007 年，重庆电视台选秀节目《第一次心动》出现严重问题，国家广电总局对其做出停播处分。这一事件成为电视选秀节目管理的一个转折点，此后国家广电总局专门颁布了进一步规范选秀类节目的通知，实行"闭环监管三级通知整改"（白色整改、黄色警告、红色停播）监管制度。

其三，行政式批评方式是多层面、多结构和多角度组成的。目前，对节目的导向监审、艺术监审和播出监审不仅在国家层面，各省市都普遍建立了各种节目监督方式，如各省级广电局《节目监看日报》《一周节目监看报告》等，都对各级电视媒体的在播节目给予了较准确的行政评价。

2. 奖惩式

作为奖惩式一般是电视媒体自我评价、自我批判以及自我褒扬的手段之一。这也是电视媒体对自身内容的创新、导向和品质的一种评判态度和调控措施，其对一线节目生产的效果与作用较佳。如湖南广播电视台自 2000 年以来，每年设置近千万元的专项奖金，在科学评估以及综合讨论的基础上，以"台长嘉奖令"的方式，对在节目品质、节目导向、节目收视有重大贡献的团队及个人给予奖励，其中"我是歌手""爸爸去哪儿""快乐大本营"等节目都先后获得百万元大奖。当然，该台也设置了与之对立的多种宣传、收视、评估通报，及时对全台宣传管理、节目导向、收视市场出现的各类违规、违纪现象进行通报批评，与同时给予分析、指导及整改意见。

目前，不少电视媒体都采用了这一管理模式，由于这种对节目内容的批评与评价姿态有效地将行政性、科学性和实践性有机结合，由此产生的生产动力有效地推动了节目内容管理和节目内容生产。

3. 专家式

所谓专家，即指在某一学术、技艺领域有专门技能或专业知识全面的人；或特别精通某一学科或某项技艺的有较高造诣的专业人士。在我国，对于电视艺术批评方面的专家或专业人才，应该是凤毛麟角。且不知有没有相关学院培养这方面人才，但从目前活跃在业界、学界的一些电视批评人士来看，离专家的要求还是有一定距离的。

因为，作为一个真正具有资质的专家来讲，其一，在本学科领域，要有一定的境界，要有别人没有的知识与阅历，要具有别人不具备的理念与高度。其二，作为专家研究或言论，无论是业界、学界和受众，都能听得懂或理解，甚至大多数人觉得有道理。其三，在业界有一定的影响及权威，其研究成果能指导业界节目创新或内容革命。其四，有高度配合默契的话语平台或媒体，保证其专家意见有发表渠道或承载渠道。

因此，大力培养我国优秀的电视艺术批评人才，对于我们这个泱泱电视大国来讲，是当务之急。试想，如果我们国家的电视受众规模上去了，电视覆盖扩展了，电视节目丰富了，电视产业拓展了，而电视理论研究和艺术批评滞后了，这不是研究者们的错，而是这个行业的错误，是一个学科领域的失误。

4. 媒体式

在我国，平心而论，作为媒体式的电视艺术批评环境应该是不存在的。

因为我国各级电视媒体都为国家所有,而且都是在党的统一领导下进行宣传传播的,其相互之间展开艺术批评不但是难以启齿的,而且引发的市场竞争也是难以控制的。

因此,在全国各级电视台的节目设置中,至今很少看到有以电视文艺节目为评论对象的艺术批评节目或栏目。虽然从 20 世纪 90 年代至今,全国出现过一批带有批评或评论的专栏,如央视的《实话实说》、凤凰卫视的《锵锵三人行》、湖南经视的《钟山说事》等,但大都是以文化、时事作为话题,运用批评的方式来成就节目的。

但是,试想如果能在全国电视台里,选定有一定气质或权威的专业频道,开设相关电视艺术批评专题栏目,定期组织专家与受众,对于一些在播节目展开评述,这对于我国电视媒体的节目创新、导向把控、受众沟通都会有非常大的帮助。同时,这也可以让我国电视媒体增加一个新的资源渠道,也让观众增加一项新的节目参与方式。

据悉,近期中央电视台在新闻节目中,对一些有导向误差的电视综艺节目和网络综艺节目展开了批评,如对湖南广电在芒果ＴＶ中播出的《妈妈是超人》等,从而开启了媒体式电视文艺批评节目的先河,引起了社会及媒体的广泛重视。有专家呼吁,如果要让电视艺术批评成为我国电视文艺节目生产中的一道亮丽风景线,中国的电视会更加增色。

5. 论坛式

以论坛的方式来作为电视艺术批评的一种载体,是当前电视艺术批评提升质量及扩大影响的最好的选择。一般来说,电视艺术论坛会选择一个主题,并邀请某一位或数位嘉宾作主旨演讲,也可邀请多位嘉宾进行集约式讨论。这些嘉宾或事先写好发言讲稿,也可以在论坛主持人的启迪下作即性发言,但不管是何种方式,这些发言或演讲,都会给予会者一定的启示。

如 2017 年在美国洛杉矶举办的中美电影节论坛上,活动组织者策划了一个"中美ＩＰ产业链的打造与延伸"的主题论坛,马上引起了参会的中美专家学者的广泛关注,其中许多专家的发言引起了热议。如有位来自国内专家即席发言中谈道"参加这个话题的讨论,我非常有兴趣。因为这是一个有难度的话题,也是一个有意义的话题,同时也是个有未来的话题。关于中美的影视文化交流,我们原来有个认识误区,这似乎是中国影视界都有的一个共识,即中国的影视作品打不进美国市场,这主要是与双方的文化差异有关。现在看起来,这是一个托词,试问如果中美文化观众存在文化差异,那为什么美国的大片进到中国,几乎是进一部火一部,其票房和品牌都是双赢,大部分中国观众都能随口点出几部美国大片来,而从中国影视作品进入美国的现状来看,仍是难上加难,即使有几部作品能在美国落地,但也多是以当地华人为主要对象。由此看来,中国影视作品不能进入美国观众的视野,我认为主要不是源于双方文化差异的问题,而是中国影视人对质量的追求、对作品的投入以及对受众的研究等问题。刚才几位美国同行都特别提到了他们对国际市场和国际观众的研究,我对他们的专业精神和专业态度敬佩,也略知了他们在国际市场取胜的道理。"

正是由于论坛的品牌优势,以及国际化论坛的嘉宾优势,这位嘉宾的言论马上在中美影视业界产生了广泛反响,同时从一个侧面也体现了论坛式批评的优势。

6. 座谈式

采用座谈的形式对某一电视节目进行评价和评判,这是我国当前电视艺术批评中最常见的一种方式。这种类型的座谈会,一般是由某部门或群团组织出面举办,邀请一些专家学者,对某节目进行综合评价,并将这些评价通过新闻媒体向社会扩散。

目前,不少节目制作机构,特别是电视剧生产单位,非常热衷这个方式。当一个剧播出后,在北京召开一个作品研讨座谈会,邀请专家学者,聚集一堂,高谈阔论。不论这个座谈会的主办方是这个部门或那个协会,但埋单的一定是节目制作方。因此,在座谈会上,讲好话、讲空话甚至讲假话现象或多或少存在,无批判、无争鸣的情况也是司空见惯。人人都说好好好,而且都有优点ABC,不是发言人没水平,而是埋单人就只想听好话,说了真话得罪人。

久而久之，会说话而且说好话的专家受到欢迎，不会只说好话或讲直话的专家逐渐被淘汰，从而导致这类座谈会变成了一套老程序、一排老面孔、一个老结局。这种现象的产生与蔓延，也是成为我们的艺术批评没有力度、没有市场、没有观众的重要原因。

7. 论文式

论文常用来指进行各个学术领域的研究和描述学术研究成果的文章，简称为论文。它既是探讨问题进行学术研究的一种手段，又是描述学术研究成果进行学术交流的一种工具。它包括学年论文、毕业论文、学位论文、成果论文等。从目前来看，虽然以批评姿态作为主型的论文对于业界来说，是最有价值或意义的，但无论是学界还是业界，关于电视艺术批评的论文却少之又少，其主要原因为发表艰难、交流艰难、获取成果更为艰难。但是，从电视艺术批评的本质而言，以论文的形式更深度对业界节目研发进行交流探讨，以论文作为梳理业界节目创新成就与收获，将对我国电视艺术理论的建设与发展有巨大的推动。

8. 网评式

大众化批评在网络上的实现，使电视批评逐渐由学术性、专业性的狭小领域走向公共性和社会化，并且传播渠道和传播热点以及传播语境都发生了极大改变。特别是批评主题永远紧随电视节目、受众话题以及产业格局的变化而波动，使电视艺术批评具有了大众性、时效性和参与性，这是我国电视艺术批评领域一场重大变革。有人认为，自从进入21世纪以后，电视批评在互联网上找到了全新的交流传播阵地。网络改变了以往信息接收和交流的原有方式，为电视批评的发展和完善提供了新的平台。但是，大量普通网民加入批评队伍中来，他们借助网络平台自由地表达个人对电视媒介及电视现象的观点，同时把包括其家人、同事、朋友等在内的周围人群关于电视节目的各种观点进行汇集、整合，并通过网络传播，这一方面可以使电视批评接近全民参与状态，使电视批评主体呈现大众化趋势，但从另一方面来说，网络化批评又不可避免地促成了政府、专家、媒体话语权的下放。因此，如何在杂乱的声言中提倡批评话题的主流化、能量化以及质量化，这也是政府相关部门所要考虑的。

当然，业界更多的人认为，由于电视批评与网络结合提高了电视批评的社会开放度，在相当程度上实现了电视批评话语权的再分配。电视批评因为网络的参与而得以从精英话语的垄断中彻底解放出来，大众话语在电视批评中找到了自己应有的位置。同时，网络批评还产生一个更生动的局面，即精英文化群体和大众文化群体共存现象，两种文化话语在电视艺术批评领域中相互激荡和冲撞，使之呈现出前所未有的多样性和丰富性。

三、电视艺术批评的未来环境

对于我国电视艺术批评环境的搭建与改善，这不仅需要学界与业界的支撑，更需要国家各部门、各媒体以及社会各界的支持。要让全社会知晓，作为批评与理论，不仅是一个文化符号或文化表象，更是电视艺术结构中的一个重要部分，没有它的存在，这个艺术门类就会失重，就会偏移，就会给我国的文化事业带来损失。

因此，对于我国电视艺术批评的未来环境，有以下几点需予以关注。

1. 电视文艺批评要敢批敢评

前不久，央视以《实话实说》著称的主持人崔永元，以英雄的斗志、勇者的气概，通过网络等渠道，对影视界一些丑陋现象进行了揭露与批判，引起了社会的广泛关注，并由此引发了一场社会大讨论。从某种意义来讲，这是中国电视艺术批评的一个极为典型并成功的案例。其一，崔永元的言论，让社会重视了网络批评的作用，并有极强的参与感；其二，崔永元敢说敢评的作为，有效地达到了批判的目的，直接引起了被批判方反应；其三，崔永元涉及的明星高片酬问题，一直是影视界最大的困惑，在一定意义上促动了我国影视事业的改革与发展。因此，作为一个有胆有识的电视艺术批评家，不妨学习崔永元的敢说敢评的气概，以国家利益为重、以事业利益为重、以受众利益为重，讲真话、讲行话、讲心里话，这才不愧为中国电视事业中一分子。

2. 电视文艺批评要实批实评

从我国电视事业的实际情况而展开电视艺术批评，这才能够真正起到一个艺术批评家的作用。长期以来，无论是学界还是业界，总有一些不顾我国电视事业的实际情况，对一些典型现象甚至个别现象既不作客观分析，也不作深入分析，人云亦云，加以指责或批判，从而引起业界的反感或叛逆。如对"三俗"或过度娱乐化的批判，不少学者不顾中国受众群体至今还是初中以下文化占主体的事实，在没有特定标准范围的前提下，把"通俗"斥为"低俗"，不但伤害了业界节目创新的积极性，而且还让电视流失了一批忠实观众。

此外，对于收视率的批判，也是理论界一些人对中国电视业态极不了解的表现。从电视进入发展期以来，无论在哪个国家，收视率都是电视媒体自评和广告商市场评估的重要依据。而一些专家学者根据我国电视收视率作假或媒体恶性竞争的现象，全盘否定收视率的科学性、数据性和市场性，其带来的后果与危害是极其严重的。

目前，在我国各级电视媒体中，普遍开展了以综合评价为模型的节目评价体系，其收视率指标不得超过40%。以湖南广播电视台为例，从2003年开始，每年对全台所有在播节目进行综合评估，其中思想性占20%，艺术性占20%，投入产出比占10%，新媒体融合力占10%，收视率占40%。在这个评估公式里，既有主观数据，又有客观数据；既有专家观点，又有统计信息；既有传统意识，又有新媒参与。这样形成了一个立体、公正而且权威的评价结果。十几年来，湖南广电的年终节目评优以及频道评先都是按照这个评价结果来确定的，从而使全台节目生产保持着良性的环境与秩序。

因此，我们的某些电视艺术批评者，要从国家实情出发，从媒体实际出发，从市场实际出发，真正让批评为媒体服务，为受众服务，而不是站在它们的对立面，以哗众取宠为荣，以自我炫耀为荣，给国家电视事业带来障碍，给国家艺术事业带来损害。

3. 电视文艺批评要真批真评

要让我们的电视文艺批评让业界重视，让社会重视，让受众重视，就需要批评家必须以真心来评，让真灼来评。如目前不少电视剧生产机构总在开机前或开机后，召开项目论证会或评估会。对于专家来讲，前者是剧本审读会，你的发言是给编剧、制作方和投资人听的，而后者是评估会，你的发言则是给新闻媒体、业界人士及观众听的。因此，前者为评价，后者为评论。

作为剧本的前期评价，其市场价值的诉求很明显，被评价方很想看到的是对剧本的市场潜力、竞争能力、导向风险、目标受众的数据及建议。甚至还想知道能与剧本对应的播出平台，以及播出平台适宜的艺员类型、适宜的目标观众等。因此，针对剧本方的这些诉求，批评家所做的前期评价拟将采用主观数据加客观数据公式化来完成。其中主观数据可由多结构专家（如文学、导向、行业、平台等方面专家）的评定而取得；此外，其客观数据拟从互联网大数据、收视数据以及专项问卷调查中获得。关于这两者的比例，我认为主观评价占60%，客观数据占40%为宜。

另外，作为一个剧的后期评价，则以社会影响和艺术成就为核心。因为无论是制作方、管理方以及投资方，都会对一部作品的口碑及影响进行关注。因此，对于一部剧的播后评论，应更重视其综合性和影响度。因此，作为一个真诚的电视艺术批评家，一定要从提升质量出发，有责任地开展剧评。以社会的观点、行业的观点、专家的观点，公正地对当前的好作品、差作品以及有争议的作品进行讨论与学习、争鸣与批判。这样，才可以对我们的电视剧创作真正有推动作用和扶植作用。

同时，对于电视艺术批评的未来传播环境的改善，一定要强化其传播功能做到有精有彩的展开评论。纵横目前我国电视评论领域，我国平台还很单一，特别在纸质等传统媒体日薄西山的情况下，电视艺术批评的进步空间更加艰难。因此，为艺术评论开辟新舞台，为电视艺术评论找到新受众，是每一个电视艺术批评家的重要责任。

其一，我们对于纸质等传统媒体的互动依然不能放弃。因为纸媒不但可以在学界、业界等高端人群中有较好的影响潜力,而且有很好的保存性和资料性。

其二,我们常见作品讨论会的形式仍不能忽略。但是,办会主体一定要站在学习、批判、提高的立场上来传播思想、传播艺术,并且要使之常规化和平台化。

其三,广电媒体仍是重要的理性评论的平台。特别是电视媒体,如果能把电视艺术批评作为新资源进入创新视野,将多种元素融入评论节目,在当前文学类节目走俏的今天,一定会使我国电视艺术批评推向一个新的高潮。

其四,网络媒体更是拓展电视艺术批评的最佳选择。在新媒体如此火热的今天,如果将互联网,特别是在手机媒体之中植入评论内容,这样能使电视艺术批评可以进入草根化、互动化和即时化,会使电视艺术批评影响面更广,渗透性也更强。

总之,由于当前我国电视艺术发展迅猛,我们的电视艺术批评也要与时俱进,要为繁荣我国电视艺术的创新进步鼓与呼,更要为推动我国的影视节目创作摇旗呐喊。

第七章 类型论

电视文化、艺术节目的类型研究的终极目标是打破类型边界，引导电视节目多元创新和突破。

如果要从类型的角度来梳理电视文化、艺术的成长基因、成熟标志以及成果分享，势必先从类型概念的理解入手。

如果要通俗地理解类型，它就是在人们研究某一特殊事物或现象时抽出来的共通点。它作为一种分组归类方法，在研究时以其特有属性而组合成为一个体系。由于这些属性彼此之间相互排斥而集合起来却又包罗无遗，那么这种研究就具有了实际的意义。

客观地说，类型的梳理与建造，其目的不是发明新东西，而是发现某些已经存在的新东西，并将其整理分类，并进行剖析、分析、撷取，以求得这个事物得到更好的发扬。

因此，类型研究对于电视文艺的理性意义也就不言而喻了。

一、电视文化、艺术节目类型研究的学科价值与作用

1. 电视文化、艺术节目类型研究具有时代价值

任何一种艺术形式、传播形式都是植根于现实的土壤、映衬在时代的背景中,这是电视文艺的价值趋向与社会影响力之所在。

与所有艺术门类一样,电视文化、艺术类节目的形成都会经历创新、繁荣、发展的过程。在这个过程中,其会受到更大的文化范围的影响,以至成为一个艺术门类的缩影,更是时代艺术的一个符号。

2. 电视文化、艺术类节目研究具有学科价值

从电视理论研究层面来看,电视节目类型的界定是电视理论纵深发展的基础。电视文艺作为我国电视节目类型的重要分支,它的类型研究是支持我国电视理论学科建立的关键。只有树立科学的界定姿态,才会具有准确的实践响应,才能有效推动我国电视文艺的理论研究进程,才能有利于建立我国科学合理的电视节目评估体系,才能推动我国电视文艺质量工程的提升。

3. 电视文化、艺术节目类型研究具有应用价值

众所周知,类型化的艺术创作势必带来类型化的艺术产业。如类型电影的出现,就是好莱坞商业制度下的必然结果,类型化使好莱坞式电影创作不再是一种个人的行为,而是一种批量的、流水线式的产业过程。

因此,对电视文艺节目的生产和销售而言,如果在产业化、规模化和流水线的生产体系下,每一类节目都有明确的组织构架和叙事特征,制作人员按照这种元素来生产和制作节目,这对实现电视文艺节目产业化有极大帮助。

4. 我国电视文化、艺术节目类型研究现状

我国关于电视节目的类型研究大约始于20世纪90年代初。在《中国应用电视学·节目篇》中,作者将电视节目划分成8个类型:电视新闻节目、电视教育节目、电视文艺节目、电视文学节目、电视剧节目、电视纪录片、电视专栏节目、电视广告节目。

此后,在我国学界与业界还出现了各种不同的电视节目分类标准和说法,

如"四分法""多维组合分类法""多层级节目分类系统"等。"四分法"是依据节目的内容性质，社会功能，将电视节目分成新闻类节目、娱乐类节目、社交类节目和服务类节目四个类别；"多维组合分类法"是《电视节目"多维组合"分类化及其编码设计》一书中提出的，其将电视节目从内容、行业、形式和所诉求的对象这四个方面设置审核管理级别编码；"多层节目分类系统"则是把种类繁多的电视节目按社会功能、结构类型、反映领域三个标准进行分类。

除以上分类之外，在《中国电视节目分类体系》一书中，还将电视节目分成4种A类型节目，27种B类型节目，84种C类型节目，54种D类型节目，共计164种节目类型。

此外，在央视—索福瑞媒介研究有限公司的收视调查分类中，则将我国的电视节目分成了15总类，81分类。

依据上文对电视节目的划分标准，电视文艺作为电视节目的分支，其定义和边界的划分更显得模糊不清，所包含的节目形态更是众说纷纭。这也使我国电视界对电视文化、艺术节目的类型划分众说纷纭，各执己见。

例如，在工作实践中，凡牵及节目类型的划分时，经常会出现"真人秀"类节目、"晚会"类节目、"选秀"类节目、"谈话"类节目、"娱乐性"节目、"少儿"类节目等的提法。但这样的类型划分，其实是一个大众心目中约定俗成的印象，而没有建立在科学严谨的类型学基础上。如"晚会""选秀"是两种不同概念的分类方式，前者是从形式上建立的概念，而后者是从内容上的提示，两者风马牛又不及；同样"真人秀"是运用自然空间的一种人物戏剧创新手法，而"谈话"是以语言表达的节目形式；"娱乐性"则是对于一个节目基本属性而言，不是节目类型的符号；"少儿"节目则是以收视对象为划分标准的。

因此，与其说这些都是节目类型划分，不如说是对节目某方面特征的认可。从理论上理解，以上类型的符号或标志都没有错处，但由于是不同类型的组合，从而产生了非类型比较误区。而业界的这种认可，很可能产生契约式的力量,对节目的创新、生产、宣传、评估及营销产生一定的负面作用,极不利于电视节目的规范化进程,以及理论科学的搭建。

5. 电视文化、艺术节目类型研究基本原则

然而,有没有一种更合理的类型划分方式,使电视文艺节目的"类""型"更准确呢?这也是本章需要研讨的意义。

首先,关于电视文化、艺术节目的类型划分应该是宏观划及多角度、多视角划分结合,并以宏观划分为主,多角度及多视角为辅。从宏观视角来看,电视综艺分成电视综艺晚会和电视综艺栏目两大类。从节目功能来看,可以将节目划分成欣赏性节目、知识教育性节目、服务性节目、评价型节目。从收视对象来看,可以分成少儿节目、工人节目、农民节目、妇女节目、军人节目、老年人节目等。这些节目类型被约定成一个具体的方向,并同有一个共通点,也同有一个符号特征,不仅有利于目标观众识别与找寻,也有利于生产者的规范与遵循。

其次,电视文化、艺术类型划分与区别,并不像生物学上的"种""类"那么一望而知。无论是具体的电视栏目还是整体上的电视节目,被划归的节目类型都可能会发生一定程度上的位移,甚至置换变异。

基于以上两个原则,本章选择从电视文艺组成方式与基础入手,力求从本源上寻找到电视文艺特征规律,并按照类型学科的理论逻辑与电视业界实践认识相结合的原则,兼顾电视受众收视习惯,在偏重电视文艺节目"内容属性"的前提下,对电视文艺节目来进行类型化讨论。

二、电视文化、艺术类型研究的原始区分及意义

电视文艺最大的特征,就是它是一种不可以独立完成的艺术门类。

电视文艺是要与其他艺术门类相结合才能够产生的一种艺术形式,在与电视手段的融合下,使某种艺术形式成为电视作品。因此,对于电视文化、艺术的分类,其最简明、最基础的可以分为两大类,即"原生类"电视文艺

节目和"创作类"电视文艺节目。

选择从这一角度切入电视文艺类型的划分，是因为这一视角最抛开现象见本质的作用，回归电视文艺的基础与本源，抓住电视文艺创作的本质规律。

所谓"原生类"电视文艺节目，是指忠实完整地把各种艺术表演或非文艺表演活动较真实地传达给电视观众，如各级电视台直播或录播的各类现场文艺晚会或文艺活动等。在这些节目中，电视仅仅起着家庭化剧场的作用，对艺术节目的本体进行转载，原汁原味地记录并展示这些艺术表达。

所谓"创作类"电视文艺节目，是指利用电视传播手段，采用某种或多种艺术形式，创作出一个以电视元素为主流，以荧屏视觉为主体的电视艺术作品。如电视散文、电视诗歌、音乐电视、戏曲电视MV以及电视综艺晚会等。此时电视手段的运用是对文艺本体形式进行再度创作，电视是重要的创作本体，电视的意识始终贯穿创作始终。

作为"原生态"电视文艺节目来说，是电视刚刚起步时最常见的节目形态。如在我国电视萌芽阶段里面，大量直播的舞蹈、曲艺、戏剧、戏曲等现场实况节目，就说明了这一点。

由于"原生态"电视文艺节目有着制作程序简单，经费成本简约，播出方式简便等特点，但同时也或多或少存在着一些局限。以电视戏曲节目为例，这是中国传统戏曲艺术与现代电视艺术相结合产生的新兴艺术门类。所谓"原生类"电视戏曲节目，继承着戏曲本身的特性，不改变戏曲的舞台虚拟表演性质，只对戏曲艺术进行如实记录，故电视化程度相对偏低。虽然这些"原生类"节目相对于"创作类"的电视文艺节目来说，有着成本低、记录性强等特点，但由于其电视化元素较少，节奏拖沓，整体显现平淡，成为这类节目的通病。

但是，从另外一个角度来理解，只要经过了电视载体，就会或多或少有了景别、画外音、剪辑与特效等电视元素，其舞台表演特性有所减少，电视视觉元素随之增加，因此"原生类"概念只是相对"创作类"而言。比如每年一度的《维也纳新年音乐会》，全球很多电视媒体都进行了转播，听众观众数以千万计。这虽属于"原生类"的电视直播音乐晚会,但电视编导在中场休息或相关时段插入部分舞蹈片断,从而体现了电视媒体的时空优势。

所谓"创作类"电视文艺节目,是"原生类"文艺节目经过电视艺术多维加工的结果。"原生类"文艺节目作为"创作类"文艺节目的基础,将节目的电视化意义进行了升华。

"创作类"电视文艺节目与"原生类"电视文艺节目的区别,大致在四个方面:其一是电视技术的运用,其二是电视艺术的运用,其三是电视流程的运用,其四是电视模式的运用。

以电视音乐片为例,它是"创作类"电视文艺节目中的经典符号。在电视编导的融合下,将电视艺术特质和音乐艺术特质进行了嫁接,使其的传播价值得到了很大的超越。

MTV——音乐电视,是比较典型的"创作类"电视音乐节目代表。这种复合式艺术形态,是音乐与电视的高度结合,具有双重结构。在音乐电视中,音乐与画面相互沟通,相互交融,形成统一的音画关系。并以电视手法构成情景交融、声情并茂的电视画面,呈现出独特的艺术品位,以达到人们追求的最佳艺术境界。

1988年,中央电视台在《潮——来自台湾的歌》节目中,第一次播出了由小虎队演唱的歌曲为内容的音乐电视,这是中国国家电视台首次播出MTV;接着中央电视台《东西南北中》栏目于1993年3月25日正式开播,其在第一期节目里,播出了由上海电视台王国平导演执导的MTV《青春寄语》。由于《东西南北中》的开播,开启了来自西方的MTV体裁与风格的中国化、合法化及电视栏目化的先河,并为后来MTV频道在中国的出现,奠下了最初的基石;同年12月15日,央视举行了首届中国音乐电视大赛,更是极大地推动了中国MTV的蓬勃发展。

此外,电视文艺专题也属于"创作类"电视文艺节目中一个重要组成部分。它同时也是我国电视文艺节目创作领域专有的一种节目形态。

电视文艺专题节目,大约形成于20世纪70年代末至80年代初。在这一时期，我国电视节目的体裁上出现了各种艺术元素融合与杂交的品种，电视表现手法开始多样化进展。此时，电视专题文艺节目逐渐从新闻社教专题中剥离，形成了独有的新型的电视文艺节目新种类，它不但以各种艺术形式作为资源，还大力利用文学元素作为核心与结构，使之不但具有艺术风采，而且更具有了文学气质。

获得首届中国电视节目展播活动一等奖的作品，电视专题艺术片《看苗岭》，是一部根据六首苗族民间歌曲为主核展开的电视专题艺术片。由于该片很好地体现了"创作类"电视文艺节目的视觉优势，全片虽然没有一句解说或旁白，但高度的声画结合和视听兼备，让观众在音乐节奏中体会到苗山的故事，又能使观众在视觉的线条中看到苗家的美丽。这样，全片在自己的曲式结构中拓展意境，又在自己的视听合作中升华，以至成为一部优秀电视创新作品也是理所当然的了。

此外，"创作类"电视文艺节目不仅体现对节目在制作技术、手段等方面电视元素的注入，其节目的流程设计、环节展示、表现形式、创作理念等方面，也都有所体现。因此，在今天的电视文艺节目的类型中，出现了真人秀节目、选秀节目、娱乐节目、谈话节目、益智节目等分类，这正如前文所说，这些是从不同角度，对节目的归类，其实就是"创作类"节目的再次细分。

继MTV音乐电视、音乐专题片之后，至1984年，中央电视台推出CCTV青年歌手电视大奖赛，简称"青歌赛"。这个两年一届的电视音乐选秀活动，截至2013年已经成功举办了15届。由于全国青年歌手大奖赛将"赛"的形式进入音乐节目中，电视编导又将演唱分成民族、美声、通俗三种唱法，并分成专业组和业余组进行比赛，每组又分团体和个人单项赛两种方式进行。它的这一创新举动，加之平台传播的力量，使这个电视音乐节目成为整个社会关注焦点，也成为发现和推出声乐人才、普及音乐知识、弘扬民族艺术、引领和推动中国声乐事业发展繁荣的重要平台。

继全国青年歌手大奖赛之后，湖南卫视于2004年推出大众选秀节目《超级女声》和《超级男声》，并以"海选"形式的引入"想唱就唱"的理念精神，颠覆了传统唱歌比赛的规则，受到了年轻观众的喜爱，成为当时最受欢迎的电视娱乐选秀节目，同时也使"创作类"电视文艺节目进入一个新的阶层。

时至今日，我国电视屏幕"创作类"文艺节目已渗透到多个艺术种类之中，并取得了非常强烈的社会效果与市场效果。

直到今天，电视音乐选秀节目仍是必争之地，特别是"竞赛"等综艺模式的引入为该类节目带来新的生机；如《中国好声音》《我是歌手》等多个现象级节目的不断推出和创新表达，并融入跨界演绎、竞猜悬疑、星素搭档等新鲜元素，生动记录了时代变迁下大众的审美旨趣的改变，引领着中国的娱乐风潮。

电视戏曲节目采用明星真人秀的模式，开发创新思维，借助明星影响力传播戏曲文化；如东方卫视推出的大型电视戏曲节目《非常有戏》，就提出"戏剧载体、综艺模式"的主张，由影视演员及歌手出生的明星来参赛，将戏曲展演时空放大；河南卫视的《梨园春》则加入了戏迷擂台赛、专家点评、年终戏迷总决赛等新的内容和节目形式，起到了"振兴豫剧，展示河南文化"的作用；《叮咯咙咚呛》《中国戏曲大会》等节目引入紧张刺激的知识竞赛；《喝彩中华》以类达人秀的模式对传统戏曲进行综艺化包装。

魔术类舞台节目也努力向电视媒体靠拢，以趣味、体验和参与为优势、与电视媒体开展了深度创新合作；如在1983年第一届中央电视台春节联欢晚会上，魔术伉俪秦明晓和姚金芬表演的《彩扇竞艳》，巧妙利用电视语言，充分展现了魔术表演的奇妙和迷人之处，从此魔术类节目成为大大小小电视晚会的青睐。今天，魔术类电视栏目比比皆是，如星空卫视的《魔星高照》、湖南卫视的《金牌魔术团》、江苏卫视的《超凡魔术师》等，成为我国电视文艺节目中的新宠。

电视舞蹈节目从"原生类"转向"创作类"，使电视文艺节目的资源有了更坚实的保证：1958年5月1日，我国的第一座电视台——北京电视台开始试播第一天，第一个电视舞蹈节目出现在我国电视荧屏。在这天晚上播出的文艺节目中，舞蹈《四小天鹅》《牧童和村姑》《春江花月夜》给人留下了深刻的印象,这是我国电视文艺节目"原生类"首次面世。从这之后,舞蹈节目成为电视荧屏上最不可缺少的内容。如1999年中央电视台推出的《舞蹈世界》,开办至今已经有19年,这是当时我国唯一以舞蹈为主要内容,集经典艺术展示与舞蹈普及于一体的电视文艺栏目。2000年央视又推出《CCTV电视舞蹈大赛》,其后每两年举办一次,至今已成功举办七届;接着星空卫视的《星空热舞俱乐部》、东方卫视《舞林大会》等节目以舞蹈艺术为主体,融合了游戏、知识抢答、选秀、竞技等形式来串联和展现,呈现了多种样式的电视舞蹈样式。但是,真正让舞蹈类节目走入大众视野的应该是电视舞蹈类真人秀节目。如2006年东方卫视播出的明星舞蹈竞技类节目《舞林大会》、2007年湖南卫视推出的真人秀《舞动奇迹》、2013年东方卫视推出的《舞林争霸》、湖南卫视推出的《奇舞飞扬》以及2014年浙江卫视推出的《中国好舞蹈》等。这些节目虽然大都具有国外模式的基因,但在一定程度上保证了中国本土电视节目制作理念。因此,这批节目无论是对于单个舞蹈作品的展示,还是舞蹈比赛、舞蹈选秀、舞蹈教学等活动,都较好地以舞蹈艺术为主体,充分运用电视视觉元素,将舞蹈艺术与电视艺术高度融合,接近或超越了舞蹈本身的表现力,完成了一个舞蹈艺术品故事的核心诉求。

因此,我国近年来对舞蹈资源的电视化改造,也就成为"创作类"电视文艺节目成功的一个典型范例。

三、 电视文化、艺术节目类型研究的多元区分与走向

由于电视文艺节目大都是电视艺术和其他门类艺术相结合所产生的艺术作品,我们还可将电视文艺节目划分成"综艺类""单艺类"两大类别。

第一,"综艺类"电视文艺节目的组合方式。

所谓的"综艺类",是指该电视节目广泛融合了音乐、舞蹈、小品、曲艺、杂技、游戏、竞赛、问答等艺术形式,并对各种文艺形式进行二度创作

的电视文艺节目类型。它包含了电视晚会类节目、电视娱乐类节目、电视挑战类节目、电视才艺类节目、电视竞技类节目以及电视选秀类节目等多种节目形态。

作为电视综艺类节目，其最大的特色是综合性。所谓综合性，并非艺术符号简单的拼凑、排列和相加，而是通过独特的电视艺术语言而完成的电视资源的综合化。在这一过程中，电视综艺吸收其他艺术样式的有益元素，并使它们有机结合，从而产生新的电视艺术特征。正因为如此，电视综艺节目能包容和吸收几乎所有的艺术样式，这也成为电视综艺的最大优势和能量。

此外，电视综艺类节目还有一个最显著的特点，就在于采用电视特有方式，在同一个节目中融合多个艺术门类，使用不同的"胶合剂"，使其在同一个节目中同生共融，交相生辉。

所谓"胶合剂"，有语言、互动、故事三种类型。

1. 语言

语言除了作为独立的节目资源存在外，还有一个重要的功能，就是在综艺类节目里充当重要的"胶合剂"。如在电视综艺节目中，由主持人把整台节目恰到好处地联系在一起的工具称为"串词"，或"串连词""主持词"。一般来讲，主持人的语言表达上要讲究结构的合理性、思想的深刻性、知识的广泛性、语言的抒情性、娱乐的趣味性，这对于表现节目主题、深化节目主题具有十分重要的作用。在20世纪80年代初兴起的电视综艺晚会和综艺栏目中，很大程度上都是依靠"主持词"粘连晚会整场结构，如央视《春节联欢晚会》《综艺大观》《正大综艺》《曲苑杂坛》等。这类节目往往集参与性、娱乐性、知识性、趣味性于一体，融合了多层品位和多类节目大众品位，但这一切与主持人的努力与作为有关。如央视《综艺大观》栏目开播时平均收视率达到了18%，平均每期收视人数达2亿人次，获得观众极大的认可，这与倪萍等央视优秀主持人的作用分不开。但是，也正是由于该栏目在形式上十年如一日，节目主持人缺乏与观众的互动，最终被"末位淘汰"，退出了荧屏。

2. 互动

1997年，湖南卫视推出《快乐大本营》，彻底改变了人们心中电视节目的形象，电视综艺节目由原来的唱歌、戏曲、相声等文艺表演，加入了以明星为嘉宾，集游戏、表演、竞技参与于一体的互动模式，其娱乐、清新、活泼的新风尚掀起了我国电视娱乐节目的收视高潮。同时，节目在舞美设计和环节设置上不但强调互动参与和现场感观刺激，更注重调动台外观众参与，有效地拉动了节目收视，以至成为中国娱乐类电视节目成功的标杆。

此后欢乐传媒公司的《欢乐总动员》、安徽卫视的《超级大赢家》、东方卫视的《中国达人秀》、央视的《星光大道》等一批有影响力的游戏娱乐类节目、竞技互动类节目也纷纷效仿这一模式，均获得较好的收效。

3. 故事

将电视综艺节目"故事"化，并不是讲节目内容的戏剧化，而是将节目加入一个故事元素，从发生、展开、高潮以及结尾，达到结构整体节目的目的。目前，这个手法使用在"真人秀"节目中最多。因为"真人秀"作为一种综合型的电视节目，它融合了纪录片的纪实性要素、影视剧的戏剧性要素、竞技游戏节目的竞争性及互动性等要素，实现了不同艺术门类之间的融合，而"故事"所特有的戏剧性，是真人秀节目的成功所在。从目前来看，几乎所有的大型经典季播类电视真人秀节目，都有完整详尽的故事策划，由总任务架构起整档节目，再通过相关的关联子任务丰富细节，进而完成整体叙事的层层递进，直至高潮、结局。

再如2004年湖南卫视推出的《超级女声》，被业内人士认为是开启了的平民造星时代的真人秀节目，它在模仿《美国偶像》的同时，巧妙地实现故事化节奏，使真人秀这个舶来品在本土落地生根。节目从海选阶段，就充分体现了纪实性的故事元素，不断引入戏剧性、竞争性、互动性，从而引起了受众激烈反应，以至达到了我国娱乐节目的影响高峰。

第二，"单艺类"电视文艺节目的多种形态。

所谓的"单类文艺"，是相对于"综合文艺"提出的概念。"单艺类"

电视文艺节目是指以单一种类的文艺节目为资源，进行电视艺术创作的电视文艺节目类型。这类节目包括音乐节目、舞蹈节目、魔术节目、曲艺节目、戏曲节目、美食节目、旅游节目等。

由于"单艺"指的是创作的主体内容的单一性，但是从创作手法、表现手段而言，却不能"单一"。如以歌曲为资源的电视音乐节目而言，《每周一歌》《维也纳新年音乐会》《我是歌手》呈现出截然不同的节目形态；同样是以T台展示为内容的时尚节目，《维多利亚的秘密》《CCTV模特大赛》《超级模特》展示出完全不一样的节目面貌，吸引了不同类型的收视群体；此外，东方卫视的《我型我秀》《加油好男儿》《舞林大会》，央视的《星光大道》等都是利用单一资源创造的优质节目。

因此，充分利用优质资源，是"单艺类"电视文艺节目成功的一个重要保障。

美食节目，作为"单艺类"优质资源，在我国电视荧屏发展迅速，显示出其强大市场魅力。目前我国美食节目有三种形态：其一是教学类，包括中央电视台的《天天饮食》、凤凰卫视的《美女私房菜》等。其二是竞技类，包括中央电视台的全国电视烹饪擂台赛《满汉全席》等。其三是纪录片类，如《舌尖上的中国》等。

语言节目，作为"单艺"节目重要资源，不仅作为一个独立的节目存在，还可以发展成栏目、季播活动。从狭义上来理解，语言类节目可以包括以小品、相声、朗诵、快板、三句半、绕口令、贯口、滑稽戏等为节目资源的单艺型电视文艺节目；从广义上来理解，单一以语言为资源的节目还可以扩大到访谈、脱口秀、辩论、演讲、问答、聊天、讨论等多种形式。由于语言资源涉及的主题较为宽泛，如婚恋、情感、益智、竞猜、戏剧、文化、文学、养生、医学、广告、博彩、考古、历史、法律等，所以语言类的单一化节目在各级电视台使用面积较为广阔。

从语言交互方式的角度来看，我们还可以将以语言类为资源的节目分成四种类型：

其一，辩论型。

这类节目的主要"卖点"在于谈话各方代表通过对立观点的彼此交锋推动节目现场。如1988年中央电视台推出的《国际大专辩论赛》，之后直到2017年3月，上海电视台新闻综合频道播出大型科学辩论节目《未来说——国际青年科学思辨会》等，充分显示了这个节目对广大受众的影响力。

其二，访谈型。

这类节目类似于人物专访，主持人与被访嘉宾和观众进行平等的对话交流。如中央电视台在2000年年底推出的一档谈话类节目《艺术人生》，由朱军担纲主持。该栏目每期邀请一位文艺界的明星回忆过去的艺术、过去的生活，讨论人生与世界。此外，2001年开播的《鲁豫有约》《杨澜访谈录》也都是以主持人邀请政治、经济、文化等各领域精英翘楚，坐而论道，将嘉宾的人格力量和社会价值作为节目的终极呈现。

其三，聊天型。

这类节目的特点是突出资讯娱乐化、主题世俗化、话语碎片化。节目大都采用调侃、逗乐的话语方式，以怡情为主，娱乐观众，使其获得身心的放松。如凤凰卫视的《锵锵三人行》，该节目以"意识流"般的侃谈，达到主题意境。在此类节目中，主持人的智慧与幽默非常重要，如湖南卫视的《天天向上》主持人汪涵，语言幽默，谈吐自如，节目时而搞笑，轻松，常使现场观众捧腹大笑。

其四，竞赛型。

这类节目主要采用知识竞答方式进行。在2000年前后，竞猜类节目开始进入我国电视屏幕，由于知识竞答的问题涉及范围极广，从自然科学至社会科学，无所不包，受到各层次观众热捧。因此，这类节目从受众影响来看，成功率还是比较高，如央视的《开心辞典》和《幸运52》，将此类节目推向了高潮。

总之，作为语言类节目，无论类型如何划分，其最大的共同点是通过语言的表达营造屏幕内外人际传播的信息场，核心内容是节目的话题，"场"

式传播构建语言表达空间。

　　综上所述，对于电视文化、艺术节目类型的梳理，其目的帮助我们在今后节目创新、节目研发、节目生产、节目评价的过程中提供理论基础。综合当今我国电视艺术的发展实践来看，由于各种模式和思潮的影响，节目类型的边界在不断模糊化，不同节目类型之间都在寻找最佳临界，在差异中求共同，在反差中实现融合，这些更使我们的类型研究更具有实践意义。因而，电视文化、艺术节目的类型研究的终极目标是打破类型边界，引导电视节目多元创新和突破。

第八章 人才论

我国电视艺术优质人才对于国家的电视事业的推动与发展作用巨大，60年中国电视之旅，也是中国电视艺术人才之旅。

电视文艺是电视和文艺的结合体，是运用电视独特的表现手法和先进的电子技术手段对各类文艺作品进行加工、综合、创造，并通过电视屏幕传播的一种别具一格的艺术形式，因此，对电视文艺人才的认知与培养必须体现其媒体属性与艺术原性。

从理性来认知，作为电视文艺作品，是通过鲜明的电视屏幕艺术形象，达到以情感人的目的，给观众艺术的审美享受。因此，我国电视事业从开始起，电视文艺就成了其主力。如1958年5月1日，北京电视台（中央电视台前身）开播的第一天，短短的一小时的节目中，就包含了诗朗诵、舞蹈等文艺节目。虽然这些节目不是由电视台原创，但也代表了文艺节目在电视媒体的分量。

客观来说，从年代的角度出发，电视文艺全面化、人才化、自创化的综合发展，应该还不到60年的时间，因为在中国电视刚刚起步时，自创节目的品类还比较单一，当时北京电视台最早推出的室内电视剧《一口菜饼子》，可谓中国电视文艺的先行者了。

据记载，1958年6月15日，北京电视台在其演播室内直播了根据同名小说改编的电视剧《一口菜饼子》，成为我国第一部电视剧。

1958年5月1日，北京电视台试播，当时的台领导就考虑要生产和播出电视剧。但是，新组建的北京电视台，根本不可能有电视文艺方面的专门人才，台内人员一部分来自广播战线，另一部分来自电影战线。对什么是电视剧都是外行，也不太了解其他国家电视剧的制作情况。为了克服困难，尽早创作出电视剧，据说当时负责文艺宣传的台领导胡旭，另一方面组织有关同志学习由苏联与东欧国家广播联盟出版的广播电视杂志登载的有关电视剧创作和播出的文章，一方面与中央广播剧团商量合作拍摄事宜。

首先，胡旭遇到的第一个问题是电视剧剧本问题，究竟是自己创作，还是改编现成的文学作品。这时有人提议，中央人民广播电台近期创作了一个广播剧，播出后反映很好。据说这部剧是根据《新观察》杂志上刊登的同名小说改编而成，主要是为了配合其时"忆苦思甜""节约粮食"的宣传而制作的，剧中塑造了一个忆苦思甜承受了生活重压，为救女儿而省下仅有的一口菜饼子，最后死在饥寒交迫之中的伟大母亲的形象。由于该剧只有四个角色和一个串场人，场景也就比较简单，这对于当时电视设备比较简陋，从简单剧目做起，以实验和培养人才出发，《一口菜饼子》具有很好的实践意义。直到今天，人们可以发现，这部剧的问世彰显了其中国式电视艺术特色，特别是创作速度十分惊人，在北京电视台开播仅一个月后，电视剧《一口菜饼子》就正式播出，这恐怕在世界电视发展史上也是非常罕见的。当然，不可忘记，1958年正是中国"大跃进"时代，这部电视剧也打上非常明显的时代烙印。

据记载，电视剧《一口菜饼子》导演由当时北京电视台负责文艺宣传的台领导胡旭和中央人民广播电台广播剧团导演梅村广播剧团导演担任，美术设计由丁寿生担任，摄像由文英光、冀峰、化民担任，他们应是新中国第一代电视文艺工作者。

而作为新中国第一代电视文艺工作者，自这个群体形成后就有这样几个特点。

其一，受各学科影响较大。

因为我国电视事业的起步阶段也是国家建设发展的初级阶段，文化教育的步伐虽与历史比较起来有巨大变化，但进展还不完善，特别是广播电视专业人才的培养，相比其他学科而言，差距还比较大。比如目前我国培养广播电视综合人才的最大学府中国传媒大学（原北京广播学院），其前身是创建于1954年的中央广播事业局技术人员训练班及1958年成立的北京广播专科学校。这在当时主要是培养广播工程技术专科人才，后来才涉及电视方向，并开设广播电视新闻课程，直至今天发展成为以电视艺术人才培养的高等学府。因此，在我国电视初创时期，甚至在相当长的一段时间内，其艺术人才都是来自其他学科，如音乐、戏剧、文学、历史、哲学等学科毕业生，甚至还有农科、工科、理科学生。

其二，受广播艺术影响较大。

由于我国电视事业自开创以来，一直是归属于国家各级广播电视管理机构，因此在体制上与广播电台的联系较紧，特别在全国各级电视台开办初期，有很大一批业务骨干都是来自广播电台。如1957年8月，中央电视台前身"北京电视试验台筹备处"成立，其主任罗东先后任过新华广播电台台长兼总编辑以及中央广播事业局编委；副主任孟启予是延安新华广播电台播音员，在新中国成立后，她是我国少年儿童广播节目的创始人。后来，北京电视台（原中央电视台）成立，罗东、孟启予先后成为该台主要负责人。

其三，受舞台艺术影响较大。

电视作为当时视频媒体出现以后，由于技术发展限制，当时录像技术还没问世，还不能进行影像保存，即时传播仍是这个艺术门类的主要方式。因此，当时的文艺类节目，如电视剧、综艺、戏曲等都是以直播方式播，其创作与工作程序与舞台演出相差无几，因此当时的艺术工种绝大多数来自舞台艺术，这也就此说明电视文艺自问世以来就与舞台艺术交集很密，直至现在还仍如此。

以上通过对我国电视文艺初创时期的回顾，其目的在于对这个艺术门类的起始和走向有个了解，以便对这个门类的人才建设、构成以及走向的评估与研究有个正确的判断，同时也对这个媒体的人才属性有个全面的认识。

一、电视文艺人才的基因分析

由于电视是个完整的视听媒体，它涵盖了所有视听媒体的属性和特点，因此对人才的要求的综合性更高于专一性。

1. 文学基因首当其冲

电视是门综合性极强的媒体艺术已得到了广泛认可，因此在电视优质人才的造就中不可预计性非常强烈，有不少在学科成绩拔尖的人才，往往一辈子也没做出有影响的节目，而有不少初出茅庐的人，一出手便一鸣惊人。于是，关于电视人才的"悟性论"由此产生，不少人认为做电视、出成绩就要靠悟性。久而久之，通过对人才的长时间的观察，业界也慢慢发现，在电视优质艺术人才中，凡文学功底扎实的人才超越专业功底全面的人才，常显示出对节目有一种魅力化操控，无论对节目的结构、节奏和力度等各方面都有一种天然的感悟，这恐怕就人们所指向的悟性。因此，电视优质艺术人才首先要具备的是深厚的文学基因，这应该是无可非议。

2. 组织能力脱颖而出

在某种意义上来讲，一个出色的电视导演，就应该是一个合格的制片，有许多电视导演都曾奚落自己是个大制片。因为，无论在电视发展初期的单人打斗，还是到今天工种齐全的团队，作为导演总是这个体制中总管和核心，无论是艺术协调、工种配合、生活统筹各个方面，导演的意见和需求总是举足轻重的。因此，如果一个团队中的艺术领导者和决策者，没有坚定的意见和组织的权威，这个团队的工作能力和执行能力也就可想而知了。因此，无论是电视剧导演，还是综艺节目编导，也无论你有多么强大的艺术能力和深邃的艺术底蕴，你没有强大的组织艺术和操控魄力，也不能成为一个优质的电视艺术人才。如同一个指挥家，无论你音准多好，乐感多好，只要你指挥棒无力,你也不能奏响一个优质的作品。一个富有组织魄力的优秀电视人才,会使一部电视作品的艺术质量更高、市场效益更好。

3. 综合艺术权重较高

如果从一门艺术的专业性方面考量,一个优秀的电视导演对各类艺术的综合认知能力越广,而表明他在电视艺术中的专业性越深。因为电视是门综合性极强的艺术门类,对各项艺术的了解和认识,有助于对电视作品的创制和创新。就拿电视综艺节目导演来说,你对美术不了解,就无法对舞美、道具、服装进行最协调的视觉创造;你对灯光不敏感,就无法对节目的视觉流动进行最优秀的节奏配制;你对音乐不入门,就无法对节目的听觉体系进行最本质的视觉体现。总之,没有广泛的综合艺术基础,就没有优质的电视艺术专业高度。

4. 技术态度决定拓展

在百度词条上对电视文艺的解释是这样的,电视文艺是电视和文艺的结合体,是运用电视独特的表现手法和先进的电子技术手段对各类文艺作品进行加工、综合、创造,并通过电视屏幕传播的一种别具一格的艺术形式。由此可见,对电视技术的了解和运用,对于一个电视艺术家来讲是有非常重要的影响。常有电视工程技术人员扬言,只要你想得出,我就做得出。这话也许有些夸张,但也说明一个道理,你对电视技术的了解越多,你的拓展方向也就越多。因此,作为一个优秀的电视艺术人才,不但要拥有强大的艺术实力,也不可忽视对电视技术的认知,特别是当前日新月异的科学技术,倚仗技术手段发力,也应该是一个电视艺术家成功的秘诀。

二、电视文艺人才的识别途径

什么才是电视文艺的优秀人才,这是一个非常难以精准解答的问题,因为有什么样的人才标准,才会有什么样的人才,电视艺术人才的识别,更不同于其他艺术门类的人才识别。因为电视优秀人才的识别,与体制环境、时代环境以及受众环境息息相关。

业界常议论，今天做电视节目，的确要讲点风水，经常是认认真真做的一个节目，也许没人搭茬，而不经意做的一个节目，或许万人空巷。而且，有时想花大价钱做出一个"现象级"节目，却"叫好不叫座"；有时候"磕磕碰碰"出来的作品，却又"柳暗花明"，让人惊喜。无怪乎业内常有人叹息，今天的观众真的看不懂，讲艺术又没市场，不讲艺术反而市场前景宽广。

如2017年某卫视播出了一部反腐剧，平心而论，其艺术方法以及艺术呈现应该算是平平，甚至略为粗糙，但该剧却获得了火爆收视，不但业内誉为"现象级"作品，还被称为十年难有的"神剧"。而差不多同期上映的另一部"精品剧"，据说十年立项，六年打磨，耗费巨资，云集明星，而收视却是平平。

因此，电视这个异变性过强的受众市场，人才评估具有较强的假象，甚至艺术与收视无关。

其一，电视是一个广谱性极高的公开媒体。

由于电视过于"平易近人"，具有较高的广谱性受众，导致电视的受众情感基线波动较大。如从索福瑞全国网数据显示，中国电视受众结构非常广阔且均等，其男、女观众各占比51%、49%；差不多各为一半，相对均衡；另外，中国电视人口的年龄分布中，各阶层都占有比例，其中4~23岁、24~44岁观众各占比22%、25%，45~54岁观众占比17%，55岁以上观众占比34%；同时，在中国这个城乡区域分隔比较明显的国度，电视的城乡观众分布也比较均衡，其城市观众占比58%、乡村观众占比42%。因此，从这个受众结构可以认定，应该没有一项艺术标准可以在中国一统天下，并让多地域、多性别、多年龄的受众同有一个艺术情怀、同有一个艺术尺寸，同有一个艺术感受。显然，中国电视艺术家如果单纯采用艺术的方法争夺这么一个广阔的受众群，恐怕难以想象。

其二，电视是一个文化量极低的公共媒体。

在索福瑞全国网的调查数据还有一个发现，中国电视观众的文化层次严重偏下，也是一个不容置疑的事实。数据显示，目前我国观众学历以中等学历占主，其中初高中观众学历占比54%左右，大学以上观众占比11%，而小学学历及以下观众占比达到34%。针对这组数据，我们可以庆幸一下，互联网对这个人群的侵犯应该会是缓慢的。但是，高端艺术化的节目进程也不会乐观，中国电视观众的注意力应还在通俗艺术和公众艺术的影响下接触电视媒体。因此，中国电视人才的艺术观的定位和运用需要对所在平台有个清醒的认识。

其三，电视是一个话题性极强的公众媒体。

当前中国社会正处于一个改革、调整和发展阶段，也是一个生活变化、思想活跃、话题迭出的时代，人们的情绪、情感及情趣都日渐丰富，大家希望电视能给自己带来一些共鸣，也希望电视能给自己带来一点轻松甚至希望电视能给自己带来一点发泄和不平。由此，都市题材、女性题材、玄幻题材、古装题材受到绝大受众的青睐，甚至话语尺度较大的政治或反腐题材也被各年龄受众追随。因此，一个有趣的文化现象出现，即思想消费多于艺术消费，情趣消费多于文化消费，大众化的情绪倾泻点完胜了分众化的艺术欲，造就了一个又一个现象级的作品。同时，电视由于自己具有广谱化的属性，还有着一个极具有能量的功能，即话题的活跃性和渗透性，即使一部艺术表现极为一般的电视作品，如果有一个思想表达或社会信息，触发了较多受众的感触，就会以话题形式大面积蔓延，从而引起收视风暴，这类实例已屡见不鲜。因此，把握住节目的话题性，既有利于传播而又不成为社会的思想垃圾，这是优秀电视人才的智慧与功底。

作为大众传媒的功用，提升大众文化素质是其理想与责任，勇攀艺术高峰也是每个电视艺术家的崇高追求，但对于一个优秀电视艺术人才来说，如何在自己的具体实践中，能最大可能地追逐到自己的受众，找到市场与艺术的结合点，这也是一项可敬的艺术态度。

然而，对于电视艺术人才的识别方式，由于我国各项环境制度的影响，其识别态度要注意到下列几点。

1. 任务化体制下的模糊识别

由于我国无论是哪一级电视媒体，都毫无例外属于国家所有。因此，在相当长的一段的时间里，我国相当一部分节目（除部分社会公司制作的电视剧外）的主创人员，特别是综艺、娱乐、专题等类别的节目的编导和策划，大都是采用行政化手段，由台或部门领导用任务的形式派给的。在这种任务制模式下，除了考虑到个人能力外，作为领导还会有多种考虑的因素，如各种平衡因素、亲疏因素、社会因素以及等个人因素，都会成为领导下达任务的各种原因。因此，在这种任务化的用人制度下，一个节目中往往挑大梁的不一定都是精英人才，如果我们在评估优秀人才时，仅用担当了多少大型任务、参与了多少重点活动来判断一个优秀人才的总成，这恐定是不精确的。

2. 数字化评估下的主观识别

对优秀人才的评估，其数字化考量也成为重要指标之一。所谓数字化考量，也就是一种采用收视率数据或大数据来对电视节目的评价方式，特别是收视率评估，这是目前各台对电视节目考量的最直接方式，同时也牵挂每个电视人的直接利益。

何为收视率，在互联网上马上可以搜索到其解释，即"电视收视率是指某一时段内收看某电视频道（或某电视节目）的人数（或家户数）占电视观众总人数（或家户数）的百分比。作为'注意力经济'时代的重要量化指标，它是深入分析电视收视市场的科学基础，是节目制作、编排及调整的重要参考，是节目评估的主要指标，是制订与评估媒介计划、提高广告投放效益的有力工具"。

从以上词条我们可以马上看出，从市场的角度来理解，收视率这个名词最精华的解释是其最后一句，即"提高广告投放效益的有力工具"。有了这个意义，收视率的作用就变得更有意义了。在目前媒体界或广告界，收视率的排位宣传非常热烈，特别是第一的位置，是各电视媒体对外宣传的关键词了，据悉每天号称第一的电视媒体至少不低于十家。

从科学的角度来看，任何数字排位中，只会有一个第一，但是在这乱象的收视率体系中，情况就不一样了。如从索福瑞提供的收视数据产品来看，有全国网数据、31省会城市组数据、35城市组数据、52城市组数据、71城市组数据等，此外，从时段来看，有全天收视排名、白天收视排名、晚间收视排名、黄金时段收视排名以及同时段收视排名等。甚至还有媒体别出心裁，亮出了学生收视排名、青少年收视排名、中老年人口收视排名等。近年来，由于大数据的兴盛，许多新媒体公司推出的网络化无样板人口数据以及即时数据更是比比皆是，不言而喻，每个节目都有自己的第一。也许我们可以不用怀疑，这些排名第一也都是真的，但谁是真正有价值的第一位，估计就无人知晓，以致收视率排名之争成了一场口水仗。

探究我国电视收视率数据混乱状况，关键是缺乏一个具有公正、权威发布平台。众所周知，中国的电视产业发展到今天，相对其他产业来讲，仍有很强的进步性和进展性，无论是市场规模到广告创收，还是区域覆盖到受众人口，都有较稳定发展。虽然近年传统电视受到新媒体的冲击，使其在受众的观看渠道和接受热情方面有所改变，但其媒体势力及市场影响还在稳步坚守，对于收视率的需求仍然有较强烈的渴望。因此，无论从社会舆论还是业界评估、从广告投放到节目创新，呼吁有一个公正、权威的收视率发布平台是全社会的期盼，这样不但对电视事业有利，更对电视优秀人才的培养和建树有利。

首先，建立统一的收视发布平台，有助于形成社会统一标准和评判，可以规避许多不良数据的干扰和牵制，同时也增加数据使用的权威性和指导性；其次，建立统一的收视发布平台，有益于搭建公正严肃的评判体系，聚焦数据机构的运作和运行，同时也可以帮助业界对数据机构的互动性和监督性；最后，建立统一的收视发布平台，有利于强化数据收集的进步与提质，可以让数据机构不断改良和改进数据采集的方式和质量，同时也可促进业界对数据质量的监督和使用。

3. 荣誉化环境下的客观识别

在优秀人才的识别和培养上，业界荣誉是一个重要符号。目前我国电视文艺节目评奖不是太多，政府奖和国家级大奖有"飞天奖""星光奖""金鹰奖"等。

飞天奖

中国电视剧飞天奖创办于1980年，于1981年开始评奖，每年举办一届，原名"全国优秀电视剧奖"，中国电视剧飞天奖由国家新闻出版广电总局（原中国广播电影电视部）主办，为电视类的"政府奖"，是对上一年（或两年度）电视剧思想艺术成就的一次检阅和评判。从2005年，改为两年一届，与中国电视金鹰奖隔年举办。参评作品为上一年度由广播电视行政主管部门批准设立的电视制作单位摄制的、在全国地市级（含）以上电视台播出的电视节目，经过各省、自治区、直辖市有关艺术领导部门推荐选送。据悉，"飞天奖"评委会成员由有成就的电视艺术家及有关方面的领导和专家组成，最初的评奖方法为：按篇幅和题材分为长篇电视剧（9集以上，含9集）、中篇电视剧（3～8集）、短篇电视剧（1～2集）、少儿连续剧、少儿短篇电视剧、戏曲连续剧、戏曲短篇电视剧，分别评出一等奖、二等奖、三等奖；另外，该奖还曾设"电视短剧奖""合拍电视剧奖""译制片奖"以及各单项奖，包括"优秀编剧奖""优秀导演奖""优秀摄像奖""优秀美术奖""优秀照明奖""优秀剪辑奖""优秀音乐奖""优秀音响奖""优秀男、女演员奖"等，但由于近年各种因素影响，奖项设置有较大的调整。

星光奖

中国电视"星光奖"是由国家广播电影电视总局主办的政府奖项，以思想性、艺术性、观赏性"三性统一"作为评判标准，是中国电视最高级别的奖项。电视文艺"星光奖"始于1987年，1988年纳入政府奖范畴。每两年一评比。参评作品的推荐办法和报名要求：由各省局（厅）、中直有关单位、中央电视台须按照从严优选的原则，对所管辖范围内的参评节目进行初审，并将审查通过的参评节目报中国电视艺术委员会。评选两年内在中央电视台和省级电视台播出的电视文艺节目及少儿电视节目（电视剧除外）。"星光奖"自设立以来已举办21届，推出了一大批思想性、艺术性兼具的佳作，为中国电视文艺事业的发展发挥了巨大的推动作用，获奖作品集中展示了中国电视文艺所达到的综合水准，也标志着中国电视文艺在美学表达上所诠释出的时代特征。

金鹰奖

"中国金鹰电视奖"是经中宣部批准，由中国文学艺术界联合会和中国电视艺术家协会主办的全国性电视艺术综合奖，其前身为"《大众电视》金鹰奖"，是以观众投票为主评选产生的电视艺术大奖。

该奖自第16届起改名为"中国电视金鹰奖"，从2000年第18届开始，经中宣部批准，"中国电视金鹰奖"全面升级为"中国金鹰电视艺术节"，由中国文学艺术界联合会、湖南省人民政府、中国电视艺术家协会、长沙市人民政府、湖南省广播电视局联合主办，湖南电广传媒股份有限公司永久承办、湖南卫视具体承办，每年在长沙举行。自2005年起，改为每两年举办一次，并将第二十三届金鹰奖推迟至2006年举办。目前，根据中宣部要求，"金鹰奖"评奖范围已由电视文艺类评奖缩小至仅有电视剧奖项。此外，为了突出节庆意义，除"金鹰奖"外，金鹰节还另外设立若干奖项，同在金鹰节晚会上颁发，奖杯为金鹰节水晶杯，但后者不属于"中国电视金鹰奖"奖项。

此外，我国对于电视文艺人才还设立一个专门的荣誉称号，即"全国德艺双馨电视艺术工作者"。该荣誉奖项推选活动起始于1998年，每两年为一届，首届为"全国百佳电视艺术工作者"推选，至第四届改为现名，由中国电视艺术家协会主办。凡从事电视编剧、导演、表演、摄像、灯光、美术、服装、化妆、剪辑、音乐、录音、制片、节目主持、评论、教学研究等艺术领域的优秀人才均可参与推选。其推选标准为坚持"二为"方向"双百"方针，具有扎实的电视艺术基本功其创作有较高的思想性、艺术性和观赏性，弘扬主旋律，坚持多样化，有较强的艺术感染力和较鲜明的艺术特色。同时还具体规定"作为主创人员参与创作(制作)的作品在全国电视艺术评奖中获奖或在省级电视艺术评奖中获一等奖"。其推选办法为各省、自治区、直辖市(含新疆兵团)电视艺术家协会、中央电视台分会、总政宣传部艺术局分别推选出本地区、本系统的"德艺双馨电视艺术工作者"候选人报送组委会。符合候选人条件的,但不从属于某一推荐单位或地方协会的民营公司或电视艺术自由职业者,可直接将材料报送组委会。组委会在对被推荐的候选人进行客观、公正的评审和广泛听取有关方面意见的基础上采用无记名投票方式进行推选,获票数超过参加投票成员半数者方可入选。

目前,该项荣誉推选工作已至第十届,全国有几百名电视艺术人才获得此项殊荣。

首届中国"百佳电视艺术工作者"名单

（以姓氏笔画为序）

丁嘉丽、马继红、水天达、王扶林、王怀信、王国巨、王国平、王树元、王炳文、王新民、王馥荔、邓在军、邓迎海、巴特尔、丹增、冉平、田成仁、吕大庆、任大惠、刘文国、朱羽君、华而实、孙光明、江兵、江秀慈、成浩、陈力、陈西妮、陈佩英、陈胜利、陈海萍、张子扬、张仁川、张丰毅、张宏森、张和平、张若波、张绍林、张雪村、张鲁、张惠中、张雅文、张静斌、李小沛、李明、李保田、李羚、李雪健、吴文中、吴月英、吴龙海、吴珊、吴钟谟、邹友开、坎吉汉·卡尔曼、余声、宋春丽、宋是鲁、辛敏成、肖雄、何裕畅、更嘎才旦、武志荣、杨延王、杨韬、孟欣、周振天、郑晓龙、罗捷、姜申、胡尔西丹·吾甫尔、胡旭、胡连翠、赵有亮、祝丽华、祝希娟、郝晓源、夏石生、唐国强、唐佩琳、倪绍钟、都晓、贾海泉、钱滨、徐慧征、黄一鹤、黄亚洲、黄海芹、黄厚德、黄铁军、康征、盛伯骥、梁永璋、蒋友宁、程捷、程蔚东、虞志敏、鲍国安、蔡晓晴、瞿弦和

三、电视文艺人才的个性观测

业界不少人认为,电视艺术人才的个性化表现略逊于其他艺术门类,这也许是电视艺术有着创作团队化、受众广谱化、平台制约化等特点。众所周知,人才是指具有一定的专业知识或专门技能,进行创造性劳动并对社会做出贡献的人,是人力资源中能力和素质较高的劳动者。

具体到电视艺术人才,人才的概念是具有一定的电视艺术知识或电视艺术技能,能够胜任岗位能力要求,进行创新性劳动并对电视事业发展做出贡献的人,而且是一个团队中能力素质较高和艺术造诣较深的引领者。

那么,既然与创新有关,一个优秀的电视人才,也必须是艺术个性的体验者。因为,对于个体来说,性格是具体的,也是可见的,一个人的性格存在于他的全部生活、工作与社会之中。

然而,纵横观察当今电视艺术创新过程,一个优秀电视艺术人才的个性风格的形成,与以下三个方面有所关联。

其一,地域影响。

俗话说"一方山水养一方人家",从中国地域人文分析,人们不难得到各地域人种印象,如江浙人的精细,湖南人的勇悍,东北人的厚直、两广人的务实等。根据长期历史变革显示,由于不同地域的人种性格,在不同时期凸显了不同的作用,从而引起了性格在人类各种革命中的作用和力量。由此看来,从电视媒体的创新来看,性格的研究不是没有一点理由了。

从我国电视轨迹发展来看,应该说从20世纪90年代开始的电视媒体竞争,是湖南广电在全国第一个站到创新与竞争的起跑线的。湖南人那种敢为人先,智勇双全,说干就干,火爆的"霸蛮"精神在这一轮竞争展示得淋漓尽致。从"快乐大本营"到"超级女声",从"爸爸去哪儿"到"我是歌手",以至从"大长今"的风靡到"金鹰剧场"的雄起,无不显示了湖南人的志向、勇敢和作为,同时也充分证实了性格在这一轮轮创新竞争的重要作用。

然而，竞争到了今天，电视媒体之间的搏斗更加激烈了。聪明的电视人不知是本能发挥，或是真正认识了性格的意义，各家创新中都不同程度烙上了性格的印记。如精细性格的江南同行，善于观察、分析和学习，把市场结构、受众细分、模式风潮了解得透透彻彻，在新一轮创新竞争中获得了收益；又如厚直性格的北方同行，善于实干、稳重和执着，也在新一轮创新竞争中赢得了地位。

但是，试想在这多元化社会环境中，性格的混合和交融是否会使艺术家们更上一层楼。如果精细的江南人，有了那么一点点敢为人先的气概，那不就会如虎添翼了吗；那么，如果再试想敢为人先的湖南人，有了一些精细管理、理性决策和高质创新的气质，那不就会使事业发展锦上添花吗？

其二，机构影响。

如果从优秀人才的个性形成影响元素出发，其所服务的机构或平台的作用与影响不可忽视。由于中国地大物博，电视制作机构与播出机构成千上万家，如果这些影视机构不去寻找自己的个性方向、个性作品和个性人才，那就难以在市场竞争中脱颖而出，立于不败之地。由此，对人才的个性化选择、个性化培养和个性化拓展成为大多数影视机构的重要议题。在这种机构的需求影响下，人才的个性化标志逐渐形成，并同时融于作品之中，帮助所在机构参与和完胜市场竞争。就以电视综艺内节目为例，中央电视台的节目大气、大家、大型的风格十分突出；北方电视媒体的节目则以方言类小品使其故事化、人物化和地域化而显示气场浓烈；南方电视媒体则以歌唱类选秀使其娱乐化、时尚化和国际化而吸引青少年受众。在这种平台风格差异的支配下，人才的风格差异及个性化也就理所当然了。

其三，类型影响。

虽然电视艺术的品类繁多，有电视剧、综艺、娱乐、真人秀、戏曲等，但比较起其他艺术门类来讲，如电影、绘画等相比较，各门类共性较多，相融度也较大，故跨越类型的人才现象较为频繁。如20世纪80年代一批省级电视台专题、纪录片人才纷纷转移做综艺节目编导，90年代又有一批综艺节目编导转行做电视剧编导。这样，使我国电视艺术人才的个性风格更加多样化、多元化和多味化。这些跨越门类的艺术人才，在新的岗位上，学习与继承，使故事节目娱乐化，使娱乐节目故事化，使电视剧纪实化，使纪录片戏剧化，从而形成各种多滋多味的电视艺术精品，展示了中国电视艺术的时代魅力。

总之，电视艺术人才的个性形成，在电视节目的创新中有着至关重要的作用，同时也对艺术人才的进步和发扬有着极大的推动。

四、电视文艺人才的平台环境

1. 高层平台造就人才

作为电视艺术人才的成功之路，与所展现的平台有着很大的关联。越是高端平台，影响力越强，受众范围就越广，作品被社会认知的概率就越大，艺术家就越被人们所熟知。如在中央电视台或省级卫视播出一个节目，观众量至少上千万人次，通常可以上亿人次，最高可达数亿人次。这与市、县电视媒体的观众量来对比，有天壤之别。

众所周知，与观众接触量的高低，是决定一个节目知名度大小的一个重要渠道，更是优秀人才被社会认知的一个重要方式。特别是电视媒体，长期以来因各种原因区域传播的痕迹很重，尽量后来有地方卫视的出现，网络平台的兴起，但各地方电视媒体的传播能力仍所限制，影响差异较大，或多或少地影响了部分人才的发展。

同时，这种传播平台的分层化现状，一定程度上折射了优秀人才成才道路的不公平因素。

2. 优质平台培育人才

我国目前是四级办电视，即中央、省、市、县，拥有电视台数千个。但由于行政层级不同，地域经济不同，经营运作不同，久而久之，台与台之间品质也就显露出来。如中央电视台一套是我国观众量最大、影响力最广，节目质量最优的电视频道,其每年除夕晚播出的春节联欢晚会,经35年的历练,培养出了多少电视文艺精英。据悉,目前中央电视台部分主要部门和重要专业岗位的负责人都担任该晚会的总导演。这种优质平台呈现的优秀人才频出现象,充分说明了人才与平台的关联性,也在一定程度上说明了人才对平台的依赖性。

3. 创新平台磨炼人才

创新感较强的电视媒体对人才的磨炼也是不言而喻的。一般来说,在电视媒体创新风暴启动之初,最先蠢蠢蠕动肯定是位于经济尚不发达的电视频道,"穷则思变"是千百年来人们改变自己的理由。如湖南卫视,应该属于中国电视节目创新的引领者,从20世纪90年代末开始,将娱乐作为突破口,以青少年为目标人群,在我国电视媒体处于平庸的时候,异军突起,风靡了一个时代。在这个过程中的人才队伍,有着敢说敢做的血性,也有着吃得苦、霸得蛮的硬劲,更有着与时尚接轨、与国际接轨的巧劲,从而打磨出了一个奇迹,也成就了一个现象。

4. 竞争平台激励人才

我国电视媒体竞争进入白热化时期,应该是从21世纪开始的。在湖南卫视创新领跑之下,江苏卫视、浙江卫视、东方卫视等地方卫视纷纷加入了一个卫视平台竞争之中。在这个时期,一批高收视的地方卫视出现在观众视野之中,一批受高影响的电视节目被观众热捧,同时一批高能量的节目人才被业界认识。这批人才队伍的产生,具有相互激励、相互渗透、相互竞争等特点,在各自平台的个性需求下,努力将竞争成果推向极致。

5. 类型平台分流人才

随着现代传媒的发展,电视媒体的平台类型化趋势越来越明显,不但在专业频道方面得以展现,即使在综合性的电视频道中,也出现了风格类型分流的趋向。就以电视剧择剧为例,有些频道以播放偶像剧为主,有的频道以播放战争剧为主,还有的频道则以年代剧为主;另外,从节目创新来看,有的频道以歌唱选秀为主,有的频道则以真人秀为主,还有的以才艺展示为主,各自为政,各显神通。因此,伴随播出平台类型化分流,所拥有的人才类型也就不同,这不但体现在编导人才方面,而且主持人、美术、摄影、音乐、道具等工种的人才队伍也呈现出类型化的趋势。

然而,正是由于这种人才类型化局面的出现,所带来的结果是我国影视人才队伍更加专业化、专一化、专向化,这不但有助于我国影视领域的产业化、专业化、结构化程度的提升,也使我国影视节目的品质化、规模化、时代化的特色更加凸显。

五、电视文艺人才的影响制约

我国电视事业60年的发展历程,也是我国电视人才成长的历程。

在这60年中,也是我国政治、经济、文化、科技发展变革的60年,电视人才的进步受到时代的推进,得天独厚,尤如天之骄子,享尽了时代的风采。但是,由于社会和科技的日益发展,对于电视文艺人才社会影响力巩固与保持,已成为业界一个热议话题。

1. 观众易健忘

众所周知,对于一个人是否成才的评估,社会知名度的业界影响力是一项重要指标,但今天的电视文艺人才,知名度的保持已是非常艰难的了,与电影界大腕相比,观众已叫不出几个电视界的名导、名摄的大名,甚至一些曾经红极一时,被称为现象级的电视剧、选秀节目,观众也被视为过眼云烟,慢慢开始淡忘。

产生这种现象的原因,大致有以下几点。

其一,多收视冲刷记忆。

由于近年来出现的以省级卫视为首的竞争局面,使我国电视屏幕不断涌现出高收视亮点。然而,这些高收视主要来自电视剧、歌唱选秀、真人秀等节目的贡献,使电视文艺成为广大观众生活中热捧的娱乐资源。当然,随着这些现象级的高收视节目的涌现,由于近年来高收视节目的不断增多,观众的记忆不断刷新,对人才的注意力也就开始分散,加之各电视媒体和各制作公司比较忽略对个体人才的宣传,以致形成目前社会对电视文艺专业人才的记忆弱化局面。

其二,多媒体消损记忆。

在新媒体迅速发展的今天,各种媒体的混乱交织,特别是互联网擅长于对网星、网红的炒作,也在一定程度上减弱了观众对传统电视人才的关注。一般来说,互联网上的宣传炒作特点是短、平、快,用爆炸式的信息不断轰击人们的眼球,因此在今天的观众眼里,信息量不断膨胀,多媒体相互融合,使其有兴趣关注各种高收视、高点击量的节目,而无暇顾及那些节目背后的创作人群,故逐渐淡忘人才的存在。这种多媒体、多信息、多视点的传媒时代,或多或少地对人才品牌的形成产生了一定的负面影响。

其三,多生代阻塞记忆。

对于人才品牌的培养,其延续性有着重要的意义。由于21世纪带来的新的文化革命和新的媒体革命,不断地对新的一代进行观念冲击、文化冲击和精神冲击,造成代与代的隔距越来越频繁,代与代的精神差距越来越大,如"80后"认可的事物,"85后"已不以为然,"90后"则不屑一顾,"00后"更是嗤之以鼻。因此,对优质人才的崇拜和敬仰已缺乏统一性,已成目前社会传播一个难点。许多青少受众,对上一代喜欢的节目不闻不看,甚至没有记忆。对于这种观众审美结构变化,电视人才的社会品牌影响力的提升已成为传媒界热议的话题。

综上所述,对于电视艺术人才的培养和打造,在新时期社会传播关系变化的情况下,如何让观众记住作品、记住人才,一定是个重要的议题。

2. 德才一定兼备

电视文艺人才,既是艺术人才,更是媒体人才,德才兼备永远是人才的重要标杆。

德,是指道德素质。这种素质决定于世界观、人生观和价值观,在现实生活中通常表现为事业心、责任心、原则性、廉洁性、为人民服务的意识、团结合作的作风以及勇于克服困难、完成工作任务的精神等。

才，即为艺术能力。包括理论知识、专业知识、综合艺术能力，包括艺术实践中的谋划能力、决断能力、协调能力和创新能力等。

在我国，电视媒体的传播影响力目前仍是第一位的，它的一举一动，牵动着亿万人民的思想，也影响着代代观众的精神。因此，作为一个优秀的电视艺术家，不具备良好的品德修养，没有正确的价值观念，即使是在电视文艺作品里，低俗、低质、低趣的庸俗和媚俗现象：近20年来，在我国电视文艺领域，无论在电视剧、综艺晚会还是真人选秀等节目中，在市场利益的诱惑下，都大面积出现过"三俗""三低"现象。这些现象的出现，给观众带来极大的价值观、文化观、人生观的扭曲，这不但有害于国家文化、国民教育，还有害于我国电视事业健康发展。因此，作为一个优秀的电视艺术人才，德才兼备，缺一不可。

3. 经验优于学历

电视艺术是一门实践性非常强艺术门类，而且由于其成长时间与其他艺术门类相比，还在日益成熟阶段。因此，电视艺术的学历教育至今仍在完善之中，这就导致目前有相当一部分电视艺术人才不是高学历出身，或者不是电视艺术专业的科班出身。在实践中学习，在实践中成才，以致成了一大批电视艺术人才成长路径。

此外，电视艺术不但是与其他艺术形式相互关联很紧密的一项艺术门类，而且也现代科学技术的发展相互依存。由于当前社会各方面进入了一个飞速发展期，电视技术发展也不例外。因此，在工作中不断地学习与创新，实践经验优于学科学历，是这个艺术门类最大特点。

4. 职称不是能力

我国的各级电视媒体，在体制上均属于事业编制。因此，参与业务职称评定是每个电视艺术人才的必经之路。但是，我国的职称评定不是岗位制，导致业务职称评定与工作岗位严重脱节，评定部门和用人部门严重脱节，或多或少影响了职称评定的意义与作用。如目前电视艺术职称评定在分类上主要是文学编辑、导演、美术、摄影等职别，这些沿袭了舞台艺术的分类评定，已大大不能对接目前电视艺术的发展。况且参评人员的资格审核主要依照学历、资历、论文等指标来进行了确认，这样大大弱化了对参评人员的能力考查，也远弱化了职称评定的实际意义。前不久，某省级广电管理部门出台了一个以代表作替代论文的办法，业界认为这也不是一个具有实际操作意义举动。因为电视艺术进入今天，在一些节目类别的创制中，如综艺娱乐、真人秀等，已不是单打独斗的年代了，团队化、集体化、规模化的创制模式已经形成，如果某一个作品是某个人的代表作，这显然有点勉强，如果某个作品是许多人的代表作，这也失去代表的意义了。因此，高等职称不等于高等人才，低级职称不等于低等人才，职称不等于能力，这已是业界的共识。

5. 平台不是自己

近年来不少电视媒体出现了一股人才流动潮，开始是各省级卫视之间相互争抢人才，后来是一大批人才投奔新媒体或社会制作公司，其诱惑力主要是高薪回报。然而，这批人才走出媒体后，往日的优势已经不在，大多数人没有再造辉煌。

究其原因，有以下三点：

其一，错将平台优势当自己能力。

现代传播有一个特征，往往一个节目火了，虽与创制者的努力有关，但与播出平台的市场潜力、受众规模、社会影响的关联更大。但是，有一部分媒体人才将自己的能力过分夸大，忽视了一个作品成功存在着平台优势、媒体优势、受众优势等因素，最终在对自我迷失的状态下投奔了市场。无怪乎业界有人质疑，离开了平台你还算老几。

其二，严重水土不服而风光不再。

一般来说，在国家事业体制下成长的人才，已对事业体制环境有了依赖性。而一旦脱离了事业体制，进入了市场经济的环境，严重的水土不服已成为残酷的现实。与事业体制不同的是，这些出走的人才骄子，走入市场以后，社会位置不同了，阶级地位转换了，甚至是甲方变为乙方了，由国家媒体人员变为社会公司雇员了。这种社会地位的异动，直接带来的是心态的异变，风光不再已成为现实。另外，作为市场化的制作单位，无论在工作目标、工作流程、工作评估等方面，也与事业体制下的工作模式有着较大差别。在这种局势之下，媒体流出的人才，一定要及时调整心态，熟悉环境，迎合市场，这样才会有更大作为。

其三，缺乏利益回报令雇主失望。

高薪聘请，是大量媒体人才流向市场经济的重要原因。这种争抢人才的方法对于部分媒体经营稍差，或遭受待遇不公，或怀才不遇的人才来讲，是行之有效的办法。一批又一批媒体的专业人才在高薪水和高职位的诱惑下，义无反顾地走向市场。但是，有相当一部分人经过与市场的磨合，由于以上所列种种原因，在事业体制的惯性下，很难及时有较大作为，而在讲效益、讲市场、讲回报的雇主眼里，这已成为投资失败的结果，于是又引发媒体人才再次转移。

总之，我国电视艺术优质人才对于国家的电视事业的推动与发展作用巨大，60年中国电视之旅，也是中国电视艺术人才之旅。在几代人的努力下，中国电视观众规模居世界之最，节目产量也居世界之最，人才队伍也居世界之最。

第九章 模式论

从模仿借鉴到模式制胜，再到共同研发和内化改造，中国电视台终于逐渐走出了一条独有的海外借鉴 + 原创驱动的创新之路。

对于中国市场，"电视模式"一词是个"舶来品"，近15年才在中国电视市场出现。

尽管中国进入电视节目模式市场的时间并不长，但如今已成为全球节目模式市场最受关注的买家之一。平心而论，电视模式的引进促进了中国电视业从手工作坊式向工业化流水线的生产模式迅速转变。但是，在独特的政策、市场等因素的影响下，中国的节目模式产业也经历了独特的发展历程。

一、我国电视模式市场发展的四个阶段

第一阶段：单纯模仿借鉴阶段。

20世纪90年代是中国电视发展的一个重要时期，当时的电视节目大多是直接引进国外成品节目，然后通过后期配音或加字幕的方式呈现给中国观众。

模式论

> 罗昕

彼时的模式引进，实质上是直接购买节目内容。例如，1990年央视推出的《正大综艺》栏目，被誉为中国综艺游戏节目鼻祖。这个栏目由央视和泰国正大集团合作推出，泰国正大集团旗下传媒公司拥有"世界真奇妙"版权。当时《正大综艺》除增加了中文配音、板块串联者改为赵忠祥等国内主持人外，其他内容与原版相差无几。但该栏目播出后，吸引了亿万名中国观众。

1997年，湖南卫视上星，推出了一档形态全新的电视综艺节目《快乐大本营》，顿时火遍大江南北。在此之前，中国内地的电视综艺节目普遍采用的是节目主持人播报方式，而《快乐大本营》通过借鉴＋原创的方式，成功地把播报式电视综艺转变为观众互动式电视综艺，打造了一种全新的综艺形态。从节目模式源头来说，它是借鉴了日韩国家的电视综艺表现手法，并融入自创的欢乐轻松贴近观众的主持方式，加上明星嘉宾的互动游戏，使节目轻松多元。这一首开先河的全新电视综艺形式，也让湖南卫视迅速成为当时中国电视产业化浪潮中的排头兵。

随后，从《快乐大本营》到《玫瑰之约》等一系列模式类节目的强势推广，迅速奠定并巩固了湖南卫视在全国综艺市场的领军地位。而其在模式借鉴方面最成功的范例，非2004年出现的《超级女声》莫属了。作为湖南卫视来说，早在《快乐大本营》《玫瑰之约》等节目的借鉴与学习中尝到甜头，在"勇于尝鲜，敢为人先"的理念指导下，又对美国经典节目模式《美国偶像》进行深入研究，从"草根选秀"的创意原点出发，依据当时中国的国情和舆论环境，自创了"全民票选偶像"这一选秀形式，结合多元化选手比拼、多维度评委票选以及复杂刺激的赛制等各种电视呈现手段，从而推出了引爆全国的《超级女声》。

此后，选秀模式被全国各大卫视争相模仿，而"超级系列"（后更名为"快乐系列"）一度成为中国电视荧屏上的宠儿。从"选星"到"造星"再到"推星"，电视选秀产业链让中国电视文艺节目得到了一个广阔市场，并且不但成就了频道经济规模，而且还造就了艺员经济市场，李宇春便是这一产业模式的成功代表。

在原版模式的基础上进行本土化改造的模式借鉴，在中国电视市场得到首肯后，被得到众多的使用。如 2000 年，中央电视台经济频道模仿英国独立电视台游戏节目《百万富翁》(Who wants to be a millionaire)，制作了本土版《开心辞典》；2001 年广州电视台模仿美国王牌节目《幸存者》(Survivor) 被认为是中国户外生存类真人秀节目模式的雏形；2002 年北京电视台引进日本 TBS《幸福家庭计划》(Happy Family Plan)，制作了本土版《梦想成真》。

在这一阶段，由于我国电视业界知识产权意识的淡薄，且节目模式在法律边界上的界定较模糊，因此国内电视从业者讨论得更多的是：如何通过观摩海外成片，寻找灵感，对好的地方进行本土化移植及在移植的基础上加以改造。

此时，大家几乎不涉及知识产权的问题，加上引进有着较高的版权费用、分歧较大的操作理念和实操流程以及原版基础上的本土化创新与品牌归属等问题，导致版权引进没有成为当时的国内主流，借鉴学习一度成为全国各级电视台节目研发生产的主要方式。

第二阶段：版权意识萌芽阶段。

自我国加入 WTO（世界贸易组织）后，中国与海外的沟通与交流逐渐深入，国际合作愈发频繁，版权意识开始萌芽。同时，由于单纯的模式模仿借鉴无法知悉其具体操作过程和细节，在实操过程中难以保证质量，且因模仿行为易引起版权纠纷，在国际市场上易导致信用危机等系列不良影响，于是自 2007 年，中国电视综艺开始通过正规渠道和程序，开始"批量"引进海外模式。至此，中国的电视模式市场也由单纯的模仿借鉴进入版权购买引进阶段。

在这个时期，湖南卫视再次成为国内电视版权引进的先行者。2007 年 6 月湖南卫视总编室外制部的成立，标志着湖南卫视正式有了自己的版权引进部门。

2006 年年底至 2007 年年初，湖南卫视携手 BBC，引进了其经典名人歌唱竞技及舞蹈竞技模式 Just The Two of Us、Strictly Come Dancing，正式推出了电视综艺节目《名声大震》和《舞动奇迹》；此后，2007年又再度携手BBC，引进其棚内惊喜综艺 Saturday Night Takeaway，且于2008年推出周末大型惊喜秀《快乐2008》。这一系列模式购买的举动，让湖南卫视再次站在了中国电视的潮头浪尖，为国内电视台树立了行业模式引进规范。

与此同时，其他国内平台也都纷纷开始步入模式购买阶段。如2006年，浙江卫视引进了美国 Dancing With Star 节目模式，打造了明星舞蹈竞技秀《星随舞动》；2007年东方卫视引进美国 The Apprentice，推出职场创业真人秀《创智赢家》；2009年江苏卫视引进英国 Who Dares Sings，打造了全民卡拉OK秀《谁敢来唱歌》等。

虽然在湖南卫视的带动下，"模式"购买及引进概念逐渐被我国电视节目生产机构接受，但这一时期电视节目模仿克隆的比例仍整体高于模式引进。一些国内电视从业者不再公然地抄袭和模仿海外节目，借鉴外国模式，而是更多地融入本地文化元素进行改良，成了这一阶段电视节目主流制作方向。

第三阶段：行业规范树立阶段。

近年来，随着我国电视行业环境市场化程度的进一步提升，特别在湖南卫视的带动下，中国各级电视台也更加重视与海外市场的沟通。一方面加强与欧洲、北美、以色列等模式主要创意国和地区的互动交流，另一方面与海外主要模式及制作"大鳄"如Fremental、Talpa等公司的合作机制也进一步完善。

在这一阶段里，中国电视模式引进到达鼎盛时期，无论是欧美模式还是韩国模式，中国与国际的电视市场深度接轨，中国电视人不仅获得了国外先进的制作经验，更将中国电视带入了前所未有的发展境地。

正是在此热潮下，2010年东方卫视引进英国著名选秀品牌 GOT TALENT，制作了《中国达人秀》。该节目播出后，多次刷新全国选秀类节目的收视率和市场份额，特别是在这一成功先例的带动下，全国各大卫视再次坚信,单靠简单模仿已无法获得海外优秀模式的精髓,加之频繁模仿带来的版权纠纷及恶劣口碑,权衡再三,全国各卫视频道开始将模式的购买引进,列入了自己未来发展之路,企图借助正规渠道,让"外来的和尚"再造辉煌。

在经历了欧美模式的疯抢期及平台期后,全国上星卫视频道竞争格局也在此基础上初步确立,此时各频道更加渴望看到贴合中国国情与社会环境的成功模式,以促进频道品牌的突围和提升。

于是,韩国模式凭借与中国文化上的同根、地域上的接近而逐渐进入中国电视人视野。特别是在2012年见证了湖南卫视以惊人的魄力引进了当时并不被看好的韩国模式《爸爸去哪儿》《我是歌手》,并大获成功之后,浙江卫视紧跟潮流,引进了韩国长寿综艺running man,成功从二线卫视脱颖而出。

在浙江卫视的引进节目《奔跑吧兄弟》的联合制作过程中,韩方派出了50人的阵容,浙江卫视也派出了100多人参与,整个节目制作团队将近200人,大致分为技术团队、编剧团队和勘景团队。在中韩人员的具体分工中,节目总制片人由浙江卫视委派,而节目总导演则来自韩国SBS电视台。从立项之初,韩国团队就深度参与前期策划案讨论,在拍摄期间,每一个工位上都有韩方人员,与中方人员共同探讨和本土化其在韩国积累的原有经验,并给予了大量的技术支持。如在节目跟拍过程中,每个明星会有3~4人的团队跟拍,其中包括1名中方摄像、1名韩方摄像、2名编剧。在节目制作流程的总体来看,浙江卫视占主导地位,负责推进具体项目的落实,韩方团队在整个团队中相当于"教练",双方相互配合完成节目。

引进韩国综艺running man模式,不仅让浙江卫视系统地学到了韩国综艺制作的精髓,也盘活了台内的制作体系,培养出以余杭英、岑俊义、姚译添为代表的成熟电视制作团队,以海外先进综艺生产经验,实现了"弯道超车",跻身一线卫视行列。

虽然海外模式宝典迅速提高了国内综艺制作水平,但国内电视综艺制作

模式论

> 罗昕

"反哺"现象，更是提升了原版模式格调。以湖南卫视的《我是歌手》为例，虽然韩国原版《我是歌手》作为招牌栏目，在本土取得了较好的收视表现，但客观上由于韩国国内市场狭小，预期回报有限，使MBC难以下定决心"以重金换爆款"。因此，当湖南卫视购买该模式后，一方面，由于中国整体经济体量、市场发展较韩国更胜一筹，故投资体量成几何倍增长，舞美灯光、嘉宾咖位等节目"硬件设备"赶超国际一流水平；另一方面，湖南卫视在对原宝典进行深入研究的基础上，创新地结合中国观众的快节奏收视习惯，增设"逆战回归"与"踢馆兵临"的"软件设计"，以"软硬结合，同步升级"，实现了节目知名度、美誉度、话题度的全面飘红，造就了当时"现象级"电视综艺标杆。

第四阶段：海外模式疯抢阶段。

在日韩节目模式在我国盛行之前，国内电视台大多关注的是具有成功市场反馈和制作经验的欧美模式。可以这么说，一线卫视的成长壮大与海外模式密不可分，几大欧美节目模式在我国电视市场的成功运用，很大程度上奠定了我国上星卫视竞争的基本格局，一个爆款模式带火并可以奠定了一家电视台的未来走向。如《舞动奇迹》之于湖南卫视，《中国达人秀》之于东方卫视，《中国好声音》之于浙江卫视等。

特别在浙江卫视《中国好声音》"一炮而红"的成功效应下，2013年全国省级卫视引进类节目已经高达26档，与上年同期相比，实现了近200%的增长，全国各大卫视对国外节目模式的引进热情日渐高涨。不管是湖南、东方等一线卫视，还是北京、四川这类尚未尝试模式引进的卫视，越来越多卫视想利用"模式引进"出奇制胜，越来越多卫视加入模式引进的大军，引进模式的数量和种类也日益丰富，因此这一年被称为中国电视"模式引进年"。

之后，湖南卫视《爸爸去哪儿》《我是歌手》等节目的爆红，让全国电视台、制作机构再一次坚定了"照搬模式就能迅速成功"的想法。于是，各台纷纷不遗余力，大力引进海外模式资源，如湖南卫视引进了《我们约会吧》

《中国最强音》;东方卫视引进了《中国梦之声》《花样爷爷》;浙江卫视引进了《中国梦想秀》《中国星跳跃》;江苏卫视引进了《星跳水立方》《全能星战》;深圳卫视引进了《急速前进》《清唱团》;广西卫视引进了《一声所爱·大地飞歌》等节目的模式原版,全球热门电视模式一时间沸腾中国荧屏。据不完全统计,迄今将近100档海外模式被引进中国,引进这些模式的主体主要是央视和全国各省级卫视。

目前,据初步统计,在全国31家省级卫视中,除了山西、吉林、河南、宁夏、甘肃、内蒙古、新疆、西藏八家省级卫视由于某些原因还未引进过海外节目模式外,其他23家省级卫视或多或少都引进过海外节目模式。

由于模式不断引进的节目的品类,大大加剧了电视竞争态势,也同时造就了国内综艺节目速生速朽的更新逻辑,与海外"常青"综艺形成鲜明对比。例如,《美国偶像》在15季的运营中始终保持收视优势地位,但中国版只做到第二季就匆匆收场;此外,已播出10季的《美国达人》至今仍焕发着旺盛的生命力,但曾经在中国红极一时《中国达人秀》,却在第五季疲软的收视压力下悄悄离场。

二、我国电视节目模式引进对内容创新的影响

(一)"模式引进"的益处

第一,降低投入风险。

首先,任何一个电视节目在播出投放市场前都具有相当高的风险,研发期所投入的人力、物力和财力是否经得起市场考验不得而知。直接引进海外成功模式则可以让广告商直观了解成片内容形态以及原产地收视表现,增强其投资信心,甚至让其愿意主动加码促使爆款产生。

其次,由于有模式宝典的存在,极大地降低了执行团队的操作门槛,减少了项目设计方面的时间、精力成本,能够高效地实现高品质的节目成果。例如,浙江卫视看准了荷兰霸屏模式 The Voice 以及韩国综艺长寿模

Running Man 的影响力和市场号召力，于 2012 年和 2014 年分别引进制作了《中国好声音》以及中国版《奔跑吧兄弟》，播出后果不其然掀起收视飓风，在国内市场的收视影响大有赶超原版之势。因此，只有站在了海外成功模式的"巨人的肩膀"之上，才得以让节目创新在短时间聚集核能量，成功规避研发新节目的风险，一跃成为"现象级"节目。

第二，缩短上档周期。

目前，由于对受众注意力的争夺日臻激烈的情况下，各台节目的竞争也进入白热化，根据持续增长的盈利要求，使各台都致力于提高"上档率"与"爆款率"，在客观上极大压缩节目改革和创新的时间。

但是，对于原创研发来说，首先需要对受众进行细致、全面、精准的研究，展开科学专业的市场调研，然后根据分析结果确定节目顶层设计，继而进一步推演、改进具体实操流程，最后再在收视预期不明朗的情况下寻找广告商、投放市场、面向观众。

而如果直接运用海外模式，那么就可以省去这一系列的过程，排除一系列不确定因素，紧抓当下热点，实现节目迅速上档。例如，在东方卫视引进《GOT TALENT》制作《中国达人秀》之时，版权方就为其提供了详尽的制作宝典，细化到每一个场景每一个人物如何处理。有了这一整套详尽的节目操作手册似的"宝典"傍身，大大节省了研发一档全新节目的创作周期和各项流程的反复推敲实验时间，便于快速展开节目制作，迅速上档。

第三，接轨国际水准。

近年来，通过引进各类节目模式，使我国电视行业进一步对国际优秀模式的制作流程及各种技术实现方式有了较全面的了解，迅速提升了我国电视节目制作水平。如通过对欧美模式的学习，教会了中国制作团队如何进行人物性格设置、节奏的整体把握以及仪式感设计；在通过对韩国模式的学习后，对节目的情境设置、关系表达、拍摄手法以及后期剪辑等方面，为中国制作团队提供了宝贵经验。这些都极大地提高了我国电视节目制作的专业化程度及行业水准基准线,由手工作坊式向工业化流水线的生产模式迅速转变,使中国的电视综艺产业化走上了新的台阶。

(二)"模式引进"的弊端

第一,加速观众的审美疲劳。

由于模式引进带来的收益,全国各级电视台加大了对模式的关注度。一旦有家卫视引进一种节目类型并取得成功之后,其他省级卫视就会蜂拥而至引进类似节目,导致整个市场朝该类型节目倾斜。

然而,这种跟风式"血拼",迅速消耗了经典模式的吸睛效能,观众的欣赏眼光也被培养得越来越挑剔。如《爸爸去哪儿》之后,有了《爸爸回来了》《爸爸我来了》《爸爸请回答》等亲子节目扎堆;《我是歌手》之后,《歌声传奇》《我为歌狂》《音乐现场》等各式歌手竞唱节目蜂拥。

而且,雷同的不仅仅是创意元素和环节流程,甚至包括对同类型嘉宾、场地、渠道的疯抢。竞争加剧的同时资源也被反复消耗,一哄而上的群体性模仿行为常造成传媒产品的同质化,这使各频道无法打造独家品牌节目,无法形成独特的核心品牌竞争力。同时,大量同质节目的存在又极容易使受众产生审美疲劳,从而大大缩短了电视节目的生命周期。

第二,模式能量被过分放大导致价格虚高。

随着《中国好声音》成功,助推海外模式"井喷"式后,全国各大省级卫视对国外节目模式的引进力度不断加大,如在2010～2014年五年间,全国引进海外节目模式的数量接近80档。于是,海外模式版权费水涨船高,原本单集授权费介于1万～3万美元之间"价廉物美"的韩国模式,也由于《我是歌手》《爸爸去哪儿》《奔跑吧兄弟》的持续爆红,让模式版权费直接涨至十倍。

有业界人士称,在所有这些引进的电视节目模式中,能挣钱的节目往往不足十分之一,收视率破0.5的就已经算是成功了,收视率破1的则可称为"招牌"节目,收视率破3属于"现象级"节目,收视率破4破5则是"引进奇迹"。

由于引进类节目的收视率存在着巨大的落差，即使是成功的引进类节目，它们之间的收视落差都可以高达三到四个百分点。如全国省级卫视中第一梯队的湖南卫视、浙江卫视、江苏卫视、东方卫视，由于它们在引进节目模式方面有着经济实力和制作实力的保证，成功率比较惊人。其中湖南卫视《我是歌手》《爸爸去哪儿》和浙江卫视《中国好声音》《奔跑吧兄弟》这四档节目可谓引进类节目中的"现象级"节目，掀起了全民收看狂潮，收视率频频破3。

然而，对于国际节目模式的引进，可谓几家欢喜几家愁。由于各家卫视或制作机构对市场定位、自身实力、模式研判的认识不同、理念不同、制作环境不同，导致同是模式引进结果参差不齐，砸下重金却吃了哑巴亏的不在少数。

因此，过分依赖海外模式，逐渐形成强者恒强，弱者更弱的局面。

第三，原创能力逐渐被忽视。

由于长期对国际节目模式的依赖，严重挤压了原创节目的生存空间，这对各级电视台，特别是省级卫视的研发系统及原创能力带来了毁灭性的打击。

一般来说，在节目引进模式中，模式供给方不但提供详尽的"制作宝典"，还派出"飞行制片人"指导节目制作，很多引进方从投入产出比的权衡角度考虑，直接忽视原创能力及原创体系的搭建，一味"等靠要"，长此以往，不论对自身发展还是对中国电视行业的整体发展来说，都弊大于利。特别是当下全国省级卫视之间的竞争日趋白热化，引进国外节目模式只能作为一种暂时手段。我们只有在借鉴国外优秀娱乐节目的基础上，研发本土优秀节目模式，买人之"鱼"更要学人"渔"术，进一步激发自主研发的灵感和能力，全力探索原创模式，回归原创节目研发，才是各级电视台真正的突围之路。

2017年，求新求变的湖南卫视再一次意识到原创研发才是电视行业的生命力，重新组建了节目研发中心，集合了全台最优势的资源和人才，有效地把国外、国内、自主以及共研各个维度的节目创新资源整合起来，让台内外的创新动力科学有序地运转起来。全台再次掀起原创热潮，如《声临其境》

的热播，便是这一原创举措的成功范例。

三、经历模式热后市场回归原创期

（一）中国电视的原创基点

中国虽然进入全球模式市场已有近十年，由于海外一线乃至三线模式IP资源消耗、国内市场竞争、政策限制等多方面的因素，促使中国电视媒体重回原创研发之路。

目前，全国各级电视频道一方面继续细致研究海外成功模式，并加以内化改造，另一方面也努力探索适合中国电视节目市场的新类型和新模式。

第一，政策限制引进"倒逼"原创发力。

由于海外电视节目模式的大规模引进，引起了国家广电总局的关注。2013年10月，国家新闻广电总局发布了《关于做好2014年电视上星综合频道节目编排和备案工作的通知》被称为"加强版限娱令"，意味着我国开始从国家层面限制电视节目播出机构盲目高价引进节目版权；继而，2016年国家广电总局又发文《关于大力推动广播电视节目自主创新工作的通知》，对境外节目模式引进做出了更为严格的限制。

然而，每一次挑战也是一次新的机遇。在这一轮创新风潮的引领和获胜者仍是湖南卫视。如该台自主研制开发的创新电视综艺节目《中餐厅》和《亲爱的客栈》，开辟性地发展出对人际关系、两性情感的深挖，迎合了现代人期望远离尘嚣、对全新生活方式的向往。这两档节目播出后，以高雅格调，凭借对目标受众以及国内市场环境和观众心态的更准确把握，成为多档同类新节目中的王者，使中国也有了真正属于自己的"慢综艺"。

第二，竞争环境催生拓新。

由于海外节目模式的无序引进，使中国电视荧屏一度出现了"千台一面"，且资源紧俏的不良业态。如亲子真人秀、歌唱竞演、户外团综一度成为同质化竞争最为激烈的三大品类。例如，在《爸爸去哪儿》之后，相继出现了《爸爸回来了》《爸爸我来了》《爸爸请回答》等相似的亲子节目。而且，更为严重的是，这些节目不仅是创意元素和环节流程雷同，甚至包括对同类型嘉宾、场地、渠道的争抢，竞争加剧带来的同时也是资源被反复消耗。

在此背景下，以央视为首的文化类节目原创热潮，是竞争逼仄下，中国电视台努力寻求适合自身发展的全新创新方式的成功代表。

2015年以来，央视"大会系列"等多档文化节目，包括《中国汉字听写大会》《中国成语大会》《中国诗词大会》以及《朗读者》等，创下收视与口碑双高。

2017年，央视更借势推出青少年科学文化竞赛节目《加油！向未来》和具备较强未来感节目《机智过人》。细研央视文化节目创新成功率较高原因，一方面，央视政宣属性较高，对文化方向判断准确；另一方面，央视原本就有一批较为厚重的文化类节目，原创了很多亲和新颖、参与感十足的呈现形式。当然，央视的成功，还包括了平台的全民影响力、节目时段环境、多类跨媒推广等原因。

第三，版权维护有序竞争。

当模式产业兴起并进入中国电视市场后，中国电视人逐渐认识到模式IP的巨大价值能量，对知识产权的保护意识也随之增强。

同样，海外模式需要保护，同理，原创模式更需要保护。例如，模式引进之初，某卫视依据正规途径引进一档相亲节目，节目还未开播，便遭遇了另一卫视未经购买版权的同类节目抢先推出，一时间李逵、李鬼分不清楚，不仅扰乱了规范的国际版权市场秩序，也对自身造成较大伤害。此后，加强版权维护，开展有序竞争，进入了中国电视人的视野。

（二）湖南卫视原创模式体系的探索

第一，构建并优化完善创新研发体系。

湖南卫视早在2006年就成立了创新研发中心，并定期举办创新招标大会，研发中心同时接受来自内部和外部的创意方案的投标，后因综合原因暂定工作。2017年，重新组建的创新研发中心全面升级，担当起引领全台未来节目发展方向的重任。目前,该中心成员大多来自电视制作一线,除拥有多年电视制作经验的资深导演外,中心还有意吸取与湖南卫视主体观众年龄层一致的年轻、网生代人才加入。新老结合,内外兼修,共同激荡创新火花。

一年多来,重建的创新研发中心,针对湖南卫视创新研发的现状需求,建立了以新一代年轻制作人和导演为创新主体,打通前端(创意孵化)、中端(样片制作)到后端(产品输出)的创新研发体系,并同步建立了一个全新激励机制,来激励年轻制作人导演的原创热情。同时,还尝试引进试播机制,以市场反应(收视率和舆情)为标准,评判原创节目样片品质。

同时,在节目创新的流程体系上,湖南卫视创新研发中心设有一套完备的创意提案孵化机制。每月在收集来自平台内外的提案后,中心会与提案团队、频道领导、市场专员等共同进行模式的讨论和分析。同时,湖南卫视还与海外经验深厚、实力雄厚的几家节目模式公司达成合作意向,每月都会就创意提案共同进行模式推演。

为了验证原创模式的市场反响、推动原创方案成功落地,湖南卫视还在白天开辟了试播带。

从创新成果上看,近年来《我想和你唱》《声临其境》《亲爱的客栈》等节目的收视口碑双高,足以证明湖南卫视是国内自主研发、原创孵化能力强的省级卫视之一。

第二,探索将"原创节目"转化为"原创产品"。

反观欧美日韩等主流创意大国的创新研发体系的发展脉络,它们不仅注重创意的孵化和制作,更注重创意的商业价值,即原创模式的输出价值。同时,还建立了一条完善的创新研发业务链条,即"前端(创意孵化)、中端(节目制作)和后端(模式输出)"三位一体的创新研发体系。

目前,湖南卫视创新研发中心遵循与学习国际化经验,建立了打通前端和中端的业务链条,随着创新研发体系建设的日趋完善,进一步探索将创新研发的后端功能,即模式输出纳入体系,尝试将湖南卫视的原创节目变成原创产品,从而形成完善的全业务链条式创新研发体系。为此,依托湖南卫视现有原创模式品牌，创新研发中心在"创新飙计划""月度分享会""共研合作"等业务基础上，考虑进一步通过多种渠道形式来强化湖南卫视原创综艺节目的国际竞争力，并制订出原创模式输出的"芒果智造三步走计划"，从而助力湖南卫视电视综艺节目从"引进来"到"走出去"的跨越式发展。

第一步，以"现有创新品牌、创新研发体系和共研合作项目"为基础，强化湖南卫视的综艺创新能力，奠定创新品牌走向国际的竞争力基础。通过开展和全球顶尖模式发行公司及模式创意公司的共研合作，并结合自主创新，进一步强化湖南卫视的综艺创新能力，尝试创作出一批高质量、高收视、具有一定国际竞争力的创新节目模式。

第二步，通过整合相关合作项目和资源渠道，积累原创综艺节目的模式输出经验，在共研合作项目和自主研发模式的基础上，通过借助相关国际合作渠道资源，以"委托发行"的形式，初步试水湖南卫视创新节目在国际市场上进行反向输出的能力。同时，在相关合作中，吸收对学习模式的输出发行经验，尤其对于原创模式的知识产权保护管理的相关经验，为后续建立完善的创新研发体系打下基础。

第三步，尝试建立具有湖南卫视特色的"创意、制作、发行"三位一体的节目创新研发体系，提升"芒果智造"的国际竞争力。并结合相关共研合作及自主创新经验，参考借鉴海外相关公司和电视平台的创新研发体系建设和运营的成功案例，尝试在频道内部打通创意孵化、产品制造、模式发行的业务链条，强化相关部门的合作，提升节目创新研发的业务协同能力，并努力取得模式输出成果。

（三）中国电视节目模式产业化发展建议

第一，对制作播出平台的建议。

（1）建立专项研究开发节目模式部门

建立有条件的电视制作机构，特别是省级卫视以上播出平台，除了对基本的海外模式趋势分析、新节目企划开发、市场流通战略策划外，还应考虑建立海外模式内容数据图书馆，收藏模式宝典，研究各国或地区版本本土化改良等课题。与此同时,还应搭建模式企划、模式升级、模式输出及售后服务等产业链条,承担培育飞行制作人义务。

(2)加强对节目模式宝典的投资

根据国际节目开发经验,模式宝典的开发非常重要。如韩国CJE & M能在欧美地区不断扩张自身市场,重要原因就在于其在模式部门的建设和持续对宝典的制作投资。

(3)建立对模式制作者奖励制度

建议对模式创意的提出、成形和市场流通做出较大贡献的人才,应参照模式版权费用给予一定比例的奖励。这种方式在英国BBC、ITV,CJE&M都有相应的制度在推行,既能加强各部门之间的通力协作,也赋予了模式制作及流通的原动力。

(4)重视完善知识产权体系

对于知识产权意识的匮乏或产权体系上的漏洞,在很大程度上成为不良竞争的帮凶。特别是不正当模仿、抄袭知名电视综艺节目及其模式的相关经营者,其行为有违商业道德,也会对正当制作、播放电视综艺节目经营主体的权益造成损害,以致破坏公平竞争的市场经济秩序。因此,国内知识产权体系亟须进一步完备,不只是出台相关法规监管,更需要各节目生产制机构在执行上搭建更为成熟完备的运作体系。

第二,对国家政策支持的建议。

近年来,韩国版权方整理运用和中国引进方共同制作的经验基础,积极进军北美和欧洲市场。如2014年,CJE & M透过美国发行公司Small World IFT向美国国家广播公司NBC销售《花样爷爷》节目模式版权的成功范例可以得知,其成功打开美国市场,一方面离不开当时韩国模式在中国的热烈反映,另一方面得益于其与海外公司长久以来在论坛或电视节等每次短暂会面建立的合作伙伴关系。因此,若能得到国家政策对电视模式产业提供的关心支持,可筑建更加长远、健康的产业生态。

总之,从模仿借鉴到模式制胜,再到共同研发和内化改造,中国电视台终于逐渐走出了一条独有的"海外借鉴+原创驱动"的创新之路。日益严峻的融媒竞争中挑战与机遇并存，中国要走向创意强国、模式大国，漫漫征途才刚刚开始。

参考文献：

1. 广电总局再颁"新政"限制引进节目鼓励原创 http://www.donews.com/media/201606/2931186.shtm
2. 浙江卫视东方卫视灿星远景怎么做节目研发 https://www.jzwcom.com/jzw/85/12007.html
3. 对话湖南、东方卫视研发中心负责人，起底卫视节目研发机制和国内原创现状 http://www.sohu.com/a/148326622_663268
4. 省级卫视节目模式引进现象的观察与思考 http://www.docin.com/p-1913302298.html
5. 英国电视直播分离实地调研报告（2015）年。
6. 荷兰有哪些有趣的娱乐节目（2015）年。
7. 以色列：电视节目模式的逆袭（2015）年。
8. 2009～2016韩国广播电视产业调查。
9. 陈笑春，周斯韵：《日本电视节目国际销售的模式及路径》，中国电视，2015（2）。
10. 王丛：《韩娱经济学》2015。
11. 周文佳：《海外电视节目模式引进溢出效应及促进机制研究》，浙江传媒学院，2017年。
12. 戴颖洁：《冲突与共谋：全球模式节目本土化生产的权力博弈》，浙江大学，2016年。
13. 白嗣新：《中国电视娱乐节目模式化研究》，武汉大学，2014年。
14. 苗棣：《电视模式化的现状、问题与发展趋势》，《收视中国》，2003（11）。
15. 谢耕耘、唐禾：《2006中国电视娱乐节目报告》现代传播（中国传媒大学学报），2006（6）。
16. 王恒：《海外电视节目模式在中国引进与流行的原因分析——<以中国好声音>为例》，浙江大学，2014年。
17. 钟苏红：《韩国引进类电视综艺节目研究》，南昌大学，2016年。
18. 朱建飞、方芳：《论中国大陆电视节目形态的创新机制》，现代传播，2008（1）。
19. 刘艳：《全球视野下探索中国电视节目模式的突围策略》，南京师范大学，2011年。
20. 朱姝姝：《省级卫视节目模式引进现象的观察与思考》，南昌大学，2015年。

第十章 制作论

新一轮科技革命深刻改变着广播影视发展格局，特别是网络信息技术和互联网迅猛发展，正在广播影视领域催发一场前所未有的深刻革命。

科技是第一生产力，广播电视发展技术支撑是基础、是前提。从 1958 年以来，纵观国内广播电视发展的 60 年，技术的进步推动着电视发生了翻天覆地的变化，从黑白电视到彩色电视，再到今天的网络电视，液晶电视，超高清电视、3D 电视和移动电视，从标清到高清，从模拟信号到数字信号到 IP 数据流，从线性编辑到非线性编辑，从专业等级的硬件设备向 PC 平台上转移，从信息孤岛到全台的互联网通，一个又一个的技术里程碑，从多个层面改变着传媒影视生态，特别是电视文艺节目的质量和效果。

中国电视节目播出与制作技术发展历程：

20 世纪 50 年代末至 70 年代中期，是中国电视创始阶段。此阶段以黑白电视为主，70 年代后期出现彩色电视。

20 世纪 80 年代至 20 世纪 90 年代，是中国电视高速发展阶段。如 1982 年，中国中央电视台首次转播的世界杯足球赛；1983 年，在我国传统的旧历年除夕夜，中央电视台首次举办了《春节联欢晚会》，以模拟彩色电视向数字彩色电视播出。

20 世纪 90 年代，是我国电视市场竞争时代，随着改革开放及市场经济的进一步发展，中国广播电视也由原来的事业向产业发展。一方面，对影视节目的需求带动了我国电视节目制作业的快速发展；另一方面，线性编辑向非线性编辑转变。

21 世纪初至今，是我国整合与数字化阶段。从 2003 年开始，全国启动有线数字电视技术，全国有线数字电视用户数发展迅猛，在电视领域也加速推动了全国高清电视和数字电视的普及，电视技术高清向超高清转变，专业特技台向电脑合成特技转变。

今天，新一轮科技革命深刻改变着广播影视发展格局，特别是网络信息技术和互联网迅猛发展，正在广播影视领域催发一场前所未有的深刻革命。

超高清、3D、高帧率、巨幕技术发展迅速，分众化、社交化、移动化、视频化加快普及，大数据、云计算、移动互联、人工智能（AI）广泛应用，虚拟现实（VR）、增强现实（AR）、全息投影、无人机、智能机器人的兴起；4G 时代方兴未艾，5G 网络指日可待。

目前，由于国际广播电视媒体、科研机构及相关企业不断加强高端制播技术的研究和应用，新技术应用实践日益广泛，技术及节目创新不断涌现，极大地推动和促进了高品质内容的生产，并为观众带来了焕然一新的视听体验。

由于科技技术的变革，颠覆传统媒体格局，于是电视制作技术出现了新的趋势：

第一，由于媒体格局深刻变革，人工智能、大数据、云计算助力广电行业全面战略转型，信息技术飞跃发展带来了媒体格局的重大变化。如人工智能、大数据、云计算助力传统媒体，广播电视拥抱新兴媒体，实现战略转型。一般来说，云计算是基础，实现分布式存储、计算和分发；大数据是支撑，实现用户画像、内容推荐、信息检索；而人工智能的加入，与云计算、大数据三位一体，带来了媒体的变革、传播的演变和内容的升级。

1. 人工智能

在融合、跨界、"互联网+"的大形势下，人工智能助力新媒体、新渠道，进行更广阔、更高效的传播，占据了每个受众尽量多的关注和时间。

在融媒体的工作实践中，也开始使用人工智能方式优化效率。例如，在媒资管理中，将文字识别、语音识别、人脸识别等技术包装成能够读懂视频的业务模块，为视频生成分类标签并进行文字转化，降低编目成本，方便业务检索。

目前，人工智能目前在广播电视具体包括以下几个方面：

语音技术，包括语音识别（自动生成字幕）、语音合成、语义理解；

文字识别，可进行视频字幕识别；

人脸识别，可进行人脸检测（发现、定位人脸）、关键点定位（人脸跟踪、活体检测）、人脸识别（1:1比对，1:N匹配）、属性分析（性别、年龄、人种、表情）。

因此，通过人工智能技术的应用，能更好地读懂视频，比如视频主题分类、人物识别、内容识别、人物属性等，这样就能更好地给视频添上最适合的标签，更好地满足用户的需求。

人工智能的应用还包括人工智能写稿和人工智能剪辑视频，机器学习分析文本内容。基于深度学习的图像视频内容识别，人工智能写稿机器人（最快2秒钟写完一篇稿，阅读量可以媲美人工编辑撰写的稿件）；基于深度学习的自动问答机器人，算法辅助视频封面选择，算法自动生成视频集锦，智能滤镜与风格变化等。

2017年斯坦福大学与Adobe的研究人员共同开发出了一种全新的人工智能程序，可以自动完成视频剪辑的工作。因此，可以预见的是，随着人工智能技术的发展，人工智能技术从制作到分发、互动，再到管理深刻的影响广电的节目生产及运营。

2. 大数据

大数据技术就是从各种各样类型的数据中，快速获得有价值信息的能力。

利用大数据,可以从海量的互联网数据中,筛选出节目需要的信息、图片、视频和声音,并把它转换格式直接用在直播或后期编辑上。同时,大数据还能够作用于融媒体的生产方式优化,通过广泛收集最新的舆论反馈,再做汇总抽取进行数据加工,可以自动完成标准化、模式化的各类节目的生产过程。而且在完成内容生产后再非常便利地传输到各种介质上去。

3. 云计算

近年来,由于广播电视作为传媒行业的重要组成部分,内容信息急剧增加,业务领域不断扩大,对于存储空间,信息处理和传输网络资源的需求日益强烈。云计算技术以云存储、云分发等技术应用为核心,在海量信息存储、分发和处理,构建社会公共信息基础设施等方面具有突出优势。

如果在节目的后期制作中,开启制作云时代,可以使大规模、低成本、网络化、产业化的超高清电视制作成为现实。特别是对于电视文艺的节目后期制作云编辑、海量素材云存储有显著帮助,是未来影视行业发展的大趋势。因此,在电视工艺系统基础设施逐渐IT化、IP化和软件化的大趋势下,各业务系统将逐渐采用云计算云存储技术。

一般来讲,云解决方案,只要将现场拍摄信号,直接通过网络接入电视云平台,剪辑人员无须到现场拷贝,只需一个账号、一台普通电脑和足够的网络带宽,即可随意调用云端的各种视频素材,在任何时间任何地点编辑制作。

而且,经过剪辑、特效等后期加工后,节目内容就可以在电视、网站、手机等各种终端中播放。

第二,多屏互动,多平台分发,拥抱互联网,电视媒体将向数字全媒体的方向发展。

由于我国媒体间技术竞争日渐突出,媒体融合的大势正在加速新一轮的广播电视技术升级。"十三五"规划要求,要大幅增强广电融合媒体制播能力,因此电视媒体间的竞争,也日益突出地体现在为技术创新的竞争。

由于以互联网为代表和数字技术为基础的新兴媒体席卷而来,我国广电行业正迎来一个全新的发展阶段,即全媒体时代。因此,单一的发布渠道和内容形态已经难以满足观众的需求,开展多渠道传播、实现全媒体融合是必然的发展要求。

全媒体未来制播业务模式,突破传统广电封闭式自建平台的束缚,通过融合互联网的开放网络和第三方媒介平台,进行全媒体内容汇聚、融合内容生产、多终端多渠道统一发布。同时,改变了传统节目模式,提高了观众参与度和节目互动性,通过多终端多渠道平台对节目进行播前、播中、播后的统一包装和推广。

由于多屏互动电视屏和新媒体屏可以互相借力、互相补充,进行立体化传播,以增强电视台对用户的吸引力。因此,多屏多平台分发和云技术是广电发展趋势,它催生全媒体传播平台,通过全媒体融合生产和发布,拓展电视内容的发布渠道。

同时,交互式电视 ITV 也已逐渐变为现实,它是传统电视与计算机的结合体。传统意义上的电视网是一个从电视台到用户的单向传输网,而交互电视是一种双工形式的新型电视技术,它是指用户可以根据自己的意愿在节目期间向电视台表达,做出决定,以达到控制电视台节目内容的目的。由于它改变了过去人们被动地接受信息的状况,使人们可以主动选取信息,从而达到让观众与电视之间形成一种互动的和谐关系。

因此,交互式电视 ITV 的运用,大大提升了电视文艺节目的互动性及渗透性。

第三,超高清电视是发展趋势,综艺节目"大片"化,电影化拍摄设备和特效制作手法进入电视文艺常规栏目,成为电视节目提质创新的有力推手。

由于高质量的画面与逐渐丰富的匹配内容,使视听盛宴进一步升级。精致的电视文艺节目给观众以看电影的感受,高清晰、高享受,将观众留在客厅里。由于电视文艺节目竞争的日趋激烈,综艺节目投资越来越大,且制作越来越精良,电视制作迅速向电影大片制作靠拢,电影和高端影视特效制作的手段、设备和流程,逐渐运用到电视制作来。

1. 超高清电视

近年来，在电视剧及部分综艺类节目中，4K拍摄机器日渐普及。它凭着高分辨率，高宽容度，浅景深，低感光度，以及后期调色的RAW格式等优势，逐渐取代传统摄像机。

2014年湖南广播电视台是国内广电行业首个采购引进阿莱艾美拉Amira的使用者。2015年，23台艾美拉电影摄像机用于该台《我是歌手》节目直播（阿莱艾美拉是德国阿莱公司发布的一款全新的多用途纪录片风格摄影机。在好莱坞电影大片上屡见到它的身影）。

从全球来看，4K高清电视技术正在逐步推广，多数发达国家在4K电视逐步推广普及的背景下，均向受众提供了更加优质的内容以匹配高性能的4K电视。仅2015年第三季度，4K液晶电视面板出货量达到1134万片，环比大幅增加30%。

而且，2016年巴西里约奥运会上，全球首次运用了8K高清电视技术，现场实况进行转播。在我国，提出至2020年高清频道要成为电视主流播出模式，省级和较发达地市级电视台基本实现高清化，地市级电视台主要频道实现高清化。

同时，鼓励中央电视台及有条件的省级电视台探索建立4K超高清电视（UHDTV）节目制播系统。计划到2020年，实现超高清试验频道播出。

高动态范围HDR超高清电视将开始落地。欧洲发布超高清电视1第二阶段商业需求(UHD-1 Phase 2)，我国高端电视市场将出现HDR超高清电视的身影。

2. DIT数字影像管理

DIT数字影像管理是电影制作流程中重要的一个步骤，随着电视台4K拍摄机器的普及，逐渐被电视采纳。由于电视数字制作技术多种多样，其拍摄格式和制作流程各异，需要针对不同的情况制定不同的工艺流程。因此，在DIT拍摄现场，导演、摄像希望第一时间能预览所拍摄的素材，DIT则可以根据摄影机及其拍摄素材的特性进行正确的色彩还原，并展示后期调色的可能。此外，在当日拍摄完成之后，DIT 还负责对数据进行转码，输送给剪辑部门。DIT 还对数据备份及拍摄素材的安全，数据管理和记录有很大帮助。

3. 后期成片调色

调色已逐渐成为目前影视节目后期制作中十分重要的环节。调色师可以在后期制作中对影片进行更多的调整，并对所有镜头进行质量上的把控与润色。通过调色，运用各种色彩情感和光影变化进行画面的构思和设计，努力让观众从画面中感觉到画面外的立意和匠心，从而将观众的思绪和情感带入导演预期的艺术境界中。

目前，调色的工作站的种类很多，我国大部分电视文艺节目偏好使用达·芬奇调色系统。自1984年以来，业界就一直将其为后期调色制作的标准，在众多电视剧和音乐电视节目制作中，都能看到达·芬奇的身影。由于达·芬奇调色功能非常强大，其所有图像处理都具备32位浮点运算的精确性，因此即使把层调至近全黑，仍可下一层调回，无任何质量损失。如湖南台户外真人秀节目《爸爸去哪儿》，使用了不同种类的拍摄设备，而每种摄影机拍摄的画面风格均有不同，通过达·芬奇的后期调色，将不同设备拍摄的镜头之间做色彩匹配，从而统一到一个调性。

4. 运动控制设备 MotionControl

MotionControl 是领域电影和特效行业的代名词，通过"机器人"控制轨道、云台、摄像机聚变焦等5轴运动，可以精准360°拍摄，实现很多人为操作无法控制的拍摄效果。

此外，MotionControl 可重复精确控制的简单和复杂的相机移动，极大地简化复杂的后期特效处理工作，使用同一镜头多层混合来制作特效，完成后期无法实现的特效功能。同时由于 MotionControl 运动的控制，是通过使用电脑控制高精度机械相机臂，故可以绝对精确地重复相同摄影机移动，从而来完成镜头拍摄。

除此之外，该设备可以完成很多非常困难而且很耗时的拍摄工作，因此大量运用于拍摄广告，音乐 MTV 和长片中。由于系统记录摄影机拍运动轨迹数据等参数是由电脑控制的，真实摄像机的数据可以作为三维电脑特技制作中的虚拟摄影机的运动轨迹数据，故利用这些运动轨迹数据，加上后期制作技术可以实现很多意想不到、拍案叫绝的视觉效果：比如时空凝结、快慢动作、延时摄影、时空转换、同人同台表演等。

随着电视竞争的加剧，MotionControl 大幅度从电影进入传统电视制作中，如湖南台的《偶像来了》，江苏台的《最强大脑》的宣传片，都使用了 motionControl 实现高端制作特效。

5. 时空凝结特效拍摄手段

时空凝结又叫子弹时间（Bullet time），因在好莱坞华纳兄弟电影公司出品的电影《骇客帝国》中男主角 Neo 仰身躲子弹的慢动作镜头堪称经典，"子弹时间"也因此得名。

时空凝结是一种使用在电影、电视广告或电脑游戏中的特效技术，即采用多台摄像机从不同角度对同一场景进行同时拍摄，实现时间定格 360° 旋转效果，实现对运动对象的时间定格，超慢镜头回放等效果。

目前，该手段可广泛应用于大型晚会、综艺节目、体育赛事、电影电视、广告等方面，可以为观众带来非比寻常的视觉冲击。

该技术在 2017 年央视春节晚会上首批使用，同年湖南台也自主研发了一套在国内领先的子弹时间系统，并创新性地加入了虚拟功能，将单纯的时空凝结，加上后期虚拟特效，达到更有变化的时空冻结效果。

6.FreeD 技术

FreeD 360°慢镜头回放是时空凝结技术的升级版本,也给观众带来更立体的观赛视角。

FreeD 是 FreeDimensional Video 的缩写,直译为全景无死角视频技术。通过这项技术,观众可以从任意角度观看节目慢镜头回放。由于这项技术跟传统的视频转播不太一样,它不只是因为镜头多能同时切换角度,而是需要一个大的计算系统在多镜头的片段提供下,模拟出实时回放效果。如在体育比赛的遇有精彩镜头时,转播可以暂停在某个动作的瞬间,然后画面以球员为中心 360°立体旋转,从而带来前所未有的临场感。

7.动态捕捉设备

动态捕捉是一个高端的影视制作手段。该技术起初应用于动画和游戏制作,极大地提高了制作效率,降低了制作成本,而且使制作过程更为直观和真实。在很多国内和国外的大片中,都有它的影子,如我们所看到的《魔兽》,《爵迹》的动作,全都是用这个设备捕捉。

同时,该设备还可以实时驱动人偶技术实现主持人和虚拟角色同台演出,利用三维动作捕捉技术与三维影像虚拟交互的技术,进行电视节目的制作,实现音乐、影像、真人表演和机械装置四者之间的交互、实时、动态和全息呈现。如湖南台跨年演唱会使用该技术,出现的二次元偶像洛天伊,并虚拟二次元赫兹和选秀歌手同台竞唱接受观众投票,开辟了虚拟人偶直接参与节目的新纪元。

同时,实时捕捉面部表情,对 CG 人偶的面部进行实时驱动,将节目主持人与虚拟人偶实时交流,也是该技术的独到之处。如在 2017 年湖南卫视中秋晚会上,使用动捕头盔将演员的表情实时驱动虚拟人偶,加上现场的实时收音,使虚拟主持人第一次能够在直播现场与主持人实时互动,打造了一位完美现场动画副主持形象。

第四,舞美、LED 视频、灯光、声音等多媒体手段的结合,带给观众全新体验。

1.LED 大屏

随着舞台科技的进步及表现手段的日益丰富,目前在许多大型电视综艺晚会节目中,传统的舞美景片的设计已日益淡出,取而代之的是表现力强大的 LED 彩幕屏和全 LED 大屏幕(以下统称为 LED 大屏幕)的运用。

因 LED 大屏以其大场景大画面配合音乐歌舞节目,达到了渲染欢乐、热烈、激情的现场效果,将舞台上下演员的表演与观众的观赏视觉融为一体,使观众如身临其境;此外,LED 播放内容还可以依节目内容灵活变换,所以越来越受到电视导演的青睐。

由于 LED 大屏幕在电视美术中的出现,使电视艺术带来了革命性的新技术、新手段,使原本单一氛围、固定风格的舞美场景,可以通过不同视频画面的展示,营造不同意境效果;使舞美场景对主体表演的背景配合更准确,也使舞美场景的信息传达更丰富、更具动感。

2.投影

投影技术和 LED 屏幕都是各类晚会视觉呈现的主要手段。如 2018 年冬奥会北京 8 分钟,中国北京再次用 8 分钟惊艳世界。在这短短的 8 分钟里,投影技术配合智能机器人操作的 24 面冰屏、与轮滑演员精准互动惊艳了所有人。

数字投影是我们现在应用最为广泛的一种投影,除了可以进行普通的素材投影以外,数字投影还可以做全息投影,3D 外墙投影,定位跟踪投影,互动投影,在投影介质上实现

裸眼 3D 的效果。

全息投影：

全息（Holography）（来自拉丁词汇，whole+ drawing 的复合），特指一种技术，可以让从物体发射的衍射光能够被重现，其位置和大小同之前一模一样。从不同的位置观测此物体，其显示的像也会变化。

全息投影技术（front-projected holographic display）也称虚拟成像技术，是利用干涉和衍射原理记录并再现物体真实的三维图像的技术。全息投影技术不仅可以产生立体的空中幻象，还可以使幻象与表演者产生互动，一起完成表演，产生令人震撼的演出效果。如张艺谋执导 G20 大型文艺演出《最忆是杭州》西湖里的水上表演，将科技手段用全息投影诠释《天鹅湖》和自然环境完美融合，成为演出最大亮点之一。

全息投影技术在晚会的应用主要是两种：1.采用竖屏透明介质幕的背投或直投方式，成像在透明介质幕上，利用膜的物理光学特性过滤掉无用光，呈现影像。2.就是 45°斜拉膜方式，在地面有一块 LED 屏幕，预先制作好的视频在 LED 上播放，通过 45°的膜把可见光折射到观众眼中，由于观众是看不到屏幕的，看起来人就是凌空出现在舞台空间中。

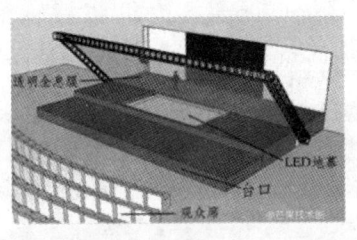

单面全息技术是比较适合舞台的，因为它的搭建相对比较简单，受周边环境影响比较小，灵活性也非常好，创作者还可以在舞台的细节上做出很多别出心裁的小设计。

幻影成像可以说是单面全息的升级。它的立体效果，空间感要比单面全息好。该技术主要是让真人与自己形象形成鲜明的动作对比，如周杰伦的《超时代》演唱会是最典型的应用。在晚会开场时利用 360°全息技术的出场方式，周杰伦在一个金字塔式的容器中神秘出现并表演开场秀。

建筑 3D 投影：

建筑 3D 投影是指利用建筑本身的建筑结构特点而设计的 3D 数字动画，通过户外投影技术投射到建筑外立面成像的过程。

建筑 3D 投影建筑物投影就是通过巨幅墙体投影，将艺术视频投影到地标性建筑物的外立面，从而产生超乎想象的震撼效果，以及充满想象力的影像，与建筑物搭配的完美展现。

建筑 3D 投影是近年来发展起来的一种新的数字技术，其在国外应用较为火热。它与传统投影的最大区别在于，以往投影的载体主要是室内屏幕为主，但建筑投影的投影载体是整个户外的建筑，这在视觉规模上是不能比拟的；其次，在投影的内容画面上，并不是要在建筑上随便放一个电影，而建筑 3D 投影的核心是通过投影，让数字动画画面与建筑能有机地结合在一起。简单来说，就是让建筑也成为画面的一部分，让动画与建筑产生"互动"，这才是建筑投影奇妙的关键。

互动投影：

互动投影是将实时跟踪装置与投影系统相结合，为投影设定触发动作。实质上是利用红外摄像头、多点触摸、影像捕捉和体感等跟踪技术与投影配合实现投影内容和演员的互动。

3. 灯光设计

灯光对于电视舞台设计至关重要，因为它为舞台带来了色彩与生命，并创造了一个"世界中的世界"。灯光设计核心是与 LED 大屏幕、舞台、LED 屏幕、机械臂、升降电梯、虚拟等多种元素相辅相成，呈现出舞台上该有的氛围。

灯光对画面的影响，从艺术层面来说，可分为内容和形式两个方面。

从内容来看，可根据节目或者剧情需要，编排灯光的照度、色彩、光位等，主要目的是刻画人物心理、表达人物形象、突出节目中心思想，或者是对场景和空间染色。

从形式来看，是指灯具的光位设置、排列组合、阵列等这些外化的方式。

例如，几排光束灯排列成扇面，或同时聚在一个点上；又如，用几排 LED PAR 灯进行空间染色之后，再用几组 SPOT 从几个角度整齐投射在空中或者地面；再如，背景用阵列灯做成很多跑灯效果等。

以 2018 年湖南台跨年演唱会为例，其运用了大量光束灯与 MAGIC PANEL LED 灯，对舞台区域进行覆盖和包裹，使开阔的舞台空间有了更立体、让全景式、多维度舞台效果得到更好的视觉体验。该台晚会灯光共使用 sharpy 光束灯 778 台、sharpywash 40 台、电脑团切割灯 115 台、magicpanel LED 灯 656 台、magicblade 406 台、4KW 追光灯 12 台、GRANDEMA2FULLSIZE 4 台、NPU 25 台、灯光 truss 架近 1500 米，数控升降葫芦 80 台。

4. 音频 5、1 声道环绕声全景声

由于电视节目制播技术的高速发展，声音在节目中越来越重要。

音频 5、1 声道环绕声和杜比全景声制作在经历过漫长制作进化后，从影院范畴涉入了电视节目制作领域。全景声在电视领域的应用革新了传统声音维度的理念，大大提高了声音还原度。能更迎合受众需求，也为混音创作提供了更广阔的空间。

从舞台音响效果来讲，大型晚会音乐的环绕声运用通常以再现现场为原则，环绕声能够很好地呈现现场氛围，给电视机前的观众营造一种亲临现场的临场感和参与感。由于多媒体技术的使用，增大了舞台表演的纵深空间，丰富了舞台声音的层次。如多媒体的八声道，可以使坐在台下的观众清晰地听到雨水沿着屋檐落在地上的嘀嗒声，可以听到风吹过树梢的声音及鸟儿的清脆啼鸣。

目前，我国各种大型电视晚会均实现了5、1声道环绕声直播，如湖南卫视在2018年跨年演唱会中，率先开始了全景声的制作和播出。节目采用了亚洲首辆Dolby Atoms全景声音频转播车，具备完整的全景声制作环境和技术，其全景声音频车使用STAGETECH AURUS调音台可以完成终混，通过D以SOUND实实在在可以听得到的好声音。

环绕声的投入及使用，给电视音乐带来了丰富的表现方式，也给音乐家、录音师以更多的创作形式。从音乐创作方面可以看出，环绕声的音乐创作形式与传统的录音表现形式有所不同，既可以再现舞台的音响模式，也可以创造想象中的音响模式，创作符合电视音乐的环绕声音乐。

同时，环绕声还给听众带来了更丰富的听觉体验和享受，感受更新奇的音乐意境。如环绕声让听众听到了更加丰富多彩的音响效果，不再受电视画面尺寸的限制，极大地拓展了画面的空间，让观众有参与感和临场感；还可以使观众听到从未听过的音响效果，感受从未体验过的奇妙的音乐意境，更多面地表现音乐的音响美。

5. 机械装置

随着科技的进步，电视舞台机械发展迅速，为电视文艺节目编导创意、舞美表现及舞台机械工艺标新立异，展示手段花样繁多。

舞台机械

一套完整的舞台演出要达到制作方理想的演出效果，除了炫美的舞台灯光效果、精美的舞美效果外，还必须依托于多变的舞台机械效果。近年来大型电视演出活动越来越多，舞台机械设备需求方面也随之增加，舞台在导演对戏剧事件的解释中起着重要的作用。正如当代美国舞台设计者安得里安洛贝尔说："舞台设计起着观念架构师的作用，我们创造一个框架，框架上和在框架中的许多人，包括我们自己，能够持续地生成意义。"

近些年，由于我国电视舞台机械技术的发展，在尊重、继承优秀传统艺术的基础上"推陈出新"，做了大胆的突破和变革，使传统艺术的舞台焕发了青春。由于舞台机械科技的迅猛发展、投入和应用，不断地颠覆了传统的艺术法则，打开了更大的创造空间。尤其是大型演艺空间的创作，更前卫、更现代，创造了一道亮丽的风景线。

机械臂

机械臂实质上是 MotionControl 在文艺晚会里的一个应用。LED 显示屏可以在机械臂的掌控下随意飞行、拼接、拆分、旋转，形成舞台上空各种造型的 LED 背景显示。此外，机械臂也可与多媒体、灯光、音乐"共舞"。舞台上的机械臂将传统意义上的 LED 背景墙变成空间位置自由、组合形式多变的 LED 活动显示屏，赋予 LED 屏灵性；甚至可在其上安装各种特效灯具、烟雾，与其他演出设备配合，营造出虚幻的效果，成为参与表演的"机器人"明星。

智能机器人、无人机

随着科技的进步，智能机器人，无人机集群等高科技走进晚会，成为视觉呈现的重要手段。在 2018 年的中央台春节联欢晚会的珠海分会场，无人机＋无人船＋无人车的合体表演，用科技给全国的观众朋友带来了一场无人系统的盛宴。节目中，百余台无人驾驶车辆跑上大桥；三百架无人机"海豚"跃过大桥；近百艘无人艇穿过大桥；从无人艇、无人机到无人驾驶汽车，全球收场"海陆空"无人系统联合展演，呈现了一场科技的梦幻盛宴。而这几项让人惊艳的创新表演背后，都是技术突破。

在 2018 年平昌冬奥会的闭幕式上，300 架英特尔 ^{R} Shooting Star ™无人机腾空而起，向在本届奥运会上取得佳绩的运动员表示祝贺。此外，冬奥会聚焦智能科技的新"北京 8 分钟"，以人工智能科技的核心技术搭载冰屏的 24 个智能机器人，其中两名机器人"熊猫队长"带领 22 名轮滑演员亮相舞台。接着，24面完全由智能机器人操作的电子冰屏移动出现在轮滑演员中间，人与科技、冰雪在此刻聚焦融合。

第五，虚拟现实（VR）技术，虚拟现实增强（AR）技术、交互式虚拟混合现实技术（IMR）的使用，强化电视文艺节目视觉感。

1、虚拟现实（VR）技术

虚拟现实（Virtual Reality），简称VR技术，也称人工环境。VR技术利用电脑或其他智能计算设备模拟产生一个三维空间的虚拟世界，提供用户视觉、听觉、触觉等感官的模拟，让用户如同身临其境。

虚拟现实技术是利用先进技术产生一种模拟的环境，它可以根据系统设定使用户体验一种虚拟的世界，产生身临其境的感觉。虚拟演播室技术，虚拟演播室技术实质也是VR技术，该技术最早应用于军事、航空等领域，它是通过计算机仿真技术模拟出虚拟的现实世界,使人感到置身于真实世界。随着计算机技术的快速发展，虚拟技术广泛应用于建筑、教育、影视等领域，虚拟演播室就是虚拟技术与传统的色键抠像技术相结合在广播电视节目制作中的应用。随着计算机图形图像处理技术的迅猛发展，以及数字化视频技术的不断深入，从20世纪90年代中期开始，虚拟演播室逐步成为国内外广电行业中的一项新兴技术。

2015年，中央电视台《新闻联播》"一带一路"专题节目中，主播欧阳夏丹就通过在实景现场做虚拟，完成了在不同国家间轻巧的视觉穿越。节目中，主持人欧阳夏丹"移步换景"，带领观众身临其境地

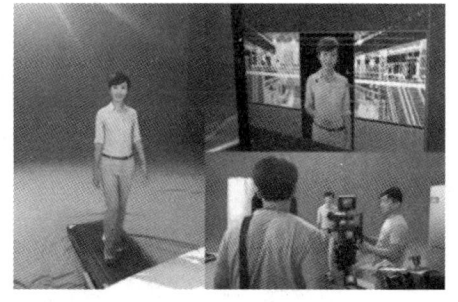

感知"一带一路"民生百态。从中国杭州的跨境电商实验区到泰国曼谷的乳胶枕工厂，欧阳夏丹在不同国家和地区的70多个场景中实现了瞬间"位移"。

2.虚拟现实增强（AR）技术

虚拟植入又叫作增强现实（Augmented Reality），简称AR。该技术就是将虚拟影像叠加到现实场景中的技术，突破现实环境在场地、景物上的局限。

目前，虚拟增强现实还是个比较新兴的技术，出现的时间还不长，但在初级阶段，就被电视台和厂商所注意，运用到中央台的春晚和《星光大道》综艺节目。据悉湖南卫视大型晚会和直播综艺节目中必用此项技术，如在湖南电视台在对2014年8月环塔拉力赛进行直播时，将VR技术与电视直播相结合。通过虚拟AR技术，观众可以看到，当野外主持人解说虚拟地图时，赛车和选手就会在他身边出现。相比于干巴巴的文字或者图片描述，虚拟现实的应用生动形象地展示环塔拉力赛的情况。

3. 交互式虚拟混合现实技术

交互式混合现实技术又称IMR，实质上是VR和AR融合诞生的更强大的产物。它通过计算机技术在现实世界基础上生成模拟环境，用户不仅摆脱了头戴设备的限制，现实中的动作将对虚拟世界产生直接影响。在2017年戛纳电视节上，一档由挪威The Future Group公司联合全球知名的媒体集

团 Fremantle 共同推出的名为《时空迷失》的节目一亮相，便引起了世界各国的关注。《时空迷失》是一档极具科技感的电视娱乐节目，利用交互式虚拟混合现实技术，观众可以看到选手们随心所欲地去往不同的时空场景。《时空迷失》已于 2017 年 3 月 25 日在挪威播出，选手们随心所欲地去往不同的时空场景，奇观式的视觉景象为观众带来了前所未有的观看体验。这只是混合现实可以提供的无限的娱乐潜力的又一次证明。有人问，沉浸式技术可能会彻底改变电视和电影项目的发展，这一技术有可能在未来电视发挥变革作用。

总之，电视是技术的媒体，需要不断地吸收信息、网络、计算机等行业的新技术，实现多种媒体技术的结合，才能更好地助力广电事业的发展。技术的发展不断推高电视的视觉表现力，在电视的创制发展中谱写了一个又一个新篇章。因此，广播电视行业只有不断提高自身的技术水平，加大多种媒体的融合力度，应用更多融合后的新型技术，才能更好地适应多种媒体融合和一体化发展的行业趋势。

第十一章 受众论

可以这么说,我国的受众研究,尤其是传统电视的受众研究,是在对受众有了科学的测量方法之后才真正开始的。

一、真正意义上的受众研究始于对受众的科学测量

受众是一个较为宽泛的概念,它泛指信息传播的接收者,包括报刊和书籍的读者、广播的听众、电影电视的观众、网民等。

受众的形成,离不开工业化都市化的发展、人们识字能力的提高、交通运输的发达、信息传播的普及、社会集中化程度等因素的影响;而对受众的认识和研究则离不开科学的测量方法的形成和发展。

为了研究电视文艺节目的受众,我们不妨先对受众测量在我国的发展做一回顾。可以这么说,我国的受众研究,尤其是传统电视的受众研究,是在对受众有了科学的测量方法之后才真正开始的。

回顾受众测量在我国的发展,大致可以分为如下四个阶段。

第一阶段:1982年以前,我国真正意义上的受众研究几乎是一张白纸。当时对受众的调查研究,多数停留在召开座谈会,接受来信、来电和来

访,或者描述现象以及总结经验层面。这与当时的媒介发展水平以及传授之间的地位对比高度相关。

在改革开放以前,我国的媒体整体数量较少,至1979年时,全国只有38座电视台。在受众没有更多选择的情况下,媒体对受众的需求关心不足,媒体也几乎不做受众调查。

然而,随着改革开放后市场竞争因素的引入,"我播你看"将受众仅作为信息的被动接收者的传播观念开始有所改观,受众调查开始萌生。

但是,早期的受众调查仅是停留在机械地对受众反馈信息的收集阶段,对于受众选择传播内容的能动性,以及通过了解和满足受众需求进而提升自身的生存发展空间的认识不足。

第二阶段:1982—1986年,这是现代受众调查方法的开启时期,也是我国受众调查的一个转折点。

1982年,中国社会科学院新闻研究所和首都新闻学会调查组共同发起了北京地区读者、观众、听众调查,这是我国改革开放后第一次大规模的受众调查。

本次调查采用了北京市统计局设计的抽样方案,调查总体为12岁及以上的北京居民,样本量达到2423。在问卷的54个问题中,除了30个问题是针对《人民日报》等传统纸媒的专题调查以外,另外24个问题是专门针对北京受众电视和广播的接触行为、爱好兴趣和态度展开。

这次调查结果发表后,在国内外引起巨大反响,它不仅以科学规范的统计方法保证了调查的权威性,更重要的是这次调查使"受众"这一概念从抽象变为具体,为受众观念、受众理论在业界的强化乃至受众研究组织的建立,都起到了重要的推动作用。

不仅如此,这次调查在国际上也引起了专家学者的关注并给予很高的评价,日本文教大学传播系岸天功教授认为这次调查"足以证明中国正在恢复正常的客观主义路线";美国著名传播学教授E.V.罗杰斯则指出"这次调查说明在很短的时间里,中国传播研究者在进行调查研究方面取得了巨大的进步"。

但是，综观这一阶段的受众调查现状，在样板数量上还是较少，在内容上还处在对于读者、听众、观众的分布构成等结构化数据的收集阶段，其目的还停留在探索媒介自身发展规律和为新闻业务改革提供印证资料的阶段。

第三阶段：1987—1997年，我国电视受众调查走向黄金时期，受众的主体地位日益受到重视。

由于受众调查经过了早期的试水和实践，其重要性在我国传媒工作者中开始受到关注，到了20世纪80年代中后期，随着改革的深入，作为政治体制改革重要组成部分的新闻改革，日益受到社会各界瞩目，受众调查则成为本阶段新闻改革的一项重要举措。

1987年6月至1988年1月，中央电视台牵头会同27个省、自治区、直辖市级电视台进行了第一次大型全国城乡观众调查，样本量达到24893人，对观众的人口特征、媒介行为、态度心理等进行了全面的调研，并由此拉开了之后每隔5年进行一次的纵贯式全国观众调查的序幕，并且这项调查此后持续进行了六次（1987年、1992年、1997年、2002年、2007年、2012年）。

由于这次调查不仅是当时受众调查规模最大的一次，更是为电视界培养自己的专业性的调查队伍，并为建立调查网络奠定了基础。在这一阶段中，受众的主体地位日益得到重视，显示受众需要、提出受众意见、反映受众呼声、回答受众问题成为这一时期受众调查的主要内容。

此后，受众调查开始深入理念层，调研机制也不断得到完善。例如，1990年10月由首都8家新闻单位联合组织的"亚运会广播电视宣传效果调查"更侧重于了解首都居民对亚运会和亚运精神的认知程度，并对亚运宣传的社会效果展开多侧面、多层次、多角度的受众调查。

1992年邓小平南方讲话，带来思想解放以及市场竞争机制，为传统媒介带来了机会和更多挑战。伴随着媒体市场意识和受众意识的增强，分析受众作为市场主体的需求、结构，并制订媒介结构的布局和生产效益等方案，使受众调查日益成为媒介市场调查的重要组成部分。

第四阶段：1997—2013年，开始了真正意义上的连续受众调查，科学性、系统性、连续性、商业性。

随着媒介市场的发展和受众需求的不断丰富，那些阶段性、区域性、主体多样性的受众调查已经难以满足新时期的媒介市场发展需要和传播主体了解受众的急切需求，市场呼唤一个中立的第三方机构能连续不断地为广大媒介机构提供受到业界认同的、反映市场总体和细节变化的、能够作为行业通用货币的受众调查数据。

1997年央视市场咨询有限公司（CVSC）与法国TNS集团合资，成立了专门从事收视率调查的公司——央视—索福瑞媒介研究（CSM），此后，我国的受众调查开启了新的时代和篇章。一个中立、科学、系统、连续的商业性视听率数据的建立，为我国电视市场更加全面深入地了解广大受众的收视行为、收视需求以及收视变化，提供了通用的解决方案。同时，这个真正意义上的连续受众调查，也为我国各级媒体正确认识、评估、考核和提升节目的制播及编排水平，提供了数据上的支撑。

正如麦奎尔在《受众分析》一书中所说："在任何一种媒介业的游戏规则中，即使不牵涉利润问题，视听率也为节目成功与否提供了主要标准。"因此，视听率作为一个直接表明受众现实价值的术语，对于整个商业媒介体制正常运行以及受众研究的真正深入，无疑具有重要意义。

截至2017年11月，CSM已经建立起148个提供独立数据的收视率调查网络，覆盖5.88万余户样本家庭，其电视收视率调查网络所提供的数据可推及中国内地超过12.8亿和香港地区640万的电视人口，成为世界上最大的电视受众调查网络。

第五阶段：自2014年至今，这个阶段融合了传播空间中的受众调查，受众调查体系得到扩展。

2014年8月18日，党中央通过的《关于推动传统媒体和新媒体融合发展的指导意见》，将媒体融合上升为国家战略，这一年也被称为"媒体融合元年"。

在融合传播的空间中,受众调查被赋予了更加丰富的使命和更为严峻的挑战。除了电视直播收视之外,通过电脑、Pad、手机等终端进行的收视不断增长,业界急需一个更加全面的跨平台多终端的收视调查体系,来更为全面地还原不同媒体的传播价值。

目前,应市场之需,以 CSM 为代表的市场调查机构,已经陆续推出了电视时移收视率、智能电视实时收视率、基于微博社交平台的"微博电视指数"、收视数据与消费数据的融合研究等适应媒介融合发展趋势的受众测量产品,未来基于同源样本的跨平台多终端数据将成为市场的主流,是受众测量的必由之路。

二、电视文艺节目受众收视行为及变迁

正是有了科学的受众测量方法和行业公认的受众测量数据,我国的受众研究开始有了长足的发展,而电视文艺节目作为受众日常休闲娱乐中最为喜闻乐见的节目类型,在其中所占的地位举足轻重。

本节即以 CSM 媒介研究节目监测中的电视剧、综艺、电影、动画、专题、音乐、戏剧类节目作为主要的分析对象,对这些电视文艺节目的受众收视行为及变迁加以分析。

1. 里程碑式的创新变化,引领电视文艺类节目发展

由电视剧、综艺、电影、动画、专题、音乐、戏剧所构成的电视文艺节目,是受众闲暇娱乐消费中收看量最大的节目类型,而也正是由于其在受众中相对稳定的收视喜好。除 2008 年北京奥运会的召开,全民对体育节目的关注和收视热情高涨,电视文艺节目收视量降至最低外,其收视总量多年来变化不是特别大,基本保持在每年 2.8 万分钟以上(图1)。

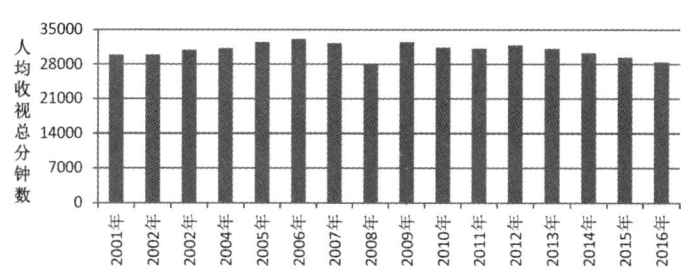

数据来源：CSM 媒介研究

图1　2001年以来电视文艺节目每年人均收视总量变化
（分钟数，历年所有调查城市）

但是，从近十几年的发展变化来看，由于我国节目市场的一些里程碑式创新变化，对全国各级电视台文艺节目的收视还是有一定影响的。如2004年，湖南卫视《超级女声》横空出世，并在2005年的收视市场影响力达到巅峰。由于该节目带动了平民偶像的崛起，为电视荧屏带来了大量以草根为主体的选秀节目，在此后的几年中，全国各级电视台的文艺类节目，尤其是综艺节目的收视量显著增长（图2）。

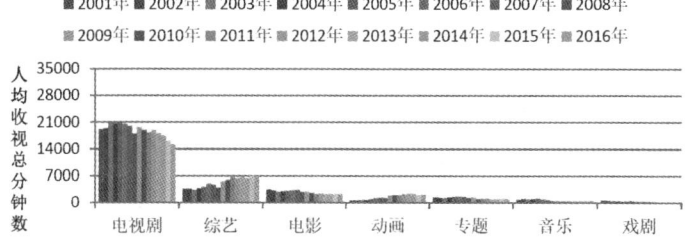

数据来源：CSM 媒介研究

图2　2001年以来各类电视文艺节目每年人均收视总量变化
（分钟数，历年所有调查城市）

此后的几年，电视文艺节目市场创新的迭起、重量级精品巨制大剧的推出，都使电视文艺节目的收视量保持在相对的高位。

但是，自2014年以来，随着媒介融合的深入，观众视频收视开始从电视转移向多种终端，传统电视总体收视下滑，这也使电视文艺节目的收视量呈现萎缩之势。

2.资源力引导电视文艺节目的创新及收视，地面频道话语权日益旁落

在电视文艺节目的构成中，电视剧、综艺类节目占据最大的比例，而这两类节目所需要耗费的频道资源也最为巨大，且随着时间的推移，对资源、资金的依赖程度不断提升。如从一剧四星到一剧两星，再到独播渐兴，对受众收视具有决定性影响的电视剧，越来越向一线卫视集中，也越来越成为强势平台提升竞争力、垄断受众收视的利器；而对于资源匮乏的地面频道来说，由于可用于电视剧上的资源相对较少，对受众的收视吸引力也不断下降。

此外，电视综艺节目亦是如此，历经平民选秀、版权引进、明星户外、明星竞演、联合制作、本土原创等多个时期的发展演变，尽管节目参与主体不断轮换，节目制作模式不断发展，但不变的是高投入、大制作、大片化的节目日益成为市场主流，甚至成为一线频道打造频道品牌的绝杀。因此，地面频道在其制作、播出和收视上的话语权日益旁落。

由此看来，电视文艺节目在不同播出平台的收视竞争力存在着明显的差异，总体来看，上星频道在其收视中占据主体，并且占据七成以上的市场空间，而地面频道相对竞争力弱，且收视份额多年来持续下滑（图3）。

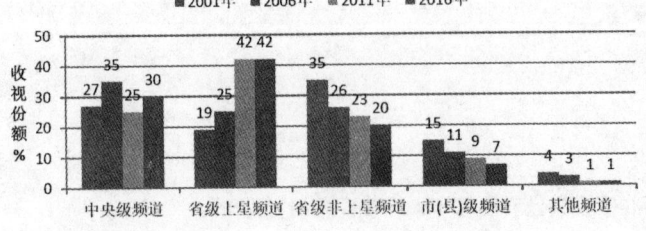

数据来源：CSM媒介研究

图3 2001年以来电视文艺节目在各级频道收视份额

（历年所有调查城市）

3. 政策更迭引导文艺节目收视波动，日间时段成为传统文艺内容的突破口

正是由于电视文艺节目在受众日常娱乐消费中的特殊地位，其收视更多地集中于工作休息后的晚间黄金时段，如在 20:00—22:00 达到峰值。

但观察近年来的受众变化趋势，由于受到新媒体发展的冲击，以往对受众电视收视具有绝对影响力的电视文艺节目的收视量逐年萎缩。如晚间时段最高点的收视总时长，从 2001 年的 8220 分钟减少至 2016 年的 4934 分钟，降幅接近 40%（图 4）。在这种晚间整体收视缩水的背景下，再进一步仔细观察，可以发现从 2011 年开始，21:00—23:00 后晚间时段中，电视文艺节目在受众收视中逐渐崛起，不仅没有下降，反而较前两个对照期有所提升。

当然，这种趋势也并非一成不变，如 2015 年"一剧两星"新政实施，晚间黄金时段电视剧播出集数由 3 集变为 2 集，连同 2012 年颁布的"限娱令"，这使原来 21:20—22:00 卫视第 3 集电视剧时段只能由非娱乐节目填充。因此，2016 年全国各级电视台 21:00 后时段电视文艺节目的收视量急剧下滑，其后晚间时段的观众收视红利迅速消退。

与晚间档收视的逐年下降所不同的是，近年全国各级电视台文艺类节目在日间时段的收视量却呈现增长之势。如以 2016 年与之前的对照年份相比，日间时段收视都保持在相对稳定的水平，且较 2001 年和 2006 年还有明显的提升。

观察各台日间时段的节目编排，可以发现，电视剧是日间时段的主要收视支撑，且 45 岁以上的中老年观众是其收视主体。这也从侧面说明，日间时段的收视群体近年来收视行为和偏好相对稳定，受到新的媒体形式的冲击还相对较小。这些也为电视文艺节目内容抓紧机会，保持并扩大阵地，提供了时间上的保证（图 4）。

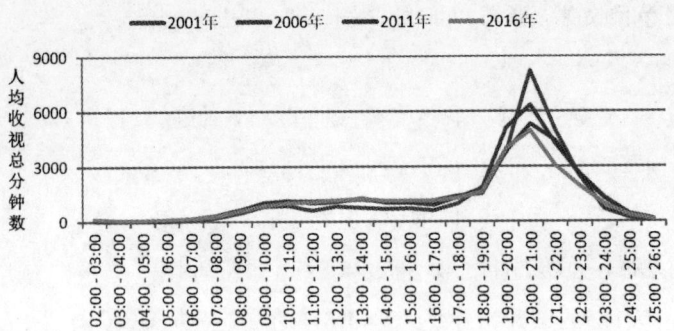

数据来源：CSM 媒介研究

图4 2001年以来电视文艺节目在全天不同时段收视量分布（人均收视总分钟数，历年所有调查城市）

4.电视文艺类节目是时移收视热点领域，在自主选择中占据较高比重

近年来，随着媒介环境的变化以及监测技术的进步，在观众线性直播收视之外的时移收视行为，逐渐被业界所关注，并将其从观众收视总时长中单独剥离。而电视文艺节目作为在受众收视中具有举足轻重地位的节目，无疑也是时移收视的热点领域。

根据CSM媒介研究2017年7—12月在52测量仪城市的收视调查数据，电视剧、综艺、电影类节目成为观众时移收视份额中最高的三大节目类型。其中电视剧类节目的时移收视最为活跃，占据了观众时移收视总量的一半左右的份额，较其在直播收视中三成左右的份额，且增幅明显。而在直播中占据较高收视份额节目类型，如新闻、生活服务和专题类节目，在时移收视中的份额相对较低，均不足5%（图5）。

由此不难看出，电视文艺节目作为娱乐性相对较强的节目，与资讯类及服务类节目相比，在观众能够自主选择的收视行为中占据更高的比重，对受众的影响力相对更强（图5）。

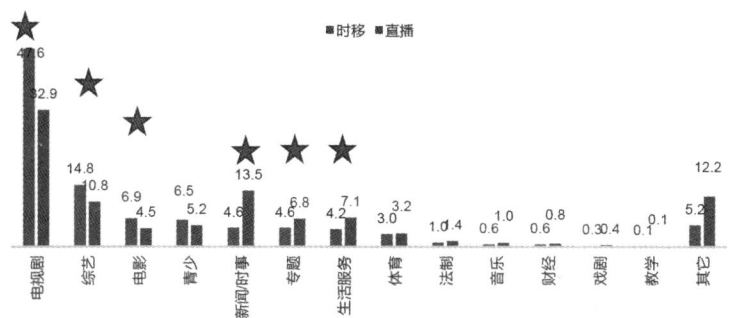

数据来源：CSM 媒介研究

图5 52城市各类型节目直播与时移收视份额(%)(2017年7—12月)

三、电视文艺节目受众收视偏好及变迁

1. 电视剧和综艺节目最受观众青睐，阶段性市场创新促成收视上扬

偏好是指消费者按照自己的意愿对可供选择的商品组合进行的排列，是微观经济学价值理论中的一个基本概念。

由于偏好是主观的、相对的概念，实际上是潜藏在人们内心的一种情感和倾向，因此偏好有明显的个体差异，也呈现出群体特征。作为电视文艺节目而言，是一种特殊的文化产品，不同的个体显然对于不同类型节目具有不同的收视选择和排列，这是离散的、不可量化的；但是，我们运用收视调查数据或者抽样调查的问卷，可以从总体上对于特定群体的节目收视偏好在宏观上加以测量和把握，这对于进一步的深入调查具有一定的指向性作用。

如果将受众所有节目的收视总时长作为总体，观察各类节目的收视量在其中所占的比重，则可以看出受众在电视节目收视中的基本选择和收视偏好。如在各类电视文艺节目中，电视剧和综艺是受众最为偏好的两个类型，其中尤以电视剧的受众偏好最为强烈，在受众所有节目收视总量中的比例在三成以上，成为决定收视市场成败的举足轻重的一个类型。除电视剧以外，电视综艺节目也是受众最喜闻乐见的一种类型，在收视总量中所占的比重超过10%，且多年来呈现出不断上涨的趋势。

此外，各类电视专题、电影、青少类节目相对而言也在受众的收视选择中占据一定的影响空间，但收视比重均在10%以下（图6）。

从不同年度的变化来看，电视剧在2011—2013年之间，收视比重有一个猛增，这与电视剧在这期间制作量的回暖不无关系。30多年来，快速发展的电视剧市场吸引了越来越多投资者的眼光，大量资金涌入，而一批制作公司要谋求上市，致使2011年获准发行的电视剧集数突破历史最高纪录。而电视综艺节目则是在2010年开始有较为明显的收视增量，主要原因是该年度婚恋交友类节目在部分卫视频道收视崛起，晚间时段几乎每个周天都有不同平台播出的此类节目；同时，模式引进类节目渐兴，如引进了《英国达人》节目版权的上海东方卫视推出的《中国达人秀》热播，成为标杆性节目，从而引发了2011—2012年国内各级平台疯狂购买国外版权节目的狂潮（图6）。

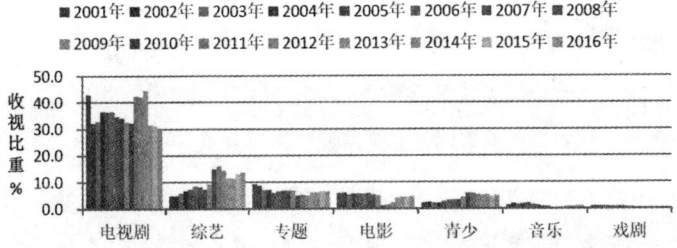

数据来源：CSM 媒介研究

图6 2001年以来主要电视文艺节目在各类节目中的收视比重（历年所有调查城市）

2.综艺、音乐、电影、青少类节目更受年轻观众喜爱，专题类节目引发高端群体青睐

传统的收视调查数据，为我们把握收视行为的连续性、结构性变化提供了指引，而对于受众的态度的把握则缺乏支撑。因此，借助问卷调查数据，

可对特定时点受众对于电视文艺节目的收视喜好类的态度性的内容作进一步的分析。

在下面的分析中，我们使用2016年CSM媒介研究在12个城市的基础研究入户问卷调查数据，对于广大受众对电视文艺节目的收视偏好进行说明。

针对12个城市受众平时最喜欢收看的电视节目类型，可以细分各收视群体的特色回答（图7）。

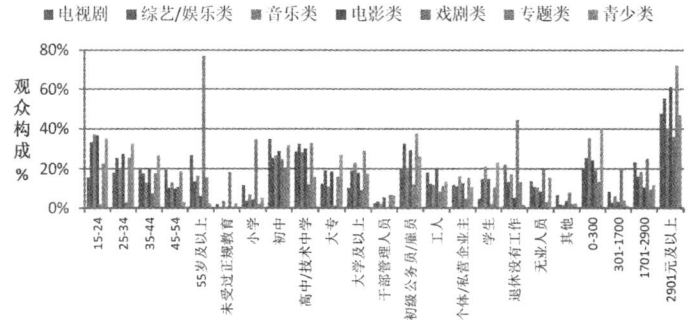

数据来源：CSM媒介研究基础研究

图7 2016年电视文艺节目爱好者分布特征（12个城市）

从以上调查表明，对于综艺/娱乐类、音乐类、电影类和青少类节目，喜爱这些节目的年轻观众占比更高，而戏剧节目则明显更受到55岁及以上老年、低学历、退休观众的喜爱。对于电视剧这一最为通俗化、大众化的节目类型而言，其爱好者更多集中于中老年、初中学历以及中等收入群体；专题类节目的爱好者呈现出较为高端的特征，大学及以上学历、干部/管理人员、初级公务员/雇员、个人月收入在2901元及以上的高收入群体中选择最喜欢这类节目。

3. 娱乐节目收视偏好更多源自受众的需求，电视剧爱好者的人生阅历影响其剧目的喜好

具体分析在受众收视市场影响力最强的两类节目，即电视剧、综艺娱乐类节目，可更为细化分析受众收视偏好，还可以发现不同人口学特征的受众，更为丰富而细致的节目收视喜好。

在综艺娱乐类节目的爱好者中，年龄层较低的受众，对于生存挑战、户外竞技、明星对抗和游戏闯关类节目更为青睐；这几类节目富于竞技性、娱乐性、游戏性，对于收看者的知识储备、人生阅历的要求相对较低，同时还能满足这些受众在娱乐休闲中看重节目的趣味性以及为自身所带来的放松的需求。

但随着年龄的增长，综艺晚会、婚恋交友、谈话/脱口秀类节目的爱好者所占比例不断增长，呼应了此类节目的受众逐渐丰富的人生阅历，以及对于节目思想性的看重和对于传统娱乐模式的坚守。

然而较低学历的受众，则偏爱综艺晚会、表演选秀和明星对抗类节目，期望从中获得休闲、窥视乃至于追星的满足；较高学历的受众，则对游戏闯关、谈话/脱口秀、益智答题类节目青睐有加，企图从中获得身心的放松、思想的激荡以及知识获取的满足。

此外，从职业类别来看，干部管理人员相对喜爱益智答题类节目，初级公务员/雇员对户外竞技、谈话/脱口秀、婚恋交友类节目更为热衷，工人的关注点集中于益智答题、游戏闯关、表演选秀综艺之中，个体/私营企业人员更偏爱户外竞技类节目，学生群体对生存挑战、明星对抗、游戏闯关显然更加青睐，退休人员对传统综艺晚会的喜好更强。除此之外，低收入观众更偏爱生存挑战、明显对抗和游戏闯关类节目，中等收入群体则对婚恋交友和综艺晚会更为青睐，高收入群体的收视热情则集中于户外竞技、谈话/脱口秀和益智答题类节目（图8）。

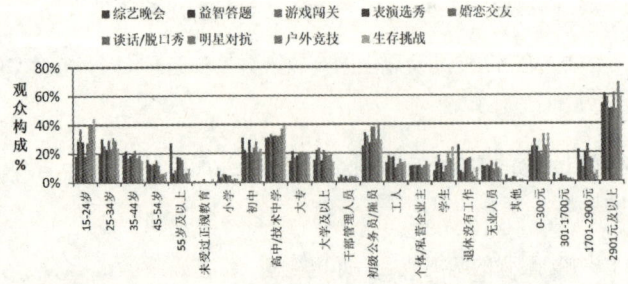

数据来源：CSM 媒介研究基础研究

图8 2016年综艺节目爱好者分布特征（%，12个城市）

在电视剧的爱好者中，言情题材更受到15～34岁、学生、无业人员和低收入群体的喜爱，这与此类受众所处的人生阶段、关注点以及闲暇时间的富余不无关系；军事斗争题材在中老年、中低学历、中等收入群体中喜好度较高，同样反映出这些群体在人生的特定时期所拥有的人生经历以至于其原生家庭对其的影响；反特谍战和近代传奇两类题材受众偏好较为类似，都在中老年、中等学历、初级职员、高收入群体中喜好度更高。同样源于特定的人生经历对其电视剧收视偏好的影响，近代传奇题材的爱好者中45～54岁、高中学历、退休没有工作的群体占比更为突出（图9）。

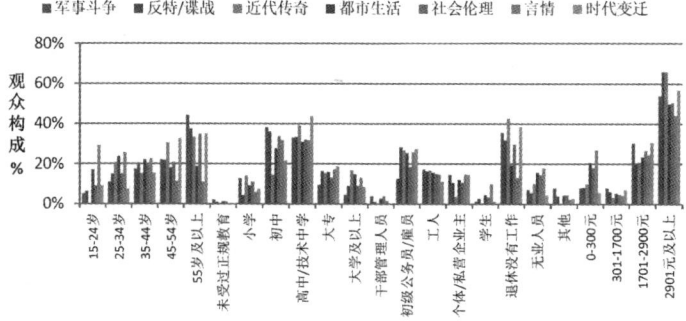

数据来源：CSM媒介研究基础研究

图9 2016年电视剧爱好者分布特征（12个城市）

4.主持人成为栏目热度标杆，湖南卫视、央视知名主播引发受众追捧

在电视文艺节目中，除电视剧、电视综艺节目以外，大量文艺栏目也活跃于电视荧屏，成为受众闲暇时间收视的重要驱动。而在这些电视栏目中，一个不可或缺的元素就是主持人，他们不仅是节目的重要组成，同时其影响力有的时候已经超越了节目本身，成为受众选择收看的重要影响要素。

根据CSM媒介研究2016年在12个城市的基础研究问卷调查，被问及最喜欢的电视主持人时，何炅成为上榜人气最旺的主持人，其提及人数远超其他主播。此外，湖南卫视、央视的多位知名主持人也榜上有名，如汪涵、谢娜、尼格买提、朱军等,他们主持的电视栏目也多为广大受众喜爱,成为频道的主打品牌栏目。由于主持人和栏目之间形成的积极良性互动,以至成为推动电视文艺栏目发展的核心动能(图10、图11)。

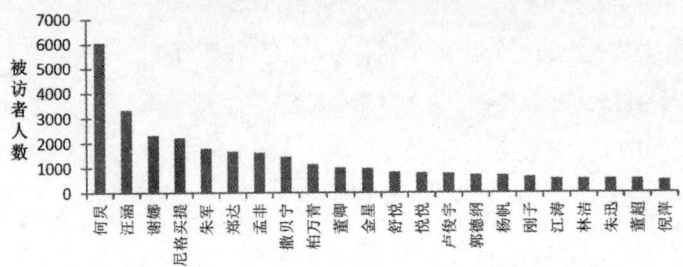

数据来源:CSM 媒介研究基础研究

图10 2016年受众最喜欢的主持人分布(12个城市)

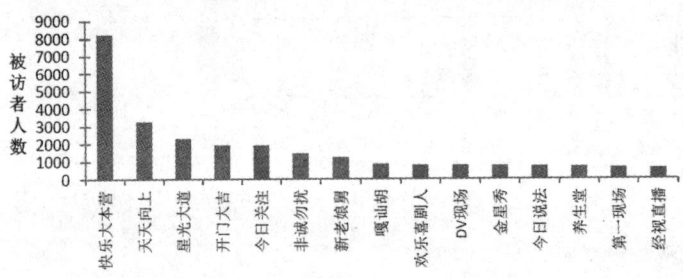

数据来源:CSM 媒介研究基础研究

图11 2016年受众最喜欢的主持人所属栏目分布(12个城市)

5. 电视文艺节目也是受众网络视频收视的重要驱动,节目内容对网络视频收视影响明显

随着媒介融合步伐的加快,电视观众的收视已经不局限于传统电视屏,在台式电脑、手机、Pad 屏的收视也日益渐增,受众的电视节目收视也逐渐扩展为视频收视。

为了了解电视文艺节目在网络视频端的收看驱动,我们依然利用 CSM 媒介研究 2016 年在 12 个城市的问卷调查数据,对其在网上收看的视频类型及原因进行综合分析，以便探究网络视频收视与电视播出的节目之间的关联性。

调查显示，受众在网络视频上最喜欢收看的节目类型以文艺类节目为主，尤以综艺和电视剧热度最高。其中，最喜欢在网络视频上收看综艺类节目的受众的比例最高，接近三成；最喜欢在网络视频上收看电视剧的受众比例也在15%以上；电影类节目在网络视频上的选择比例不足5%；专题类、音乐类节目的选择比例则更低。除文艺类节目之外，受众最喜欢在网络视频上收看的节目类型还有以新闻/时事和体育类节目，这两类节目充分满足了受众在休闲娱乐之外的新闻资讯需求以及赛事信息需求（图12）。

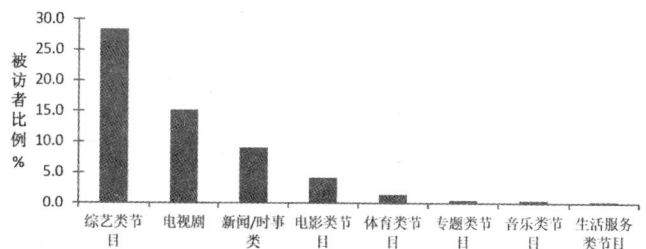

数据来源：CSM 媒介研究基础研究

图12 2016年受众最喜欢收看的网络视频类型（12个城市）

对于受众选择收看的网络视频内容与电视台播出的节目之间的关系来看，不同年龄层受众的选择既有共性又有差异（图13）。

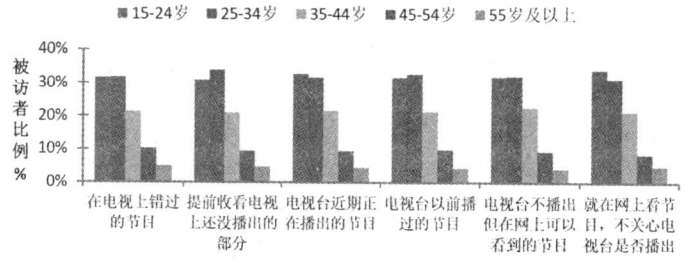

数据来源：CSM 媒介研究基础研究

图13 2016年受众收看网络视频的类型（12城市）

总体来看，受众选择在网络上收看视频内容，无外乎如下几种原因：提前收看、与电视台播出同步收看、在电视上错过后回看以及收看网络独播。

以上几种原因的被访者比例不分伯仲，也有部分受众并不关心该节目电视台是否播出，单纯出于对节目本身的喜好；从不同年龄层受众的差异来看，15～24岁和25～34岁受众是网络视频收看的主力；相对于较为年轻的15～24岁受众，在年龄层上更加成熟的25～34岁受众来说，对于"提前收看电视上还没播出的部分"以及收看"电视台以前播过的节目"的选择比例略高，在网络视频收视上的自主选择性更强。

从上述调查可以看出，电视媒体的播出节目对于受众的网络视频收看还是存在着非常重要的、积极的影响，无论是提前、同步还是追看，都是源于观众对于电视台播出的电视节目的兴趣和吸引力，也是受众在网络视频上选择收看的内容时的重要依据。因此，电视平台的内容在现阶段融合传播的时空中，仍然具有明显的优势和举足轻重的影响力。

四、电视文艺节目的受众结构及变迁

1. 阶层分化引发电视文艺节目受众结构变化

近年来，随着我国经济社会的快速发展，社会资源重新配置，社会文化变革加剧，由此导致社会结构的急剧分化，新的利益群体以及社会阶层正在逐步形成并趋向定型化。因此，伴随着市场机制的发育，伴随着社会分化，性别因素、年龄因素、教育因素与社会阶层分化的相关性显著增长，不同阶层的受众在收入、文化资本、权力以及声望等维度上存在着不一致的现象。因此，在电视媒介尤其是电视文艺节目的接触上，其收视偏好、收视习惯、使用与满足以至于对电视内容的评价和信任等方面均存在着差异。

在下文对电视文艺节目受众结构的分析中，我们选择自2001年以来的4个年度时间点作为时期主体，从每隔5年的数据变化来看阶层分化影响之下的电视文艺节目受众变迁。

与整体收视市场的受众结构变化类似,由电视剧、综艺、电影、专题、动画、音乐、戏剧所构成的电视文艺节目,近年来观众结构显现出年轻观众不断流失,老年观众稳中有升的特点。

如 4~34 岁年龄段的观众,在电视文艺节目所有观众中所占的比重,在 15 年间共下降了 20%;45 岁及以上的中老年观众,在电视文艺节目观众中所占的比重,15 年间共上升了 32%;而值得关注的是 35~44 岁年龄段的观众近年来在电视文艺节目的观众所占的比重持续下降,降幅明显,从 2001 年至 2016 年下降了 26.5%。

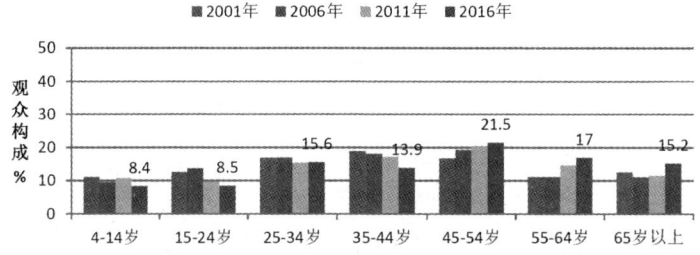

数据来源:CSM 媒介研究

图 14 2001 年以来电视文艺节目观众性别构成(历年所有调查城市)

以上数据显示,电视文艺节目以电视剧和综艺占据主体地位,15 年来受众年龄构成的变化也吻合两类节目的受众变迁:如电视剧的重度观众以中老年为主,他们对于新的媒体形式和终端的接受过程相对缓慢,因而近年来这个忠实的收视群体仍然保持着通过电视进行收看的习惯;综艺节目的核心受众则相对年轻化,他们善于接受新鲜的事物和媒体终端,是新媒体分流传统媒体受众的重灾区,在传统媒体上的收视份额加速下降。

同样源于电视文艺节目的大众性和广谱性,其收视主体以初高中学历者为主,占据六成以上的比例;小学学历和大学及以上学历的观众比例相当,均不足二成;随着时代的进步,电视的观众也在演变,电视观众的整体受教育水平在提高,电视文艺节目同样如此,大学及以上学历的观众所占比例由

2001年的10.5%逐渐上升，2016年更是较之前实现大跨步的飞跃，达到18%（图15）。

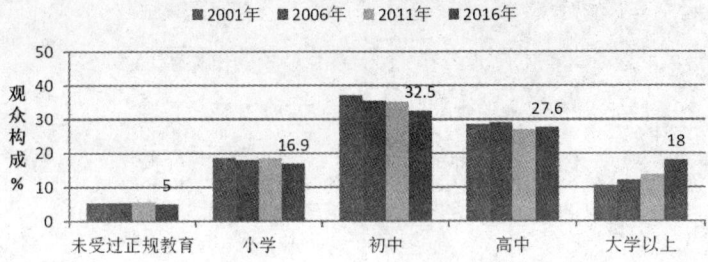

数据来源：CSM 媒介研究

图 15 2001 年以来电视文艺节目观众学历构成（历年所有调查城市）

电视受众的这种变化，为传统的电视文艺带来了发展的契机。基于不同社会阶层地位而形成的群体性文化，在某种程度上左右着受众对媒介内容的选择，不仅体现出不同的欣赏趣味和文化的区隔，同时影响媒介内容的生产。

不难发现，之前以娱乐化为主旨的电视文艺节目，近年来不断尝试将文化格调、主流价值、社会价值、公益初心等融入其创新和发展之中，这不仅契合的高学历群体的收视需求，同时也为节目未来的发展奠定了扎实的根基。节目创新与受众需求之间实现互为促进，良性发展。

在大多消费者研究中，职业被视为表明一个人所处社会阶层的最重要的一项指标。一个人的工作会极大地影响他的生活方式，并赋予他相应的声望和荣誉。陆学艺教授根据组织资源、经济资源、文化资源三个标准，认为当前中国社会分化为"十大社会阶层"，即国家与社会管理者阶层、经理人员阶层、私营企业主阶层、专业技术人员阶层、办事人员阶层、个体工商户阶层、商业服务业员工阶层、产业工人阶层、农业劳动者阶层、城乡无业失业半失业者阶层。

关于社会阶层的分化，目前普遍的共识是，当前社会结构呈现准洋葱形，中产阶级在变大，洋葱的底部变小。

首先是由于第二产业的停滞甚至下降,在就业结构上表现出来的就是第二产业工人规模的下降;其次是私营企业主在扩大;最后是知识分子扩大、白领扩大。

由于电视文艺节目的受众职业构成及变化,及时反映了随着社会的发展进步以及社会阶层的分化,传统节目内容与不同阶层受众之间互为影响互为作用下的转型与调整。随着时间的推移,电视文艺节目观众中社会管理者、经理人员和工人所占的比重在不断减少,私营企业主、个体工商户、专业技术人员等的占比则逐年上升。同时,学生群体在其中的比重由 2006 年的 14.2% 减少至 2016 年的 9.3%,流失严重。

电视受众结构的这种变化,一方面顺应了私营企业主阶层本身在社会阶层构成中的扩大的趋势;另一方面也反映出在中产阶层扩大的同时,社会管理者阶层在逐渐地远离传统电视文艺内容,转投更为个性化、私人化的其他媒介形式及内容(图 16)。

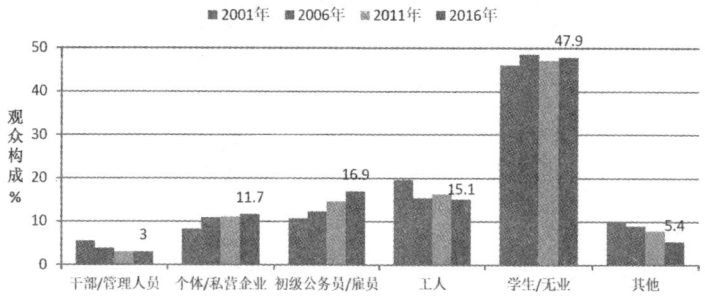

数据来源:CSM 媒介研究

图 16 2001 年以来电视文艺节目观众职业构成(历年所有调查城市)

近二十年来,中国社会的诸多变化离不开一点,即社会经济总量的突飞猛进。2001 年,国内生产总值仅为 11.1 万亿元,2006 年增长至 21.9 万亿元,2010 年 GDP 总量超越日本成为继美国之后的世界第二大经济体,2011 年 GDP 增长至 48.9 万亿元,2016 年这一数值已经达到 74.4 万亿元,是 2001 年的六倍多。

随着国家整体经济实力的提高，我国电视文艺节目不同收入水平的观众比例也在悄然生变。其中低收入观众占比急剧下降，个人月收入在1201～2600元之间的受众占比经过2011年的快速上升后基本维稳，而个人月收入在2601元及以上的受众占比似乎从平地而起，15年间发生巨变，合计占文艺节目总体受众的37.2%。这种变化不仅极大地提升了电视文艺节目观众的传播价值，同时也为节目未来发展提供了更为广阔的创想空间（图17）。

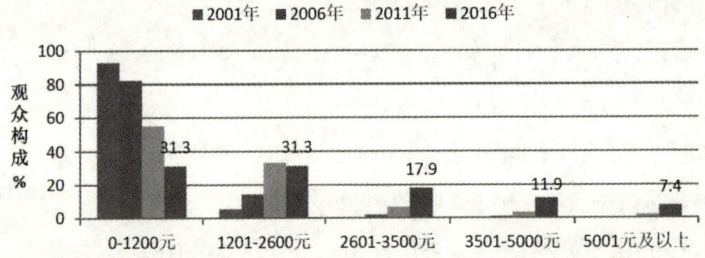

数据来源：CSM 媒介研究

图17 2001年以来电视文艺节目观众收入构成（历年所有调查城市）

2. 细分文艺样式受众呈现个性化特征

近年来，电视文艺节目在多样化的道路上持续深化发展，节目模式日趋多元，内容涵盖的领域也日渐丰富。这些均体现在各类节目的核心受众上，因电视文艺节目的样式不同，呈现出差异化、个性化的特征（图18）。

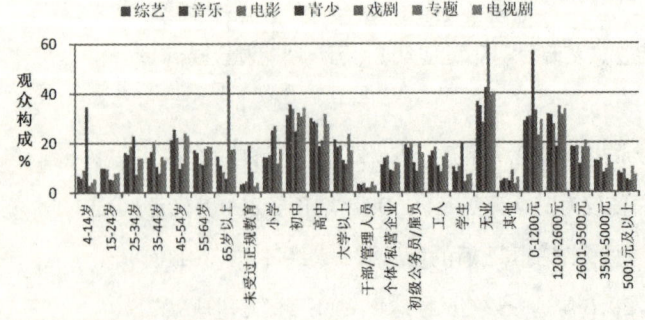

数据来源：CSM 媒介研究

图18 2016年各类电视文艺节目观众构成（历年所有调查城市）

从年龄段来看,除了青少类节目在 4~14 岁低龄受众占比突出、戏剧类节目 65 岁及以上老年观众比例较高以外,电影类节目对 25~44 岁的中青年观众吸引力更强,音乐和专题类节目在 45~54 岁年龄段的观众比例高于其他节目,相对更为大众化的电视综艺和电视剧不同年龄段观众的占比分布较为平均。其中综艺类节目在 15~24 岁年龄段观众中的比例在各类文艺节目中相对突出,而电视剧的核心观众更偏重在中老年群体中。

从受教育程度来看,专题类节目由于内容相对专业,有针对性、信息量大、知识性强,因而在中老学历观众中所占的比重更高;音乐、电影和电视剧类节目,更具大众化的特质,在初中学历群体中占比相对集中;综艺类节目近年来在主体、模式、技术等方面不断推陈出新,收看主体的受教育水平也水涨船高,成为除专题节目外中老学历水平的观众占比相对更高的一个文艺节目类型。

从职业类别来看,青少类节目的受众更多集中于学生和学龄前的无业群体中;戏剧类节目的受众则明显集中于以离退休人员为主体的无业观众中;在专题节目观众构成中,干部/管理人员和初级公务员/雇员比例高于其他节目;个体/私营企业人员、初级公务员/雇员、工人对电影类节目收看集中,在其受众构成中占比突出;综艺、音乐和电视剧在无业人员中收看更为集中,在初级职员、工人中的占比也相对较高。

从个人月收入来看,青少类节目无收入及低收入受众占比明显更高;戏剧类节目在中低收入群体中的收视也明显更为集中;专题类节目则与之相反,中等及高收入观众占比高于其他文艺节目类型;综艺、音乐、电影和电视剧的主体观众,也是中等及中低收入的群体,且各类之间差异并不大。

由于这种基于年龄、受教育程度、职业阶层和收入水平等造成的文艺节目收视分化,在很大程度上也体现出不同收视群体对电视媒介的依赖程度的差别。社会阶层越低的人,在各种资源的占有上越少,电视文艺节目就成为他们联系社会、沟通生活、娱乐消遣的最主要渠道;而社会阶层地位越高的受众,占有的社会资源相对较多,势必降低了他们对电视这种传统媒介的依赖性，以至于对电视文艺节目的关注度。

3. 新时期电视文艺类节目的受众创新

在上面的分析中，我们分别从收视数据的角度，以及总体的层面，对于电视文艺节目的受众收视行为及变迁进行了分析说明。但过于平均化的数据，总是在一定程度上抹杀了特点的存在，回顾中国电视文艺节目几十年的发展史，带给观众震撼的是一个个里程碑式的文艺节目，它们诞生于特定年代，点燃了一代受众的情怀。

在下面的分析中，我们就从受众变迁的角度，对于近年来在中国电视文艺节目史上具有特定影响力的典型节目的受众创新进行梳理和回顾，对他们为中国电视文艺节目的受众创新所做的贡献加以总结。

其一，盘活年轻人，带动中年人：从"超女"到"好声音"再到"歌手"

从年龄层的角度划分受众，是受众分析中一个重要视角。不同年龄层的受众，拥有不同的人生阅历，拥有不同的文化资本，基于这两项，受众会形成不同的欣赏水平和兴趣爱好。因此，对于不同年龄层受众的影响和把握，也是节目制播者和广告商的诉求。电视节目的主体受众虽然以中老年为主，但那些开创性地在年轻受众中形成影响力的节目，则也应成为电视业的标杆和革命。

在此，不得不提的就是湖南卫视《超级女声》。它的诞生，堪称中国电视的奇迹。有15万少女参加的"大选"，造就起成为中国电视史上最具轰动效应的电视活动，掀起了中国电视业的一次大革命，并带来了中国电视的新纪元。超女们不仅开启的中国选秀文化的黄金十年，更是将无数即将远离传统电视的年轻观众再度拉回到电视机前。湖南卫视以"时尚""年轻""活力"，成为年轻观众的拥趸，奠定了日后在中国电视传媒市场的江湖地位。

此后的几年间，从央视到地方卫视，各级电视媒体竞相推出同类选秀节目，虽然促进了综艺选秀的一时繁荣，但同质化的竞争更是加速了节目的生命周期，更多节目后续乏力。因此，《超级女声》让电视节目制作者、广告商看到了年轻受众的价值和激情，也为日后众多频道发力年轻受众市场提供了模式和表率。

如果说"超女"开启的是一场草根偶像登场的序幕，那么在7年后的那个盛夏，浙江卫视《中国好声音》的横空出世，更具专业水平的"草根"之间的PK，更让节目瞬间俘获了爱好音乐的观众。在业界，"好声音"被称为"耳尖上的中国"，与以往的选秀所不同，它最大的成功在于让观众记住了一个个有着欢笑和泪水的追梦人。音乐、青春、梦想共同构成了节目的品格魅力，也成功带动了当年"超女"时期"粉丝"的升级，以及对偶像的无条件追随，对于偶像音乐才华和音乐梦想的认同，节目的核心受众从低龄观众逐渐向中青年扩展。不仅如此，"好声音"还改变了过往娱乐选秀节目的低俗化现象，满足了受众对于公正、平等、真诚等价值观的召唤心理，其核心受众从心理到情感上都更为理性和成熟。

在"好声音"播出半年之后，2013年伊始，电视屏幕上另外一档专业性音乐节目《我是歌手》再获观众的追捧。节目的参与主体一改以往的"草根性"，由在华语乐坛已经获得一定地位的歌手进行竞演，更加强调参与者的专业素养、节目价值的纯粹回归和正面娱乐价值的重构。而且，与节目本身技术的专业化、内容的专业化和操作的专业化相对应的，则是参与嘉宾在节目中彻底的平民化，之前所有的辉煌和经历都被剥离，仅作为一个纯粹的歌者站在平等的比赛现场。

这样的节目设置进一步拓展了"好声音"时期的受众广度，《我是歌手》的受众开始由年轻人蔓延至中年收视群体，他们不仅对于节目中的特定时代的歌手耳熟能详、寄予很深的情感，更是对于节目本身所体现出来的专业、质感、严谨等表现出更高的关注。

可以说，从"超女"到"好声音"，从草根偶像到专业化素人的进步大大地提升了选秀节目受众的成熟度，而从"好声音"再到"歌手"，无论是参与主体转变为真正的歌手，还是节目本身所传达的娱乐价值，都进一步将受众的范围扩展至更为成熟的群体，成为我们可以追踪的一条电视文艺节目受众演变的轨迹。

其二，吸引更多高学历观众：从《幸运52》到《最强大脑》。

电视文艺节目作为一种媒介产品，其选择受到受众媒介品位的影响。而根据法国社会学家皮埃尔·布迪厄对人们文化品位与其社会和家庭背景之间的关系的研究，人们的媒介品位是由其所处的社会阶层和受教育程度决定的。因此，对于电视文化节目而言，在简单的"娱乐"和"放松"之外，还有一类节目更为关注"知识性"和"科学性"。

所以，从受众受教育程度的角度来看，不得不提的在节目创新史上具有标志性意义的《幸运52》和《最强大脑》。

早在1998年，央视的《幸运52》推出后便引发受众追捧，并连续在各大评选活动中获得奖项。

《幸运52》主要形式是邀请普通百姓担当选手，以智力竞猜和趣味竞赛的方式进行智力比拼，同时获胜选手还会获得丰厚的实物奖品。节目既有纯知识性环节设计，更考察选手的创造性和发散性思维，以至成为当时我国收视市场上创新的智力竞猜节目的典型。此后的智力类节目，历经《开心辞典》《一站到底》等模式，也都在特定时期的受众中形成了不俗的影响并获得追捧，开启了电视节目"烧脑"时代，也引发了一批较有学识的受众参与到收视中。

但随着时代的发展，简单的问答和竞猜已经不能满足受众对于视野拓展、知识增强、智力提升等方面的诉求，市场上需求将科学性和娱乐性能融合在一起的电视节目，《最强大脑》在2014年应运而生。

该节目在各种挑战项目的设置上，把人们大脑中的逻辑推理、数据分析、空间想象力、速算能力、长时间记忆等多种无形的、抽象的东西，变成了形象的、开放的、具体的、互动的、可感知、有温度的东西，将科学元素和娱乐元素完美整合，不仅吸引了大量具有较高学历的群体的观众，同时在具有较强求知欲和好奇心的年轻收视群体中俘获关注，以至成为我国益智类电视节目历史上里程碑式的标杆。

从《幸运52》到《最强大脑》，从形式灵活的智力竞猜到挑战人类脑力极限的科学大观，电视文艺节目也可以走上既有高颜值又有强脑力的发展之路，电视文艺节目的受众也可以是具有更多文化资本的高知一族，从娱乐到思考，为我们开启了受众变迁的另一条轨迹。

第十二章
题材论

纵观中国电视剧 60 年的发展历程，宛如一部电视剧作品般起伏跌宕，构成这些情节线索的是无数电视工作者们对生活的热爱与对艺术的奉献。

电视剧是电视文艺大家族的主要成员，它不但支撑着这个家族的半壁江山，同时也是目前全国各级电视台赖以生存的节目资源。因此，从题材的角度梳理电视剧的发展轨迹，以及每个时期的各类题材的权重变化，不但可以了解到我国电视文艺发展与沿革，也可以了解到我国电视受众的取向与波动，更可以了解到中国社会各阶层的差异与变化。

一、我国电视初创期时期（1958—1977 年），电视剧题材梳理与分析

中国电视剧发端于1958年。当年的6月15日晚，一部在北京电视台演播厅内布景直播的50分钟电视单本剧《一口菜饼子》，揭开了中国电视剧发展的历程。这是一部讲述忆苦思甜、提醒人们不要忘本的作品，冥冥之中与之后中国电视剧现实主义创作传统不谋而合。由于彼时我国的经济发展

尚处于起步期，电视机的普及率不高，因此，该剧的出现并未产生较大的影响力，但作为我国自行制作的第一部电视剧，它被载入了史册。

但是，由于电视作为当时的传媒奢侈品，社会使用率和频道播出率一直不高。因此，从1958年到1977年的近二十年时间里，全国电视剧的生产量仅有180部左右，而且绝大多数为单本剧。

而且，当时的题材范围比较集中，大都是政治宣讲或歌颂英雄模范为多，如《女状元》《青春曲》《党救活了他》《新的一代》等；但也有一些是根据新闻、小说、舞台剧改编而成，如《江姐》《像他那样生活》《火种》《外国名著》等。由于当时传媒工具都是以宣教为目的，使这一时期的作品缺乏观赏性。

在这个时期中，中国电视经历了从黑白到彩色、从直播到录播的更迭，至后期阶段，电视剧的生产与创作有了一定的提升，到了1975年，成功录播了彩色电视剧《公社党委书记的女儿》和《神圣的职责》，从而加快了我国电视剧科技化、艺术化发展的步伐。

二、新时期中国电视复苏期（1978—1989年），电视剧题材梳理与分析

1978年以后，我国进入了全面改革发展的新时期，电视机在我国的逐步普及，也为电视文艺的繁荣带来契机。这不仅表现在电视剧创作产量的攀升，还体现在作品质量的飞跃上。

1979年，在首次召开的全国电视节目会议上，"大办电视剧"的呼吁，为电视艺术工作者指明了方向，进一步促使电视剧摆脱电影、舞台剧的附庸，形成一套符合本体属性的艺术创作法则。

在这个时期中，由于电视工作者不懈追求与努力，电视剧的长度、题材、风格、样式均有所突破，呈现出"小荷才露尖尖角"之势。

1. 改革题材电视剧

从《一口菜饼子》伊始，中国电视剧对主流价值观与主流文化的宣传，成了其固有的优秀创作传统。改革开放打开了国人紧闭的 1980 年，由同名小说改编的中国第一部改革题材电视剧《乔厂长上任记》，以乔光朴革新除弊的改革，使濒临破产的国营机器厂重新焕发生机的故事，对当时举棋不定、犹豫观望的改革心理做出了正面回应。这部在今天看来人物塑造"高大全"，且有些乐观、狭隘地认识改革的作品，虽然有着诸多缺陷，但却开启了电视剧中富有生命力的新题材。

1984 年创作播出的电视剧《新闻启示录》，将政论、纪实、新闻手法三者相融合，以三位新闻记者的视角结构事件，结合改革开放的时代潮流，对教育领域如何在新时期转变进行了深刻思考，引起了社会的强烈反响。

而《女记者的画外音》以海盐衬衫总厂步鑫生这一改革成功者为典型，进行艺术加工创作的一部真实记录现实生活的电视剧。以强烈的纪实风格，不仅丰富了电视剧创作的方式，还对改革的可行性做出了生动诠释。

电视剧《走向远方》将视角对准了改革撼动民族传统心理的部分，把人伦、道德的内在变化与工厂、街巷的外在变化相结合，针对思想观念改革这一难点做出了预判。在时代主题的召唤与引领下，获得了广大观众的共鸣。

12 集电视连续剧《新星》，聚焦党员干部如何转变工作思路，提高自身的工作素养，以适应改革需求，使"官场"与改革有了交织。

然而，以改革的宏大命题与普通个体的关联，市场经济体制对个体经商者带来的前所未有的冲击，则在电视剧《汉正街》中有所体现，使电视剧更加成为观众的新宠。

总而言之，改革题材电视剧的出现，与时代变化、社会变革密切相关，从记录国家记忆与镌刻时代烙印而言，它以其现实层面的观照显得难能可贵。在时代的滚滚洪流中，移风易俗、制度更替均在旦夕之间，这些"变数"也为该电视剧改革题材的拓展提供了无限可能。

2. 农村题材电视剧

在这个时期中，农村题材电视剧的出现及发展，与中国电视观众的"出身"有着密切关系。由于农村题材有着最广泛的受众基础，农村故事也因此具有得天独厚的关注度。农村、农民、农业的历史性变化，使电视剧成为集中的表达阵地。

1978年，由许欢子、蔡晓晴执导的《三家亲》，便将焦点对准了农村办喜事的新风尚这一话题上。加上彩色化、实景化和录播化等电视特质的运用，使该剧被普遍认为是中国电视剧复苏的一个重要标志。

由于改革开放的时代召唤，也在中国农村得到了呼应，而这种呼应在《雪野》中体现得更为明显。该剧以东北妇女吴秋香大半生的爱恨经历为主线，通过她在离婚、恋爱过程中寻求人生价值的故事，反映了改革开放后农民思想观念的变化，塑造出有着现代婚恋观、人生观的"新农妇"形象，也对"爱是本能"这一人性回归的表现进行了肯定。

然而，在这时期中，将农村剧推向影响顶峰的则是1989年出现的《篱笆·女人和狗》。该剧与之后的《辘轳·女人和井》《古船·女人和网》一道，成为农村剧中颇具代表性的"农村三部曲"。由于该剧围绕着"家"这一最典型的中国文化象征符号展开，在家中老、中、青三代面临的情感危机下，将旧式伦理道德观念与新时期觉醒的爱欲的激烈碰撞，并在都市文明与农业文明的斗争与和解中，叩开了中国农民封闭且麻痹已久的精神世界大门，以至在当时成为家喻户晓的电视作品。

3. 知青题材电视剧

对于经历了"文革"的一代人而言，知青题材电视剧是他们青春乃至人生进行痛苦反思的渠道。由于在文学界兴起的"伤痕文学"，为情感的宣泄找到了一条艺术通道，电视剧创作也紧跟这一风潮，在莫大的集体性精神创伤后，艰难地开启新生活成了这类题材的共同诉求。

1982年的《蹉跎岁月》，最先捅破了这层窗户纸。该剧秉承现实主义创作手法，在贵州山区取景拍摄，将知识青年插队时的生活氛围及跌宕起伏的经历生动刻画，传递出与命运抗争的不屈勇气和不朽信念。

接着，在这之后推出的电视剧《今夜有暴风雪》，则将笔墨放在了知识青年大返城这一具有史实性质的节点上，以一个极具戏剧冲突的"暴风雪之夜"，刻画出知青经历人生历练后的内心变化，以及历史的悲剧性思考背后有理想的幻灭、人性的倾轧，全剧充满了反思与批判意识。

然而，1987年推出的电视剧《雪城》，则个性鲜明地塑造了徐淑芳、姚玉慧、王志松、刘大文等不同身份、背景的知青形象，通过他们返城之后如何艰难融入新生活中的故事，为二十万返城知青在挫败后的顽强奋斗进行了生动诠释。

4. 生活、情感题材电视剧

随着电视艺术创作空间的扩大，电视剧题材的选择上不仅体现在对宏大国家命题的书写上，还表现在对平凡个体生活状态的关怀和俯察上。这时，生活情感类题材聚焦百姓生活，将一个个平凡无奇、家长里短、甚至个人情感等琐事提炼出来，使其在电视荧屏上焕发出无限生命力。

这类作品走入大众的视线，最早要追溯到1979年的电视短剧《有一个青年》。该剧将一个普通青年如何改正身上陋习、学会先进的生产技术与学习技能为主线，真实生动地把个人奋斗融入了平凡生活中。

1980年的短篇电视剧《凡人小事》，讲述了一位小学老师因家庭变故想送礼调动工作的经历，讽刺了当时社会上存在的不正之风，且借机对党员干部廉政建设提出了要求。将普通人生活中的"小事"，视为荧屏上需要浓墨重彩的"大事"，成为当时电视剧创作的一大追求。

生活中的故事不单是柴米油盐，还有丰富多彩的际遇，这些方能构成生活之味。1981年的作品《新岸》便将创作视角放在了边缘人群失足青年之上，这一敏感题材的选取，体现出人性的复苏与人文关怀的觉醒。如何挽救失足青年？该不该给他们搭建一条改过自新的生活道路？偏见与歧视如何消除？失足青年如何自救？在这部剧中皆给出了答案。在感染人心的故事下，是日渐开放包容的社会进步的体现。

1987年的电视连续剧《家教》，展现了留洋归国却有着深刻东方传统思想的一家之主对子女婚恋干涉的故事，在家庭层面探讨了东西方价值观念与生活方式的现代碰撞，反映了彼时社会价值观变化对寻常百姓人家带来的影响。

5. 名著改编题材电视剧

中国电视剧在这一阶段的发展是以出新、求变为主，但在作品质量、艺术思想上始终有粗糙之感。而名著改编题材的出现，第一次将"精品意识"代入电视剧的创作中，使广大电视观众领略到文学名著不朽魅力的同时，也感受到电视艺术载体的生动性、形象性与直观性。

其中，由老舍同名小说改编的电视连续剧《四世同堂》，为电视荧屏"名著热"开了先河。该剧以原著小说为改编蓝本，将抗日战争时期北京一条胡同里小人物们的家国情怀与民族兴亡相连，演绎出感人至深的民族故事。

在1986年和1987年，中国电视剧制作中心先后将"四大名著"中的《西游记》《红楼梦》搬上了荧屏，凭借有限的技术条件和真挚、热忱、端正的创作态度，这两部剧一经推出便引起轰动，影响力波及海内外。作品在忠实还原原作精髓的基础上进行了合理想象，叙事手法上沿袭了影视创作特质，对原著进行了适当删节，使其最大限度表现出不失风貌的改编，为今后名著改编作品提供了宝贵的借鉴价值，也为古典文学名著的现代化传播做出了垂范。

6. 历史题材电视剧

历史题材电视剧在这一时期也有一定的发展。1986年，反映女真族民族英雄的电视剧《努尔哈赤》问世，该剧一改历史狭隘主义，以客观视角讲述了努尔哈赤金戈铁马的一生，其尊重史实的态度广受赞誉。

1988年，《末代皇帝》将爱新觉罗·溥仪这一清朝最后一任皇帝，从"神"变成"人"的曲折一生进行了还原，伴随着历史人物溥仪人性的回归，展示了中国近代史的发展。

1989年，另一部反映清史人物的作品《风流皇后》，塑造出风云诡谲的宫廷斗争中力挽狂澜的女政治家孝庄形象，为这位"母亲"与"皇后"身份间艰难生存的女性做出了评判。值得注意的是，该剧为了增强观赏性，虚构了多尔衮与孝庄的情史等内容，也为后来的戏说历史题材、历史传奇题材提供了创作思路。

复苏期的中国电视剧呈现出无尽的创作潜力,涌现出诸如《寻找回来的世界》《师魂》等校园题材,《便衣警察》《希波克拉底誓言》等职场剧初现端倪,另有《铁人》《华罗庚》《严凤英》等人物传记类作品,为解开思想桎梏的中国电视观众带来了新鲜的电视体验,也为中国电视剧开启了飞速发展的征程。

三、新时期中国电视发展期(1990—2000年),电视剧题材梳理与分析

自20世纪90年代之后,中国电视剧步入了真正意义上的发展期。这种发展既体现在对电视剧表现手法的艺术化开掘上,摸索出符合电视机这一客观载体习性的拍摄手段,体现了作品内容对社会、生活的横切面与纵切面的提炼上,使这一时期的作品较前有了质量与数量的双突破。

1. 改革题材电视剧

改革题材电视剧在这个时期开始,从人们思想、观念上的"自省"跨越到了彼时将模糊的"开放什么""得到什么"等理论策略具象化的阶段。

由广东电视台制作的电视剧《公关小姐》(1990),依靠毗邻国际大都市香港的先天优势,以新鲜的公关行业为切入点,将香港小姐周颖身上所代表的"洋派"思想作风带到刚刚开放的内地,既塑造出了具有民族情怀的港味爱国者形象,也对独立、干练的职场新女性进行了积极肯定。同时,这部剧将商业概念引入电视剧的创作中,高楼大厦、豪华酒店等华丽时髦的置景,及情感倾轧、商场角斗等通俗剧情感因子的渗入,为电视剧多元素、多类型的拼贴提供了可行性参照。

接着,自下而上的自我变革过程,在1991年的作品《外来妹》中体现得尤为明显。一群来自中国北方农村的男女远赴祖国改革潮头之地深圳,为了生计和理想付出了青春与汗水。这批中国电视剧史上第一批"打工者",

用异常顽强的原始生命力与严酷的现实艰难对抗、适应、融合，于挫败中折桂，最终改变了自身地位，诠释了奋斗的意义。这是变革中的中华民族的缩影，也慰藉了无数在蜕变中的国人的心灵。

电视剧《大潮汐》（1994）和《车间主任》（1996），恰如其分地将现实中处在转型阵痛期的国企，如何解决难题以适应新生的经济体制展现在了艺术作品中。无论是从中涌现出的具有时代魄力的领导者，还是负重前行的普通工人，都是国有企业在市场经济体制下艰难革新的时代缩影。

电视剧《苍天在上》（1995）则将改革者自身如何改变缺点，清除改革障碍作为叙事的重点，赋予改革以人性气息。

1997年的作品《人间正道》，则将国企改革与反腐倡廉等敏感元素相结合，大胆地将改革过程中的腐败隐患明确提出，透过不同价值观下人物的较量，彰显出改革者无私无畏的人格魅力。

2. 知青题材电视剧

知青题材电视剧在20世纪90年代依旧是电视荧屏上的宠儿，但这一时期的作品不再一味诉说苦难、徘徊不前，而是将返城知青的新生活作为叙事的重点，对知青思想、灵魂、人格的变化或歌颂或拷问。

1993年的《情满珠江》则通过20年的时间跨度，描写了一群知识青年在插队、返城后生活的巨大变化，将创业的艰辛困苦和人性的扭曲对抗，于悲欢离合间进行了别样展现。

电视剧《年轮》（1994）则以几个少年的友情为出发点，告别了动荡的青涩年华，苦涩的人生又一次在改革浪潮中面临考验。昨天、今天、明天的思考背后，是对青春与情怀的歌颂，也是对命运顽强的宣战。

而电视剧《孽债》（1994）则是对知青生涯的一次情感观照与深刻反思。作品细腻而又真挚地讲述了知青后代们远赴城市寻找亲生父母的故事，这些时代遗孤悲喜故事的背后，是血缘、亲情在现实生活压力和境遇下的不堪一击，同时也反映了人们对真挚情感迷失的呼唤。

3. 百姓生活题材电视剧

大型长篇室内剧《渴望》（1990）的问世，在形式和艺术上将室内剧的美学表现力进行了推进。该剧用通俗的笔调，讲述了普通女工刘慧芳身上发生的情感故事，看似普通的生活剪影下，是人间真情的人性化表达。主人公刘慧芳作为全剧灵魂人物，有着中国传统文化中被世人奉为圭臬的善良、贤淑、包容等美好品质。这种具有普适性的情感呼唤击中处在当下变革中的人们的心灵，其至真至善至美的行为，为社会性日趋增强、人情味日益淡薄的时代，提供了不可遗忘的电视记忆。

1991年，另一部对室内剧在形式上进行开拔的作品《编辑部的故事》推出，它以系列剧的形式，讲述了发生在《人间指南》杂志社编辑部内一段段妙趣横生又发人深省的故事。该剧用每集独立成篇的短小精悍的叙事方式，以六个编辑为人处世时不同的人生观、价值观为贯穿全剧的主线，加之大俗大雅的幽默对白，引领观众变换角度看待熟悉的生活，品味别样的人生意蕴。

之后的《我爱我家》（1994）作为中国电视情景喜剧的开山之作，将室内剧进行了细化，为类型剧做出了垂范。该剧借鉴国外情景喜剧的艺术规律，结合我国电视观众对电视小品的观赏习惯，加以融合下形成了极富观赏魅力的作品形式。特别是该剧用120集的篇幅，讲述了北京一个六口之家家长里短的故事，人物性格突出，家中热闹不断，令人捧腹的剧情下是对正在进行中的社会发展与时俱进的评判，也是对"家"这一心灵港湾的温情回眸。

强烈的现实感和人文性是百姓生活类作品的特质，而"家庭"往往成为这类故事的核心叙事点。如1993年的作品《黑槐树》聚焦赡养老人这一司空见惯的家庭事件，从平凡中找寻时代底蕴与社会风貌。

此外，电视剧《咱爸咱妈》（1995）围绕家中子女为父治病过程中的种种表现，呼唤孝道的回归；《潮起潮落》（1992），则以中国海军发展史为背景，将几个家庭之间错综复杂的纠葛与儿女的婚姻相结合，丰富了故事的层次感与历史感。

对社会热点的敏锐聚焦，也是这个时期电视剧创作的特征。时代变迁对普通人的影响不仅局限在家庭观念的变革，还体现在思想变化对生活的反作用力上。随着对外政策的放宽，"出国热"成了一段时间中国人最时髦的活法，如电视剧《北京人在纽约》（1993）紧扣热点，将东西方文化的冲突直接化，通过几位主人公在异国他乡的辛劳打拼和困惑遭遇，展现西方社会生活风貌的同时，也为怀揣"美国梦"的国人和一夜暴富的狂躁社会心理浇了一盆现实的冷水。

电视剧《贫嘴张大民的幸福生活》（1998）创作于世纪之交，为中国电视观众呈现出了底层小市民在生活苦海中的沉浮画卷。作品用极其写实的笔调，镌刻了生活于北京胡同里的一家人磕磕绊绊的十几年光景。在"贫嘴"的背后，是以张大民为代表的平民阶层面对生活磨难的不屈不挠，也是中国人民族品质中最为可贵的乐天精神的闪现，苦难被人生智慧幽默化解，争端在情感面前最终缴械，这便是中国人最具韧性的幸福法则。

4.都市情感题材电视剧

都市情感题材作品在这一时期的出现，与日渐开放包容的社会心态有关，也和转型期社会矛盾的多样化密不可分。在日益建构起的城市生活中，人与人之间的关系遭遇到莫大冲击，这种冲击在秩序破坏的基础上，深层次地挑战起既有的社会纲常与情感法则。

1993年，改编自王朔小说的电视剧《过把瘾》，将都市男女对待爱情的态度进行了极端化演绎。该剧以一对小夫妻分分合合的过程，集中展示了爱情的疯狂与绝望，将爱情的二律背反进行了寓言般阐释，消解了爱情的神圣与伟大，也在某种程度上洞察到了后现代思潮的不约而至。

电视剧《午夜有轨电车》（1997）通过一位女电车司机在婚变过程中遭遇到的情感两难，将贫穷与富贵放置于婚姻天平两端进行衡量，在男女主人公不同的价值观对抗下，对真正的幸福做出了研判。

与糊涂爱着的《过把瘾》不同的是，1999年的创作的电视剧《牵手》，则更为深入又大胆地将爱情拔高到婚姻拐点。在进入20世纪末，传统的中国式婚恋观在消费主义等影响下开始被质疑，剧中人物彪炳的个人主义、崇尚自我的观念，直接挑战起人们的情感神经，使中国的离婚率数据不断被刷新。特别是《牵手》将"婚外恋"作为故事发展的主线，依托夏晓雪和钟锐夫妇在"第三者"王纯出现后遭遇的情感风暴，对婚姻危机进行了伦理道德层面的探讨。该剧没有高高在上的道德批判，而是从当事人各自的立场出发，理性看待这场情感危机中的过失，使这部被誉为"世纪末牵手"的作品一经播出，便引发了广泛的社会思考。

5. 青春题材电视剧

青春题材是电视剧题材范畴中对受众年龄层、故事年龄层划分最为明显的一大剧种。这类作品多以成长为叙事母题，描述在校园中或初入社会后遭遇情感、学习、生活难题的青少年们的故事，往往从教育和生活层面给予受众以深刻的启发。

电视剧《十六岁的花季》（1990），将讳莫如深的"早恋"等敏感内容还原到普通青少年群体中，率先将青春期的诸多青涩懵懂的情感困扰，与家庭、校园、社会等不同环境联系起来。该剧一改对待青春期问题的说教式批判，反之俯下身来展现、诠释产生的原因，具有很强的贴近性、反思性。

1996年的作品《校园先锋》，讲述了高中教师南方受父嘱托接手毕业班后，与校方、学生在教育理念方面冲突与摩擦不断。由于新旧两种教育观念的碰撞，在小小的高三八班上演，理想与现实之间的差距也拷问着当代教育的弊端。在真实而琐碎的日常生活中，青春期少年们的百态风貌一一展现。

同年，将校园生活与军旅生涯巧妙结合的作品《红十字方队》问世，该剧生动书写了略显神秘的军校学生的青春生活，以充满正能量的故事为大学生应有的社会立场、时代立场和价值观指明了方向。

在1997年电视荧屏上，涌现出了《花季·雨季》和《十七岁不哭》两部反响较大的校园剧。这两部剧延续了校园剧的核心创作元素，将中学生在推开成人世界大门之前必经的甜酸苦辣，初尝的情感痛楚，以及成长的烦恼与彷徨，在青春节点上精彩演绎。

1998年，青春剧的视角也照拂着刚刚迈向社会的青年们，电视剧《将爱情进行到底》的出现,对青春剧的内涵进行了丰富。这部讲述大学时代的好友们从一起同窗到融入社会多年间的生活变化,加之错综复杂的情感纠葛等,展现了青春时代爱情和友情的陨落或坚守,也对即将过去的20世纪进行了感伤怀念。

6. 历史题材电视剧

历史题材电视剧的创作在这一时期出现了繁荣迹象,在体裁、风格上也有了分化的趋势。这当中出现了完全尊重史实、严肃客观还原的正说历史剧,以及主打历史基础上进行传奇解读、强调娱乐性通俗性的戏说历史剧两大类。但后者对待历史的调侃、编纂、过分解读等态度,对传播正确的历史知识与历史文化,保护和尊重民族发展史等方面对电视观众造成了一些误导。然而,其在荧屏的走红也侧面反映了大众文化的多样性需求,为广大电视剧创作者在商业性和艺术性中寻找到平衡点提出了更高要求。

《雍正王朝》(1999)作为正说历史的典范,以正确的历史观为创作理念,凭借康雍盛世的宏大背景和真实历史事件为依托,用戏剧化的手法刻画了雍正帝励精图治而又复杂的性格形象。尤其该剧对历史事件的合理揣度和艺术加工,以及对待"民心"二字的解读,引发了对历史人物政治理念的热议。

此外,戏说历史类作品如《武则天》(1995)、《宰相刘罗锅》(1996)、《汉宫飞燕》(1996)、《康熙微服私访记》系列、《还珠格格》系列等,在局部真实的基础上进行部分虚构,抑或以某件史实为前史,进行整体内容的颠覆性重构,也受到业界重视。这类作品往往主观臆想成分占比多,"借古说今"的意味也颇显浓厚,虽缺乏对待历史的严谨态度,但因其通俗化的解构方法,以及对历史的幽默展现,契合大众心理并收获了一定的市场关注度。

7. 军旅题材电视剧

军旅题材作品在这一时期也有所发展。如1996年的《和平年代》聚焦战友之间感人肺腑的情谊,通过他们人生轨迹的变革,将我军几十年间的发展,以及时代洪流中如何转变使命的历程展现了出来。

电视剧《突出重围》（1999）则通过一场别开生面的军事演习，不仅将现代化战争理念引入了军事对抗中，同时将铁血军人人性化，并把他们的情感、生活高度浓缩，使这场军事演习宛如人生博弈。

1999年恰逢中华人民共和国成立五十周年，一大批反映老一辈无产阶级革命家革命事迹的作品出现在电视荧幕上，以磅礴的气势书写着革命历史画卷。如《开国领袖毛泽东》（1999）和《中国命运的决战》（1999），以伟大领袖毛泽东为核心人物，严谨客观地将新中国成立前后的历史事件忠实呈现，具有一定的史学价值。

这一时期还涌现出《"9·18"大案纪实》（1994）、《英雄无悔》（1995）等警匪类题材电视剧，也不乏《焦裕禄》（1990）《好人燕居谦》（1991）等个人传记式作品，这些作品格调高雅、朴实严肃，使电视剧作品有了不一样的温度与情怀，也宣告着中国电视剧正在向着新世纪的繁荣走去。

四、新世纪以来中国电视繁荣期（2000—2012年），电视剧题材梳理与分析

21世纪伊始，中国电视迎来了真正意义上的繁荣期。市场经济体制成功实践在国家的社会、经济、文化、生活各个领域，更为电视艺术的发展提供了思路与方向。一方面，更具活力的民间资本破天荒地进入了电视剧市场，为处在电视剧自产自销中难以破局的国营电视台提供了一条出路，电视剧的制播分离成为大势所趋。

另一方面，市场化竞争彻底推翻了旧式制作模式，资本的渗入、政府政策的倾斜，也为中国电视剧争取到了喘息和调整的时间。特别是商品意识进入了电视剧生产、销售各个领域，迫使电视剧生产者接受市场的无情考验，也在客观上催生了一大批时代精品力作的出现，多样化地展现了日渐成熟的民族心理。

1. 重大革命历史题材

在这一时期里，主旋律作品是电视荧屏上最为主流、最能彰显一个国家核心价值观的题材类型。如在中国共产党成立80周年之际，一大批反映中国共产党党史的作品活跃在荧幕上，为中国电视增加了振奋的红色。

电视剧《日出东方》（2001）用深情饱满的笔墨，讲述了中国共产党从无到有的建党历程。该剧涉及诸多真实历史事件和历史人物，以人物写历史，通过展示一大批先进的共产主义政治家们在建党过程中，尤其是具体史实性事件中的行为，为中国共产党诞生的必然性做出了历史的回应。

《长征》（2001）则将世界战争史上绝无仅有的伟大壮举——红军长征，真实地呈现在电视荧屏上。两万五千里的艰难跋涉中，不仅有惊心动魄的战争对决，还有应对极端环境的顽强挣扎，更有领袖人物内心世界和人格魅力的成长与释放。其坚定的革命理想和伟大的革命信仰，铸就了气势恢宏的人间奇迹。

2003年创作的电视剧《延安颂》和2007年的《井冈山》，分别以延安和井冈山两个革命根据地为基点，挖掘鲜为人知的革命故事，赋予作品熟悉的框架、陌生化的内容，使革命者与革命生活走下神坛，引人入胜。

在这时期的重大革命历史题材中，对伟大革命领袖的刻画，始终是这类作品吸引观众的重要因素。如《恰同学少年》（2007）另辟蹊径，将伟人的"养成"作为故事核心，大胆地将青春元素与革命历史结合，呈现出一段怀揣理想、信仰坚定的爱国青年的热血青春。人性化的视角和强烈的时代感，将严肃、高大放下，缩短了历史与现实的距离。

电视剧《解放》（2009）将解放战争到新中国成立前夕国共双方的对弈作为主要事件，不吝笔墨地刻画出以蒋介石为主的国民党阵营中的各色历史人物，在两军对垒中的选择及作为。该剧在创作立场的微调，侧面体现出电视艺术工作者们创作思想的成熟。

2. 军旅题材电视剧

2001年，一部《激情燃烧的岁月》将处在和平与发展的时代主题中的观众，拉回了遥远的英雄主义记忆中。该剧以石光荣和褚琴这对军人夫妇

37年间的家庭生活为主线,将父辈们从炮火中走来而形成的果敢、乐观、有理想、讲信仰的品质,用夫妻、子女、战友等为纽带串联起来。该剧表现了宏大主旋律中微观情感,将一代人的热血进行个体化解读与歌颂,是新世纪对永不褪色的理想与信念最质朴的怀念。

电视剧《DA师》(2002)则放眼风云诡谲的国际局势,将未来战争所需的新型军事理念和要求高瞻远瞩地引入了现实部队的组建中。该剧表达了新旧思维的摩擦,以及人物思想行为的变化,对军队在时代洪流中的何去何从进行了审视。

电视剧《士兵突击》(2007)的出现,将军旅题材推向了全民关注的高度。该剧讲述了一个木讷淳朴的农村小子如何在部队中历练,成长为优秀士兵的心路历程,重燃了人们心中对理想和自我价值实现的热情。特别是对其人性之善,生命力之坚韧的理念,在主人公"不抛弃、不放弃"的军旅生涯中,得到了最为朴实的诠释,也触动了国人的精神世界。

3. 抗战题材电视剧

抗战题材在这个时期的出现,有着深刻的历史原因。电视剧用直观的方式,将这段不能忘却的记忆搬上荧屏。

如《历史的天空》(2004)以几个村民从抗战至"文革"期间的人生经历为主线,讲述了在不同历史阶段他们不同的身份、地位、命运的变革,在历史车轮中,个人的命运变迁颇具哲理性思辨意味。

2005年的作品《亮剑》,以独立团团长李云龙的抗战经历为主,将"英雄"二字进行了"最接地气"的演绎。这位不按常理出牌、脾气火暴的军人,诠释了中国人不屈不挠、英勇顽强的"亮剑"精神和永不褪色的民族气节。

《记忆的证明》(2005)从人道主义的高度,把战争对普通人生命的践踏进行了书写。这个反映抗战时期中国劳工苦难记忆的故事,通过历史与现实的对比穿插,将战争的残暴、反人类及对人性的践踏和扭曲做出了深刻反思与批判。

《人间正道是沧桑》(2009)通过一个家庭中三个子女分处国共不同

阵营的对垒，加以亲情、革命、理想、爱情的多重交织和抉择，谱写了一段从阶级斗争到家国天下的往事。

电视剧《雪豹》（2010）同样以主人公的成长作为抗战故事的主题。特别是该剧剑走偏锋，将"特工"般的技能赋予主人公，为其抗战历程添加了传奇色彩。

《永不磨灭的番号》（2011）则讲述了机智勇敢的农民们，在多方势力的抗衡中自发开展民间抗战的故事，歌颂了投身战争的亿万万无名英雄们。

4. 农村题材电视剧

农村题材电视剧沉寂多年之后，终于又迎来了创作数量和质量的飞速进步。新农村、新农民、新农业的建设和发展，为农村题材创作提供了源泉。

2003年的作品《希望的田野》，以独特的视角通过一位党员干部带领村民们致富的故事，将"三农问题"深入基层党组织的组织作风建设等领域，呼应了时代热点，真实生动地反映了当代农村的切实问题和农民的精神风貌。

与此同时，一批反映国家农业重镇东北如何由内而外进行变革的作品，如《刘老根》（2005）、《插树岭》（2006）等，将农民的思想转变为核心，结合创业致富的酸甜苦辣加以幽默、乐观的诠释，体现了改革进程中农民豁达、无畏的胸襟。

《喜耕田的故事》（2006）则紧随时代命题，瞄准党中央免除农业税后为农村带来的变化，从现实主义的高度生动诠释了新农民建设新农村的活力和热情，以及对美好生活的向往。

《马大帅》（2003）和《都市外乡人》（2006）等作品，则将农民进城直面城市生活的挑战作为故事内核，将农村与城市两种文明开始了正面碰撞，在批判农民身上的局限性、落后性之余，也歌颂了他们身上原生的质朴、善良。并且这些可贵的品质最终成为与城市"谈和"的筹码，解答了日渐彰显的社会问题和社会矛盾。

5. 谍战题材电视剧

由于对敌情报工作有着极强的隐蔽性和神秘性,因此,情报工作者们的生活始终是谜一样地存在。谍战题材作品用猎奇心理为表,探究这支神秘工种鲜为人知的英雄事迹为里,为其进行了记忆和正名。

电视剧《誓言无声》(2002)描述了20世纪60年代一次惊心动魄的反间谍英雄们的幕后斗争,在写实、克制的笔调下,家国情怀娓娓道来,沉静而又充满力量。

《暗算》(2006)以单元剧的方式,讲述了"听风者""看风者"、"捕风者"三个故事,讲述了这群没有名字只有代号的谍报专家们,凭借自己过人的技能,为祖国献出了宝贵的生命。而他们生命的足迹与复杂的情感命运,却和他们崇尚的事业一道悄然四散在风中。

2009年的作品《潜伏》,以地下工作者余则成如何在危机四伏的中统天津站传递情报的故事,讲述了"伪装者"们暗夜前行的成长历程。主人公的成长,伴随着对信仰的一步步坚定、忠诚的过程,每一次的虎口脱险都是对革命的进一步认识。该剧除了紧张刺激的烧脑对决外,还掺杂着诸多具有人情味的笑料,使个体的塑造更具真实感,也为这份舍弃小我、忍辱负重的奉献增添了可信度。

《黎明之前》(2010)凭借象征性的人物关系设计升华了主题和立意。特别是该剧一改谍战剧敌对双方泾渭分明的立场,反之将一起长大却因信仰不同而走上了不同阵营的兄弟作为对立面,进行情感与信仰的纠葛斗争,演绎出耐人寻味的中国往事。

6. 生活、情感题材电视剧

由于社会与经济的飞速发展,滋生了诸多情感病症。这些情感危机成了都市人难以言说却人皆有之的急症,心灵麦田亟待守望。因此,人文性成为这类作品的显著标签。

2001年的作品《空镜子》,将一段普通姐妹在物欲、情欲的诱惑下,依循着各自的价值观寻找幸福的故事讲述得朴实动人。该剧中两位女性不同的人生选择,代表了不同类型的生活方式和思想观念,在平淡如水的生活表征下，满含对情感的温暖坚守。

《亲情树》（2003）用颇具理想化的方式，讲述了一个女人含辛茹苦抚养三个与自己毫无血缘关系的死囚犯孩子的故事。全剧用平凡母亲身上的壮举，彰显了人间大爱。

《浪漫的事》（2004）通过一个母亲的三个女儿各自遭遇的情感故事，展现出凡人的生活痛楚与化解难题的人生智慧。

《粉红女郎》（2003）和《好想好想谈恋爱》（2004）则将都市男女对爱情、婚姻的态度，通过几个性格迥异的好友间不同的恋爱经历呈现，主人公们往往有着看似无往不胜的爱情宝典，但最终却抵抗不了内心的呼唤，在欲望的都市里千帆过尽后恍然大悟，原来爱情一直保留着它最质朴的模样。

《不要和陌生人说话》（2001）大胆地将"家暴"这一婚姻生活最阴暗的一面赤裸裸地呈现在电视荧屏上。幸福的毁灭、人性的扭曲，酿成了一段悲惨的家庭故事，而社会问题与情感剧的结合，为女性发声的意识也使该剧有了大胆犀利的标签。

《结婚十年》（2002）延续了对婚姻生活的审视态度，将具有私密性的婚姻关系与婚外恋、婚姻责任感、幸福度等结合，透视婚姻忠诚感与责任感。

《中国式离婚》（2004）用窒息和压抑的笔调，将婚姻走向尽头时夫妻双方的情感拉扯残酷地表达了出来，千疮百孔的婚姻下，是爱而不得后的微笑放手。

《双面胶》（2007）则将夫妻矛盾与城乡地域差异挂钩，通过婆媳矛盾等现实问题，探究情感的平衡点。

剑拔弩张并非婚姻生活的常态，细水长流中的平凡浪漫才是真正的生活写照。2007年的作品《金婚》，破天荒地用编年体的形式，将一对北京小夫妻50年的婚姻纵向展现，家长里短的琐碎小事，茶米油盐的费心操劳，养儿育女的心酸不易，在这部剧中成为最重要的存在被细腻呈现。相濡以沫、相守一生这最简单而又最难以实现的理想，触动了人们心底那份最纯净的美好，也为如何经营婚姻开出了一剂良药。

《媳妇的美好时代》（2009）则以轻喜剧的方式展示了一对小夫妻如何机智化解婆媳矛盾，解决家庭问题的故事，弘扬了"孝""和"等传统文化。

《幸福像花儿一样》（2005）选取20世纪80年代文工团里的少女们为情感生活的表现维度，以单纯美好的女兵杜鹃的纯真年代为叙事着力点，谱写出一段温暖而又苦涩的情感挽歌。

《家有九凤》（2006）以初家九个女儿在改革浪潮中跌宕起伏的命运，对亲情的流失、金钱至上的社会观念展开了批判。

由著名作家海岩小说改编的一大批电视剧，也是这一时期情感生活类作品不容忽视的一部分。如《你的生命如此多情》（2001）、《拿什么拯救你，我的爱人》（2002）、《玉观音》（2003）等作品，皆选取社会题材为外衣，将主人公放置于焦点和冲突的中心，尤其"警察"身份的运用，使这些作品在情与法之间寻求灵魂解脱与宽宥的意味十足。

7. 历史题材电视剧

历史题材电视剧在经历了一段时期的发展偏差后，开始向艺术领域回归。创作者们对历史真实和艺术创造的结合，有了精准而又深刻的把握。

《一代廉吏于成龙》（2000）通过对名臣于成龙高尚人格和形象的塑造，在尊重史实加工创作的基础上融入现代视角，借古审今，与现实进行了互文性反思和映衬。

《大明宫词》（2000）采取浪漫主义的手法，结合莎士比亚戏剧精髓，演绎出颇具传奇瑰丽色彩的大唐故事。其以高度风格化的视听效果将处于情感与权力旋涡中的人物进行了诗意展示，造就了别样的美学意境。

《天下粮仓》（2002）将朝野斗争等看似政治争端的根本原因，归咎于粮食这一关乎万民基本生存保障上，思考立国、为民的本质。

《走向共和》（2003）用史诗般的手法讲述了从甲午海战到推翻封建帝制几十年间，清廷的末路挣扎和仁人志士为走向共和做出的不懈努力。

《汉武大帝》（2004）用正剧范儿展现了汉武帝开疆扩土、平定天下、励精图治的一生，在塑造千古帝王的政治抱负与内心世界的同时，也客观描述了其历史局限性。其端正的创作态度为该剧镌刻了精品国剧风范。

描写近现代历史人物的作品也大量出现，繁荣了历史题材的范畴，传递了民族精神。如《大宅门》（2001）以中华老字号"同仁堂"为原型，将家族与民族巧妙地联系在了一起，讲述了白家三代随着民族、国家变迁，历经沉浮几度兴衰的故事。

《乔家大院》（2006）以山西商人乔致庸为原型，刻画了一个有着"汇通天下"理想的商人在腐败动荡的清廷晚期苦苦挣扎，妄图以一己之力改变家国命运的悲剧命运，现实的残酷与理想的幻灭不免苍凉，而小人物徒劳无功的努力却令人分外感动。

《闯关东》（2008）则将历史性与虚拟性结合，真实再现了百年前山东人载入历史的人口大迁徙。该剧虚构了代表民族精神和民族气节的朱开山一家人，将传统文化和中国人的民族特性赋予了灵魂人物朱开山，让其在动荡起伏中创造性演绎了侠肝义胆、惩恶扬善、不屈不挠、创新开拓等精神，对百年后同样深处时代变革中的国人进行了精神感召。

此外，宫斗题材的井喷，是戏说历史类作品在这一阶段的发展特征。如《孝庄秘史》（2002）、《至尊红颜》（2003）、《大清后宫》（2006）、《步步惊心》（2011）、《宫》系列等剧，皆以后宫情感与权力的争夺为着力点，将痴男怨女的爱恨纠葛与政权、历史挂钩，在既定历史的前提下虚构人物，上演了江山美人式的虐恋。如《后宫·甄嬛传》（2011）描写了天真无邪的少女甄嬛在宫闱斗争中九死一生，最终走上权力顶峰的故事，揭示出封建皇权制度对人欲的泯灭。由于该剧制作精良，历史细节考究，尤以探究不同历史环境下人物行为动因产生的必然性和合理性，使剧中诸多人物善恶转变说服力十足，成为戏说历史剧的一大标杆。

8. 名著改编题材电视剧

在这个时期，名著改编作品热度不减，台网两种媒介优势互补达到的双赢效果也越发显现。如《情深深雨濛濛》（2001）、《半生缘》（2002）、《金粉世家》（2003）、《京华烟云》（2005）、《一个女人的史诗》（2009）

等现当代文学作品从书中走向荧屏，其文字的内容幻化为形象化的影像，散发出别样的魅力。

武侠名著的改编在这一阶段中，也呈现繁荣之势，其中金庸、古龙、梁羽生等作家的经典作品，如《天龙八部》（2003）、《绝代双骄》（2000）、《七剑下天山》（2006）等，借助拍摄技术的进步以及特效手段的引入，还原了作家笔下奇幻诡谲、义薄云天的武侠世界，也为电视观众打造出亦真亦幻的快意江湖。

9. 反腐、警匪题材

这个时期推出的《最高利益》（2000）、《忠诚》（2001）、《省委书记》（2002）等剧，使反腐题材作品在电视荧幕上开始活跃。这些作品不吝揭示党员干部自身存在的一些问题，并通过这些问题反思在改革过程中存在的顽疾，具有极强的批判力。如《忠诚》聚焦某市市委新旧领导班子换届过程中，因种种利益、权力纠葛而产生的混乱复杂形势。

此外，《重案六组》系列、《黑冰》（2001）、《黑洞》（2001）、《征服》（2003）等警匪题材作品，大多讲述警方如何经过缜密的分析、部署来抑制犯罪、惩恶扬善，维护社会正义，彰显了全民普法、建设法治中国的决心。

此外，情景喜剧的阵营中也涌现出《家有儿女》系列、《武林外传》（2006）、《爱情公寓》系列等优秀作品，这些作品号准时代脉搏，对变化着的价值观念和道德理念进行娱乐化表达。如《像雾像雨又像风》（2000）、《血色浪漫》（2004）、《奋斗》（2007）等年代各异的情感故事，用不一样的热血青春，将每代人的苦恼与困惑表达了出来，虽然各剧的个体环境大相径庭，但其中的情感却真挚无比。

五、新时代以来中国电视转型期（2013—2018年），电视剧题材梳理与分析

在这个时期，转型成了电视剧发展的最明显特征。由于科技的迅猛发展

带动了影视技术革命，又由于互联网时代的到来，使受众分流，迫使电视艺术与网络合作，寻求转型期的求生之道。

1. 网络文学改编类

由于网络文学有着阅读方式便捷、题材受限少、传播范围广等特点，并拥有着庞大的受众基础，随着"IP"热的兴起，将网络文学推向了改编的浪尖。

《琅琊榜》（2014）以"麒麟才子"梅长苏在平反冤案的过程中扶持明君，智擒奸佞的一系列斗争为线索，讴歌了其为国为民的赤诚之心。该剧一改网络文学作品夸张、猎奇等特点，以正剧风范而最大限度地贴合历史背景，并跳脱小情小爱的言情惯性，以国仇家恨、兄弟情义为情感支点，并采用考究的视听手法的运用，使该剧成为网络文学改编剧的翘楚和标杆。

《花千骨》（2015）、《三生三世十里桃花》（2017）等剧，沿袭了《仙剑奇侠传》（2005）等作品开创的仙侠模式，跳脱现实世界，以中国上古神话故事为创作依托，构建起一个奇幻诡谲的人神共处的想象空间。并且，通过主人公的情感纠葛完成自我蜕变这一主题，满足了观众对纯洁爱情的憧憬与向往，达到了较为广阔的市场效果。

2. 谍战题材电视剧

在这个时期，随着《北平无战事》（2014）、《伪装者》（2015）等剧播出，继续沿着谍战剧的深度和广度开掘。如《伪装者》将地下工作者的地上伪装生活作为发力点，塑造了明家姐弟非同源却同心抗日的形象，象征性地把手足之情与各种阵营放下己见、联合御敌做比喻，将伪装者们在家人的误解和凶险任务间的无奈选择做出了精彩诠释。

电视剧《风筝》（2017）没有片面化地将敌我双方符号化表现，而是重在描述人物之间因立场不同而产生的分歧，并将潜伏在国民党阵营中的共产党特工如何回归组织、得到身份认同作为故事的核心要素。剧中主人公一生牺牲了所有常人该有的幸福，用信仰捍卫了忠诚，实现了自我价值的同时也对特工这一职业进行了人性化审视。

3. 情感题材电视剧

进入全面建设小康社会的新时代，各种社会问题引发的社会矛盾日益显现，继续引导生活、情感题材的深化。

如《咱们结婚吧》（2013）聚焦大龄男女的婚恋问题，表达了现代都市人对爱情困惑而又期待的复杂情感；《老有所依》（2014）将养老这一既现实又严峻的问题摆在观众面前，在赡养老人引发的矛盾中寻找到家的意义；《父母爱情》（2014）则继续将婚姻的持久和保鲜秘籍用平民史诗般的方式娓娓道来，用波澜不惊之笔还原生活原貌；《小别离》（2016）对中产阶层的育儿观进行了阐释，虽不具备普遍性，但从中反映出的问题值得思考；《欢乐颂》系列从女性视角对新时代爱情观的变与不变进行了衡量。

4.改革题材电视剧

改革题材在新时代的号角下更加焕发出新的生机与活力：

如《温州一家人》（2012）、《正阳门下》（2013）、《鸡毛飞上天》（2017）、《生逢灿烂的日子》（2017）等剧，以普通百姓的奋斗史为依托，展现改革开放为整个社会带来的切实变化。这当中有家庭原始生活形态的变化，有经济水平、生活条件的改善，还有传统伦理观对高尚情感品质的捍卫，更有国家记忆、民族符号般的地方创业史，以及一代人的青春历练。

5.历史题材电视剧

在这个时期，历史题材作品的表现范围较之前几个时期相比产生了一些变化，主要表现多侧面、多角度地展现历史风貌。如《大秦帝国之纵横》（2013）、《大秦帝国之崛起》（2017）将秦朝统一天下前后百年间的历史风貌，用史诗般的恢宏之势呈现。特别是这段群雄逐鹿、纵横捭阖却鲜为人知的历史，经过戏剧化的演绎更加精彩纷呈；且该剧创作者们端正的创作态度和精准的历史定位，也广获赞誉。

《大军师司马懿之军师联盟》（2017）则以戏说的角度讲述了幕僚司马懿为首的谋臣们如何凭借智慧得以在乱世中生存的故事；《芈月传》（2015）、《那年花开月正圆》（2017）则以女性历史人物为主角，演绎了不同时代下各式女性如何以一己之力度过重重危机，成就"霸业"的传奇经历，为历史剧增添了一抹柔情。

此外，在这一时期还有部分电视剧题材受到社会高度关注：

如反腐题材作品《人民的名义》（2017）大尺度地将现实社会中的反腐风暴燃到了电视荧屏上，通过表现某省的官场地震，揭示出官商勾结、结党营私、信仰崩塌等一系列腐败根源，表现了执政党正视自身问题，敢于自净、接受人民监督的勇气和决心。

农村题材作品《马向阳下乡记》（2014）聚焦村官这一岗位，将初来乍到、束手无策的村官马向阳与各式村民们的"斗法"描绘得生动有趣的同时，真实再现了新时代农村风貌，看似不可调和的文明冲突被智慧化解，新意十足。

一批由名著改编类作品也受到观众好评：如《红高粱》（2014）、《平凡的世界》（2015）、《白鹿原》（2017），认真、严肃地还原了原著的风貌，洗涤了电视观众的心灵；《平凡的世界》将作家路遥笔下那个贫瘠却不失希望，平凡又充满人情味的过去时光，饱含深情地进行了回溯。

纵观中国电视剧60年的发展历程，宛如一部电视剧作品般起伏跌宕，构成这些情节线索的是无数电视工作者们对生活的热爱与对艺术的奉献，在这里无法将所有佳作一一列举，而那些带给电视观众的精彩与感动，将铭记于每一位与中国电视一起成长起来的人们的心间。愿此处的留白，成为中国电视艺术发展更加美好的明天。

第十三章 产业论

与意识形态特征更为直接明显的电视新闻节目的"硬性"引导相比,电视文艺以其相对"软性"引导的特征,对于传播各国主流文化价值观显现出其不可替代的作用。

产业化是电视文艺从无到有,特别是从弱到强的必经之路。在中国电视60年的发展历程中,从央视《春节联欢晚会》到湖南卫视《快乐大本营》《我是歌手》、浙江卫视《中国好声音》等文艺节目的诞生和成功,证明我国电视文艺产业取得了巨大成绩,但同时也暴露出盈利模式单一、周边产品开发不足、线下活动价值有待提升等薄弱环节。因此,在新时代里,如果要满足人民群众对美好电视生活的向往,推动电视文化的繁荣与发展,电视文艺产业有着重要的地位。但是,与其他文化产业一样,电视文艺的产业化进程虽然方兴未艾,潜力巨大,且任重而道远。

一、我国电视文艺产业的发展沿革

电视文艺是中国电视的重要组成部分,是中国电视观众文化消费的重点内容,电视文艺产业的形成、发展和壮大紧紧伴随着电视文艺节目发展的步伐。

中国电视文艺是在1958年紧随中国电视事业的诞生而产生的，之后在积极的探索中逐渐发展壮大。北京电视台（中央电视台的前身）创建之初便设有文艺组，从开播开始，便有文艺节目播出。

经过60年的发展，中国电视文艺历经艰难，由幼稚到成熟，从涓涓细流到波澜壮阔，走过了一条不平凡的道路，同时也折射出中国电视行业的发展历程。

1. 电视文艺产业发展的四个时期

纵观中国电视文艺产业的发展并结合各个时期的社会、文化、经济情况，将中国电视文艺产业的发展划分为四个时期，分别为萌芽时期（1958—1982年）、成长壮大时期（1983—1998年）、多元化时期（1999—2012年）、新媒体时期（2013年至今）。

（1）萌芽时期（1958—1982年）

在中国电视文艺市场从无到有的萌芽起步时期，也可谓是"一波三折"。从1958年北京电视台播放文艺节目开始，电视剧、电视综艺、电视音乐、电视舞蹈等不同的节目形态都在电视人的努力下不断涌现。

1958—1965年，在短短的七年间，经过电视文艺工作者的艰苦探索，电视文艺节目的整体形态已经基本成型，虽然只是雏形，不甚成熟，但为后来的中国电视文艺的发展打下了坚实基础，意义重大。

1966—1976年，"文化大革命"如火如荼开展，但中国电视文艺节目在这十年间却历经艰辛。在此期间，只有与政治宣传紧密相关的文艺节目才能播出，除了上海电视台之外，其他的电视台均未有创作节目播出。因此，可以说在"文革"期间，刚刚起步的中国电视文艺遭受重创。

在经历了"文革"的拨乱反正之后，1976—1982年，是中国电视文艺的恢复时期。一些在"文革"期间被禁止的电视文艺节目开始逐渐恢复播出，一些外国电视文艺被引入中国电视荧屏。

在这一时期里，更重要的是，中国电视开始逐步有广告和商业赞助介入。

多样化的节目形态不仅丰富了人们的娱乐形态，也推动了市场化的进程，为下一阶段中国电视文艺产业化的成长壮大奠定了基础。

（2）成长壮大时期（1983—1998年）

1983年，首届央视春节联欢晚会播出，这标志着我国电视文艺节目开始迈入一个新的阶段，自此，中国电视文艺进入成长壮大时期。在此时期，各具特色的电视文艺栏目大量涌现，一批优质电视综艺性节目也相继诞生，节目形态及内容开始丰富。这种多样化的节目形态局面，不仅给了观众更加多元化的选择，而且对于观众的审美层次和品位也是一次很大的提升。

从20世纪80年代初期开始，随着美国电视连续剧的引入，电视剧在我国逐渐受到观众青睐。电视剧行业规模悄然形成，无论从题材、数量还是艺术创造等方面都取得了不俗的成绩，电视剧开始成为我国电视文艺节目中的一个主流形态。与此同时，在电视剧开播前的播出广告、中插广告开始出现，并逐渐发展成为一种市场潜力巨大的媒体广告业态。

从20世纪80年代至90年代，我国电视综艺节目进入了一个高速发展期，特别是中央电视台开办了一系列电视文艺类大赛，如CCTV全国青年歌手赛、全国电视主持人大赛、中国音乐电视大赛等，这些大赛有力地推动了中国电视文艺节目的受众规模。

在此期间，一系列大大小小的电视文艺晚会占据了广大电视观众的视线，其中，中央电视台春节联欢晚会作为央视的一个标志性品牌节目，独领风骚几十载，备受国内外受众关注。

在此阶段中，我国电视文艺节目不断呈现出各种新形态，不但具有浓厚的文化底蕴和创新性，而且以独特的时代气息影响了后来电视文艺事业的产业方向。

开办于1997年的《快乐大本营》，在中国电视文艺的发展历程里具有里程碑意义，该栏目自开办以来，广告赞助金额逐年攀升，在较长一段时期引领了中国电视文艺的产业发展。根据可以公开获得的数据，2014年该栏目的冠名费1.93亿元，冠名商为某品牌手机，赞助商为某品牌羽绒服和某品牌奶粉；2015年，《快乐大本营》赚得3.5亿元冠名费，冠名商为上述同一品牌手机，赞助商是两个品牌的护肤品；2016年，《快乐大本营》独家冠名及相关资源的费用为7亿元，冠名商为上述同一品牌手机；2017年，冠名商为上述同一品牌手机，赞助商为某短视频社交品牌和某品牌奶粉；2018年，冠名商为上述同一品牌手机，赞助商为某社交电商和某短视频社交软件。

（3）多元化时期（1999—2012年）

经历了前面两个阶段的摸索之后，中国电视文艺在这一时期进入多元化发展阶段，更多的节目新形态纷纷涌现，电视文艺更加繁荣多元，不断取得了令人瞩目的新成绩。

这一时期，无论是电视剧，还是各类文艺栏目、综艺晚会、电视戏曲节目等，都体现了多元化的特征。如电视剧艺术在风格、题材等多方面表现出多层次的审美样态，题材类型更加丰富，创作技巧更加成熟。除原创之外，越来越多的文学作品被改编成电视剧、动漫、游戏、小说，这些都为电视文艺的产业升级带来了机遇。

此外，电视综艺、电视文艺晚会、电视戏曲等多种节目形态的发展，扩大了电视文艺的产业化规模，为我国电视文艺的进一步发展奠定了坚实的基础。

而且更值得注意的是，在这一阶段，随着我国传媒粉丝经济的兴起，电视文艺也从精英文化向大众文化转变。同时，演艺经纪兴起，很多知名艺人的商业价值被电视媒体发掘和利用。

在这一时期，独家广告冠名、植入广告在全国各级电视台的文艺节目或栏目中日渐活跃，成为当时热门的电视文艺节目重要收入来源。如央视春晚广告在当时吸引了市场的重点关注，广告收入逐年递增。其2002年为2亿元人民币，2006年接近4亿元，2009年已接近5亿元，2010年达到6.5亿元。并且，为了对应市场，央视历年来都在春晚广告位招标定价中，根据前一年卖价基础上调标底。如至2018年的央视春晚，国内某著名电商平台以3个亿的代价才拿到本届春晚广告的"标王",获得的权益包括:春晚电视画面的互动提示 Logo 露出、主持人口播、屏幕下方提示字幕、多屏互动等广告资源。此外,该电商平台还在央视春晚播出过程中,设立四个互动环节发放 6 亿份实物奖品,总价值 1.7 亿元人民币。

浙江卫视《中国好声音》开播于 2012 年,该节目第一季招标就迎来了开门红,某饮料品牌以 6000 万元代价获得独家冠名权。此后,在该节目首期播出后的 20 天里,《中国好声音》的广告费从每 15 秒 15 万元,飙升到每 15 秒 36 万元;在《中国好声音》第二季的招标时,上述同一品牌的饮料的独家冠名费猛增到 2 亿元,其中每 15 秒广告由第一季的 36 万元涨至 102 万元,特约播出标由某护肤品牌以 7000 万元获得。至第三季时,《中国好声音》广告招标再创新高,招标金额超过 13 亿元,相比第二季涨幅超过 30%。

(4)新媒体时期(2013 年至今)

随着数字技术和互联网的快速发展,新媒体开始占据人们的视线。在新媒体时代,原本是日渐兴盛的电视市场开始受到新媒体的巨大冲击,为了挽救各大卫视的收视率,我国各级电视文艺市场开始尝试新的突破,娱乐化首当其冲。

众所周知,电视文艺的功能原以审美、教育等为主,而朝娱乐、消遣方向快速转型后,致使电视产业格局有所调整。但是,由于受众能接触的媒介形式日渐增多,为了吸引受众的眼球,娱乐至上成为各级电视台制作文艺类节目的首要标准,甚至不断触及底线。在这方面,表现最为明显的当属电视综艺真人秀节目,不管是浙江卫视的《中国好声音》,还是湖南卫视的《爸爸去哪儿》,都致力于最大限度地娱乐化以吸引受众,这也不可避免地使电视文艺由"雅"走到了"俗"。特别值得关注的是,由于这类节目的电视原创能力不足,引进、模仿甚多,影响了对这类节目成本的综合评价,这从电视文艺产业化科学管控角度来看,也是一个重要抵触。

在这一时期,湖南卫视的《我是歌手》被称为中国电视的"现象级"节目,赢得了口碑和广告收入的双丰收。

如《我是歌手》（第一季）于2013年1月18日晚22:00播出后，在广告收入上屡创新高。该节目第一季时，冠名商为某洗涤品牌，冠名费1.15亿元。同时在第一季总决赛广告招标会上，在不搭配任何额外资源的情况下，广告创收总额超过了5000万元，单价最高的一条15秒广告被拍到了63万元；在《我是歌手》第二季时，广告总冠名以2.35亿元又被上述同一洗涤品牌保标。除了总冠名之外，其他特殊窗口也分别竞标，24条广告位共计收入1.67亿元，广告总收入4.505亿元，有网友统计，《我是歌手》第二季总营收保守估计在11亿元以上；该节目至第三季时，冠名费达到3亿元，冠名商为某洗衣液；该节目至第四季时，总冠名商是某牛奶品牌，其花费了11亿元包揽了《我是歌手4》和《爸爸去哪儿4》两个节目的独家冠名权。同时，某护肤品牌斥资1亿元获得《我是歌手4》的独家网络冠名。

2. 文艺节目市场新态势

近年来，党和政府对电视文艺事业越来越重视，2016年11月30日，习近平总书记在中国文学艺术界联合会第十次全国代表大会上发表重要讲话，指出文艺是民族精神的火炬，文艺事业是中国特色社会主义事业的重要组成部分。

因此，全国电视文艺工作者深入贯彻习近平总书记的重要讲话精神，坚持四个自信，全面推进电视文艺改革创新，克服过度娱乐化，使中国电视文艺展现了新的态势。

首先，电视综艺节目唯娱乐化倾向得到有力矫正，价值引领的新格局基本形成，电视产业考核标准得以修正。

2017年6月15日，中共中央政治局委员、中央书记处书记、中宣部部长刘奇葆同志在湖南调研时，就做好迎接党的十九大宣传、高标准把电视台办成讲导向、有文化的传播平台做出重要指示。其后，国家广电总局落实中央部署，及时出台落实政策意见，采取了一系列措施，我国电视节目生产格局发生重要变化。目前，新闻类、文化类、公益类、科教类、经济类节目都发生了改观，特别是一批文化节目、科教类节目赢得广泛口碑和市场，唯娱乐化和综艺明星化倾向得到有效遏制，荧屏有了更浓厚的文化气息。而且，各级广电管理部门认真落实有关政策，进一步规范电视综艺节目管理办法，扶优限劣，对电视节目产品标准进行修正，改变以收视率作为主要考核指标的做法，取得较好效果。

同时，国家对电视剧的管理与规划也在加强，电视剧疏离现实现象得到遏制，拥抱时代，力作频出，表达主旋律成为时代强音，产业内容结构发生改变。

曾有一段时期，我国电视剧的播出与制作方面出现一些偏差，漫吹仙风与侠气，屡受观众诟病。通过一段时间的政策引导后，全国影视剧题材结构发生了明显变化，现实主义创作和主旋律作品比重显著增加。根据有关部门公布的数据，仅 2017 年第一季度，全国生产完成并获准发行的现实题材剧目就达到 34 部，占整个剧目的 60.71%；统计还显示，2017 年前 5 个月央视和各省级卫视黄金时段播出的电视剧中，当代都市题材占到 40%，并在主旋律电视剧和献礼剧中，相继出现了一批精品力作。

这种电视剧生产内容结构上的调整，势必影响整个电视产业的发展方向，从目前受众市场反馈来看，现实题材更加契合当代人群的精神需求和艺术追求。

其次，中国电视文艺加快迈进国际化步伐，这一态势将深刻影响电视文艺的发展，同时也开拓了我国电视产业的国际空间。

随着国家"走出去"工程的大力推进，我国电视文艺节目走入国际市场的项目越来越多。目前我国电视剧已出口到 200 多个国家和地区，占据全国影视内容产品出口的主要份额。据初步统计，2017 年电视剧出口时长比重达到 51.4%，出口金额占到 65.8%。从地域来看，我国电视节目出口目前以非洲、阿拉伯地区为主要市场，并在欧美市场取得突破，一批具有国际视野的国产电视剧在全球主要新媒体平台播出，受到追捧。

同时，还特别引人关注的一个现象是，中国影视剧的海外字幕组越来越活跃，成为国际化传播市场的一支新军。业界预见，在未来几年内，中国电视文艺节目在国际市场的产业地位将显著提升。

3.电视文艺产业盈利新思路

目前，由于传统电视受互联网的冲击越来越大，在新媒体环境的影响之下，其产业化经营盈利空间受到了极大的打压。因此，作为电视产业的主力阵容，电视文艺产业的盈利模式也开始进行新的探索。

长期以来，电视媒体通过制作具有优秀创意的电视文艺节目吸引市场关注、提高收视率，以达到增加广告主广告投放的目的，这是我国电视文艺市场目前的主要盈利模式。同时，优秀的节目创意可以吸引广告主进行广告植入，对于一些现场直播类的大型电视文艺晚会而言，现场广告也是其盈利的一种重要方式。

综上所述，直至目前，整个电视文艺产业的盈利，相当大程度地依赖电视广告收入。但可以预计，进入新媒体时代后，电视广告会有更多创新，如口播广告、字幕广告、更深度地植入式广告等各种广告形式会得到推广。另外，向网络平台出售版权、艺人经济、海外版权销售等，都将开拓我国电视文艺产业新的经营思路。

二、电视文艺产业的重要形态分析

1.元年的节目成本和广告收入

从2013年开始，我国的电视文艺呈现出一派生机，其中，综艺节目发展尤为迅速，而当年也被誉为"综艺制造年"。

根据相关的统计数据，2013年各大卫视的综艺节目时长及其节目制作成本上涨幅度十分惊人。其中，全国省级卫视在综艺节目上所花费的经费占其所有节目经费金额的比例，也由之前的31%上升到55%。一档电视综艺节目花费千万元计的经费，已经成为一个卫视综艺类节目的基础配置，一些一线卫视的单个节目花费更是达到了亿元以上。

2014年，对于中国整个电视综艺行业来说成了井喷之年，各个大大小小的电视台均开启了综艺模式，纷纷效仿韩国、日本以及欧美的成功综艺模式。与此同时，这一年开始的电视综艺节目广告赞助成为广告商们的新宠儿。犹如几年前抢电视剧的赞助一样，独家赞助综艺成为各家广告商们的争锋点，节目的营销价值也正在被各大品牌所关注。国内众多大中型品牌都纷纷进入综艺节目，广告赞助商赞助综艺节目就像押宝一样，更像是一场豪赌。

但是，赞助的综艺节目是否真的王牌，是否真的能带来铺天盖地的良好宣传效果，对于广告商们来说，仍是一个具有风险的挑战。据了解，2013年《爸爸去哪儿》第一季冠名费为2800万元，第二季的冠名费猛涨到3.11亿元。与此同时，2014年江苏卫视《非诚勿扰》全年的冠名费为2.4亿元，而国内某化妆品公司在2015年斥资5亿元冠名《非诚勿扰》，比2014年的冠名费多了两倍多。然而，这些广告商是否收到同等利益，这就不得而知了。

2. 广告的模式——以《天天向上》为例

（1）"主持人植入"模式

主持人广告的植入方式，可以说是我国综艺电视节目中最常使用的显性广告植入方式。

伴随着我国广播电视业综艺节目商业化运作模式的日益成熟，综艺电视节目和广告商的利益关系也越来越密切，从一开始仅仅是硬广告、赞助、节目冠名，到在节目内容中植入广告，再到现在的制作、宣传等环节一体化发展，电视综艺节目中广告植入手段也越来越高超。

与此同时，电视综艺节目中产生了一个十分重要的角色：广告主持人。广告主持人指的是其在节目中的功能仅仅局限于或者主要是播念广告的主持人。

作为广告主持人的出现，一方面是越来越多的企业选择将广告播以模式改成了软性广告或隐形广告；另一方面广告商也越来越强调自己所拥有的话语权。

电视综艺节目由于其自身的性质与新闻节目不同，运作起来更加需要依靠商业营销来维系，电视综艺节目如果想正常运作，就必须满足广告商们的需求。另外，收视率和广告收入是衡量一个综艺节目是否成功的重要指标，这势必影响中国综艺电视节目商业化发展的趋势，于是"广告主持人"应运而生，以顺应广告商宣传效果最大化的需求。例如，《天天向上》现在的主持人采用4+1模式，即4个固定主持人，另加一个嘉宾主持人，在每期结束时，主持人钱枫会成为广告主持人，独自口播广告，如"感谢新鲜有营养××面膜""感谢××手机的大力支持"等。类似的广告主持人还有《中国好声音》中的华少和《我是歌手》中的赵子靓。

（2）"画面植入"模式

首先，"画面植入"中最为常见的方式是节目将冠名商的标志以背景板植入或角标植入形式出现。如《天天向上》主持人和嘉宾出场必经的电子大屏幕门上标有将"天天向上"大字与"××面膜"融合后的Logo。同时，节目还可以将产品在拍摄场景进行植入，特别是在主持人和嘉宾的节目拍摄录制中，将产品和品牌的视觉符号作为一个重要的组成部分，如在舞台两侧也设置有醒目的××面膜标识，观众席背后也有相关的大字等。

其次，将产品信息或标识有意识地融入主持人或者是嘉宾的着装中。例如，《天天向上》栏目根据每期节目的主题内容，展现在观众面前的几位主持人的服装都会贴上"××"品牌的标识，但又不影响整体的妆容和服装搭配，从而达到了广告的目的。此外，还有一些细节植入方式，如冠名××鸡尾酒时，把××放在休息席让候场的嘉宾享用，他们一旦使用就会被拍到相关镜头，从而达到广告的目的和效果。

（3）"声音植入"模式

"声音植入"是将一些声音刻意地植入，如设计含有产品或品牌名称的台词，以冠名或赞助的形式出现产品或品牌的名称等。可以说，目前这种广告植入方式范围尤为广泛，无论是在大型的综艺节目还是娱乐类节目、消费类节目或生活类栏目中，它的运用都随处可见。如在每期《天天向上》开始之前，就会有一个场外的声音带入节目："××邀请您收看天天向上""新鲜有营养××补水面膜邀请您收看天天向上""××天天向上"。

另外,还有编剧或导演在设计台词时,将某一产品或品牌名称植入其中,让主持人或是嘉宾在对白中提及。例如台词"喝杯××,交个朋友"等。如《天天向上》的主持人在节目中,广告商要求主持人每期节目要提五次该产品,这就需主持人的随机应变,即兴台词表达能力极其重要。比如汪涵代言的××酸菜牛肉面的台词"这酸爽",就被反复调侃运用于各种段子之中。之前其他主持人调侃嘉宾皮肤好时,也会说"因为用了××面膜啊"。总之,主持人通过语言方式,用他们幽默风趣的话语将广告宣传无形地融入娱乐之中,既不会让观众厌烦广告,同时又达到了很好的宣传效果。

(4)"情节植入"模式

将企业品牌的相关宣传隐性地融入综艺节目中去,使广告做得好玩、生动,从而来吸引观众,也是成为广告隐性植入的关键的环节。如《天天向上》在"天天火盛宴"环节中,邀请了北京一条龙火锅和成都大龙燚的"情节植入"中,突出介绍了表演嘉宾与相关产品符号,取得了较好的效果。

目前,对于大多数的广告商来说,它们依然会优先选择上星卫视中已经有一定品牌效应的节目进行广告投放。因此,对于电视综艺节目制作方来说,如何吸引广告投资商,如何提高节目的制作水准去延长节目自身的生命周期,保证其收视率,是自身需要不断思考的问题。只有厘清了这些环节的思路,才有机会吸引投资商,获得广告商的青睐,并且吸引节目的投资商,以获得更高的经济收入。

3."秀"节目的产业化发展

(1)真人秀节目的兴起

电视综艺真人秀节目最早是在2000年前后进入中国大众视野的,在经历了长达十多年的探索和尝试之后,一跃成为我国电视文艺的主流节目。

目前,电视综艺真人秀节目主要是采用纪实拍摄的手法记录参与者在规定情境中的真实表现,对素材进行剪辑并运用特效等后期制作方式,以实现节目的完整呈现。

电视综艺真人秀节目普遍采取旁白解说来实现节目的完整叙事,并在节目进行过程中穿插参与者的事后访谈影像,用此种方式来表达拍摄过程中的内心想法和情感体验。与纪录片相比,此类型节目注重情境设置和参与者的内外冲突;与影视作品相比,节目会提供直接影响参与者行为表现的环境或舞台,更注重规定情境下的真实表现。

电视综艺真人秀以其独特的叙事方法、价值内涵和商业逻辑构筑了消费时代的神话,它打破了真实世界与虚构世界的明确界限,结合了电视连续剧与纪录片的制作方式,并把隐私曝光、残酷竞争作为核心卖点,给观众带来了全新的观看体验,具有强烈竞争性和悬念性,迎合了当下电视观众喜欢悬念、猎奇、八卦及探索的心理,因此从诞生日起,便受到热议和追捧,并且长盛不衰。

我国的电视综艺真人秀节目随着版权意识的增强和节目制作水准不断提升,经历了从复制模仿、版权引进、联合制作到自主创新的历程转变。因此,节目投资商和广告赞助商对电视综艺真人秀节目也是青睐有加。

(2)真人秀节目的文化旅游产业价值

约翰·费斯克曾指出:看电视不是一种单一的活动,它们在不同的时间里承载了不同的意义,可以生产出形形色色的快感。电视观众有能力在电视节目与他们的日常生活实践中,建立起关联的直接针对性。

美国知名评论家詹姆斯·珀利沃斯(James·Poniewoz)也曾指出:"电视综艺真人秀节目所产生的巨大社会影响力和造星能力,会像海啸一样冲击着生活的方方面面,激发着人们的梦想、好奇、批评和愤怒。"

显然,电视综艺真人秀节目与其他文化产品一样,具有显著的文化产业价值。以韩国为例,韩国的真人秀节目不仅具备娱乐性和观赏性,同时显示出了强劲的文化竞争力。韩国充分利用真人秀节目的潜在的文化产业开发利用价值和市场需求,以娱乐化手段将传统文化进行再包装,把民间习俗、饮食文化、流行时尚及主流价值传递给海外观众,在进行文化价值传播的同时扩大了国际影响力,真正意义上实现了软实力的提升。

明星嘉宾是电视综艺真人秀中不可缺少的一个重要部分,当这类节目在我国刚开始蔓延时，人们惊奇地发现，以往顶多只是在电视综艺节目里做做游戏、当当评委的明星，突然都变得非常亲民，一反屏幕形象，开始在真人秀节目里挑战各种高难度任务。

首先，据不完全统计，全国至少有 30 多个明星真人秀节目上档。日前有网友曝光《奔跑吧兄弟》某位明星的出场费清单，以一季 3000 万元人民币的出场费位居第一位。且不论被曝光的这份费用清单是否属实，但可肯定的是，电视综艺真人秀的高额片酬是众多明星选择参与录制的重要原因。

其次，与影视剧拍摄相比，通常电视综艺真人秀节目的拍摄周期短、时间成本低、推广效果好，能以最短的时间培养观众基础，并且在节目走红后还能顺势在广告代言等方面取得更多的获利空间。而且，电视综艺真人秀带来的正面价值还远不止个人收益这么简单，这无论对明星、创作团队以及电视台来说，都是一个非常难得的合作机遇。

2014 年，华谊兄弟执行总裁王中磊携子参与了浙江卫视真人秀《爸爸回来了》的录制。当《爸爸回来了》收官后不久，浙江卫视公布新节目《奔跑吧兄弟》阵容时，就有大量华谊旗下艺人参与其中。华谊尝试将艺人输出综艺节目的举动，被业内人士分析成华谊探索"电影＋电视综艺"跨屏互动的新路。

带动旅游及相关产业联动发展，也是电视综艺真人秀对社会的一个重要贡献。如《爸爸去哪儿》《花样爷爷》《花儿与少年》等明星户外真人秀节目带动超高收视率的同时，也为当地旅游产业的发展做出了积极的推动。随着节目的播出，摄制组所到之处名声大噪，一夜间成为热门旅游目的地。比如，长隆野生动物园与湖南卫视合作拍摄《爸爸去哪儿》大电影和《奇妙的朋友》被国内观众熟知；《爸爸去哪儿》第一季节目拍摄地之一的云南文山普者黑，为旅游开发公司带来 6000 万元的创收，提前四个月超额完成全年任务，游客接待量同比增长 30 倍以上，营业收入同比增长约 60 倍；第二季节目拍摄地之一的浙江新叶古村同样吸引了大量游客，农家乐客流量与往年同期相比翻了两番。

同时，我国电视综艺真人秀节目所隐藏的商机也受到了国外旅游部门的注意。如2014年，土耳其航空与土耳其国家旅游局以商业赞助的方式邀请中国真人秀团队前往土耳其进行节目录制，以此进行旅游宣传，效果甚佳。随着《花样姐姐》和《花儿与少年》这两档热播旅行真人秀的播出，土耳其一跃成为国人热门的出国游目的地，中国人掀起了赴土耳其旅游的热潮。据统计，仅2014年，前往土耳其旅游的中国游客达到了20万人次，同比增长了43%；接着，2015年以来赴土耳其旅游出行人次同比上涨超过100%。

此外，真人秀节目也促进了衍生产品的开发，涉及领域包括电影、手游、服饰等方面。以中国版《Big Brother》为例，这档中文取名《室友一起宅》的真人秀，2015年自11月20日起正式登陆中国视频网站优酷、土豆后，该节目衍生出来的"一起宅联盟"大型互动系列活动，联合Costa、百度外卖、58到家、咯喀己土、青年菜君等20家商家合作伙伴，展开线上线下互动活动，让大家一边看《室友一起宅》，一边体验"最IN宅文化"的生活方式，受到网友热捧。同时，Costa咖啡还为节目推出"圣诞暖也宅套餐"定制，并量身定制两套节目主题会员卡参与套餐即买即赠活动。团队负责人表示："这种创新营销的玩法，是节目播出与O2O服务结合，将线上线下资源整合推广，通过线上的PC、APP、微博、微信，并推出'一起宅、红包和人物套餐'等活动，并且在不同阶段进行抽奖、送红包、免费赠送等互动优惠活动刺激观众。"

（3）真人秀节目的国际市场价值

目前，我国的真人秀等电视文艺节目正在从版权引进向自主原创阶段过渡，而海外市场的传播情况也日益成为判定文化产品影响力的客观标准。在这个背景下，我国电视文艺节目如果要积极提升海外市场空间，采取多元化手段将中国主流价值和传统思想在全世界范围内进行宣传，可以采取阶段性传播策略，即将日本、韩国等具有地缘优势和文化相似性特征区域作为一级市场进行战略传播；将全球华人散布的地区及具有中华文化根源的华侨聚居地作为二级市场；最后，将具有巨大开发潜力的欧美市场作为文艺节目的三级市场，在一级二级市场逐渐成熟后，把三级市场逐渐作为更加重要的目标市场地区。总之，电视综艺真人秀等电视文艺节目的对外输出，不仅能在经济收益方面获得高额利润，同时也能借助节目向外传递本民族的观念和信仰。

三、我国电视文艺产业的未来发展趋势

1. 播出平台，强化竞争优势

2014年5月，湖南广播电视台台长吕焕斌对外公开表示，今后湖南卫视的自制节目将由旗下互联网视频平台"芒果ＴＶ"实行全网独播，网络版权一律不再对外分销。吕焕斌台长的这番言论立即引起了业内人士的广泛关注，纷纷开始分析湖南卫视实行这一改革背后所隐藏的真正目的。因为从短时间来看，限制节目分销不仅削减了版权收入，同时也会限制节目的传播范围，但吕焕斌解释说，"如今传统媒体环境急剧变化，我们必须围绕主业建立一种新生态，创新IP开发包括电影、动漫、出版物、新媒体等多种产品，延伸产业链，以减少主业的不可控因素及可能带来的风险。"显然，湖南卫视的初衷不是要与视频网站树立敌对关系，而是要将新媒体播出平台打造成为其产业链的重要一环，通过建立垂直网站为日后的转型发展做一个前期铺垫。2017年12月，吕焕斌台长在成都举行的第五届中国网络视听大会上进一步表示，芒果TV在整合新媒体业务时互联网的方式进行平台建设，要与湖南卫视一道形成"双平台"带动发展的新格局。统计数据显示，2015年芒果ＴＶ广告收入超过7个亿，同比增长了10倍，并且已启动了B轮融资，有超过60家机构申报总计超过200亿元资金认购，预计投前估值将超120亿元。

然而，尽管湖南卫视凭借自身强大的资源优势进行了平台建设的创新性试验，然而对于多数电视播出平台而言，节目版权对外分销是解决收益问题和传播问题最好的解决方法。在目前阶段，湖南卫视的新媒体战略布局对其

他地方性播出平台来说尚不具备可复制性，正如广西卫视副总监陆晓艳指出：大多数电视台尚处在"形式为王"到"内容为王"的过渡期，节目制作团队在思考如何提升节目品质的同时，也需要对节目的网络传播进行细致的思考。目前，大多数电视台仍采取置换方式进行节目的推广，即电视台提供节目内容，视频网站发布信息公告，电视台和网络播出平台采用资源对换的方式进行长期合作，就节目版权收益等涉及资金流的问题采取了回避态度。这对于大多数电视台而言，积极挖掘合作资源，扩大节目传播范围、提升竞争优势是最好的选择。

2. 发挥电视文艺功能，推动中国电视产业发展

（1）网生内容与传统电视文艺节目相互并存，共同发展

毋庸讳言，新媒体具有传统媒体不可比拟的优越性，在新媒体大行其道的今天，电视已经失去了其即时、多样、惊奇、简短的传统传播优势。因此，电视人不能一味地以竞争的眼光看待网生内容，电视文艺节目需要与网生内容共存共荣，携手合作才能推动中国电视产业的发展。

近年来，由于一批精良优秀的网络剧、网络综艺、网络大电影和网络纪录片应运而生，风气渐成。这一趋势将对电视文艺的制作和播出产生重大影响，优秀内容将主导网络发展，成为网络新一轮竞争的高地。如爱奇艺、优酷、腾讯视频等网络平台纷纷向网络自制投入巨资，以推动网络自制视频成为市场主流，这必将引发网络文艺的内容创新和娱乐消费革命。在这样的市场状况下，传统的电视文艺类节目通过可以将二轮播放权卖给视频网站可以得到更多的流量机会，视频网站也可以借助传统电视机构来传播自己的网生内容，两者并立市场，共同发展，才能促进我国电视产业的发展。

（2）根据电视观众观看需求寻求突破

随着人们生活水平的提高，受众开始寻求更高的精神层面的需求，这些体现在受众的观看需求发生了很大变化。

大家知道，观众需求的变化是引领电视文艺变革的最大力量。文化类节目的兴起，其实也是需求引导的结果，透过这类节目的收视情况，我们发现

了原来被所谓的收视率调查遮蔽了的年轻观众文化需求。作为新时期的年轻一代，他们对文化营养的需求是巨大的，央视"大会"系列、网络纪录片《了不起的匠人》、电影《二十二》《战狼2》的收视收看烽火，都是年轻网民点燃的。近期，北京卫视《我是演说家》第三季在网络平台意外地引起热烈反响，这些都证实了受众群体的观看结构正在发生着改变。

中国电视已诞生60年，电视文艺从精英话语占据主导权走向大众文化，传播平台由高雅艺术类型走向泛娱乐化，这些变化都是根据不同时代电视观众的需求而来的。如今，伴随着互联网而成长起来的现代年轻人，他们的观看需求已经不仅仅是娱乐至上的层面，作为新时期电视文艺节目，要紧随受众需求，紧跟时代发展，才能有力地推动电视产业的发展。

（3）制作方与赞助商之间的互利共赢

近年来，由于新创文艺节目鲜少失利，也让广告商愿意尝试与电视台开展多层面深度合作。以湖南卫视2015年广告招标会为例，招标会现场最受瞩目的是《我是歌手》《快乐大本营》和《偶像来了》等王牌节目的冠名签约仪式，其总冠名费高达10.5亿元人民币。

综合分析，这类高投放举动，一方面源自双方的信任度，另一方面也代表企业对播出平台实力的认可。然而，对于多数电视台来讲，并没有形成像湖南卫视那样的平台影响力和品牌优势，吸引赞助最简单的办法就是邀请大牌明星前来助阵，依靠明星的影响力以提升广告商的注意力。如贵州卫视推出的恋爱真人秀《完美邂逅》为例，该节目虽然题材新颖，制作精良，但终究由于参与者话题度和影响力的缺乏，而未能在真人秀浪潮中脱颖而出。与之形成鲜明对比的是，原本未受观众瞩目的真人秀《喜从天降》因为邀请到了林志玲而话题热度大涨，让节目收视率节节攀升。因此，对于广告商而言，一个节目的话题度和关注度才是放在首位的，因为这一因素直接影响到冠名产品的传播效果。

纵观近几年电视行业的发展规律不难发现，我国大多数电视制作团队对参与者话题度的把控越来越驾轻就熟。如在选秀节目兴盛初期，众多参赛选手都以自爆家门不幸的方式来博取观众的同情，而后《非诚勿扰》等节目为了获取更多的关注度，想方设法让参与者制造话题，诸如"宁愿坐在宝马里哭也不愿意坐在自行车后面笑"等名言一时间引发网络热议，其争议性影响至今。近年，随着明星真人秀的兴起，幕后制作团队更加重视话题度的制造。因为从某种程度上讲，只有有争议的节目才会被关注，才有矛盾和交锋，事件才更有传播价值，而影响力和传播范围的大小，则成为赞助单位考核营销指标的重要依据。因此，电视文艺节目影响力传播越来越受到投资商和广告投放商的重视。

（4）电视文艺节目要有文化定位，文化情怀

中华民族拥有五千年的优秀传统文化，电视文艺节目融入博大精深的中华传统文化必然会充满生命力。对于电视文艺节目的创新，不仅仅是在内容节目模式、电视技术等方面的创新，更是要着眼于对文艺作品的文化定位。

在科技飞速发展的当今社会，电视已经深入人们的日常生活中，因而，通过优秀的电视文艺作品传播中华文化也是大势所趋。电视是文化的一个极其重要的载体，电视文艺节目的成功并不需要哗众取宠，而是要真正立足于中华民族优秀的传统文化。因此，从内容到形式，电视文艺各个方面都实现文化介入，不但要贴近广大观众的生活，做到有内涵、有趣味，还要传递真善美的正能量，让观众在观看节目的同时受到文化启迪和引发文化思考。如电视剧《平凡的世界》《鸡毛飞上天》等成功之作，无一例外都是创作人员深入生活、融合文化、进入角色、潜心创作的结果。同时，对于纪录片、动画片等类型的创作，更应深入生活、加深文化意识，这才会有观众市场，才会有产业市场。

3.产业发展趋势

趋势一，现实题材崛起爆发，角度新颖话题不断。

作为电视剧现实题材，一直以贴近生活见长，而为观众喜闻乐见。如2018年，一批讲述都市情感的《爱情进化论》《恋爱先生》《时间都知道》《在纽约》《都挺好》等均有望突围成"黑马"；同时，现实题材角度新颖，

一批电视剧加入了新的生活元素，引人注目，如《南方有乔木》则加入了"无人机"元素；《老男孩》增加了"民航机长"角色；《归去来》聚焦中国留学生的故事；《创业时代》以互联网创业为背景；《小欢喜》关注社会儿童就学问题；而《拼图》将"反腐"进行到底。这些现实题材将视角延伸多个方面，取材新颖，必将制造一连串社会热议话题。

趋势二，谍战、刑侦、涉案题材发酵。

2018年，全国影视剧生产中，谍战、刑侦、涉案题材增多。如刑侦剧《天下无诈》《猎狐》，涉案剧《破冰者》《因法之名》《破冰行动》，谍战剧《脱身者》《隐秘而伟大》《瞄准》《天衣无缝》，军旅剧《尉官正年轻》《生死巴格达》等开始投入制作。同时，一批具有市场号召力的明星欣然加盟。其中陈坤加盟了《脱身者》，黄轩确定出演《瞄准》，《尉官正年轻》迎来王珞丹，而秦俊杰的《天衣无缝》、罗晋的《破冰者》也使剧本增颜。

趋势三，一流制作公司携新作回归，品质保障毋庸置疑。

2018年，除了各路明星的重力加盟外，各大金牌电视制作公司也筹拍多部作品，登上业内榜单。如东阳正午阳光在2018年带来五部电视作品，除正在播出的《琅琊榜2》，正在筹备开机的还有《知否知否应是绿肥红瘦》《都挺好》《尉官正年轻》《大江大河》等剧；此外，制造过爆款黑马《我的前半生》的新丽传媒携手《爱情进化论》《如懿传》《欲望之城》开启2018年之旅；专攻影视剧拍摄的华策克顿则带来《时间都知道》《橙红年代》《创业时代》《独孤皇后》《老男孩》《谈判官》《甜蜜暴击》《悲伤逆流成河》《凰权弈天下》等。除此之外，柠萌影视、海润影视、芒果影视、陕西文投、唐德影视、嘉行传媒等都在2018年度有力作推出。

趋势四，流量扎堆，影咖入局，实力与人气的权衡较量。

2018年，电视荧屏一个最值得关注的现象是众多流量明星和电影咖级的共同回归与扎堆竞争。在这场人气与实力的权衡较量中，荧屏之战则显得更加紧张刺激。纵观一批大剧作品中，不但有赵丽颖、鹿晗、杨洋、郑爽、李易峰、迪丽热巴、马天宇、陈伟霆、杨幂、唐嫣等参与，而一向只在电影界露面的顶级大咖周迅、范冰冰、汤唯、章子怡、倪妮、陈坤等也向小荧屏发起了挑战。

趋势五，IP改编出现井喷不断。

尽管如今IP改编泛滥引发吐槽，但是这并未阻止IP影视化改编的进程，IP影视化之路从未停止。在2018年中，将迎来更多的IP改编剧，可谓井喷不断。其中古装大女主剧更是囊括了热门IP，如《扶摇》《如懿传》《知否知否应是绿肥红瘦》《凰权弈天下》《大明皇妃》等；都市偶像剧《凉生我们可不可以不忧伤》《悲伤逆流成河》《温暖的弦》《你和我的倾城时光》《创业时代》等，都是IP改编井喷之作。专家预估，以后数年仍然会是"IP爆发年"。

趋势六，业界大力鼓励原创剧本创作。

尽管电视剧及网剧领域对于IP的依赖程度不言而喻，也不管电视综艺对于国外版权的引进获得追捧，但是从2017年上半年看，观众对于极具中华传统文化特点的原创节目也越来越青睐。虽然改编或引进风险较小，但是对于我国电视产业的长期发展是不利的，IP也有用尽的那一天，即使有源源不断的IP可供开发，题材的同质化问题、与时俱进等问题依然会成为电视产业向前发展的桎梏和绊脚石。因此，应该鼓励原创，切实从一些可行途径鼓励原创，已被各方面重视与关注。

总的来说，从1958年发展至今，中国电视走过了近60年的漫长岁月，历经坎坷与波折。

目前，电视文艺在我国电视产业中的比重越来越大，已经发展成为我国电视行业的中流砥柱。虽然在这期间里，经历了各种磨难，但随着我国政治、经济领域的各项改革，电视文艺的产业已经成长壮大。

与意识形态特征更为直接明显的电视新闻节目的"硬性"引导相比，电视文艺以其相对"软性"引导的特征，对于传播各国主流文化价值观显现出其不可替代的作用。同时，电视文艺也比电视新闻更具备作为文化产业运作的可能和空间。

因此，无论从使命和责任，还是自身的发展需要来说，中国电视文艺应当成为"文化强国"战略版图上的支柱性产业。

当今，随着全球互联网技术的兴起，新媒体时代全面到来，电视文艺产业也或多或少受到冲击，但只要认清局势，厘清思路，调整方向，克服电视文艺节目自身盈利模式单一、周边产品开发不成熟不到位、线下活动不充分等不足，我国电视文艺产业化前景是大有可为的。

第十四章 竞争论

> 郑维东 李红玲

随着文艺节目数量的增多和类型的丰富，新的监管要求也在不断出台，引领着我国电视节目的创新发展。

竞争环境的建立，是我国电视文艺节目发展的关键亮点，由于广电产业化内在发展冲动催生竞争机制，竞争机制进一步推动内容产业化。

1979年，中国广电行业的产业化进程开启，广告成为政府财政拨款之外的电视台另一收入来源。

1983年推行"四级办台"政策，导致电视台数量激增，然而电视台原有的节目生产能力跟不上，而且节目质量普遍难以令人满意。由于人们文化消费的选择空间比较小，决定了电视剧在人们的娱乐生活中起到十分重要的娱乐作用。

然而，电视剧生产成本很高，我国又严格限制境外剧，黄金档国产剧严重不足，外购的重要性凸显出来。加之一些通俗剧播出后所产生的巨大的广告效益使电视剧的经济价值开始被重视，于是出现了节目原有生产力与观众需求之间的供需矛盾，为电视剧的市场化创造了空前的机遇，社会制片公司也由此迅速发展起来。

同时，由于制播分离应运而生，电视剧生产更加专业化和市场化，我国广电行业的竞争也开始进入深层次，进一步推动了市场的繁荣与发展。

电视综艺节目的竞争，也是我国各级电视台市场拓展的另一个必然选择。1992年邓小平南行讲话之后，我国确立经济体制，中国社会以供给为主导转为以需求为主导，电视的娱乐化功能日益被重视。在这一时期，电视节目的制作也开始更多考虑两类受众的需求：一是广大观众（广告主的目标消费者）的娱乐需求，电视台通过节目吸引观众的注意力，获取节目收视率；二是满足广告主的需求，这是电视台生存的主要砝码。

因此，除了电视剧，电视台还需要更多吸引观众的有竞争力的节目。然而，在诸多非电视剧节目类型中，娱乐节目具有政治说教少、地域限制小、娱乐性强等特点，其娱乐功能最受观众欢迎。因此，娱乐类节目无疑是广告宣传的理想载体，是另一个值得启动的收视率发动机。

由于电视台之间的竞争直接推动了综艺节目的大发展，尤其是20世纪90年代中后期，随着34个省级卫视上星，全国市场电视台之间的竞争日益加剧。此时，中央电视台和省级卫视正面拉开竞争序幕，部分强势省卫视试图凭借自制娱乐节目"突围"，以谋求与央视的差异化竞争优势，二者力量由此发生此消彼长的变化。

一般来说，在电视文艺节目发展竞争中，既要受到市场这只看不见的手的调控，更要接受政府这只看得见的手的调控。因此，这两股力量彼此博弈、互动，决定着节目的变化和发展趋势，并深刻影响着节目竞争格局。由于国家广电总局对电视文艺节目进行调控管理，特别是对电视剧和综艺节目的播出量、播出频次、编排等实行了全方位监管。

近年来比较重要的规定有电视剧的"一剧两星"和综艺娱乐节目的"限娱令"，极大地影响了电视剧和综艺节目在全国各卫视平台的数量关系、发展走向、竞争格局。2017年，国家广电总局又接连下发多个文件整顿网络视听环境，其中，"限模令""网台同标""限星令"等政策对未来各类媒体综艺节目的后继发展将起着导向性的作用。

竞争论

> 郑维东 李红玲

一、电视文艺节目竞争格局

1. 收播地位不均衡，电视剧是龙头

由于各类不同的节目类型，尽管都是电视台的资源，但彼此也构成了一种隐性的内部竞争关系，在电视台内部的地位也不尽相同。如在国际传媒业，"电视剧、新闻、综艺"通常被誉为电视台提高收视的"三驾马车"，体现在数据上也是如此。

作为电视剧来说，在激烈的眼球争夺战中竞争力最强，无论是播出量还是收视量，都处于龙头老大的位置，多年来播出比重保持在接近总量的1/3，2017年占26.7%；此外，电视剧还约占总收视量的1/3，在2017年更是突破了30%，保持了一种微微"供不应求"的状态，也显示了该节目类型稳定吸引观众收视的能力。然而，我们也应该看到，电视剧播出与收视总量也已达到了饱和状态，市场容纳也到达极限，单靠数量上有所突破已经不现实，最为关键的还是提升电视剧的品质。

与电视剧相比，综艺类节目似乎仍处于下风，近三年来播出量仅占市场总播出量的6%左右。然而，综艺节目的收视"小宇宙"能量很大，资源使用效率冠居各类节目之首，属于严重"供不应求"的状态。而且，值得关注的是，受电视整体收视量下滑的连带影响，2017年全国电视综艺市场有所萎缩，收视比重占12%，同比下降1.7%，资源使用率也有所下降。

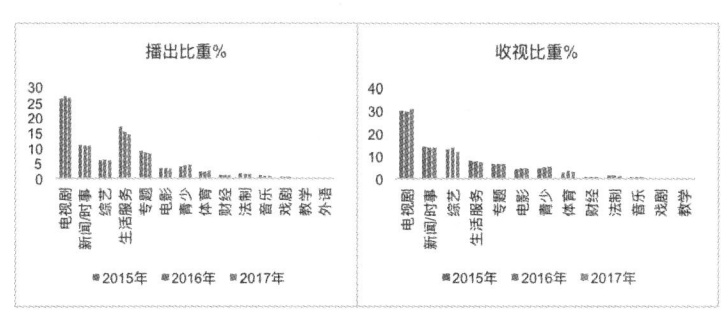

数据来源：CSM 媒介研究

图1 不同节目类型播出比重和收视比重（全国所有调查城市）

2. 谁多分了观众注意力的一杯羹

对于全国各级播出平台而言，经过多年的争夺，电视剧、电视综艺在惨烈的竞争中谁胜谁负，二者在各级频道组中的竞争力分布是怎样的呢？如果说收视份额是个大蛋糕，谁多收了三五斗，势必意味着另外几方受到了损失。从近年全国电视剧整体收视份额观察，省级卫视竞争实力最强，收视份额超过四成；其次是省级地面频道，约占1/4；而中央级频道约占1/5；地市级频道约占1/10，其他频道约占百分之一。

电视剧数据显示，中央级频道在2012年之前，受到省级卫视挤压，收视份额逐年下降，一度处于竞争劣势。但从2012年起，央视频道收视份额逐年回升，2017年突破了20%，可谓气势如虹。

作为省级卫视频道，在2015年之前电视剧整体收视份额一直保持稳定攀升的态势。然而，自"一剧两星"后，各省卫视整体收视份额应声而落，在2017年时萎缩到不足44%。

地面频道面对深刻变化的电视剧市场，整体竞争力日渐式微，整体出现萎缩颓势。但是，由于地面频道直接面向本地观众"接近地气"，同时在播剧时又抢占优先播放的先机，有一定止损的能力，故市场份额基本保持在9%~10%。但是，随着首播新剧更多流向卫视平台，地面频道逐步沦为二流剧平台，其竞争实力受到影响。

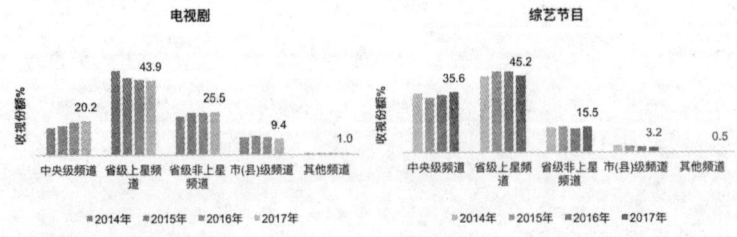

数据来源：CSM 媒介研究

图2　近年来各频道组的电视剧/综艺节目收视份额对比（全国所有调查城市）

从全国来看，电视综艺节目的市场竞争格局在整体上与电视剧颇为相似，也是省卫视占主导、央视频道居其次，地面频道处于劣势。特别是省级卫视和地面频道实力对比，处于一方绝对碾压、两极分化的地步。如2017年，全国卫视频道综艺总体收视量突破80%。其中，省级上星频道收视份额较2016年虽然有较明显下滑，但仍以45.2%的收视份额保持领先；而中央级频道在2015年有较大下降，随后三年持续回升，至2017年上升到35.6%；目前，省级地面频道收视份额保持相对稳定状态，市级频道则连年持续下滑。

3. 错峰编排的策略，促成各自优势时段

从市场数据来看，电视剧和电视综艺节目在全国各卫视全天的观众注意力分布呈现较大差异性，分别拥有各自的优势竞争时段。如电视剧19:30开始出现全天最高峰，综艺节目则出现在21时左右，二者收视高峰基本形成了"错峰突围"的态势。作为受众市场的这些表现，与政的管理政策有着直接关系，特别是"一剧两星"政策之后，各省级卫视建立了"920节目带"，"晚黄播电视剧，次黄播综艺"常规编排模式，以至于形成了自类节目优势时段的格局。

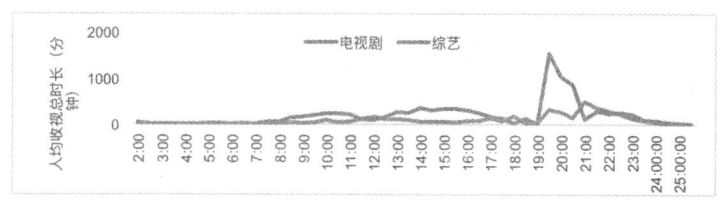

数据来源：CSM媒介研究

图3 2017年卫视全天电视剧分钟收视走势（71城市）

二、电视剧的竞争特点和主要趋势

1. 分散型竞争为主，一线力量受追捧

电视剧作为一种特殊的节目形态，最早步入市场化，也是目前竞争力最为充分的节目类型。

近年来，我国电视剧一直保持在年产四五百部、一万多集的水平，成为世界电视剧产量第一大国，并成为近年来各种资本渠道的投资热门。特别是2012年，我国电视剧市场出现了投资狂热现象，产量激增，仅通过审批发行的就有1506部、达17700多集。但是，从2013年起，全国电视剧产业从投资热潮中逐步冷静下来，回归理性，产量逐年紧缩，2016年通过审批发行的国产剧仅有334部、14912集，至2017年，全国通过审批发行的电视剧共314部、13470集。

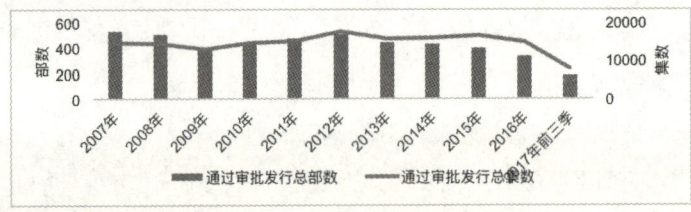

数据来源：国家新闻出版广电总局

图 4 近年来我国电视剧通过审批发行的数量

尽管产量提升，但我国电视剧制作市场却依然停留在小作坊生产的低层次阶段。其表现特征之一，就是多年来我国电视剧产业呈现"高度分散"的状态，属于典型的"分散竞争型（CR8<20%）"，缺乏强有力的航空母舰式的大型制作公司。众多的小舢板式的制作公司构成了目前我国电视剧生产的主力，其小型电视剧制作公司比例居高不下，仅有1部剧生产或发行的公司占比突破80%。

但是，尽管我国的制片机构目前还停留在缺少航空母舰、多为小舢板的阶段。然而，资本的介入，正在深刻地影响着电视剧制作市场，不少制作公司已经上市，并通过收购兼并等运作手段，优势制作资源进一步集中，由此出现了两类比较有竞争力的制作公司。其一，是大型化的制作公司，能不断推出大制作精品，建立自己的电视剧制作王国；其二，是专业型制作公司，在某特定题材领域拥有自己的独特竞争优势。

在这种局面下,全国电视剧制作机构资本渠道逐步出现两极分化,处于第一梯队的龙头企业将凝聚越来越多的资本关注,吸引更好的团队、剧本资源、播出渠道,在播出平台拥有更强的话语权,市场上优秀的制作团队价值更加突出。

同时,在电视剧的编、导、演等创作人员中,明星演员无疑是最稀缺最有含金量的资源。随着电影演员跨界到荧屏,明星资源的流动性大大增强,也带来了电视剧演员质量的提升。近年市场一个比较显著的变化是纯靠脸吃饭的时代过去了,那些具备"颜值+演技+流量"三位一体的明星资源更具投资价值、更受市场关注。

2. 大类题材高度集中化,喜也忧也

在我国电视剧市场深入发展过程中,经过多年的大浪淘沙和优胜劣汰的选择,逐渐出现了类型化生产、类型化播出乃至类型化收视的现象。特别是经过多年高速平稳发展和不断筛选组合,我国的电视剧生产与消费市场俨然已经进入一种良性循环,表现特征之一是播出与收视结构高度统一、核心题材高度重合。

CSM经过多年的追踪发现,无论是播出方还是收视方,在题材的选择上,都是趋于一致:军事斗争、反特/谍战、近代传奇和都市生活构成了目前几项大类题材,这四类题材共约占播出总量和好剧比重的60%。特别是军事斗争和反特/谍战剧,作为我国近年来风头正劲的热门题材,正成为拉动电视剧收视的发动机。

由于军事斗争剧和反特/谍战剧情节紧张刺激、节奏明快起伏、内容又红又专、好看不贵性价比高;而都市生活剧充满当代气息、贴近百姓生活、情感;近代传奇剧则解密近代人物的跌宕命运、传奇故事、满足观众猎奇心理;而作为军事斗争题材,已连续三年凭借20%的播出份额成为名副其实的龙头类型,反特/谍战剧紧随其后,约占16%~19%,近代传奇约占10%~11%。

电视剧题材的高度集中化,表明市场多方选择趋于一致,然而也带来了扎堆播出、高度同质化竞争的忧患。尤其是电视地面频道，买不起现象级的热议度高的当代剧，也无力染指贵得惊人能量巨大的古装剧，几乎只能在年代"硬剧"中委曲求全，在与各卫视的对抗中，更显得寒酸而无奈。

表1 所有频道大类题材的播出比重与TOP20部数比重
（18:00～24:00，100城市，内地剧）

题材	播出比重（%）			TOP20比重（%）		
	2015年	2016年	2017年	2015年	2016年	2017年
军事斗争	20.8	20.1	20.9	22.0	22.4	22.8
反特/谍战	19.1	17.1	16.3	16.8	17.0	17.3
近代传奇	13.4	12.8	11.9	15.1	10.5	12.8
都市生活	10.2	10.6	11	9.2	10.6	7.6
社会伦理	7.3	7.5	8.3	7.8	7.1	11.1
言情	6.8	7.4	7.8	9.3	10.5	9.6

数据来源：CSM媒介研究

3. 一线卫视陷入"阶层固化"，掌控优质资源

目前，全国电视剧市场出现了"阶层固化"的现象，电视剧最新资源、最好资源被几个固定的强势卫视所垄断。如2017年晚黄时段，中央台八套、上海、浙江、北京、湖南、江苏、安徽、中央电视台综合频道、山东9家卫视，虽然仅占播剧卫视数量的1/3，播首轮剧却共占首轮剧总量的70%以上，一线卫视首轮剧的强势残酷体现了"三七规则"。同时，这些一线卫视还正奢侈地迈向"全首轮化"。2017年，中央台一套、上海、北京、江苏四家强势卫视全部实现晚黄档播出首轮剧；浙江、湖南、安徽等卫视首轮剧比例也超过九成。

从收视效果看，一线卫视阶层固化已然全盘实现。近年来，全国受众市场的主体竞争频道，已经连续几年都锁定在湖南、上海、中央台一套、浙江、中央台八套、江苏、北京、山东等几家卫视，形成了寡头垄断的局面，而且这些一线卫视悍然全部垄断了收视率超1%的好剧资源。

表 2　主要卫视频道电视剧平均收视率及收视达标率
（19:30～21:30，100 城市，内地剧）

卫视	电视剧≥1% 部数			电视剧≥1% 比重		
	2015 年	2016 年	2017 年	2015 年	2016 年	2017 年
湖南卫视	15	12	10	32	27	29
中央电视台综合频道	11	7	2	23	16	6
山东卫视	5	2	-	11	5	-
江苏卫视	4	3	2	9	7	6
中央台八套	4	8	9	9	18	26
上海东方卫视	3	4	7	6	9	21
浙江卫视	3	4	2	6	9	6
北京卫视	2	4	2	4	9	6

数据来源：CSM 媒介研究

然而，那些剩余的二线卫视们，由于"囊中羞涩""无米下锅"，无奈放弃首轮剧资源，只能播出二轮剧，来榨取剩余价值，其收视地位进一步下降，日子越发艰难，生存情形恶化，陷入恶性循环。

4.独播剧占主流，资源独占成常态

同时，一线卫视还重视资源的独占性与稀缺性，努力实行"独播化"。在 2017 年，卫视有 65% 的首轮剧采取独播模式，这种独家首播剧方式，以其资源的稀缺性，使观众在一定时期内只能锁定该平台，以至于给频道带来了更高的收视和更多的广告收益。

然而，这种方式对于省级卫视来说，不仅仅是为了收视率的博弈，更是塑造品牌力、影响力的利器。

但是，从收视效果看，各电视台的独播剧表现不一，有高有低。2017 年，共有 20 部卫视独播剧平均收视率超过 1%，占独播剧总量的 1/5。

其中，湖南卫视播出的《人民的名义》在 100 城市收视率达到 3.74%，仅次于两家联播剧《那年花开月正圆》；同时，也有 1/3 的独播剧，其收视率低于 0.5%；还有将近一半的独播剧，其收视率在 0.5%～1% 之间，受众观看效果一般。可见，独播剧尽管编排操作灵活，更需要卫视精准的选剧眼光，才会有竞争的胜利。当然，独家首播剧代价高昂，是属于"富人"才玩得起的游戏。从2017年全国卫视晚间黄金时段播剧情况来看，湖南卫视、中央台一套、中央台八套播出的剧80%以上是独播，江苏卫视占50%，浙江、深圳卫视占三分之一多，辽宁、黑龙江、江西、山西、广西、广东、湖北等卫视仅1~2部独播剧。

5. 炮灰剧目居多，得大剧者得天下

优质剧目资源对于频道而言，意义十分重大，但优质剧近年一直处于稀缺状态。目前，全国市场电视剧收视率分布特征可以概括为：大剧难觅、好剧难求、普剧略多、庸剧当道。

2017年，全国单频道收视率不低于2%的顶级剧目仅有3部，占0.5%，杯水车薪；收视率在1%~2%之间的优势剧目占5%；收视率在0.5%~1%之间的剧目占15%；然而收视率不足0.5%的炮灰剧目比重进一步逼近80%。

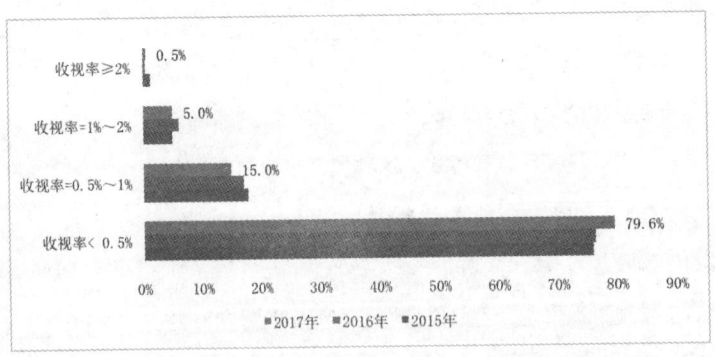

数据来源：CSM媒介研究

图5 近年来卫视晚黄档电视剧收视率阶梯分布比例（19:30~21:30，100城市）

近年来，全国各上星卫视晚间首播档编播如今高度雷同，依靠编排取胜几无可能。那么，电视剧本身所带来的收视差异就凸显出来，谁掌握了好剧资源，谁就占据了竞争的制高点，可谓"得剧者，得天下"。

我们可以从各大上星卫视的电视剧收视率年度走势可以一窥奥秘，优质剧目资源能快速拉升频道收视。如2015年，湖南卫视跨年播出《武媚娘传奇》，拉大竞争层级，成为2015年"剧王"；2016年，上海和北京两家卫视联播的跨年剧《芈月传》缔造了跨年度收视王；2017年，湖南卫视《人民的名义》缔造上半年收视高峰，成为年度最大亮点；9月份，上海/江苏播出《那年花开月正圆》，收视直线攀升。

因此，好剧稀缺且集中在强势卫视，大剧在卫视竞争中起到了至关重要的作用，直接决定了竞争的浓烈程度和卫视的最终排位。

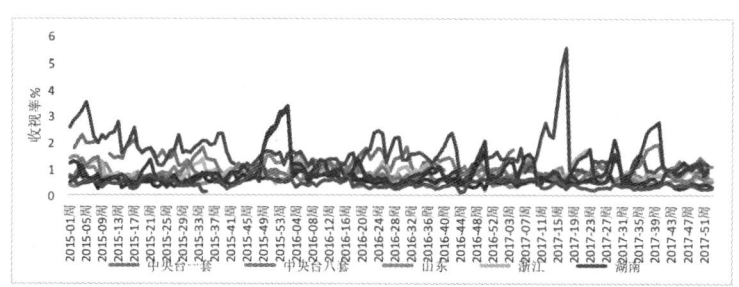

数据来源：CSM媒介研究

图6 近年主要卫视电视剧收视率周走势
（19:30～21:30，100城市）

6. 收视扁平化，弯道超车犹有希望

虽然我国电视剧市场已然形成了寡头垄断的局面，然而在上星卫视中，其内部并非铁板一块，逆袭仍有希望。如2017年晚间黄金档，湖南卫视电视剧整体竞争力最强，虽然比2016年略降一点，但单频道收视率达到1.43%，仍超过其他卫视。另外，从分季度来看，湖南卫视在2017年第二季度实现爆发式增长，频道电视剧收视率一度逼近2%，成为其他卫视望尘莫及的"超级卫视"。然而，随后却急剧回落，该频道电视剧收视率第三季度仅1.12%，被风头正劲的上海东方卫视（1.51%）反超近0.4%，一度和江苏卫视非常接近（1.07%），第四季度情形更加恶化，收视率跌破1%，被上海东方卫视

（1.18%）和中央台八套（1.08%）超过。

2017年，上海东方卫视成功实现了局部超越超级卫视，年度电视剧平均收视率达到1.17%，实现了连年增长，可谓大赢家。

此外，在这一年中，各大卫视因电视剧带来的收视差异也比较明显。如中央台一套年度萎缩较为明显，电视剧年度收视率仅0.91%，仅比江苏卫视高0.05%，与浙江卫视的0.82%相比，彼此也非常接近。

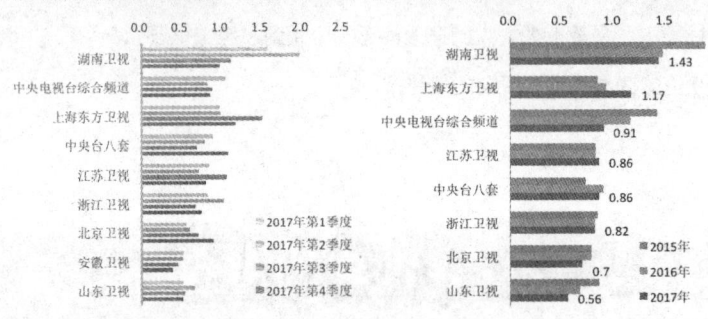

数据来源：CSM 媒介研究

图 7 近年卫视频道电视剧平均收视率 % 对比（19:30 ~ 21:30，100 城市）

7. 大 IP 剧成热点，二次创作乃成败关键

近年来由于网文 IP 异军突起，凭借资本力量，有点名气的网络 IP 资源几乎被瓜分殆尽。并由于自带粉丝效应，成为市场新锐，在 2013—2016 年首播新剧中，IP 剧约占总量的 1/4 ~ 1/5。

目前，从收视效果来看，IP 网文改编成电视剧之后，收视喜忧参半。如 2017 年电视晚间档播出的 37 部 IP 剧中，仅有 14 部收视率超过 1%，占比不到四成。然而也出现了《欢乐颂2》（原著作者阿耐）、《我的前半生》（原著作者亦舒）、《三生三世十里桃花》（原著作者唐七公子）、《楚乔传》（原著作者潇湘冬儿）、《大军师司马懿之军师联盟》《白鹿原》这样收视非常不错的剧目。

当然，收视率并不一定完全被原著品牌价值所左右，超级网文 IP 也有可能变成收视低迷的庸剧,而二三流IP网文却也能演变成爆红剧目。例如,源自顾漫的超级大IP《微微一笑很倾城》,在上星卫视单频道收视率均不足1%;改编自辛夷坞的《致我们终将逝去的青春》同名电影票房大卖,改编成电视剧后单频道收视率却仅在0.5%上下;《芈月传》《欢乐颂》原著IP价值不高,作者知名度及粉丝量远不及超级大IP,然而改编成电视剧之后却焕发出惊人风姿,《芈月传》在北京卫视、上海东方卫视首播后,总收视率高达5.17%,成为近三年来最大剧王。这不能不说二度创作后电视剧本身的传播力度和收视价值已经超越了小说本身的影响力。

表3 2016—2017年卫视部分IP剧收视表现
（19:30～21:30,100城市）

电视剧	首播卫视	首播日期	原著	题材	总收视率%
芈月传	北京、上海	2015/11/30	蒋胜男	历史故事	5.17
寂寞空庭春欲晚	深圳、浙江	2016/02/01	匪我思存	历史故事	1.65
欢乐颂	浙江、上海	2016/4/18	阿耐	都市生活	2.08
亲爱的翻译官	湖南	2016/5/24	缪娟	言情	2.23
小别离	北京、浙江	2016/8/15	鲁引弓	社会伦理	1.76
微微一笑很倾城	上海、江苏	2016/8/22	顾漫	言情	1.82
锦绣未央	北京、上海	2016/11/11	秦简	历史故事	2.69
孤芳不自赏	湖南	2017/1/2	风弄	历史故事	1.43
三生三世十里桃花	浙江、上海	2017/1/30	唐七公子	神怪玄幻	2.32
剃刀边缘	北京、上海	2017/3/20	许伟才	反特/谍战	1.59
人民的名义	湖南	2017/3/28	周梅森	反腐倡廉	3.74
白鹿原	江苏、安徽	2017/5/10	陈忠实	近代传奇	1.36
欢乐颂二	浙江、上海	2017/5/11	阿耐	都市生活	3.11
夏至未至	湖南	2017/6/11	郭敬明	言情	1.28
大军师司马懿之军师联盟	江苏、安徽	2017/6/22	罗贯中	历史故事	1.32
我的前半生	北京、上海	2017/7/4	亦舒	都市生活	2.81
急诊科医生	北京、上海	2017/10/30	点点	社会伦理	2.03
风筝	北京、上海	2017/12/17	肖锚	反特/谍战	1.67

数据来源：CSM媒介研究

这种受众市场表露的怪象,其中有何奥秘?本章认为,要想在收视市场有所作为,拥有IP原著不是万能,抛开平台差异、宣传手段不谈,影视创作者如何二次创作是关键。特别是创作者对于IP剧的思想性、艺术性和可视性的驾驭把控能力,决定着影视剧成败。

8. 竞争全面展开,周播剧瞄准次黄金档

自从湖南卫视开辟周播剧场获得成功后,晚间次黄金档竞争白热化,更多省卫视考虑开辟新战场,其纷纷将目光瞄准周播剧。如2017年全国卫视在次黄金时段共播出26部周播剧(有审批证号),其中古装剧、IP剧,各均占总量的六成左右。

但是,在收视上,大部分周播剧收视平平,2017年有近六成的剧收视率低于0.5%,收视率超过1%的周播剧仅两部,与黄金强档剧收视率有一定差距。

相对于晚黄剧,周播剧题材更自由灵活,更契合年轻观众的收视口味与偏好,成为电视剧市场的新亮点。例如,科幻剧《那片星空那片海》根据桐华同名小说改编,讲述了一个奇特的凡人女与鲛人男的梦幻爱情故事,构思奇特。因此,尽管有相当部分周播剧收视不尽如人意,但丰富了荧屏,满足了不同受众的需求。而且,随着一些政策限制,越来越多的大剧会考虑次黄时段,选择周播模式。

表4 2017年卫视开播的周播剧收视效果
(22:00～24:00,100城市)

首播剧	首播卫视	首播日期	收视率%	题材
楚乔传	湖南	2017/6/5	1.77	历史故事
择天记	湖南	2017/4/17	1.09	神怪玄幻
浪花一朵朵	湖南	2017/7/30	0.91	言情
漂亮的李慧珍	湖南	2017/1/2	0.85	言情
那片星空那片海	湖南	2017/2/6	0.74	科幻
秦时丽人明月心	浙江	2017/8/14	0.63	历史故事
醉玲珑	上海	2017/7/13	0.61	历史故事
极光之恋	湖南	2017/11/27	0.59	言情
那片星空那片海第二季	湖南	2017/10/2	0.53	言情
进击吧闪电	湖南	2017/8/28	0.53	言情
上古情歌	上海	2017/6/12	0.51	神怪玄幻

数据来源:CSM媒介研究

9. 走心的现实主义题材，凸显峥嵘

近年来，我国电视剧市场观众收视口味在不断流变，导致电视剧热点轮换很快。如从每年顶尖剧目的变化来看，一个比较明显的趋向是从历史时空向当代时空转变，大量古装 IP 巨制剧转战次黄档变为周播剧，有话题性、贴近当代思潮的现实剧成为晚间黄金档新宠儿。

如 2015 年年度风云剧目是《武媚娘传奇》《芈月传》这种描写庙堂人物权力争斗的电视剧，而至 2016 年则转为古装偶像剧《锦绣未央》《三生三世十里桃花》和探讨当代人物情感、追寻内心成长的当代偶像剧《欢乐颂》《亲爱的翻译官》等；至 2017 年，全国上星卫视晚间黄金档首轮剧在 100 城市总收视率中，超过 1% 的有 48 部，其中当代剧就占 23 部，而收视率超过 2% 的有 8 部，其中 7 部是相当贴地气、取材现实生活的剧目：如年度冠军《那年花开月正圆》首播总收视率 3.98%，尽管是古装剧，但讲述了一个民间女子的创业和情感故事，相当贴地气；又如湖南卫视《人民的名义》首播收视率达到 3.74%，其内容为大尺度揭露现实反腐内幕；都市生活剧《欢乐颂二》延续价值观话题、首播总收视率 3.11%；《我的前半生》切中"出轨"敏感词，充满正能量；都市情感剧《生逢灿烂的日子》满怀一代人的成长记；都市医疗题材剧《急诊科医生》讲述了救治患者、救赎自我的故事。可见现实题材剧在目前受众市场中竞争力强悍，已然占领了大部分好剧市场。

表5 2015-2017年卫视频道收视率超过2%的电视剧（19:30～21:30，100城市）

首播剧	首播卫视	开播日期	收视率%	题材	制作机构
武媚娘传奇	湖南	2014/12/21	3.15	历史故事	北京唐德国际文化传媒公司
芈月传	北京、上海	2015/11/30	5.17	历史故事	东阳市花儿影视文化有限公司
锦绣缘华丽冒险	湖南	2015/3/3	2.37	言情	上海泓迎影业有限公司
活色生香	湖南	2015/2/4	2.16	近代传奇	欢瑞世纪影视传媒公司
伪装者	湖南	2015/8/31	2.1	反特/谍战	山东电影电视剧制作中心
克拉之恋	安徽、浙江	2015/8/7	2.1	言情	深圳广播电影电视集团
妻子的谎言	安徽	2015/3/29	2.05	言情	浙江金溪影视有限公司
何以笙箫默	江苏、上海	2015/1/10	2.05	言情	上海剧酷文化传播有限公司
神犬小七	湖南	2015/8/9	2.01	言情	湖南广播电视台
锦绣未央	北京、上海	2016/11/11	2.69	历史故事	上海克顿影视有限责任公司
女医明妃传	江苏、上海	2016/2/13	2.29	历史故事	东阳新丽狂欢者影视文化公司
亲爱的翻译官	湖南	2016/5/24	2.23	言情	上海剧芯文化创意有限公司
好先生	江苏、浙江	2016/5/31	2.12	都市生活	陕西文投（影视）艺达投资公司
欢乐颂	浙江、上海	2016/4/18	2.08	都市生活	东阳正午阳光影视有限公司
少帅	北京、上海	2016/1/11	2.05	重大历史	长春电影制片厂
那年花开月正圆	江苏、上海	2017/8/30	3.98	近代传奇	西安曲江影视投资（集团）公司
人民的名义	湖南	2017/3/28	3.74	反腐倡廉	最高人民检察院影视中心
欢乐颂二	浙江、上海	2017/5/11	3.11	都市生活	东阳正午阳光影视有限公司
我的前半生	北京、上海	2017/7/4	2.81	都市生活	新丽电视文化投资有限公司
三生三世	浙江、上海	2017/1/30	2.32	神怪玄幻	上海剧酷文化传播有限公司
生逢灿烂的日子	北京、上海	2017/11/22	2.19	时代变迁	安徽五星东方影视投资公司
因为遇见你	湖南	2017/3/2	2.16	言情	上海观达影视文化有限公司
急诊科医生	北京、上海	2017/10/30	2.03	社会伦理	东阳市乐视花儿影视文化公司

数据来源：CSM媒介研究

作为当代题材，一直是政府所提倡鼓励的。而值得一提的是，2017年政府在重要宣传期播出的27部，有9部收视率超过1%，并且出现了《人民的名义》这样的现象级大剧。此外，《生逢灿烂的日子》《急诊科医生》《国民大生活》《外科风云》《鸡毛飞上天》《情满四合院》等剧的表现也可圈可点，在一定程度上起到了为行业树立榜样、引领市场风向的作用。

三、综艺类节目的竞争特点和主要趋势

1.竞争强度大，更新换代速度快

与电视剧的延续性、连贯性不同，电视综艺节目致力于满足人们对于猎

奇、新鲜、刺激的需求。因此，电视综艺节目的更新速度很快，从而引发各电视台之间的竞争也特别尖锐。

纵观我国综艺节目的发展历程，活脱脱就是一部中央级上星媒体和地方级上星媒体之间的竞争史、抗衡史。特别是随着竞争的加剧，迭代期越发短暂，不超过两三年就会"风流雨打去"，新的节目形态甚至同时"井喷"涌现。

从2003年起，我国电视综艺节目进入真人秀时代。

从阶段来估量，我国真人秀经历了从无到有、从少及众、从粗至精、从萌芽初期，至高速发展期，达到了繁荣成熟期。

据CSM-TVPRISRS软件统计数据显示：2014年起季播真人秀数量大幅增加，2015年数量创历史新高，达到了210档，2016—2017年223档，进入了平缓增长期。

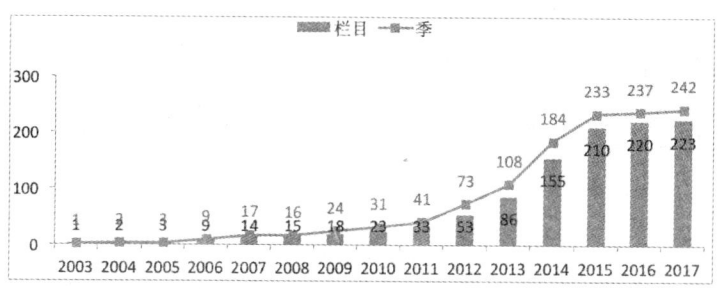

数据来源：CSM媒介研究

图8 2003年以来上星频道季播真人秀栏目及播出季数量

2.节目类型多元化，跨越全方位领域

随着电视市场竞争的加剧，电视综艺节目包含的领域在不断扩充，其内涵和外延都在不断地丰富发展。

从内容上电视综艺节目可以融入美食、歌唱、魔术、医疗、商业、装修、旅游、汽车、军事、科学、养生、生存、文化、曲艺、舞蹈、职场、时尚、法制、运动、喜剧、生活、教育、航空、钓鱼等内容，全方位垂直渗入与百姓生活相关的各个领域。

从形式上，可以分为游戏、观察、闯关、户外、答题、体验、竞赛、盲选、实验、众筹、公益、模仿、访谈、易容、脱口秀等类型。

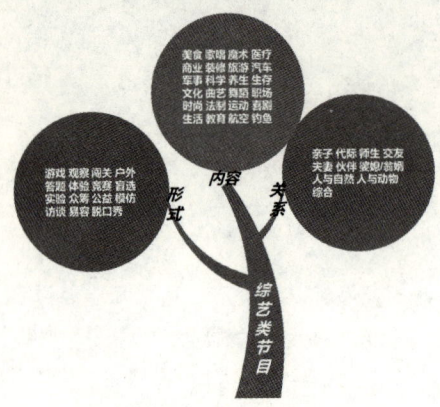

图9 当今综艺类节目分类

从《非诚勿扰》《中国好声音》《爸爸去哪儿》到《超级演说家》《中国梦之声》《星跳水立方》《极限挑战》等节目成功来看，真人秀元素已经完美置入音乐、舞蹈、竞技、跳水、亲子、求职、相亲、体验等多个题材类型中。

因此，从我国电视节目竞争格局来看，现今的真人秀综艺节目，如果按模式划归大类，分为才艺秀（Talent Show）、游戏秀（Game Show）和生活秀（Life Show）。而从精神本源来寻找，目前我国真人秀综艺节目的主题关键词则可以有五个，分别是"生存""生活""能力""情感"和"情怀"。这些，从自然规律来看也十分符合经典的马斯洛需求层次学说，生存是最基础的底阶的需要，情怀则达至最高。

比如才艺秀，可以更多关联"能力"与"情感"；游戏秀则可以挑战"生存"，绽放"能力"；生活秀更能够再现"生活"，升华"情感"，写意"情怀"。

另外，从收视效果看，目前"挑战生存"的演播室类竞技节目竞争力最强，其次是户外竞技类节目，非竞技类节目处于下风。

数据来源：CSM 媒介研究

图10 2017年卫视 ≥ 1% 的热视季播节目分类（18:00 ~ 24:00,71 城市）

3. 好节目周末化编排，周间亦被重视

在目前我国电视综艺节目市场，周末收视量占了市场的大头。

这一特征，比较符合我国观众的生活作息，在周一至周五紧张工作之后，周末是放松的时间，因此成为电视综艺节目编排的重点，从而也导致了周末各级电视媒体的竞争强度远超其他周天。特别是伴随着"一剧两星"政策的落地，近年来各级卫视综艺节目呈现了"井喷"状态。

但是，至 2015—2017 年间，全国电视综艺节目爆款难现，整体收视量较少，周末也出现降幅，周日下降明显。

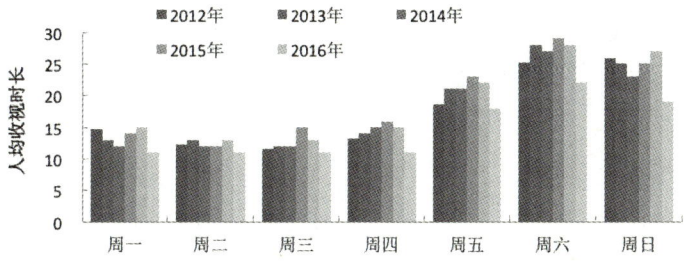

数据来源：CSM 媒介研究

图11 2012—2017年综艺节目分周天收视量比较（历年所有调查城市）

但是，从目前编排结构来看，周末仍是强势卫视激烈竞争角逐的重点区域，编排上通常会放置王牌节目、优质综 N 代节目。然而，这也导致了周末"不堪重负"，不少卫视也尝试在周间开始原创节目、新节目的试验田。如 2016—2017 年晚间 18:00～24:00 时段，全国卫视周五至周日的季播节目均超过 200 档，远超周一至周四。2017 年，周一至周四的电视综艺季播节目开始出现猛增，较之 2016 年增加了 27 档。

2018 年，全国各强势卫视一方面依然将编排中心向周末倾斜，一方面尝试加重在周间"做文章"。例如，湖南卫视推出晚间 730 节目带，把周一至周四 19:30～20：00 打通，第一季度先行播出亲子类原创节目《亲亲我的宝贝》，周末则继续播出《快乐大本营》《天天向上》等王牌节目和《歌手》《真正男子汉》《中餐厅》等优质综 N 代节目。此外，浙江、北京、江苏、上海东方等强势卫视也在周间与周末做出相应编排，以应对未来白热化的竞争大战。

4. 同质化是竞争中的最大乱象

由于我国电视频道众多、竞争激烈，加之知识产权保护体系不完善，版权意识淡薄，跟风抄袭现象严重，因此容易导致观众审美疲劳，加速进入衰退期。

目前，我国电视综艺节目开始进入了同质化竞争的乱象历程。几乎每一次带来高收视的现象级节目推出来之后，就会有大批类似节目粉墨登场、扎堆播出。据 CSM 数据显示，自 2009—2017 年，全国共 600 多档，共超过 1000 季的季播新节目播出，而从内容类型看，呈现高度集中化的趋势。其中，生活类占近 1/5；歌唱类节目约占 14%；文化类、运动类约占 9%～10%。教育、喜剧、旅游类新节目占比约 5%～6%，其他七成节目类型仅占总量的 1/4。

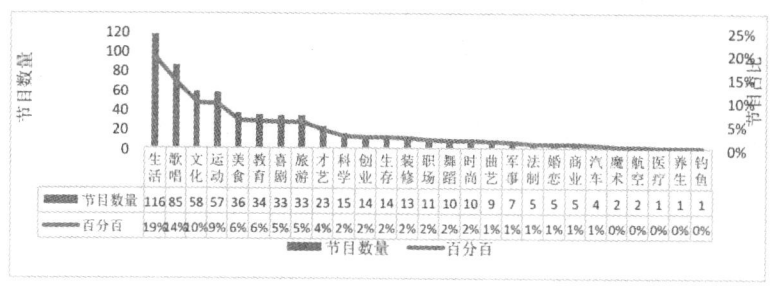

数据来源：CSM 媒介研究

图 12　2009—2017 年卫视播出的各类综艺类节目数量

由于节目的高度同质化，因此制造了大量的收视率炮灰。如歌唱类节目第 1 季在 71 城市播出后，85 档节目只有 20 档单频道收视率超过 1%，不足 1/4；首期收视率不足 0.5% 的超过 46%。这种缺乏创新的低层次的同类资源消耗战，已成为制约我国电视综艺节目发展的最大阻碍。

但可喜的是，差异化竞争策略正日益被播出平台所重视。以声音类选秀为例，从《我是歌手》到《中国好歌曲》；从《蒙面歌王》到《谁是大歌神》，为了追求差异化、创新性，各个节目在嘉宾、节目模式、赛制设置等多方面进行自主研发创新，几乎穷尽了音乐类节目可看性的各种可能。而令人遗憾的是，2017 年推出的 10 档歌唱类新节目却集体沉沙折戟，无一档第 1 季收视率超过 1%，不能不说歌唱类节目市场已经饱和，如果没有更新的吸引人的元素，后继发展令人担忧。

表 6　2009—2017 年卫视主要季播音乐综艺节目时间轴及收视率超过 1% 的新节目（71 城市）

开播日期	节目	频道	收视率 %
2009/05/16	快乐女声	湖南卫视	2.56
2011/04/02	中国梦想秀	浙江卫视	1.01
2012/07/13	中国好声音	浙江卫视	3.71
2013/01/15	妈妈咪呀	上海东方卫视	1.04
2013/01/18	我是歌手	湖南卫视	2.36
2013/04/19	中国最强音	湖南卫视	1.22

续表

日期	节目	频道	收视率
2013/05/18	中国梦之声	上海东方卫视	1.32
2013/07/07	我的中国星	湖北卫视	1.03
2013/10/13	全能星战	江苏卫视	1.2
2014/01/03	中国好歌曲	中央台三套	1.95
2014/10/31	中国正在听	中央台三套	1.03
2015/07/19	蒙面歌王	江苏卫视	1.01
2015/11/15	我要上春晚	中央台三套	1.34
2015/11/21	燃烧吧少年	浙江卫视	1.03
2015/11/21	中国之星	上海东方卫视	1
2016/03/06	谁是大歌神	浙江卫视	1.34
2016/05/07	我想和你唱	湖南卫视	1.4
2016/05/28	跨界歌王	北京卫视	1.27
2016/10/16	天籁之战	上海东方卫视	1.58
2016/11/04	梦想的声音	浙江卫视	1.38

数据来源：CSM 媒介研究

5. 政策利好，节目创新渐成气候

目前，值得欣喜的是，我国的电视综艺节目正在经历一场"海外引进→本土化改造→自主创新→海外输出"的转型升级，这是实现我国文化软实力的必然阶段。

2013 年，是我国从海外引进综艺节目模式的井喷之年，国内各上星频道纷纷购买了一批在其他国家表现出色的节目模式版权，如《我是歌手》《中国好声音》《爸爸去哪儿》《奔跑吧兄弟》等。这些海外引进节目，将我国综艺节目变得"高端大气上档次"，不仅赢得了高收视、高收入，还在一段时间内迅速成为全民讨论的社会话题。

但是，过度迷恋引进节目，势必会滋生创作惰性和路径依赖，长此以往并不利于行业发展，因此全国各主要电视机构都在加大创新力度，原创力量在不断增强。从 2013 年暑期的《汉字英雄》《超级演说家》到 2014 年的《中国好歌曲》，再到 2016 年的《中国诗词大会》、2017 年的《朗读者》，中国电放综艺市场原创节目已经进入"开枝散叶、开花结果"阶段。特别是灿星制作团队制作的《中国好歌曲》首次聚焦原创作品，首期节目就在索福瑞 71 城数据中获得了 2.5% 的收视率，不仅高于《我是歌手》第一季的首期收视，还实现了"走出去"的梦想。

在此期间，政府相关部门也在电视综艺节目原创过程中推波助澜，加大政策扶持力度。如2016年6月，国家新闻出版广电总局发出《关于大力推动广播电视节目自主创新工作的通知》，以此鼓励创新。

在这样利好政策下，我国电视文艺原创节目迎来春天，如2017年晚间时段，全国各级电视频道新节目数量超过4000档，而且综艺节目成为创新主流，在常态新节目中占比超过30%，在非常态新节目中占比接近40%。

从收视效果来看，创新有风险，在2017年71城市晚间17:00～24:00时段，有80%的新节目成为炮灰，平均收视率不足0.4%。收视率超过1%的创新节目仅占百分之一；平均收视在0.5%及以上的新节目占比为9%，较2016年减少了8个百分点；平均收视率不足0.2%的新节目占比大幅提高，占比超过60%。然而，也有一批优质原创节目正在显示出收视能量，如2014—2017年，在索福瑞71城数据中，晚间18:00—24:00收视率超过2%的头部季播节目中，原创节目占据半壁江山，与引进节目分庭抗礼。而至2017年，收视率超过1%的季播节目中，原创节目占八成多，引进节目尚不足两成。

表7 2014—2017年，卫视收视率超过2%的原创节目（18:00～24:00，71城市）

节目	播出频道	收视率%	季	开播日期	分类	版权
出彩中国人	中央电视台综合频道	2.37	第1季	20140209	表演选秀	原创
舌尖上的中国	中央电视台综合频道	2.55	第2季	20140418	纪录纪实	原创
出彩中国人	中央电视台综合频道	2.18	第2季	20150301	表演选秀	原创
极限挑战	上海东方卫视	2.05	第1季	20150614	游戏竞技	原创
偶像来了	湖南卫视	2.07	第1季	20150801	纪录纪实	原创
挑战者联盟	浙江卫视	2.07	第1季	20150912	纪录纪实	原创
笑傲江湖	上海东方卫视	2.11	第2季	20150927	表演选秀	原创
欢乐喜剧人	上海东方卫视	2.54	第2季	20160117	表演选秀	原创
王牌对王牌	浙江卫视	2.4	第1季	20160129	游戏竞技	原创
极限挑战	上海东方卫视	2.15	第2季	20160417	游戏竞技	原创
中国新歌声	浙江卫视	3.05	第5季	20160715	表演选秀	原创
中国新歌声	浙江卫视	2.11	第6季	20170714	表演选秀	原创

数据来源：CSM媒介研究

6. 季播真人秀成频道品牌塑造利器

2003年8月，广东卫视借鉴《幸存者》推出《生存大挑战》，拉开了我国季播真人秀的序幕，自此季播真人秀成为综艺节目中最具竞争力的类型，并成为创新试验田。据CSM数据显示：2013—2015年上星频道每年的季播真人秀超过100季，呈现出爆发增长的趋势；此后，2016年播出237季，2017年播出242季，我国各电视媒体电视综艺真人秀节目进入成熟稳定期。

因为季播有利于促成频道在不同时期（年份）收视的连续性，也为电视综艺节目的创新和改造提供了足够的时间和空间。与电视剧相比，季播类综艺节目对于频道的贡献不仅仅在于收视贡献，更多是可以持续地塑造品牌形象，创造巨大的广告价值。如2009—2017年，我国卫视全天共播出季播节目600多档1000季，有17.7%的节目单季收视率不低于1%。

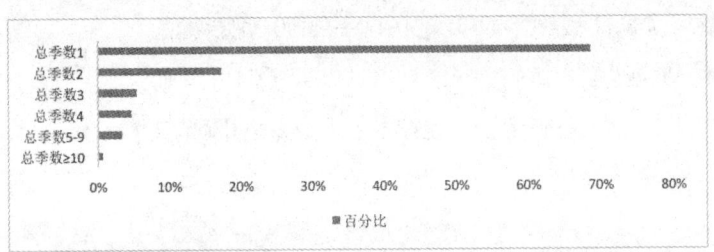

数据来源：CSM媒介研究

图13 2009—2017年卫视频道季播节目数量占比阶梯分布

近年来，我国电视文艺节目市场上开始相继出现了综N代乃至长寿节目。至2009—2017年，有超过1/3的季播节目展开了第2季，有4%的季播节目总季数不低于5季。如深圳卫视的《年代秀》成为季播真人秀最长寿星，广东卫视《活力大冲关》、湖南卫视《变形记》、中央台二套《厨王争霸》播出季数均超过了10季。

在"综N代"节目中，现象级节目成为各级电视台深挖重点，因为它能营造社会热议度，引发观众线下讨论。CSM季播真人秀的微博讨论数据显示：近年来微博用户讨论人数最多的节目有《中国好声音》第4季、《我是歌手》第3季、《爸爸去哪儿》第3季，均超过了750万用户。

7. 现象级节目打破常规，引航市场

在季播真人秀节目"做强做大"的历程中，现象级节目作为标杆，充分发挥了领头羊的作用，前所未有的节目形态和内容冲击着观众的视听神经。如《我是歌手》让一线顶尖歌手回归普通选手，为名誉而战；《最强大脑》首次如魔术般展示了极限脑力的奇迹；《爸爸去哪儿》首次让普罗大众看到明星与孩子的真情实感；《非诚勿扰》让普通人走向荧屏自由表达婚恋观；《奔跑吧兄弟》则让大明星撕掉伪装、不顾形象互相撕扯；《舌尖上的中国》使用高清设备拍摄，让观众看到了美食与人之间的动人关系。

这些精心制作的现象级节目，较好地引领了收视浪潮，如CSM71城市数据显示，2009年以来全天收视率最好的季播真人秀，有《快乐女声》《中国达人秀》《中国好声音》《奔跑吧兄弟》等；游戏竞技类节目《奔跑吧兄弟》自2015年起连续三年摘得年度收视冠军。

在精品节目的带领下，2016年季播真人秀达到历史高潮，全国收视率超1%的节目数量突破50档，涵盖全国9个卫视。

但是，至2017年，全国电视综艺真人秀节目势头所有收敛，收视率大于1%的节目数量和卫视频道数，回落到2015年水平。

这种局面的出现，是一个向下转折的信号，还是节目亟待突破瓶颈的呐喊？本章认为经历了高速发展阶段，目前真人秀市场陷入混战阶段，观众对既有的几档节目出现了审美疲劳，这也警示着电视综艺节目要进入一个更高质的创新状态。

表8 2009年以来季播真人秀收视率不低于1%的节目和卫视频道数（71城市）

年份	节目数量（收视≥%）	卫视数量	收视最高栏目	类型
2009	8	3	快乐女声	表演选秀,竞赛,歌唱
2010	6	3	中国达人秀	表演选秀,竞赛,才艺
2011	10	4	中国达人秀	表演选秀,竞赛,才艺
2012	10	4	中国好声音	表演选秀,盲选,歌唱
2013	21	5	中国好声音	表演选秀,盲选,歌唱
2014	28	7	中国好声音	表演选秀,盲选,歌唱
2015	35	7	奔跑吧兄弟	游戏竞技,运动,游戏
2016	52	9	奔跑吧兄弟	游戏竞技,运动,游戏
2017	37	7	奔跑吧兄弟	游戏竞技,运动,游戏

数据来源：CSM媒介研究

8. 全明星模式存疑，星素结合挑大梁

从发展沿革来看，我国电视综艺真人秀节目十多年间经历了素人向明星、再到星素结合变迁的阶段。

早在2006年以前，由于电视季播节目概念在我国刚刚萌芽，电视综艺节目真人秀处于初期探索阶段，全国部分电视媒体以市场试水和培育市场的角度切入，电视综艺素人真人秀节目成为市场主流，《超级女声》《我型我秀》等节目被称为草根选秀1.0时代，"毒舌"评委成为大众热议的话题。

而后，以明星舞蹈竞技为主题的《舞林大会》开播，明星真人秀成为节目创新亮点；至2012年，《中国好声音》评委被冠以导师，星素综合真人秀开始引起关注，如今在明星真人秀中添加素人元素成为常见的手法。

但是，至2013年，湖南卫视《我是歌手》栏目将明星导师回归歌手身份，歌唱类节目演化到明星真人秀的2.0时代。激烈的电视市场竞争，让明星真人秀逐渐成为我国电视市场主角，数量比重逐渐扩大，进入2015年后，该类型更是达到了历史最高，与素人真人秀平分秋色。

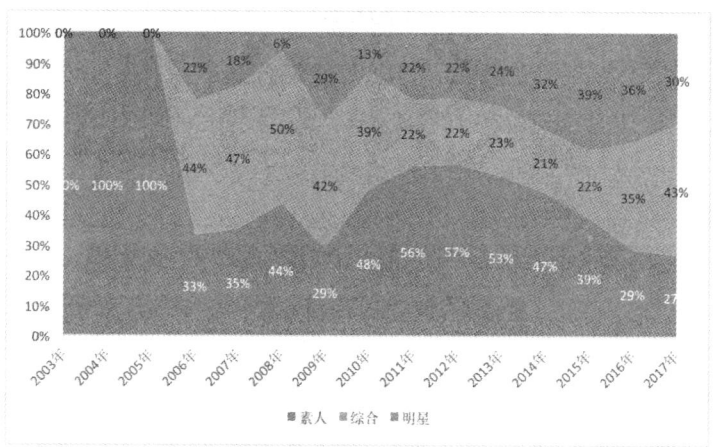

数据来源：CSM媒介研究

图14 历年不同参与主体真人秀数量比例

在明星真人秀带来高收视的同时，该类节目以不断推高的成本、高度剧本化的走向也成为大家的吐槽点，因而2015年明星真人秀数量比重有所下降。

但是，由于电视综艺星素结合真人秀对观众的吸附力仍然较强，故该类节目播出比重提升很快，在2017年的占比突破40%。在索福瑞71中心城市数据中，全国卫视频道收视率超过1%的真人秀节目中，星素结合的真人秀节目收视效果良好，占比在不断提高，竞争力也不断增强，2017年占比逼近50%。

同时，由于明星真人秀在不断萎缩，由2015年占比60%，在2016年下降至54%，2017年则下降到43%。

然而，仅有素人的真人秀节目也一直保持弱势且颓势不变，从2015年占比14%到2017年下滑到8%。由此可见，在我国电视收视市场，由明星和素人结合的电视综艺真人秀已经成为引领节目市场的主体了。

表9 2015年以来季播真人秀收视率不低于1%的节目参与主体数量（71城市）

参与主体	2015年		2016年		2017年	
	数量	占比	数量	占比	数量	占比
明星	21	60%	28	54%	16	43%
素人	5	14%	5	10%	3	8%
综合	9	26%	19	37%	18	49%

数据来源：CSM媒介研究

9."快综艺"节目为主，"慢综艺"节目为辅

目前，我国的综艺节目市场以"快综艺"为主。由于"快综艺"节目逻辑清晰、剪辑干净利落、笑点密集、矛盾冲突快准狠，因此视觉冲击力强，非常抓人眼球，到高潮部分甚至会让观众不由自主地融入节目设置的游戏场景和才艺比拼中，更容易产生让观众为节目停留的心理"共鸣"。

2017年，在全国卫视晚间黄金档收视率超过1%的季播节目中，"快综"节目占了86%，同比增长7%；如《奔跑吧兄弟》《中国新歌声》《极限挑战》这些有口碑有影响的"快综"，仍在电视综艺节目市场发挥着重要影响力的作用。

而"慢综艺"是相对于"快综艺"而言，一种对应的电视综艺节目形态，主要以竞技节目为主，一般不设置复杂的环节，也没有过多的剧本干扰，不设定人物角色性格等。但是由于这类节目风格与模式不太稳定，虽有一些好节目面世，但总的来讲仍处于劣势，故整体占比不断下滑。

五、近年电视文艺节目创新小热点

1.传统文化节目成新亮点

近年来，越来越多的电视文艺节目开始围绕目标观众，深度下沉绑定，用文化和价值观增强观众黏性，努力寻找和观众之间的契合点和认同感。如2017年年初，以《见字如面》《中国诗词大会》和《朗读者》为代表的传

统文化类电视节目,从国学、诗词、阅读、民间才艺等多个视角,借助竞技答题、故事手法、文化活动、美文推荐、人物访谈等多种手法,大大拓展了节目的内涵和外延。

此外央视10套深刻挖掘戏曲多剧种、多故事的特点,力图开拓全新戏曲节目样态,《中国戏曲大会》《中国戏歌》等节目获得好评;江苏卫视《阅读阅美》以"美文推荐+美文朗读+人物访谈"模式发掘生活之中的"动情文字";近期,央视又相继推出《国家宝藏》《今日影评·表演者言》《环球影迷大会》等三档题材各异、风格独特的文化类综艺,使文化传承类资源获得极大的发扬。

根据收视数据显示,这类节目在受众中已得到极大的认可。如中央一套《中国诗词大会》《朗读者》收视率双双突破1%,在竞争激烈的综艺市场,难能可贵,反映了观众对传统文化以新的节目形式包装后的认可。此外,上海东方卫视《喝彩中华》《诗书中华》,以及江苏卫视《阅读阅美》也达到相当高的收视水平。

表10 部分传统文化创新节目收视表现(18:00~24:00,71城市)

名称	频道	首期日期	首期开始时间	首期收视率&
中国诗词大会	中央电视台综合频道	2016/2/12	20:07:51	1.40
见字如面2016	黑龙江卫视	2016/12/31	21:24:45	0.04
朗读者	中央电视台综合频道	2017/2/18	20:03:58	1.11
耳畔中国	安徽卫视	2017/2/17	21:10:06	0.35
诗书中华	上海东方卫视	2017/4/14	21:56:00	0.39
龙的传人	金鹰卡通频道	2017/6/30	18:58:32	0.29
喝彩中华	上海东方卫视	2017/7/15	20:30:01	0.71
少年国学派	安徽卫视	2017/7/2	21:59:54	0.09
中国戏曲大会	中央台十一套	2017/8/6	19:30:57	0.12
阅读阅美	江苏卫视	2017/8/26	22:30:12	0.45
国学小名士	山东卫视	2017/8/17	21:22:31	0.14
中国戏歌	中央台十一套	2017/9/3	20:34:00	0.20

数据来源:CSM媒介研究

2.内容创新深入垂直细分市场

近期以来,我国电视文艺节目的创新市场,一改既往音乐类和竞技类节目一统天下的局面，全国各级电视台纷纷将创新着力点深入更为精准的垂直领域，力求把握更为细分的受众市场。许多电视制作单位都围绕衣食住行等方面，展开的生活方式类节目研制，重新回归大众视野，让健康、饮食、旅行、相亲、求职，乃至于生活方式本身，都进入电视节目创新者思考和驻足的领域。

这种内容创新资源的着力，成为我国电视文艺节目创新中的一抹亮色，大大扩容了我国电视节目创新市场的体量。

2017年晚间，江苏卫视新开播的季播节目《歌声的翅膀》，主打少儿民谣；山东卫视的《育儿大作战》主打育儿教育；江苏卫视《穿越吧厨房2017》和广东卫视《零点食神》分别从美食推理和美食搜索的角度深入美食领域；东南卫视《美人帮》和江苏卫视《疯狂的衣橱》在时尚美妆和潮流穿搭上有所建树；中央电视台少儿频道《小鬼当家》、山东电视齐鲁频道《辣妈萌宝猜猜猜》深入家庭教育、游戏竞猜等细分的亲子领域，都体现了电视文艺节目资源的多样化、多向化和多元化。

当然，从收视率指标来看，这类节目创新还处于初级发展阶段，大部分节目收视效果不甚理想。也有部分强势卫视节目的市场表现较好，如湖南卫视剧版的《神奇的孩子》在索福瑞71城市数据中，首期收视率达到1.29%。

表11 2016—2017年卫视部分垂直类节目举例
（18:00～24:00，71城市）

名称	频道	首期日期	首期开始时间	首期收视率（%）
我是创始人	浙江卫视	2016/10/27	21:44:51	0.15
有志赢在中国	深圳卫视	2016/11/6	21:25:13	0.06
哎呦你真美	北京卫视	2017/1/10	21:10:42	0.27
足球火	广东卫视	2017/4/28	21:19:09	0.11
美人帮	东南卫视	2017/9/11	23:27:03	0.01
疯狂衣橱	江苏卫视	2017/9/19	22:31:10	0.15
大梦小家	江苏卫视	2017/9/28	21:32:36	0.31
创意中国	北京卫视	2017/11/19	21:35:32	0.48
神奇的孩子	湖南卫视	2017/2/3	20:35:52	1.29
穿越吧厨房	江苏卫视	2017/9/13	21:57:58	0.25
蜜食记	安徽卫视	2017/5/7	21:59:59	0.53
厉害了奶爸	北京卫视	2017/5/23	21:07:35	0.39

数据来源：CSM媒介研究

3. "养成"式选秀深挖产业链价值

随着河南卫视《少林英雄》、浙江卫视《燃烧吧少年》、山东卫视《青春新主播》的播出，近两年综艺选秀节目逐渐从"超级男声""超级女声"海选时代的个人单打独斗，迭代升级为"养成"式培养。

"养成"式综艺选秀节目是从零起点培养偶像，创造出一个"粉丝+经纪人+供应链"的新型模式。

"养成"类综艺节目更看重的是偶像背后的产业链价值。这种模式最具特色的就是将决定权交到粉丝手上，陪伴、见证甚至决定偶像从一无所有走向顶点的"养成式人格塑造"，让粉丝感觉"我能为偶像的成功贡献一分力量"。

根据市场观察，这种偶像产业不只局限于音乐人才，对于全社会而言，还可以出现很多其他领域的养成"偶像"，节目资源的广度或深度还有待于拓展。

图15 2016年部分上星频道"养成"选秀节目收视概况（18:00～24:00，71城市）

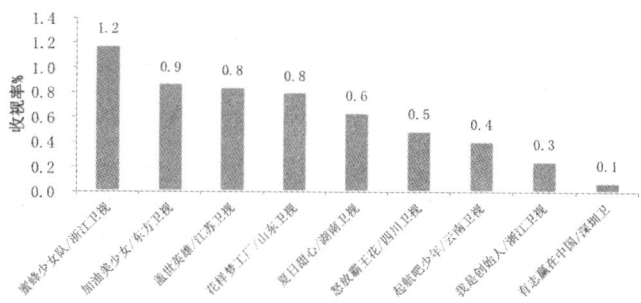

数据来源：CSM媒介研究

目前，偶像养成类综艺节目大致分为两类，一类是发掘非音乐才能的节目，从多行业角度切入生成新"偶像"，有助于挖掘各行业背后的产业链价值。如山东卫视《花漾梦工厂》，以发掘影视人才为资源；云南卫视《起航吧少年》，以启发青少年航海能力为内容资源。另一类是以传统音乐才艺模式为资源，其"偶像"养成模式更为成熟，如浙江卫视2016年3月开播的

《蜜蜂少女队》,形成了一条完整的娱乐产业链;又如湖南卫视2016年暑期推出的女子团体综艺节目《夏日甜心》,模式原创、玩法全新,带动了网络经济。据CSM数据显示,这种以音乐才艺偶像为资源的"养成"的节目,收视相对较高。

4. 户外真人秀萌发"剧情化"走向

在我国电视综艺的户外真人秀节目,近年开始出现了"剧情化"发展的趋势。剧情化综艺节目利用悬念以及意外为特色,进行节目内容开发。例如,2016年新制播的安徽卫视《我们的法则》、黑龙江卫视《冰雪星动力》、河北卫视《主播爱上广场舞》等户外真人秀综艺类节目,都较好地显示了这类节目的活力。

目前,国内"剧情"式电视综艺节目大致分为两种:一种是单集式,例如上海东方卫视《极限挑战第二季》、湖南卫视《全员加速中第二季》、江苏卫视《我们的挑战第二季》等,每期设置不同剧情,艺人们根据剧情设置发挥个人特色的单期剧情式综艺节目。另一种是单季式,每季设置一个主线剧情,虽然参与者每期的活动有所不同,但都是延续主线剧情达到最终目的,如上海东方卫视《2049明珠号》、江苏卫视《我们相爱吧第二季》、湖北卫视《如果爱》、四川卫视《咱们穿越吧第二季》、浙江卫视《二十四小时》等。

由于剧情化方式缩短了屏幕上下的距离,通过充满悬念、意外的剧情设置,突破艺人自设的社会角色定位,打破了观众对艺人的距离感,从而达到观众与当红明星的现场亲密接触感,拓宽了节目观众规模。如《二十四小时》2016年4月8日播出结束时,观众规模达到1002万人;《极限挑战第一季》首播日观众规模为994万人,第二季开播首期观众规模增长为1096万人。

5. 慢综艺展示"慢下来"的美好

2017年年初,湖南卫视推出《向往的生活》,开启国内"慢综艺"序幕。接下来,湖南卫视又开播了《中餐厅》,让这个新的节目类型被更多观众了解和接受。一时间,我国电视荧屏刮起一股"慢综艺"之风,其以"回归自然,回归生活"的口号,在慢节奏里展现出了人们生活自然真实的一面。由于这类节目不会有太多明显的任务和环节设置,在竞技类节目的激烈竞争之外,开辟观众休闲与审美的新空间,从《向往的生活》到《中餐厅》《美丽的房子》《亲爱的客栈》,嘉宾们除了开餐馆,还造房子、开客栈,诠释了让生活"慢下来"的美好。

然而"慢综艺"在口碑与收视方面也出现了不少短板,如2017年"慢综艺"在索福瑞71城的晚间收视率中,超过1%的季播节目占比同比下降了近8%。因此,有专家评价,光靠"诗与远方"还不足以成为综艺的收视发动机。

表12 部分"慢综艺"节目首秀表现(18:00~24:00,71城市)

名称	频道	首期日期	首期开始时间	首期收视率
向往的生活农夫篇	湖南卫视	2017/1/15	20:27:53	1.83
中餐厅	湖南卫视	2017/7/22	21:59:49	1.40
但愿人长久	北京卫视	2017/8/20	22:03:05	0.61
青春旅社	上海东方卫视	2017/9/23	21:59:57	0.52
生活相对论	北京卫视	2017/9/16	22:04:33	0.14
亲爱的客栈	湖南卫视	2017/10/7	21:59:47	1.10
漂亮的房子	浙江卫视	2017/10/13	21:59:59	0.35

数据来源:CSM媒介研究

6. 多类节目形态交融变异,呈现杂式生存

电视节目通常被划分为虚拟(艺术类)和非虚拟(新闻性)两大类,二者之间有十分广阔的中间地带,从而生发出多种节目形态。

随着电视综艺节目向更多领域延伸,并采用了越来越样化的节目形式,多类元素碰撞、"杂糅式"节目型态成为未来趋势,很多节目已经不能用传统特定节目类型来定义。例如,2017年下半年,多家卫视平台新开播多种科技类栏目:中央台综合频道《加油!向未来2》《机智过人》、中央台二套《未来架构师》、湖南卫视《我是未来》、深圳卫视《极客智造》,融入真人秀、脱口秀、益智竞技等综艺元素,VR、AR技术大量运用,在视觉方面给观众的感觉更具震撼感。

此外,栏目剧也是"杂糅式"典型代表,它游走于电视剧与栏目之间,

具有剧和栏目的部分特性，形成了自己独特的定位。据统计，栏目剧2006年在我国得到井喷式发展，成为我国地方电视媒体在残酷的份额竞争中继民生新闻之后的又一个创新突破口。

今天，无论对于电视台，还是对于视频网站，电视文艺节目都是"兵家必争之地"。特别是电视剧和电视综艺节目，二者的发展和竞争状况决定着电视文艺节目整个大盘的格局和走向。

1. 电视剧竞争总结

经过多年粗放式发展，我国电视剧市场目前正迈向纵深层次。固化与垄断，突破与逆袭，构成近年电视剧市场关键词，即频道在震荡中分化，在竞争中转型，在固化中逆袭。

目前，电视剧仍然是近年电视市场最重要的节目内容，然而收视量已触及天花板，要想进一步发展，需要从求数量向求质量转变。

此外，随着国家对电视剧的管控和管理的加强，内容审批和生产能力都会成为市场竞争的重点。特别是题材方面的竞争，将在集中化中出现新大类，如军事斗争、反特/谍战、近代传奇和都市生活等题材资源，构成了当前播出市场与收视市场核心题材。

同时，在电视剧播出平台的选择上，地面频道仍在欲望与资金中委曲求全，而卫视频道形成了阶层固化与优势资源的垄断，好剧资源集中于几家强势平台掌中，但一线卫视之间竞争异常激烈，洗牌加速。

由于我国电视剧资源流动正在加速分化与合流，配置更加合理化，业内IP的产业链布局意识正在形成，基于坚挺大IP的续集创作持续进行中，资本榨取最大剩余价值的特征更加突出。因此，电视剧资本市场更趋于理智，更重视剧的制作品质，政府也在积极引导市场，这些都是积极的信号。

数据显示，当下观众收视口味发生了深刻的变化，全国电视剧市场出现了年轻态趋势，有迎合，亦有引领、有突破，亦有跟风。特别要关注的是，现实生活题材的电视剧，强力突破重围，屡屡出现收视黑马，形成一股难得的清流，为我国电视剧市场下一步发展提供了新的思路。

然而，业界人士不断指出，目前在我国电视市场，庸剧居多，精品难觅。特别是诸多大IP剧，盛名之下，冰火其里，收视效果与口碑参差不齐，未来需要启动向品牌转化之旅。特别是目前现实题材剧挑大梁，是否还能打破既有垄断坚冰，突破阶层桎梏，走出一波新行情，后续如何，让我们静等花开。

近年来，随着台网互动加剧，我国网剧发展极为迅猛，其品质和数量都在提升，快速完成了"小网剧→网台联动→先网后台→大网剧"的过渡，越来越多的优质网剧分割走了电视观众的注意力，势必会对未来我国电视剧市场构成更大冲击。

2.综艺及其他文艺节目竞争总结

在"互联网+"时代，我国电视文艺节目正在经历内容与渠道之间的双重挑战。与网络文艺节目相比，电视文艺节目的讨巧之处在于，内容输出平台有着天然的渠道优势，内容质量更容易得到保证。

然而，面对以网综为首的网络文艺节目快速发展，观众注意力进一步被分散的竞争压力，电视综艺和其他文艺节目正处于红利消退的时间窗口。

2015年，"一剧两星"政策让电视综艺节目成为全国卫视竞争突围的重点领域，使电视综艺市场呈现"井喷"状态；特别是2016年，电视综艺节目在体育大年中仍取得令人欣喜的成绩，节目数量再创新高；2017年，受电视整体收视量下滑的连带影响，全国电视综艺市场有所萎缩，电视综艺节目观众群体对单一节目形式的关注度出现下滑，新的收视增长点愈难寻觅。

当前，在年轻化网综逐渐繁荣，电视收视总量有所减少的大市场环境中，电视综艺节目出现了更多垂直内容。深挖选手资源背后产业价值链，大量配合各种生活、工作场景的原创节目仍为综艺市场注入新的活力。

近年来，以传统文化为内核的电视节目呈现井喷之势，无论是作为几千年来国人精神礼赞的传统诗词，还是凝结千年来人们智慧、精神和思想精髓的戏曲文化，都在新的电视艺术形式下，穿越时代浸润观众的心灵。电视综艺节目从泛娱乐化向"泛文化"逐渐转变，"清流"变"热流"，以《中餐厅》《亲爱的客栈》《漂亮的房子》《三个院子》《熊猫奇缘》等节目为代表，从生活方式的角度，让人文、艺术、自然、动物等多元的场景融入进来，对节目品牌价值及形象深度挖掘，让电视文艺节目创新有了更多的期待。

（随着文艺节目数量的增多和类型的丰富，新的监管要求也在不断出台，引领着我国电视节目的创新发展。）展望未来，电视文艺节目要继续引领市场，更需要深挖节目背后的资源，跨行业拓展产业链，同时寻求新的"收视点"。同时，电视文艺节目制作人须有迎接挑战和自我超越的勇气与智慧，弘扬社会主义核心价值观，力争打造出更多展现中华优秀文化的精神气质的精品佳作。

第十五章
国际论

> 随着电视艺术和科技的发展,电视传播在跨国文化传播中起着难以替代的重要作用。业界认为,电视行业国际竞争愈加激烈,各国间的交流与合作尤为必要。

自1936年英国BBC建立世界上第一个电视台以来,电视的发展起了翻天覆地的变化。虽然电视发展到今天,受到互联网等新兴媒体的巨大挑战,但电视仍然是当下大众传媒最具影响力的工具和手段。而且,随着电视艺术和科技的发展,电视传播在跨国文化传播中起着难以替代的重要作用。业界认为,电视行业国际竞争愈加激烈,各国间的交流与合作尤为必要。

2018年,是中国电视诞生60周年和改革开放40周年的重大历史转折点,也是中国社会主义特色新思想开创新时代的新纪年。因此,如果将中国电视放置在这样的历史背景下,去思考探讨"走出去"的问题,具有十分重要的意义。

自改革开放以来,中国经济不断增长,市场也不断扩大,随着国力的日益增长,经济、科技、文化的国际交往也日益显著。因此,中国电视在国家一系列政策措施保障下,取得了长足的进步,在节目引进、海外传播和国际交流活动等方面发生了重大的历史变化。

一般来说，电视节目也可分为社会类（或公益类）和娱乐类两大类别。其社会类主要是指国家或媒体机构负有一定的社会义务传播，而且能起到一定社会公益效果的内容，如新闻、教育、科普、公益广告等；而娱乐类主要是满足受众生活乐趣的节目，如电视剧、电视电影、综艺节目、体育等。

从某种意义来说，电视范畴中的所有这些节目，都存在并带来国际交流的机遇。如梳理改革开放40年来我国电视引进来、走出去的成功和不足，可以分别从四个方面加以整理。其中包括国家主流媒体传播的国际化、电视剧的引进与走向国际、少儿动画节目的引进和控制、综艺节目的引进和本土化、电视行业积极参与的国际交流活动等。另外，电视文艺的内容创造和节目形态也已经成为互联网终端和移动智能终端的重要生力军，因此我们可从广义电视多屏的角度作相应的展开。

一、我国电视节目对外交流的历程与现状

（一）我国各媒体海外布局与传播

自改革开放以来，中国政府非常重视对外的政治宣传和文化传播，如中央电视台目前共拥有8个国际频道，其中囊括了英语、法语、俄语、西班牙语、阿拉伯语等多种语言，为中国电视节目向世界传播创造了良好的条件。

然而，在中国所有国际频道中，规模最大、覆盖面最广的莫属中央电视台中文国际频道（CCTV-4）。该频道是以新闻类节目为主，以文艺类节目为辅，频道开播于1992年10月1日，也是中国中央电视台唯一一个面向全球播出的中文频道。CCTV-4开播以来，目标观众是全球华人，特别是居住在海外的华人、华侨以及港、澳、台同胞。频道不但以新闻节目为主导，及时、客观、深入地报道和评述国内和国际新闻，而且也用大幅度时段向国际受众提供文化、娱乐、教育、资讯等多方面的综合节目内容。特别是2007年改版以后，CCTV-4由原来的一个版本扩增为亚洲、欧洲和美洲三个版本；自2017年，频道又对亚洲、欧洲、美洲三版采取针对性编排，强

化外宣特色，播出了大量思想意义较深，艺术品质较高的各类电视节目。如《记住乡愁》《非常传奇》《传奇中国节》等节目以独特视角传播中华文化；《全球外国人汉语大会》《中秋晚会》《世界听我说——全球华人辩论大会》《中华之光》等传统品牌使频道的国际影响力明显提升。此外，创新打造家风的传承节目《谢谢了，我的家》、纪实音乐类节目《唱给你听》、日播栏目《国家记忆》等也展示了频道的国际综合竞争力。

总之，央视中文国际频道多年来紧紧围绕频道定位，其创新创优，传播力、引导力大幅提升。数据显示，该频道至2017年，在中广索福瑞全国网收视份额达3.98%，比2016年提升27%，排名由全国第七跃升到全国第三，其中有186天单日收视份额过4%；同时，该频道在中广索福瑞52城和35城双网数据中，继续蝉联全国收视第一，也是全国唯一一个收视份额过4%的频道。

同时，作为国际化电视频道，2017年央视中文国际频道在长城美国平台上，仍以17.66%的收视份额继续保持华语电视媒体的领头羊地位。

据悉，该频道节目内容还在中央电视台客户端和"央视专区"上线，并大力发展移动直播。据统计，频道全年直播量达43场，点击量累计超2亿。而且，该频道还积极拓展海外新媒体平台，通过APUS平台推送69条内容，海外阅读量超过3.15亿；而且，频道还深耕各类新媒体账号，其中"中国舆论场"微信公众号粉丝量突破417万，在所有认证节目类账号中排名第一。

近年来，我国各电视节目生产与播出机构还与新媒体在广度与深度上积极融合，开辟出了更多的国际传播渠道。

央视国际网络有限公司成立于2006年4月28日，不但是中央电视台网络新媒体业务的平台，而且是对中央电视台以电视节目为主的各类信息进行网络传播和推广的独家授权机构。该公司不但拥有国家主管部门颁发的信息网络转播全业务资质，包括网络电视、手机电视、IP电视、公交移动电视等。

此外，央视网各账号在脸书（Facebook）上通过中文、英语、西班牙语、法语、阿拉伯语、俄语以及韩语等多语种进行传播，发布贴文累计总曝光量超过97亿。其中，CCTV中文账号粉丝数超过216万，是我国主流媒体在该平台所开设的中文账号中粉丝最多、传播效果最好的账号。同时，CCTV主账号还与脸书平台合作，整合了英、西、法、阿、俄、韩多语种账号于一体，成为国内首个全球页账号。该账号还代表中国主流媒体，实现了覆盖全球200多个国家和地区、统一账号不同语种自由切换。目前，该账号粉丝超过1425万，成为我国主流媒体在脸谱平台上拥有粉丝最多影响力最大的账号。据脸书平台提供的官方数据平台显示，最近一个月内，央视网运营的CCTV主账号发布贴文的评论总数、分享总数等互动指标均位居国内主流媒体首位；发布贴文获得点赞总数超过CNN、BBC等国际媒体。

2016年12月31日成立的中国国际电视台（CGTN），是中国中央电视台旗下的一个新国际传播机构，包括6个电视频道，3个海外分台，1个视频通讯社和新媒体集群。该台自成立以来，以丰富的节目内容和专业的文化品质为全球受众提供了良好的媒体服务。如持续提升社交媒体推送力度、数量和品质，加强互动传播，在英、西、法、阿、俄账号粉丝量创下多个第一。包括CGTN新媒体全球活跃粉丝过亿、总阅读量超过153亿、全平台贴文累计独立用户访问量97.7亿、视频观看量逾14.1亿，总互动5.9亿。其中，CGTN英语主账号全平台总粉丝数达到7431万，脸书粉丝数超过5530万，稳居全球新闻媒体第一大主账号；YouTube平台视频点击量破3亿，稳居央媒第一；Instagram平台粉丝近120万，稳居央媒第一；西、法、阿、俄语账号从零起步，实现爆发式增长，累计粉丝数超过2552万，其中西语粉丝数740万，为央媒西语对外第一大账号；法语脸书粉丝数突破800万，居全球法语新闻媒体第一大账号；俄语粉丝达42万，成为央媒俄语对外媒体第一；阿语粉丝数达到800万，跻身全球阿语媒体主流账号。

近年来，我国还利用优秀电视综艺类节目，增加国际化平台的海外影响力，在中国在海外开设的付费电视有线频道中，充分利用央视春晚等节目资源扩大传播国际力度。如中视国际（北京）有限公司旗下的长城平台，目前已覆盖北美、欧洲及亚洲多个国家、地区，涉及美国碟网公司、加拿大罗杰斯有线电视网、加拿大贝尔卫星电视、法国自由电信、法国电信、新加坡电信等合作运营商，海外观众可达到3000万。在长城平台付费频道中，中文国际频道一直是最受欢迎、收视率最高的频道。长期以来，长城平台利用免费播出推广模式，借助"央视春晚"和"中国春节"两大名片，瞄准7000多万海外华人，抓住了众多海外华人观众，最大范围拓展中国文化在全球的影响力。

根据央视海外传播中心联合第三方机构进行的监测，2018年1月26日至2月5日，全球共有146家海外媒体对2017年央视春晚进行报道，报道量达到461篇。其中美国新闻门户网站易八达、新加坡Kopitiam Bot网站等网络媒体报道称，央视春晚成为YouTube当周最热门视频之一，一个视频点击量达320万次；《澳门日报》报道了澳视直播央视春晚的效果；台湾钜亨网报道称，央视春晚已经远远超越了作为一档综艺节目的意义，成为深受亿万中国人喜爱的黄金文化品牌；美国美通社和Ubergizmo新闻网、罗马尼亚媒体Agerpres Foto等报道称，央视春晚打造的创新节目《清风》等，呈现了艺术之美，更有魔术之幻，惊艳的舞台效果来自科技与艺术的碰撞。

目前，我国活跃在海外的主流媒体，除了中央电视台，还有中国国际广播电台，通过互联网平台，成为国际传播另一重要窗口。

1998年12月26日，国际在线(www.cri.cn)正式建立，是中国国际广播电台(简称"CRI")主办的国家重点新闻网站。它通过61个语种对全球进行传播，是中国使用语种最多、传播地域最广、影响人群最大的多应用、多终端网站集群。目前"国际在线"依托CRI广泛的资讯渠道和媒体资源，在全球拥有40多个驻外记者站，与许多国家的驻华机构建立了良好的合作关系，已发展成为拥有强大的信息采集网络、多形态传播渠道的国际化新媒体平台。该网站依托独有的全球资源，重点打造城市、文化、旅游等业务线，面向具有跨地域、跨语言、跨文化需求的海内外用户，提供国际化资讯和营销服务。

同时，特别值得一提的是，由于互联网以及移动互联网的普及，我国传统的纸媒也纷纷利用新媒体平台进行跨界传播。如新华社推出了新华社全媒体报道平台、新华社电视、新华社海外社交媒体平台、新华社客户端和新华炫空间等全球传播渠道，充分利用分布在180多个国家的3000多名专业记者，成为中国新媒体国家队的领军者。2009年9月1日，新华社手机电视台开播，不仅有新闻资讯等内容，而且涵盖文化、娱乐、动漫等内容；同时，中国新华新闻电视网也于2010年1月正式上星，向亚太地区和欧洲部分地区播出。

(二) 我国电视剧的海外传播

目前我国国产电视剧已出口到全球100多个国家和地区，虽然整体部集数和题材类型都在增长和扩充，但在文化影响力上还有待提升。因为判断一个国家文化实力，不仅是其向文化弱国的输出能力，也取决于其向文化强国的渗透能力。

从目前来看，我们国产电视剧正在初步呈现"走出去"的良好态势，开始走向世界。特别是一些周边国家，由于目睹中国的繁荣发展，对中国文化越来越感兴趣。在俄罗斯，许多市民开始追中国电视剧，如《楚乔传》在俄上线后不久，十二集的全网播放量就达到50亿；由杨洋、郑爽主演的《微微一笑很倾城》在越南上线后，马上成为互联网点击率最高的电视剧之一，据说该剧在偶像剧的大本营韩国也有许多拥趸者；《步步惊心》《何以笙箫默》在东南亚取得了良好口碑，《甄嬛传》落户美国受到热捧，《琅琊榜》在韩国、欧美等国家引来了一批追剧族，阿拉伯语配音版的中国电视剧《父母爱情》在埃及创下收视新高，这些都或多或少体现了中国电视文化逐渐被全球受众关注。

我国国产电视剧虽然已经开始"走出去"，但国产剧的海外传播数量和覆盖面都严重不足，目前受众市场基本局限在第三世界国家为多，如非洲、东南亚等国家，而在欧美等发达国家入户率极其有限。

同时，从产量与效益来看，中国电视剧的出口规模还有待提升。如2015年11月初在南非约翰内斯堡举办的非洲电视节，是非洲最大的电视展会，中国有21家电视机构联合参展，规模创下历年之最。但从节目交易的经济效益上来看，各国差异较大。如美剧单集要价为100万美元，热播韩剧单集约20万美元，而中国电视剧单集价格只在1万美元左右，甚至几千几百美元不等。

随着全球互联网的发展，使带宽不断增容，移动终端的智能化和显屏的高清分辨率为用户提供了良好的观赏体验，进而明显带动了各国网剧的繁荣。2018年，《河神》《无证之罪》《杀无赦》等几部网剧一同登录Netflix播出，展露了中国网剧在国际上传播的希望曙光，也带来了国产剧新一轮的"走出去"风潮，不少业内人士产生了国产剧通过网剧进军海外的更高期许，将它看成我国视频类节目走向世界的突破口和引领者。

（三）我国电视综艺节目的引进

早在21世纪初，我国许多制作机构就开始模仿海外节目形态，典型的案例是湖南卫视的《超级女声》，由于当时只是处于模仿阶段，对版权的问题并没有人去过多关注。

十年之后，2010年东方卫视成功引进英国真人秀《英国达人》，再一次点燃了全国电视台引进海外节目模式之火。数据调查显示，在全国32个上星卫视中，综艺节目所占的引进比例高达90%。如观众熟悉的浙江卫视的《中国好声音》、江苏卫视的《非诚勿扰》以及2013年比较火的跳水节目《星跳水立方》、音乐类节目《我是歌手》等，都是引进国外的版权节目。

在这一时期中，是我国电视台综艺节目引进数量急速上升的阶段，虽然一度繁荣了电视屏幕，但也留下了一片自创综艺节目的空白。

同时，由于在节目引进上缺乏统一协调管理，全国各上星卫视重复引进与多头引进现象屡有发生。

如江苏卫视从英国引进了 Take me out 节目形态，在中国以《非诚勿扰》呈现，而湖南卫视《我们约会吧》也引进了同类模式；

浙江卫视引进《爱情连连看》，东方卫视引进《谁能百里挑一》，一时间使此类型节目在荧屏泛滥；

自从浙江卫视《中国好声音》火爆荧屏后，在短短的一年时间内，各大卫视纷纷重拳出击音乐类节目，湖南卫视相继推出《我是歌手》《中国最强音》，东方卫视《中国梦之声》，山东卫视《中国星力量》。

由于节目类型的重复与泛滥，在一定程度上加剧了节目本身生命周期的缩短，同时也加快观众"审美疲劳"的步伐，大大影响了节目长远效益与品牌的形成。

当然，尽管各台在海外节目引进上出现了无序竞争，但由于国际版权的严谨与规范，各台在具体的节目模式引进过程中，还是比较遵守国际节目引进流程的。

一般来讲，节目制作机构在引进和购买海外节目版权后，在制作流程上都会严格遵照母版节目的模式标准进行操作。版权方往往会提供一份详细的节目"宝典"，这本"宝典"会从脚本设计、主持人的走场、灯光、音乐、舞美、道具的摆放等，直至节目主题、内容、流程都会一一说明。同时，版权方还会派出专人培训和进行现场指导，甚至参与节目的制作、执行等各个环节制作。

以《中国好声音》为例，该节目所有的制作标准，甚至包括宣传片头、节目海报、现场布置及节目的整体包装等都与母版节目宝典一致。在该节目录制第一期时，版权方派出导演在现场观看、指导，并对灯光、布置、音响提出建议，甚至选手出场时话筒的拍摄位置都经过专人指导。

《中国达人秀》节目版权源自英国的选秀节目《英国达人》（Britain's Go Talent）。因此，在该节目的录制全程中，均由《英国达人》（Britain's Got Talent）团队负责把关，使其与原版的仿真率可以说高达90%。

虽然综艺节目的模式引进，被实践证明能够省力省时并有较大的成功把握，而且还可以通过引鉴、吸收、消化、调整，适当地改版和创新，对于自主核心品牌建立也有十分重大意义，并有可能再度进行输出版权。

例如，《非诚勿扰》节目由江苏卫视于2010年引进，在2012年10月左右对节目进行了改版，增加了女嘉宾"爆灯"环节，此时台上既有"心动女生"也有了"动心女生",开启了"双选时代"。从2013年1月5日起,在节目播出的第四个年头时,又新增了"爱转角"和"师说"两大环节。其中,"爱转角"就是在原有基础上又多了24位爱转角女生,没能牵手成功的男嘉宾在爱转角区域迎来"二次机会";"师说"是在每期节目的最后,由乐嘉(现为宁财神)、黄菡就当期节目中的某一情感话题深入讨论,给面临同样情感问题的观众建议。经过这一系列的改版,增加了节目的话题性,同时也增加了节目看点,"师说"也提升了节目的社会性,这些本土化的创新移植,也为节目的模式创新与革命带来契机。

《中国梦想秀》原创版权是浙江卫视从英国BBCW频道购买,原版节目名称叫作《就在今夜》,是一档由明星给平民惊喜、帮平民圆梦的大型公益活动。在该节目引进后制作第一、第二两季中,编导们按照原版的节目样式要求,给普通人圆舞台梦。而从第三季开始,《中国梦想秀》对其进行了改版,将梦想不再仅仅局限于舞台梦、明星梦,而是将梦想的主题扩大、延伸,只要你有梦想均有可能实现。并且在节目中,加入了将梦想照进现实这一环节,由主持人周立波进行简短对话后,由大众评委决定梦想是否能够实现。由于该节目的创新改版,还得到了原版权机构节目组的高度认可,并有意购买新版《中国梦想秀》。

(四)我国少儿动画节目的引进

早在1980年12月,中央电视台播出动画版的《铁臂阿童木》,这是我国最早引进的境外动画片。随后在1981年中,科学普及出版社出版了漫画版《铁臂阿童木》。

从《铁壁阿童木》开始,中央和各地方电视台相继从各国引进了少儿动画节目。这些片源分别来自美国、日本,法国、捷克、比利时等国家,各电视台少儿节目时段或少儿频道播放动画节目的几乎都是来自国外,除了家喻户晓的美国迪士尼动画和日本宫崎骏的作品外,还有《乔尼大冒险》《德克斯特实验室》《鸡与牛》《飞天小女警》《捉鬼特工队》《舒比狗》《摩登大圣》《摩登原始人》《阿达一族》《天鹰战士》等。

从2004年开始,国家广电总局开始出台有关政策,通过"限播""限时段""限黄金""禁播"等行政法规,严格控制电视屏幕的进口动画节目的播出;另外,从这个时候开始,国家出台了一系列扶持政策,鼓励国产动画的创作与生产,大力扶持国产动画的传播。

但是,尽管如此,国产动画的产量提升依然艰难。不少观众仍千方百计通过互联网传播渠道,观看国外动画节目和影片。此外,央视仍保持了一定限量的动画片进口权限,在电影频道和少儿频道进行播放,如《蜘蛛侠》《蝙蝠侠》《忍者神龟》《绿灯侠》等。同时,各大视频网站,如优酷、爱奇艺、乐视等,也开始购买原版动画版权同步放映,收费卡通频道也大量播放库存的经典境外动画节目。

因此,在很长一段时间内,国产动画片仍难成气候。

为了更好地扶持国产动画片生产,国家广电总局自2008年5月1日起,各动画频道在每天17:00~21:00必须播出国产动画片或国产动画栏目;各少儿频道、青少频道、儿童频道和其他以未成年人为主要对象的频道在这一时段必须播出国产动画片或自制的少儿节目,不得播出境内外影视剧。

此外,各级电视台引进境外动画木偶剧、动画人偶剧需报广电总局批准。各级电视台不得播出未经广电总局批准引进的境外动画木偶剧、动画人偶剧;各级电视台在每天17:00~21:00,不得播出境外动画木偶剧、动画人偶剧;各动画频道、少儿频道、青少频道、儿童频道和其他以未成年人为主要对象的频道,要严格执行每天国产动画片与引进动画片播出比例不低于7:3的规定。

2017年,国家新闻出版广电总局下发通知,再次强化动画限定播出的政策,要求各上星频道平均每天8:00~21:30之间至少播出30分钟的国产动画或少儿节目。

2018年5月,财政部又发布《关于延续动漫产业增值税政策的通知》。通知指出,自2018年5月1日至2020年12月31日,对动漫企业增值税一般纳税人销售其自主开发生产的动漫软件,按照16%的税率征收增值税后，对其增值税实际税负超过 3% 的部分，实行即征即退政策。

在国家一系列的政策影响下，曾泛滥一时的少儿动画节目引进局面，最终在电视荧幕上有效限制，但国产动画片的"走出去"，却仍是举步维艰。

2018 年，第 22 届香港国际影视展（FILMART）正式落下帷幕。作为国际影视产业重要的交流平台，本届香港国际影视展吸引了来自 35 个国家和地区超过 800 家参展商、超过 8000 名买家参与这场国际影视娱乐的盛事。在这次展会上，中国国民动漫品牌《喜羊羊与灰太狼》携新作奇幻冒险系列《嘻哈闯世界》、趣味教育系列《智趣羊学堂》等作品亮相，吸引了来自美国、日本韩国大约 20 个国家和地区的买家洽商，从而唱响了国产动画片进军国际市场的第一轮号角。

据悉，经过了 14 年的长足发展，国产动画片《喜羊羊与灰太狼》已经形成了全年龄层次、多元化主线的产业体系，迄今《喜羊羊与灰太狼》已发行至全球超过 100 个国家和地区，通过 17 种语言播出。

以原创动力为主打的国产奇幻冒险系列动画片《嘻哈闯世界》，以跌宕起伏的剧情、暖心的正能量受到了粉丝们的热捧，目前网络累计点击量已经超过 20 亿次。

从 2012 年初开始，国产系列连续动画片《熊出没》在中央电视台少儿频道播出，目前已经播出了 312 集，是目前国内同时段收视率最高的电视动画片。同时，该片还在国内 200 多个电视频道播出，也取得了不凡的收视影响。此外，该片在优酷、土豆、乐视的点击量也超过 800 亿次，稳居动漫类视频排行榜首位。由于《熊出没》市场表现，其在国际市场的竞争中，也取得了优秀的销售成绩。目前该片已出口至全球 50 多个国家和地区，包括进入全球知名的迪士尼儿童频道，并同时还在俄罗斯的 Karusel、伊朗的 IRIB 等多个国家和地区的电视台热播，先后获得意大利海湾卡通节、意大利 Film Festival della Lessinia 等国外大奖。

（五）我国参与国际奖项与竞争

随着电视艺术的升华，带来的是文化传播的蔓延。为了探求和提升电视节目的制作水平和体现电视艺术形态的多样性，紧随而来的是全球大大小小奖项的产生，并且出现了一批具有国际影响力的电视节庆。因此，深入了解和分析全球电视行业组织和权威奖项，对于探讨中国文化如何通过电视这一媒介形态"走出去"，如何在世界电视传媒强手如林的格局中立住脚跟，努力参与全球电视节目的市场竞争，推动我国电视行业组织和评奖工作都具有深刻的意义。

国际电视评奖活动一般由各国主流的广播电视机构主办。全球有影响的奖项包括专注于电视新闻、电视剧、电视音乐等多种节目评奖的"意大利奖""西柏林未来奖"和"亚洲—太平洋广播联盟奖"；还有关注电视专题、电视剧、电视娱乐节目、电视儿童节目以及电视表演艺术的"国际艾美奖""蒙特卡洛国际电视节"；也有主打电视文艺娱乐节目的奥地利"萨尔茨堡电视歌剧奖""布拉格国际电视节"、爱尔兰"国际金竖琴民间文化电视节目奖"、瑞士"蒙特勒金玫瑰国际电视节"、保加利亚"金匣奖国际电视节"；还有针对特定节目评比的"教育节目国际评比日本奖"、捷克斯洛伐克的青年广播电视节目"多瑙河奖"、联邦德国的"慕尼黑青少年国际电视奖""西柏林国际农业电视节目大赛"等；此外，还有专门评比电视表演和制作技术的有西班牙巴塞罗那的"昂达斯奖"。

另外，全球还有一批包含节目评比和节目交易的国际电视节，如法国的戛纳电视节目交易会、英国的伦敦电视节、开罗电视节等。一般来说，每个国家一年只举办一次国际性评奖活动，有的甚至3年才举办一次，但也有些国家一年就举办三个不同的国际电视评奖活动，如德国。但是，在所有国际性的电视节庆活动中，恐怕要数每年在美国纽约举办的国际艾美世界电视节最为瞩目。

美国虽然在1946年才开始电视广播，而具有远见卓识的美国电视人却在同年就发起成立了电视行业的协会组织，即美国电视艺术与科学学院（ATAS）。而且在三年后，就打造出一个世界顶尖的文化品牌——艾美奖，为美国电视产业的健康发展起到不可磨灭的作用。

1969年诞生的国际电视艺术与科学学院（IATAS）和国际艾美奖与上述组织和奖项同根同源，但它专注于美国本土以外的电视节目，在试图设立国际化标准和价值导向方面积极努力，取得了良好的预期效果，牢固树立了全球电视行业的高端品牌。

国际电视艺术与科学学院属会员制的国际电视专业化组织，由来自世界上50多个国家地区的500多家企业的传媒界领军人物组成，并跨越电视艺术和科技相关的各个领域，涵盖互联网、移动设备和高新技术等方面。该会员组织每年开展定期的活动有：在纽约举办的知名的国际艾美颁奖典礼、在网络电视平台举办的国际数字艾美奖。此外，该组织还有举办了一系列业界盛会，如学院活动日、国际艾美世界电视节以及业界热点话题的研讨会等。作为该组织成员，每年聚会3~4次，活动内容包括对业界标准提出建议，推动先进理念，提升全球节目水准等。此外，该组织委员们还要经常对国际艾美奖评审规则和会员管理提出建设性意见，理事会成员还要在国际艾美奖典礼之日召集一次盛大的全体会议。

美国国际电视学院成立于1969年，其宗旨是推动国际电视节目的优质水平。该机构目前承担着国际艾美奖的评选活动，奖励在美国以外生产和首播的优秀电视节目和杰出电视人。

国际艾美世界电视节和国际艾美颁奖典礼则定期于每年11月在纽约举行。在这个电视节上，不但能观赏到当年国际艾美提名的作品，还能与世界顶级制片和导演面对面交流，聆听他们对作品的精彩介绍。紧接着电视节的活动是国际艾美奖颁奖典礼，这场需着正装出席的活动场面庄重，吸引了世界各地上千名广播电视、娱乐圈和媒体界的头面人物参与。

"国际艾美奖"是美国艾美奖的一个重要组成部分，通常授予美国以外国家和地区的优秀电视节目和电视工作者，代表国际电视界最高奖项。该奖项隶属于洛杉矶的电视艺术与科学学院，由单独成立的国际电视艺术与科学学院（IATAS）颁发，参选标准必须是在美国之外制作的电视节目，被提名国际艾美奖的电视节目长度不得少于30分钟。"国际艾美奖"目前共有

20个奖项：即电视艺术片、最佳男演员、最佳女演员、电视喜剧片、时事报道节目、数字电视节目（儿童与青少年节目、虚构节目、非虚构节目）、电视纪录片、电视连续剧、少儿节目（学龄前、动画、真人秀、无脚本娱乐节目、连续剧、电视电影/系列短片）、新闻节目、无脚本娱乐节目、电视小说、电视电影/系列短片等。

自2005年起，中央电视台和广播电视交流协会正式被吸纳成为国际艾美奖的会员。从那之后，不断有国内相关电视机构选送作品参加国际艾美电视节，几乎每年都能获得国际艾美奖提名。

2005年，中国女演员何琳因扮演电视剧《奴隶的母亲》中阿秀一角，荣获第33届国际艾美奖"最佳女演员"殊荣。

2006年，中国男演员林申因主演曾念平导演的《冯齐的忏悔》获得第34届国际艾美奖最佳男主角奖提名。

2007年，第35届国际艾美奖揭晓，中国电视电影《小火车》获最佳电视电影提名，《小火车》制片人曹琳琳和导演郑旭出席盛会；中国男演员郭家铭凭借电视电影作品《我自己的德意志》获最佳男主角奖提名；中国香港的欧阳震华和佘诗曼分别凭借《赌场风云》和《火舞黄沙》入围最佳男、女主角奖提名。在艾美奖颁奖典礼上，美国前副总统、交互电视频道主席、共同创办人戈尔获得"创业奖"而到场领奖。

2008年，第36届国际艾美奖揭晓，中国演员王成阳凭借《棋王和他的儿子》获得最佳男演员提名；袁志博凭借《等郎妹》获得最佳女演员提名。此外《等郎妹》一片还获得最佳电视电影/迷你剧提名，但最终均与奖项失之交臂。

2009年，第37届国际艾美奖揭晓，由孔笙导演、中央电视台电影频道制作的《极限救援》获得"最佳电视电影"提名，该片男主角李晨也获得了"最佳男主角"提名。在本届颁奖典礼晚会上，美国劳工部长赵小兰还为中国香港凤凰卫视董事局主席兼首席执行官刘长乐颁发特别奖——国际艾美理事会奖，以表彰他将凤凰卫视发展为一个覆盖150个国家和地区的电视网络的成就。据悉，凤凰卫视创始人刘长乐自2004年以来，已连续五年担任国际艾美奖世界电视节主席职位。

2011年，第39届国际艾美奖共有入围的20个国家的40项提名角逐10项大奖，创下历年来参赛国之最。其中，中国香港女演员朱茵凭电视剧《没有墙的世界》被提名为本届国际艾美奖最佳女演员，她是首位香港女演员荣获该项提名。由于本届评奖活动各国选送的参赛作品数量创"国际艾美奖"历史新高，"国际艾美奖"举办方共组织了67个国家774位评委，对50多个国家地区报送的1063个节目进行精选，英国独得10项大奖中的5项。

这一年，在国家广电总局国际合作司的指导下，由中国电视艺术委员会联合各高校和专业机构，组织了国内优秀电视剧目参与国际艾美奖角逐，并组建中国电视艺术考察团，参加了在纽约举办的国际艾美节及颁奖典礼。从此，每年都由国际传媒公司世纪博海提供选送节目参评的服务，而且取得了连续三年中国电视演员入围国际艾美奖的好势头。此外，世纪博海还利用其国际艾美评审资质，连续组织了国际艾美在中国的评奖活动。

2012年，中国男演员朱亚文凭借《远去的飞鹰》获第40届国际艾美最佳男演员提名、中国女演员萨日娜凭借《中国地》获第40届国际艾美最佳女演员提名。

2013年，中国女演员孙俪凭借《甄嬛传》获第41届国际艾美最佳女演员提名。

2014年，吴秀波凭借《赵氏孤儿》获第42届国际艾美最佳男演员提名。导演阎建钢和吴秀波隆重出席了颁奖典礼。

2017年4月22日，国务委员杨晶代表国务院，在人民大会堂会见了参加"2017北京国际艾美日"的美国国际电视艺术与科学学院主席佩斯纳等各国电视媒体代表。

近年来，随着我国电视产业的迅速发展，国际电视组织与我国电视机构的交流不断深入扩大，国内不少电视机构积极参与国际电视交流活动。如中国国际电视总公司组团参加迪拜电视节,开拓阿拉伯语地区电视节目市场取得系列成果,并成功承办"中国影视节目推介会",向阿拉伯语地区媒体推介电视剧《生活启示录》等译制节目,并邀请阿拉伯语地区媒体加入"丝路电视国际合作共同体"。同时,该公司还大力推广"丝路电视国际合作共同体"首次联播活动,众多阿拉伯语译制节目一经亮相便收到众多客户垂询。其中,《一带一路》阿拉伯语配音版将在埃及、突尼斯、阿尔及利亚和巴林国家电视台播出;《中国春晚》系列节目得到科威特、沙特阿拉伯等国多家媒体浓厚兴趣;《水脉》《中国人的活法》等其他阿拉伯语译制节目也吸引了众多媒体关注。

总之,近年来我国各级电视台和社会节目不断开拓国际市场,或多或少取得了一些收益,不在此一一列举。

二、我国广播电视对外交流状况的成因

通过以上对我国电视国际交流的状况的梳理,可以明显看到中国电视的对外交流中产生的文化逆差,可谓之"输出不足,引进有余"。对于中国电视"走出去"和"引进来"所遇到的这种强烈反差和深度困境,究其原因,既有主观意识的不足也有客观存在的艰难。

(一)中西文化的鸿沟

电视作为大众传播的第三媒体,带有很强的地域性和文化特征,是一种地缘化的内容生产和传播工具。作为电视三大支柱的新闻、电视剧和综艺节目,无论具有多么重要的全球性意义和普世性价值,都必须进行一定程度的本土化加工,方能有效传播给特定的接受对象。这一点既是国际交流的基本要求,也是电视跨国跨地区传播的秘籍。作为电视的传播,首先语言必须有亲民性,其次内容要大众化,最后是节目形态要多样化,格式要相对稳定。

由于文化交流是世界文化进步的一个重要条件,也是推动文化全球化和

多样性的内在要求。中华文化和西方文化存在多方位的差异，从而决定中西文化根本差异的生成土壤，即社会发展历程、制度演变、哲学精神、宗教差异、经济环境、文学差别、艺术表现、教育传统、科技进步、民俗等方面，都存在中西文化的各自的内在价值。

也同样是中西文化产生的鸿沟，决定了双方电视国际交流必然会遇到诸多的价值取向不同，如审美情趣不同，喜恶态度不同，接受程度不同。

文化的不同，表现在沟通上的障碍，但又是了解的驱动。

人们对不同的文化总是充满着好奇心，但又总是存有抵触心和戒备心，不容易完全认同和接受。因此，作为中国电视节目的国际化交流，对于面向世界的作品，要么就原汁原味，要么就精心设计。原汁原味就是要让不同文化的观众看到文化的不同而满足好奇；而精心设计的作品，要让观众避免因文化反差而造成的抵触情绪，使不同文化的情感得以融合。

一般来说，电视节目通过艺术手法，去做到体贴受众群体，在不违反原创本身的基本价值底线的条件下，从拍摄手法、叙事结构、视觉效果等方面尽量最大化地贴近受众。

譬如在2018年一同登陆Netflix三部剧，即《河神》《无证之罪》和《杀无赦》。除了作品本身内容优质外，能够入选Netflix的主要原因是借鉴了美剧的拍摄手法来进行故事结构安排和叙述，这样有利于大部分美国观众和其他海外观众欣赏。其次，这批剧制作精良，场景、道具、动作细节达到较高专业标准。我们的电视工作者一定要记住，在"走出去"的作品里，切忌因为专业不过关而让海外观众失去兴趣甚至厌弃。

（二）艺术观念的保守

电视作为视觉艺术作品，既要始终充满艺术的活力，还要能展现无限的想象力。电视是视觉的艺术，艺术的创新在于观念的创新。

在阿瑟丹托看来，艺术存在两种观念：

其一，把艺术当作认知世界的手段，比如摄影和拍纪录片主要是描绘出真实客观的相等物；

其二，艺术又可被看作艺术家的主观心理经验的表现，这就意味艺术会因人的某种心态而个性化地呈现出来。

从这两方面来看，艺术品能更全面地理解形成艺术风格的精神因素及社会因素，这是看懂艺术品和能让人看懂艺术必不可少的先决条件。

所以，欣赏或借鉴一件电视艺术品，了解这件作品成型的技术是基本条件，研究它的观念才能算是真正看懂一件作品，才能理解其创作理念。观念与技术在艺术品中同样重要，二者的关系相辅相成。

众所周知，在印象主义之前的艺术是经验艺术，制作技术的一脉相承，同一时期的艺术家并不存在技术上的创新，只存在个人风格的差异。而印象主义之后转变为观念艺术，然而技术也成了支撑理念的关键所在。

然而，作为技术的创新，对观念艺术而言，可分为两个层次：一是构思想要创作的内容，这个与经验艺术一样。二是如何去体现这个构思，这点与经验艺术截然不同。

因此，我国一度引进大量综艺节目形态，却始终缺乏自主创新的综艺节目，没有从观念上深刻认识出现的问题。制作方只是简单地按方抓药，走流程、套模板，争相模仿，既没有从浩瀚的中华文化中挖掘优秀的理念，也没有深入研发体现创意构思的技术关键，结果是花高价买版权，却从来没有我们自己创新的节目形态走出去。

我们的动画节目，也存在着同样的问题，大量进口国外动画片，自身缺乏有开放的艺术观念和先进的制作技术的队伍，虽然国家大力扶持和奋力围堵进口片，却没有从根本上解决问题。

(三) 电视市场的自满

由于中国幅员辽阔，人口众多，电视市场有着先天的优势。但从市场的角度来看，电视制作人只要紧紧守住国内市场，就足以吃饱喝足，似乎没有必要开拓国际市场。换言之，能够轻松完成本土作品创作，何必去纠结文化差异，语言障碍，异族感受。

就拿一部在国内收视率高的电视剧而言，国内市场就足以大获收益。要传播到海外，只要在全球7000多万海外华人的华语圈中就能原汁原味地加以传播，如果要顾及其他语言的受众，那就要考虑文化差异，语言习俗，很难同时满足各种语言不同地域的受众口味，况且比起中国十多亿的受众，哪种语言版式所针对的当地观众也几乎可以忽略不计。所以从纯商业的角度来看，我国电视文艺节目"走出去"的动力显然不足。

(四) 文化安全的保底

从国家层面来看，对于电视这类文化产品，不管是"走出去"或是"引进来"都尤为慎重。出于政治的考虑，为了维护国家文化安全，捍卫民族利益，国家根据荧屏和社会出现的各种节目过度泛滥和受众过度追风的现象，政府就不得不断调整政策法规，指导理顺市场与导向。这样，就使节目引进和输出都具有一定的风险。特别是各级电视台都属于国家宣传机器，必须有高度的政治意识，传播主流价值观。政治压倒一切，稳定压倒一切。但如何在守住文化安全底线的条件下，进一步加大国际交流，更好地实现民族伟大复兴，这是一个艰难而又必须坚定的事业。

(五) 文产界限的模糊

电视虽然属于文化产业中的一大类，但它既有产业属性，但更重要的是文化属性。在全球经济一体化的今天，全球经济贸易面临新的规则重构，电视节目版权究竟属于贸易商品还是文化物品，往往难以区分。由于文产界限的模糊，使这项事业很难形成开放的局面，外资股比、企业实体类型、内容审查等限制措施不同程度存在，或多或少影响了电视产业的发展。

本章梳理了改革开放以来中国电视国际交流的基本状况，通过重点分析国家媒体各类节目的对外传播，并从综艺和动画节目引进、国际电视奖项参评等典型事例进行了维度分析，系统论述了中国电视"走出去"和"引进来"的种种困境，同时这也是问题解决方案的切入点。从而充分认识到，中国电视应当不断打造国际精品，树立国际品牌，利用国际品牌掌握国际话语权的同时，深挖传播渠道分享国际市场，充分利用整合营销手段，在国际贸易中赢得最大化的经济效益。

同时,中国电视文艺节目,既要克服文化自卑心理产生的盲目文化自大,更要靠文化自强增强文化自信,努力在开放共享的国际大环境中传播中华文化,早日实现中华民族的伟大复兴。

> 易凯 邵将 戴清

第十六章
融合论

可以预见的是，在媒介融合大环境的助力下，多元化的视频内容在未来一定时期内仍然会保持快速发展的良好势头。

在媒介融合生态深度影响下，电视剧、网络剧、电视综艺节目、网络综艺节目及电视文艺专题等多种多样的电视艺术形态不断更新制作、播出及营销观念，迎来了繁盛发展的黄金机遇期：在创作思维上更加侧重作品的"年轻向""女性向"审美偏好和多媒介语境传播，赢得了"网生一代"受众的热烈欢迎；在营销模式上亦更加注重运用"互联网+"思维、提供多屏交流互动空间和打造全生态产业链，极大地扩展了电视视频内容的市场空间。可以预见的是，在媒介融合大环境的助力下，多元化的视频内容在未来一定时期内仍然会保持快速发展的良好势头。

2018年是中国电视媒介诞生60年。同时也是包含电视剧、电视综艺等类别在内的中国电视文艺节目诞生60周年。

60年来，中国电视成绩斐然。特别是走进新世纪的近十年以来，随着科技的进步及资本的涌入，新媒体发展势头迅猛，优酷、土豆、爱奇艺、腾讯等视频网站日益强大，微信、微博、微视频、新闻客户端等新媒体平台异军突起，中国媒介进入了融合发展的阶段。在媒介融合生态中，中国电视文艺又迎来了发展的黄金机遇期，呈现出稳健的态势，鲜明地显示出时代与艺术的进步。

这种繁盛发展态势，集中表现在电视剧、电视综艺节目等节目样式上。媒介的融合，一方面为传统电视节目开拓了新的市场空间，网台全方位多渠道合作成为常态；另一方面也极大地影响着传统电视节目的创作、制作、播出及营销的整体面貌。网络剧、网络综艺节目如雨后春笋般蓬勃发展，"互联网+"思维已深度融合渗透进了整个产业链。即使是较为冷门的电视戏曲节目、电视文艺专题节目也能够借助新媒体平台的强势"东风"，不断扩大其传播范围和影响力，为适应新的受众和平台，不断挖掘特色，推陈出新，保持着较为稳定的发展态势。

如电视戏曲节目，《梨园春》《国色天香》《叮咯咙咚呛》等节目，借助融合机遇发展，为观众奉献一场场视听饕餮盛宴，有效扩大了中华优秀传统文化在新媒体的传播和影响；在电视文艺专题节目中，虽然存在一定程度的泛综艺化的趋势，但其中的人物访谈、文化传承如申遗类节目以及艺术专题片等也不断出现新的代表性栏目、节目，契合了新媒体平台的播放特点，收到不菲的传播影响。特别是名人访谈类节目，更是其中翘楚，较好地满足了广大观众不同层次和不同需求的文化需求，其传播力和影响力不可低估。

一、融合发展已经成为中国电视文艺发展的重要任务

党的十八大以来，党中央高度重视媒介的融合发展。

2013年8月19日，在全国宣传思想工作会议上，习近平首次提出了媒体融合发展的目标。他指出："宣传思想工作是做人的工作，人在哪儿重点就应该在哪儿"，"很多人特别是年轻人基本不看主流媒体，大部分信息都从网上获取。必须正视这个事实，加大力量投入，尽快掌握这个舆论战场的主动权，不能被边缘化了"。

融合论

> 易凯 邵将 戴清

2013年11月，党的十八届三中全会《中共中央关于全面深化改革若干重大问题的决定》提出了"推动传统媒体和新兴媒体融合发展"，首次提出推动媒体融合发展这一重大任务。

2014年8月18日，中央全面深化改革领导小组第四次会议审议通过了《关于推动传统媒体和新兴媒体融合发展的指导意见》，对新形势下如何推动媒体融合发展提出了明确需求，做出了具体部署。该意见特别强调，推动媒体融合发展，要将技术建设和内容建设摆在同等重要的位置。要顺应互联网传播移动化、社交化、视频化的趋势，积极运用大数据、云计算等新技术，发展移动客户端、手机网站等新应用新业态，不断提高技术研发水平，以新技术引领媒体融合发展、驱动媒体转型升级。同时，要适应新兴媒体传播特点，加强内容建设，创新采编流程，优化信息服务，以内容优势赢得发展优势。

2016年4月19日，习近平在网络安全和信息化工作座谈会上指出，"我国有7亿网民，这是一个了不起的数字，也是一个了不起的成就"，"网络空间天朗气清、生态良好，符合人民的利益"。

2016年7月，中共中央办公厅、国务院办公厅印发《国家信息化发展战略纲要》，要求"提高网络文化传播能力，完善网络文化传播机制，构建现代文化传播体系。推动传统媒体和新兴媒体融合发展，有效整合各种媒介资源和生产要素"。

2017年1月，中共中央办公厅、国务院办公厅印发《关于促进移动互联网健康有序发展的意见》，要求"繁荣发展网络文化。把握移动互联网传播规律，实施社会主义核心价值观、中华优秀文化网上传播等内容建设工程，培育积极健康、向上向善的网络文化。加大中央和地方主要新闻单位、重点新闻网站等主流媒体移动端建设推广力度，积极扶持各类正能量账号和应用。加强新闻媒体移动端建设，构建导向正确、协同高效的全媒体传播体系。在互联网新闻信息服务、网络出版服务、信息网络传播视听节目服务等领域开展特殊管理股试点。大力推动传统媒体与移动新媒体深度融合发展，加快布局移动互联网阵地建设，建成一批具有强大实力和传播力、公信力、影响力的新型媒体集团"。

2017年5月,《国家"十三五"时期文化发展改革规划纲要》提出:"推动媒体融合发展。扶持重点主流媒体创新思路,推动融合发展尽快从'加'向'融',形成新型传播模式。"

为落实上述文件,2016年7月国家新闻出版广电总局印发《关于进一步加快广播电视媒体与新兴媒体融合发展的意见》,全面落实中办国办《关于推动传统媒体和新兴媒体融合发展的指导意见》,促进广播电视媒体转型升级,提升广播电视媒体在网络空间的传播力影响力公信力和舆论引导能力。并出台了相关文件,使得网络视听节目的播放标准与传统电视台相一致。

短短几年内,中央密集地发文,有力推动了传统媒体与新媒体的融合发展。

二、电视剧与网络剧的融合发展

传统媒体与新媒体的融合发展,为电视剧与网络剧的发展传播提供了前所未有的历史机遇。

为改变电视剧与网络剧的本体面貌,在表现内容、题材类型、艺术手法及审美风格上出现的新特点,以及在营销手段、盈利模式等方面出现的相应探索与调整,台网都在做出积极的融合姿态,如优酷、土豆已经取消了电视剧、网络剧的称呼,统一称为剧集。同时,业界在融合发展的同时,正视其所伴生的问题症结,反思其中的发展隐忧,促使走向共同。

(一)电视剧与网络剧的发展机遇及问题审视

1. 网络点击量成为电视剧重要评价标准

2015年1月1日,国家新闻出版广电总局开始实施"一剧两星"政策,对卫视综合频道黄金时段电视剧播出方式进行调整:同一部电视剧每晚黄金时段联播的卫视综合频道不得超过两家,同一部电视剧在卫视综合频道每晚黄金时段播出不得超过两集。

"一剧两星"政策的出台,减少了一部剧在卫视播出的频道数量,买家平台减少,使电视剧营销更加依赖视频网站的支持,以弥补"四星"变"两星",即买家的减少。这一举动更加推动了视频网站的迅猛发展。

自进入21世纪的十多年来,电视剧的收视率评价标准,已逐渐被所谓全媒体影响力取代,业界提倡兼顾视频点击量等多种因素综合评判。因此,网络视频点击量也成为电视剧评价标准的重要参照之一,这也从侧面说明了电视剧在网络播出平台的巨大传播力和影响力。数据显示,2015年仅有《芈月传》《花千骨》《琅琊榜》三部剧全网视频播放量过百亿,而2016年、2017年全网过百亿的电视剧均达到了10部,且2017年《楚乔传》《三生三世十里桃花》的全网总播放量更是突破了400亿大关。虽然网络视频点击量的计算标准正在统一过程中,但伴随强势视频网站与一线卫视之间的网台联动逐步深化、年轻观众消费能力的优势突显,网络视频点击量占据的权重还会继续保持增长的态势。

2. 网络自制剧异军突起,隐忧不容忽视

网络自制剧指"以网络为载体,通过网络平台或在各互联网链接的终端进行播放的,由视频网站独立或与影视公司合作,针对网络属性,网络受众为主体,结合传统电视剧的制作方式,所制作的网络剧"。自2009年以来,起源于草根民众的中国网络自制剧,在媒介融合的环境中砥砺前行数载,终于在2014年实现了"井喷式"增长。几大视频网站纷纷进行资源优化和整合,提升网剧产业的投入、产量、制作规模及影响力,巨头占有、分割市场的格局初步奠定。

但是,网剧市场愈加成熟的同时,也需要审视和反思其中的问题和隐忧。

首先,表现为社会责任意识淡薄,为博眼球不择手段。

由于网络视频刚刚进入管理者视野,我国网络文艺创作一度成为新金矿和冒险家的乐园,各路淘金者不顾艺术创作规律,竭尽所能迎合观众需求乃至低级趣味,致使相当数量的网络剧远离生活、精神内涵稀薄、审美品位低劣,却借助炫目的包装博取眼球,大大伤害了这一新生媒介艺术生态的良性发展。

其次,不规范的特征为管理带来了困难。

由于互联网文化因其互动交往、自由连接等属性,带有明显的"去规范化""去精英化"特征,较之同为大众型的电视文化,网络文化所涉及的公共话题更为开放,敏感话题尺度较大,语言粗鄙化现象也到处可见。

再次,视频巨头垄断优质资源。

由于视频巨头们对优质资源形成垄断,媒介逻辑更为凸显,从"内容为王""渠道为王",逐步发展为"垄断者为王"。垄断者能够最大限度地吸引大众,也因"越多的人用越好用""越便宜"而不断降低付费、优化服务。使小企业的生存愈加艰难,带有精英意识的小成本电视剧网剧难以出现。

最后,由于网络视频行业的快速发展,吸引了大批人才,良莠不齐的现状导致问题不断。不断扩大的需求量和默认的较低门槛,让大批非专业人士仓促入行上阵,经验专业储备不足,带来产品质量参差不齐,缺乏内涵、制作有失基本水准等各种问题频繁展现。

(二)融合背景下电视剧与网络剧的发展状况

1. 电视剧的类型新变

由于媒介的融合发展,加剧了电视剧类型分布变化和电视剧类型表现内容的偏移,电视剧在市场竞争中主动调整策略,向依赖网络的年轻观众群体的审美偏好大幅倾斜。于是,偶像化、传奇化鲜明的类型剧以及历史传奇剧/古装剧、青春偶像剧、谍战剧、玄幻剧和年代剧大量出现,中老年观众青睐的革命历史题材剧、家庭伦理剧、农村题材剧的创作数量则有一定程度的降低。另外,伴随着类型杂糅、超越类型(简称"超类")等新变特质的作品出现,也给电视剧的繁荣发展带来了一些问题。

(1)宏大叙事主题的电视剧新媒体影响力较弱

主旋律题材剧,在此主要指重大革命历史题材剧、抗战题材剧、现实题材剧中表现宏大叙事、弘扬现实主义精神等作品。如《东北抗日联军》《长沙保卫战》《四十九日·祭》《十送红军》《林海雪原》(2017年改编版)等历史题材剧;《推拿》《温州一家人》《老农民》《平凡的世界》《安居》《小镇大法官》《人民检察官》《北方大地》等表现当代社会农村/城市变革的现实题材剧;《历史转折中的邓小平》《彭德怀元帅》《海棠依旧》《绝命后卫师》《彝海结盟》《少帅》等重大革命历史题材电视剧，在新媒体平台则存在着口碑与收视率/点击量倒挂的现象。

然而，这一现象在近年有所逆转，如2017年中，《人民的名义》《鸡毛飞上天》等电视剧在网络热现，大大提升了现实题材剧在网络年轻观众中的关注度，这是一个可喜的现象。

（2）家庭伦理剧向都市情感剧偏移

虽然都市情感剧与家庭伦理剧在内容上有交集，但也有差异。近年来后者的影响远逊于前者，由于社会现实背景、受众审美趣味变化等原因，年轻化/轻喜剧化特征日益明显，这些都造成了家庭伦理剧向都市情感剧偏移。如《大丈夫》《我爱男闺蜜》《一仆二主》《生活启示录》《大好时光》《咱们结婚吧》《虎妈猫爸》《大丈夫》《小别离》《女不强大天不容》《北京青年》《咱们结婚吧》《虎妈猫爸》《大丈夫》《欢乐颂1》《欢乐颂2》《小别离》《中国式关系》《我的前半生》等都市情感剧，因鲜明的话题意识和情感表现，以及人物语言、形象塑造等方面的鲜明特色，为年轻观众群体所欢迎。但是，有些作品仍存在格局狭小、开掘生活肤浅、社会问题简化情感化等弊病。

（3）行业剧与都市情感剧类型杂糅，缺乏对特定行业与生活的深度开掘

近年来，行业剧发展较为繁荣，如律政剧、医疗剧等，表现出了与都市情感剧的杂糅特色。一些热播的律政剧如《金牌律师》《离婚律师》《继承人》等，医疗剧如《心术》《产科医生》《青年医生》《长大》等作品，以丰富曲折的情节和贴近百姓生活的公共焦点话题，引发观众共鸣。但是，这些剧由于过度表现剧中人的情感生活，也多少消解了行业剧本应具有的社会价值和现实意义。

2017年的《外科风云》《急诊科医生》等作品有意识地进行了程度不同的纠偏，辐射了广阔复杂的社会生活领域，追问公共伦理与法制建设，反思真实与信任、爱与救赎等复杂伦理命题，使作品超越了此前医疗剧表现内容轻浅、主打情感戏的精神格局。

（4）谍战剧的"超类"特质凸显，偶像化表达与历史质感的呈现存在冲突

谍战剧一直是深受观众喜爱、创作难度较大的电视剧类型。继《暗算》《潜伏》《黎明之前》之后，近年来又陆续出现了一批质量较高的谍战剧，如《悬崖》《锋刃》《红色》《北平无战事》《王大花的革命生涯》等。此外，也有部分谍战剧带有一定的偶像剧浪漫色彩，如《伪装者》《解密》《麻雀》等，"超类"的特质更加鲜明，虽然这些剧好看，但也在一定程度上解构了谍战剧的历史真实性与年代感。

另外，《好家伙》《父亲的身份》《和平饭店》等优质剧的出现，显示了谍战剧的创新意识，也将该类型创作的叙事密度推向了新高。

2. 网络剧类型期望突破"嗜丑""炫美"的误区

2014年，被称为"网络自制剧元年"，网络自制剧以小成本博得高收益的盈利模式，视频网站的强大实力等成就了网剧的井喷式发展。由于网络自制剧的受众以年轻群体为主，因此关注他们的成长、情感和话题以及在题材定位上的偏好，这个时期"年轻向""女性向"的玄幻剧、刑侦涉案剧、青春题材网剧增多，从而形成了以视觉感官满足，即所谓颜值至上、爱情至上及惊险猎奇等流行趣味的文化表征。

在这一时期，网络剧中还进一步出现了灵异玄幻、悬疑推理、盗墓探险、热血格斗、校园爱情、心理探索等新的类型因子及其杂糅混搭，如仙侠奇幻剧融合进"武侠、偶像、古装"等类型元素，而网络IP改编之历史剧则混用了"戏说、穿越、传奇"等多种类型因子。这些都不同程度地加重了网络剧的类型化面貌。

近年来，由于更多专业影视团队的加入，网络自制剧的创作制作水准获得了进一步的提高。如《盗墓笔记》《暗黑者》《他来了，请闭眼》《灵魂摆渡》《无心法师》《蜀山战纪》《老九门》《余罪》《最好的我们》《如果蜗牛有爱情》《十宗罪》《法医秦明》《心理罪》《白夜追凶》《无证之罪》等剧产生了较大影响。由于这些作品与网络文学的题材偏好相似度很高，

能够满足年轻网民的猎奇心理，在风格上偏于神秘奇幻的超现实色彩和浪漫言情的爱情想象，具有强烈的奇观性和娱乐趣味。

然而，需要指出的是，众多网络自制剧存在着明显的"嗜丑""炫美"的误区。"审美"乱象表现为过度形式化的身体迷恋、奇观化的服饰造型展示、场景设计等"炫美"趣味；"嗜丑"迷误则表现为对丑恶、粗陋、污浊现象的过分渲染与陶醉，大量粗制滥造、纯为搞笑的戏谑无聊之作充斥荧屏。另外，改编水准不高、叙事冗长拖沓、影像技术与演技拙劣、迷信色情、暴力凶杀等元素泛滥，广告强势植入等创作症结都十分突出。因此，这些作品对青少年受众审美趣味的影响极为不好，长此以往，难免造成年轻一代"越丑越惊奇，越美越快乐"的视觉听觉依赖。

因此，网络自制剧和传统电视剧一样，同样承担着发现生活真、挖掘心灵善、传递艺术美的重任，在泛娱乐化背景下，网络自制剧亟待走出"炫美""嗜丑"的创作误区，提升艺术原创力和作品质量，传达时代精神、引领正能量。

（三）融合背景下电视剧网络剧营销格局及盈利模式的变化

1. 电视剧网络剧的制作、购播模式出现新变化

在媒介融合环境下，网台之间合作的渠道更加多样化，如电视剧与网络剧的制作、购播模式也相应出现了诸多新变化。

首先，新创制作模式。

媒介融合时代的剧本来源、写作方式及创作主体发生了重要变化，如从原创、改编传统小说，改变为追踪热门网络小说、动漫游戏、漫画等所谓大IP。还有的在专业编剧、小说家的独立创作地盘里加入了众多的网络写手甚至是普通网民的业余写作或团队操作；还有的视频网站涉足收购传统影视剧制作公司，利用其成熟的创作团队和经验制作网络剧，或网台合作参与电视剧制作。如2013年10月，乐视公司高价收购了花儿影视股份有限公司，出品了包括《甄嬛传》《红高粱》《芈月传》等热播剧；再如2016年腾讯企鹅影视和正午阳光影业合作拍摄网剧《鬼吹灯之精绝古城》，也收获了较

好的口碑。

其次，新创购播模式。

先台后网、日播剧是传统购播模式。但在媒介融合环境中，陆续出现了网台联动模式和先网后台模式。前者即电视台和视频网站联合购剧，然后在网台同时播出，而先网后台即视频网站对有较强竞争力的视频内容独家先播，之后再卖给电视台播出。如搜狐视频制作的《他来了，请闭眼》是国内首部视频网站反向输出到一线卫视（东方卫视）的作品。又如爱奇艺制作的《蜀山战纪》在自家网站独播后，再在安徽卫视、江西卫视播出，这两部剧的播出模式，开创了先网后台的购播新模式。当然，这种模式需要选准上线时机、选好排播方式，如优酷自制剧《终极一班4》抢先在暑假档播出，充分把握住了学生这一受众群体，假期的播放量逼近20亿，会员收入达到2000万元。

同时，视频网站还进一步开拓了周播、季播模式，如《青云志》《老九门》等剧采用周播方式，《蜀山战纪》则以季播形式跟观众见面，其排播方式都具有周期长、热度持续久等特点，有利于为电视台的后期播出提前宣传预热。

2. 线上线下互动的全媒体宣传格局基本形成

近年来，电视剧整合营销基本形成了线上线下互动宣传的固定模式。在这种媒介多元和视频内容丰富的大背景下，电视剧的宣传、推广都显得异常重要和紧迫，从单一媒体走向多媒体平台、从电视台主导走向多媒介竞争合作，开展立体化的营销推广。

如今大多数电视剧宣传方都有意识地发挥网络新媒体在电视剧营销宣传中的作用，充分利用官方微博、微信、客户端和节目贴吧等社交媒体平台。在播出前，利用互联网宣传，通过线上线下互动为新剧造势，吸引观众的注意力；播出时，电视台和视频网站便合力为主创与观众粉丝之间提供交流平台，也让观众之间进行"吐槽式"点评，在微信、微博、贴吧等平台上就相关话题进行热烈讨论，进而扩大电视剧的影响力。播出后，视频网站推出周边衍生栏目来分享剧中人物相关的新鲜事，增强用户黏性。

2015年播出的《芈月传》，便是借助这种全媒体的宣传方式，强势扩大影响力,成为年度话题焦点。虽然其中大多是非专业的网民"吐槽",缺少客观性和学理价值,很难形成对电视剧有影响力的评价,但当"吐槽"在网络上形成一种风潮时,对电视剧口碑的影响却不可估量。甚至有些作品是越骂越火,某些制片方还公开表示不怕作品被骂,就怕没有反响。实际上,这种越骂越火的电视剧不胜枚举。如《太子妃升职记》因其高话题性和轻度色情的特征,自开播后即骂声不断,但与之对应的网络点击量却越来越高。

3. 延伸电视剧产业链,打造新的盈利模式

随着电视剧制作模式的新变化和线上线下互动的全媒体营销格局的形成,加之技术进步因素,新媒体在与电视台的竞争中日渐占据优势地位。在这种大环境下,电视剧产业链需要改变过去一站式的制作模式,不断拓展,打造新的盈利模式。

首先,在电视剧营销新手段的基础上进行品牌拓展,开发衍生产品。"逐步开展包括网络游戏、文化演出、演员经纪、音像制品、视频版权、图书玩具、主题公园、广告营销等在内的多项衍生产品,打造真正的电视剧全产业价值链"。如曾经风靡全国的《甄嬛传》在播出之后,便衍生出了同款手游,使《甄嬛传》热度不减的同时还实现了多元盈利;热播剧《三生三世十里桃花》与百草味合作推出该剧的衍生食品——桃花心·糯米团子,销量火爆,引起了业界和观众的一致关注,可以说是一次比较成功的衍生品营销。

其次,在电视剧与网络剧营销模式上进行多种拓展。第一,视频网站的"用户思维"模式和新媒体"制造话题"特色都使其更具宣传营销上的优势。"用户思维"的明确定位催生了视频网站服务娱乐受众的多种手段,其中以"弹幕"的兴起最具代表,观众借此可以收获更多的审美体验和共鸣。这种"点对点""病毒蔓延式"的传播特点也使其制造话题的功能格外强大,改变了传统电视剧相对单一的营销模式,从而大大节省了营销成本;第二,网络独播、会员抢先(鲜)看模式兴起。比如《大军师司马懿之军师联盟》《河神》《白夜追凶》等都开启了网络"抢鲜看"(网播提前12小时)模式,会员付费成为除广告之外视频网站最重要的收入来源; 第三,一些优质网

剧开始尝试新的营销路径。如《白夜追凶》一剧的营销,不再像一般网剧过于注重对娱乐化信息的开发,而是集中在专业性更强、更有深度的自媒体、新媒体平台上,如"影视独舌""第一制片人""Vlinkage 上海纬岭"等,说明主创团队拓展了营销策略,表现出成熟行业剧超越以往娱乐化推广策略的专业定位与诉求;第四,自2010年以来,每年电视剧产量均超过14000集,电视剧版权多轮次、多渠道分销的格局业已形成。在最近几年中,视频行业的广告收入总体呈下降之势,但用户付费和版权分销部分的盈利却有阶段性增加趋势。相比较2007年的电视剧《士兵突击》每集才3000元人民币的版权价格,十年后的热播剧《孤芳不自赏》《择天记》《三生三世十里桃花》版权费均超过6亿元,而《如懿传》《赢天下》等古装大剧总版权费更是突破了10亿元大关。电视剧版权分销价格在十年中暴涨了几千倍,这其中固然有演员片酬、场地租金、道具布景上涨的因素,但一线卫视和几大"视频航母"对优质内容的争夺却是主因。如"优爱腾"等视频巨头为应对竞争,投入大量的版权费,此举显然进一步助推了电视剧网络剧版权价格的持续高涨。

总的来说,在媒介融合态势影响下,电视剧与网络剧借力互联网,凭借自身的类型突破和全媒体营销模式,赢得了更广大的受众群体和更广阔的市场空间。同时,也需指出的是,巨大的发展机遇也伴生着畸形消费等症结,偶像化、泛娱乐化、"嗜丑""炫美"等亟须引起重视。特别是电视剧与网络剧在突破套路、加强类型创新、注重多元化发展的同时,更要努力提升原创力与文化品格,要通过政策制约、行业自律、公众监督等多管齐下,将媒介融合业态培养得更加健康、可持续发展。

三、融合背景下综艺节目的发展

在融合背景下,电视综艺、网络综艺节目都在蓬勃发展。如电视综艺节目不断推陈出新、开发新的节目样式、积极拓宽与网络传播平台的融合与途径；同时，网络综艺节目也表现出"去中心化""超链接"及"碎片化"等新形式与新样态。两者都在同时开展线上线下的立体化传播营销新模式，加大了对观众的影响力与吸引力。当然，一些网综节目片面迎合"网生代"审美趣味，造成不同程度的同质化、低俗化问题，应引起重视。

（一）融合背景下综艺节目之间的资源共享及其创作误区

1. 电视综艺融合网络综艺元素，全面进军互联网

网络综艺诞生伊始，即明确定位"9000岁"，即满足"90后"和"00后"受众群体的审美需求，因为这个年龄阶层正是当下视频网站的核心消费人群。为吸引这些"流量金主"，许多传统综艺节目也在积极融合网络综艺元素找"网感"，以应对网络综艺节目的冲击。其"网感"的营造主要通过以下两种方式。

(1) 增强节目形式的交互性

互联网的重要特征和优势是其强大的交互性。应运于互联网的网络综艺节目，不同于传统综艺节目的"我说你听，我播你看"的单向传播模式，而是通过直播、实时互动等方式来打造一种双向交互式传播，从而带给受众强烈的即视感、参与感和互动性。目前，已有不少电视综艺节目将"微信摇一摇""手机扫描二维码"深度融入节目中，将手机小屏受众与电视大屏综艺节目相连，通过大屏带小屏的多屏互动思维来吸引年轻观众的目光。如受众在观看江苏卫视的《最强大脑》时，就可通过"摇一摇"的互动，对选手进行实时竞猜投票、广告时间抢微信红包等。同时，还可以分红包给好友、微信预约收看下期节目等服务。

(2) 制造节目内容的话题性

在注意力经济时代，足够吸睛的话题是高效快捷凝聚受众的法宝。因此，选取有价值的社会热点，也成为时下网络综艺节目吸引网生观众的不二法门。如《奇葩说》就特别善于选取最时兴、热议与纠结的议题展开探讨，让最新锐的奇葩辩手聚集在一起碰撞观点、自由表达、制造话题。

这一法则目前也为许多电视综艺节目所借鉴，通过不断制造各种话题来

吸引受众、提升节目热度。如浙江卫视的大型户外真人秀节目《奔跑吧兄弟第四季》从节目录制以来就不断制造各种话题，大多围绕明星展开。这些新话题一经出现，就成为各大网站和社交媒体居高不下的热门话题，节目收视被强力拉动就在情理之中。

再如江苏卫视的大型婚恋交友节目《非诚勿扰》不仅因为其内容贴近百姓生活需求，形式符合大众心理情感需求而取得收视佳绩，更因为节目设置的话题自带火药味而时常引发观众热议。如节目中"马诺被骆磊骂哭下台"、"沈勇母子歧视性言论被众女嘉宾痛斥""刘云超炫富讨骂"等话题，都一度成为人们茶余饭后、街头巷尾的谈资。

2. 优秀电视制作人"下海"，推动了网络综艺的发展

在媒介融合环境下，网络综艺节目的超高影响力、视频网站提供的丰厚待遇，让不少金牌电视制作人和主持人跳槽视频网站，为网络综艺节目的发展贡献了力量。其中最具代表性的是中央电视台和湖南卫视等一线卫视的著名制作人和主持人的高调"触网"潮流。如原中央电视台的马东制作和主持的网综节目《奇葩说》、李咏哈文"夫妻档"合力打造网络综艺《偶像就该酱婶》；湖南卫视何炅转战网络综艺推出的《拜托了冰箱》、汪涵"触网"主持《火星情报局》等。由于这些名主持人及其团队的加入，大力推动了网络综艺的发展。

3. 电视综艺的同质化、网络综艺的低俗化的现象

"网生代"是在数字化、网络化娱乐中成长起来的青年一代。

偏好网络节目、对节目的付费意愿高、消费潜力巨大是"网生代"的基本特征。因此，服务受众、迎合网生代是造成电视综艺同质化、网络综艺低俗化的重要因素。当一个新的电视综艺节目推出后，只要能够获得"网生代"群体的信赖，就立刻会被模仿。一批明星跳水节目、相亲节目、亲子节目、歌唱节目等的推出，均存在较严重的同质化倾向。如湖南卫视的《快乐男声》、浙江卫视的《中国好声音》、东方卫视的《中国梦之声》和江苏卫视的《全能星战》等节目虽然在赛制上有新思路，但却都在用"选秀"的老套路来吸

引受众，其原创力和节目个性都很不够，都是为了迎合"网生代"，极不利于我国电视综艺节目持续而健康有活力的发展。

近年来，网络综艺节目以"井喷"之势迅猛发展，无论在节目数量、质量还是影响力上都取得了令人瞩目的成绩。但在一片繁盛热闹的表象之下，实则隐忧多多，其中过度娱乐化和低俗化现象格外值得关注。

过度娱乐化现象与"娱乐成风""娱乐至死"的整个社会环境、社会心理分不开，同时也是利益驱动、追逐市场的结果。由于网综节目过于迁就、迎合"网生代"受众的不健康需求乃至恶趣味，给网综节目的健康发展带来极大阻碍。如"解构崇高，喜欢恶搞，喜欢用怀疑、戏谑、嘲讽的态度对待一切，尖锐犀利乃至偏狭恶意"等倾向和心理等。部分网络综艺节目还大力宣传金钱至上，在内容话题上以"污"为话题卖点，在形式载体上充斥语言暴力，这种低俗化倾向拉低了综艺节目的整体品质，扰乱了正常综艺市场的竞争环境，腐蚀了青少年受众的思想观念。比如腾讯视频打造的脱口秀节目《吐槽大会》，第一期节目开播仅三天就因嘉宾在节目中的不雅言谈而被下架；《hello，女神》因节目内容宣扬拜金主义的价值导向而被下架；爱奇艺自制的访谈节目《姐姐好饿》，因主持人小S与男嘉宾搂搂抱抱而被下架整改。整改原因都是当下网络综艺过度娱乐化和低俗化的问题。

（二）融合背景下电视综艺、网络综艺节目的叙事方式

1. 提倡"去中心化"，构建节目的个体认同感

在媒介融合的传播语境中，传统媒体的单向传播逐渐转向数字媒体的互动传播。传统媒体已经不再是传播信息的主宰，视频网站、社交媒体、视频客户端等平台都可以成为受众分享、交流信息的途径。媒体的"去中心化"赋予了人人平等的某种话语权，导致每个人都可以是资讯的接收者和生产者。而综艺节目"去中心化"的内容生产契合了"去中心化"的多媒体传播语境，其在密切联系普通受众真实生活的同时也提升了受众对节目的情感认同、心理认同和文化认同。

"去中心化"特征在综艺节目中主要体现在三个方面。

首先，主持人在节目中的中心地位渐渐淡化，现场的嘉宾、选手、观众都可能成为任何一个呈现和传播点上的中心。例如网络综艺节目《奇葩说》中主持人的"去中心化"趋势特别明显，主持人马东在节目中的位置和身份不断发生变化，在节目中可以是处于中心地位的主持人，也不断转变为节目的观众、聆听者、调侃者；而嘉宾、选手、受众一改传统综艺节目中的地位和作用，绝不是主持人的陪衬和补充，不时奉献着笑料、贡献着智慧，还时常制造惊喜、改变着节目走向，应该说彼此趋于一种开放性的平等关系。

其次，在当前综艺节目的情节设置上越发呈现出无主角、无中心叙事的倾向。如全明星真人秀节目《偶像来了》《奔跑吧兄弟》《花儿与少年》都在竭力打造一种"明星人海"战术，刻意淡化某位明星的光环，不再强调单一人物中心论；在"慢综艺"节目《向往的生活》《中餐厅》《亲爱的客栈》《萌仔萌萌宅》等节目主线中，也不是情节性极强的各项任务与比赛，而是采取不打扰、少干预、无套路、多惊喜、有取舍、无破绽的陪伴型纪实手法拍摄，让主人公和观众慢慢发现生活的情趣和幸福的真谛。

最后，当前的网络综艺节目呈现出大众文化的草根化、个人化色彩，与一些传统电视综艺节目带有更鲜明的精英气质与体制气息有较大不同。非专业歌手、未成名小演员包括所谓素人纷纷登上舞台，与明星同台竞技、飙歌飙戏，甚至与明星一比高低、不输风采。这种平民化定位、凸显个性风采，显示出综艺节目制作方积极赋予普通人以自信的先进理念，也是综艺节目对新媒体上网民人人平等意识的一种主动顺应和选择。

2."超链接"叙事，体现多元兼容的互联网思维

"超链接"拥有天然的互联网基因，它是一种借助特定的文字或图片，将某一网页成功链接到另一网页或站点的网络互动技术。

"超链接"作为一种叙事手法，可以解释为基于一个起点，自由向外延伸而又灵活回归本位的结构方式。从另一种角度理解，这种方式其实质便是互文性。互文性是指"一个具体文本与其他具体文本之间的关系，尤其是一

些有本可依的引用、套用、影射、抄袭、重写等关系"。

由于许多同题材、同类型的综艺节目多具有异质同构的特征，多以一个或者几个节目为标杆，在具体细节和形式上可以自由向外延伸。这里需要指出的是，互文性书写并不是摒弃原创，正如知名学者胡智锋教授所言："'模式'在本义上，是一种成熟的、经过考验和验证的，有稳定的内在规定性和外在指向性的标准样板。"因为电视综艺节目在形式和细节上是借用一种更为成熟的元素和模式，不仅显示了互联网思维的多元包容表征，而且更容易使节目取得成功。

因此，在媒介融合背景下，综艺节目所呈现的"超链接"特征十分活跃，它通常在三个层面上展开。

首先，表现元素的"超链接"。

如众多文化类综艺节目，为表现文化资源的种类，大都集中在汉字、成语、诗词、书信等几个方面。这不仅使同一表现的元素符号在不同节目中多次重复出现，而且在同一节目中也会多次出现，这就使首次出现和后继出现的元素建立起了视觉和听觉符号的互文关系。

其次，呈现方式的"超链接"。

央视的《中国汉字听写大会》《中国成语大会》《中国谜语大会》这几档文化类综艺节目在表现形态和表达方式上的一脉相承，具有明显异质同构的特征；而湖南卫视的《爸爸去哪儿》和浙江卫视《爸爸回来了》则在嘉宾选择、游戏方式、场景设计等呈现方式方面存在着"超链接"关系。

最后，跨越时空的"超链接"。

这种超链接方式打破了过去、现在和未来的界限，多以"情景再现"的创作理念来实现。"情景再现"是对没有镜头记录的"过去时态"的再现，例如《档案》《国宝档案》《国家宝藏》等综艺节目中常有背景资料插入，嘉宾对历史内容的重新演绎和重构，唤起受众的记忆，产生联想，从而实现现实对历史的"超链接"。

3. 碎片化情节预设，契合全网传播生态

在信息海量化、价值观多元化的互联网生态和快节奏生活的时代背景下，"碎片化"成为媒介融合时代较为鲜明的叙事特征。

所谓"碎片化"，原意为完整的东西破碎成诸多零块。碎片化的内容形态不仅能够为网络传播平台提供着最大兼容性的模板，而且能够满足人们越来越快的浏览习惯和越来越缺乏耐心的观看行为。因此，以手机、平板电脑、网络等电子终端为主要载体的"碎片化阅读"成为当代民众的普遍接受状态。而综艺节目作为一种为观众提供娱乐和休闲的媒介产品，为适应网络媒介的传播生态，其在制作之初便具有了碎片化呈现的情节预设，这一特征具体表现在两个方面。

首先，体现在模块化叙事的分解传播上。

由于模块化的叙事赋予了综艺节目更丰富的艺术表现形式和审美形态，当某一相对独立的碎片化内容在网络上的分解传播不仅不影响观众对节目全局的理解，而且可以带给观众焕然一新的视听观感。如《我是歌手》《中国好声音》等歌唱竞技真人秀节目；《如果爱》《我们相爱吧》等明星恋爱实境真人秀节目；《爸爸回来了》《爸爸去哪儿》等亲子节目；《超级演说家》等语言竞技真人秀节目；《汉字英雄》《中国汉字听写大会》《中国成语大会》《中国诗词大会》等文化类综艺节目都具有相对独立的模块。因此，将节目中的任意一个片段进行剪辑，都极易在论坛、SNS、微博、微信朋友圈、QQ空间等社交媒体上快速传播。这样，既扩大了综艺节目的影响力，还适应了观众碎片化的收看习惯，可谓两全其美。

其次，体现为对节目语言结构的精简化处理。

受众的碎片化接受还有一个主要特征是瞬间化阅读、理解和记忆。因此，对于综艺节目中主持人和嘉宾的不重要或过于深度的长篇言论加以修剪，突出嘉宾在语言表达上的高频词汇和个性化语言，不仅能增加观众的亲近感，而且更便于节目片段在网络平台的传播。如《奇葩说》有意"快进"选手们过于啰唆的语言、删减奇葩队长过于深度的长篇演说；《中国有嘻哈》也对嘻哈选手们简短的个性化语言进行精彩混剪；《爸爸回来了》对萌娃们充满童趣的童音采取了重复、加重、变音处理等。

(三) 融合背景下电视综艺、网络综艺节目的传播营销模式

1. 利用大数据实现差异化定位，精准增强受众黏性

在移动社交时代，受众的个性化诉求越来越强烈。因此，"锁定目标人群"是综艺节目进行分众化定位、差异化传播的前提。

在互联网大数据中，不仅能够采集到受众的年龄层次、文化水平、职业状况、经济收入、欣赏品位等全方位的信息，而且还能够通过"三微一端"，收集到受众的浏览倾向、观看习惯等关键数据。这些巨量数据经过云计算和处理，能够为实现综艺节目的精准创意与有效传播打下基础，为下一步抢占收视高地夺得先机。特别在目前综艺节目严重同质化的环境下，部分优质电视节目利用大数据分析锁定细分群体，针对不同的受众需求设计制作个性化节目，并通过适宜的节目编排与播出，可以精准地服务于受众，增强用户黏性。如《奇葩说》节目组通过百度知道、知乎、新浪微问数据后台，在民生、人文、情感、生活、商业、创业等领域，选取网友关注最多的问题，发动网友参与调查投票；又如《女神的新衣》调查了海量的消费数据以把握受众的消费习惯，并依此对服饰的设计做出及时调整，保持着对受众持续的吸引力，取得了良好的营销传播效果。

2. 实现多屏互动，提供大众交流共享空间

由于互联网技术的飞速发展，使内容资源的多屏交互传输和跨屏互动得以实现。这一特征也带动了综艺节目传播营销理念的创新，即在节目创意、叙事内容、表现手段等层面先期注入跨屏思维，根据各屏载体的不同属性进行个性化定制，以方便受众接受，并增强受众的互动体验。

综艺节目在多屏互动传播过程中，存在着"网内互动"与"社交电视互动"两种内容互动模式。因此，在"网内互动"中，综艺节目依托智能手机、智能平板、电脑等屏进行传播，受众在观看节目时围绕自己感兴趣的节目话题在社交APP和视频APP上分享和讨论，并通过QQ空间评论、百度贴吧话题讨论、视频知乎社区问答、豆瓣评分、微博转发评论、微信公众号和朋友

圈信息来分享各类社交平台的互动以及网络视频网站上的用户留言、弹幕评论等，从而得到对综艺节目进行直接的交流和反馈。

在大型音乐互动综艺节目《我想和你唱》中，节目利用了分步裂变式和多屏融合传播方式，达到了前所未有的受众覆盖：首先，节目通过唱吧、芒果TV、抱抱直播等互联网媒体吸引大众参与明星合唱；其次，将筛选后的观众请到演播厅电视端进行现场互动；再次，又将录制视频进行剪辑，在电视端、手机端和电脑端多屏播出；最后，利用微博制造热议话题，并在网易云音乐平台播出歌曲，在唱吧软件播出短视频，从而达到受众群体裂变式辐射的目的。同时，这种立体化多屏融合也为广告形式与盈利手段的多样化提供了便利。

除"网内互动"外，"社交电视"互动模式也开创了受众多屏互动的新模式。

所谓社交电视，即电视同社交媒体进行无缝连接，成为社交媒体的重要终端。社交电视的相关概念是21世纪出现的，为身处异地的受众分享和讨论电视节目信息发挥着重要作用。社交电视并不局限在一种特定的形态中，有线电视、IPTV、P2P或者互联网电视都是其表现形态。"社交电视"的工作方式是在不改变受众收视习惯的同时，又能够有效地达到双屏互动的效果，让身处不同地方的电视观众能够方便地共享与讨论他们正在观看的综艺节目。如湖南卫视音乐真人秀节目《我是歌手》播出时，还为观众提供了电视互动社交智能手机客户端"呼啦"，通过一方小小的二维码，便将线上和线下紧密结合，不仅打破了家人共享电视大屏和个人私享手机小屏之间的天然屏障，还破除了电视节目互动性缺陷、手机观看节目体验欠佳的技术壁垒。这种"双屏互动"模式，极大地提高了观众的互动性和娱乐性，也进一步推高了收视率。

除此之外，线下延伸项目也成为增强节目互动性的重要一环。如"作为《朗读者》节目的线下延伸项目，'朗读亭'吸引了受众极大的参与热情，虽然在朗读亭只有三分钟的朗读时间，但那三分钟是纯粹而真实的，给平凡的生活增添了不可或缺的仪式感。即便原本没有看过《朗读者》节目的市民也因与'朗读亭'邂逅，而开始关注节目本身。如此一来，线下对线上的'反哺'、线上流量的重新注入验证了互动性为电视综艺节目注入的新鲜生命活力。"

因此，这种"互动的思维+互动的平台+互动的线下项目"，为普通受众提供了多元的交流共享空间，也促成了多样化观点在全媒体平台的交流与分享。

3. "互联网+"思维延伸产业链，实现最大附加值

在媒介融合背景下，优质的综艺节目往往能够充分利用互联网思维和网络平台"多元化和无限延展性"的特质，进行跨媒介的资源整合和全产业链开发。在取得极大长尾价值的同时，也实现了最大化的经济和社会效益。

由于产业链是一个由不同要素、环节组成的复杂庞大的系统，"互联网+"背景下综艺节目的产业链开发，一般地由内容生产、多媒介整合营销、IP衍生产品开发等环节构成。

在内容创意阶段，许多综艺节目就显示出剧情广告植入、商品与节目情节深度融合等更具互联网思维的盈利模式。例如在电视综艺节目《女神的新衣》中，演艺明星围绕一个主题创意完成服装设计并最终将商品推向市场，这种大众与女神实时互动、商品和内容无缝融合、电视和电商联手合作的全新盈利模式让人眼前一亮。

在多媒介整合营销阶段，综艺节目整合营销的目的是让多种平台的固有属性发挥到最大化。通过整合营销，不仅可以形成多种媒介平台的互补结构，还可以发挥跨媒体平台的聚合效应，从而更好地发挥节目的传播效应。只有这样，才能满足当今受众对综艺节目多种多样的需求。例如，河北卫视的《中华好诗词》通过线上传播+电视呈现+线下宣传的多媒介载体将内容、渠道、用户打通并进行充分资源融合，打造了一条利润丰厚的全媒体产业链。

在IP衍生产品开发阶段，一个优质综艺节目IP就是一种无形资产，它可以通过网络化模式聚集粉丝，指数化地提升人气与商业价值，其带来的"晕

轮效应"能够开拓潜力巨大的衍生品消费市场，实现"一次生产，多次开发，循环利用"。目前，有不少品牌综艺节目非常注重其IP内容资源与衍生产品的深度融合，从而赢得了目标受众市场。例如《爸爸去哪儿》官方授权开发了与节目紧密关联的手机游戏、大电影、改编动画、同名图书、主题音乐等多元化的衍生品，较好地实现了节目IP和产业链的双向联动。

总的来说，在媒介融合生态深度影响下，电视剧、网络剧、电视综艺节目、网络综艺节目及电视文艺专题等多种多样的电视艺术形态在不断更新制作、播出及营销观念，迎来了繁盛发展的黄金机遇期；同时，在创作思维上更加侧重作品的"年轻向""女性向"，审美偏好和多媒介语境传播，从而赢得了"网生一代"受众的热烈欢迎；此外，在营销模式上亦更加注重运用"互联网+"思维、提供多屏交流互动空间和打造全生态产业链，极大地扩展了电视视频内容的市场空间。

可以预见的是，在媒介融合大环境的助力下，多元化的视频内容在未来一定时期内仍然会保持快速发展的良好势头。同时，需要警惕的是内容创作的同质化、泛娱乐化乃至低俗化倾向。综艺节目创作者一定要秉承"内容为王"的市场准则，兼顾"用户至上"的诉求，坚守文化价值导向和新时代使命，不断为广大受众提供思想精深、艺术精湛、制作精良的优质产品；各媒体在深度融合的同时，也要进一步加强媒体责任，弘扬"真善美"、抵制"假恶丑"；政府管理部门也要加强顶层设计，强力监管管理，优化媒介生态环境。只有这样，多种多样的视频内容才能从容应对媒介融合带来的种种行业变革，才能抓住新的发展机遇，成为光影绵长的"高峰影像"，让受众的灵魂在温润中得到启迪、在欣悦中得到洗礼、在体悟中得到升华。

此外，需要特别指出的是，尽管五彩斑斓的电视艺术形态依靠新媒体如火如荼发展的大潮，实现了新的历史跨越和业绩腾飞，但电视等传统媒体在传播主流价值观、公信力、受众覆盖面等方面始终占据主导地位，很多观众仍然选择看电视来满足自身的文化娱乐需求。

因此，相信在新时代新环境新机遇下，传统媒体和新媒体一定能够进一步深度合作、携手共赢、齐头并进，为中国电视艺术的高速、持续、健康、稳定贡献应有的力量。

后记
Postscript

◎盛伯骥

报纸问世好多年了,到今天还是那一叠纸,只是看得清了点;广播有100多年历史,中国广播也有90多年了,至今还是用小匣子讲讲话而已。但是,至2018年,中国电视还只有60年,而这60年里,电视从6寸小匣子到超大屏幕、从黑白屏幕到彩色屏幕、从电子管电视机到超高清HDR电视,电视机真的是一天一个模样,变化得让人难以置信。而且,早在1958年,中国刚有电视台时,就只北京有那么几十台接收机,而60年过去,全国已有十几亿电视人口,真是今非昔比。由此想来,做一个中国电视人,可谓幸福无比。

然而,中国电视有60年了,中国电视文艺也随之有60年了,因为中国有电视的第一天起,就播出了一批文艺节目。从此,中国电视文艺也伴随中国电视和中国电视观众走到了60年后的今天。

在2017年仲夏的一天,来自中国电视艺术家协会艺术评论委员会的专家们聚首长沙,为如何推进中国电视艺术批评而讨论献策。几天之后,一个重大的决定产生,编写一本《中国电视文艺通论》,向中国电视60周年献礼。

当然,这是一件前人没有做过的事。虽然当今中国电视节目发展迅猛、无比绚丽,但中国电视理论研究还相对滞后,至今还没有一本关于中国电视文艺研讨著作。于是,一个从"综论"以及"政策论""实践论""题材论""人才论""剧评论""影响论""产业论""人才论""综艺论""模式论""制作论""国际论""批评论""受众论""竞争论""类型论""融合论"等十几个思考方位的系统写作方案出台了,专家们写作热情高涨。

后记

> 盛伯骥

接着,在很短的时间里,中国电视艺术家协会主席胡占凡为本书写了序言;中国电视艺术家协会艺术评论委员会主任张华立为本撰写了"综论"。

本书最先完稿的是北京大学新闻学院陆绍阳院长,他撰写的"环境论"理性分析了电视文艺节目与新闻、社教、广告等节目的相互关系、生存环境以及共同利益,其观点对业界有很大的辐射意义。

由于本书宗旨不是在于从理论家、评论家以及批评家的角度对业界指手画脚,或对学界说三道四,而是想给电视媒体一线人员一些创新指向,也给学院老师一点研究体验,甚至可以作为热忱电视学问的人们工具手册或数据范本,因此无论从何种角度出发,其保证有一定额度的"干货",应是参与本书写作的专家们的共同意想。

国家广电总局发展中心副主任、《中国广播电影电视发展报告》(广电蓝皮书)主编杨明品先生是本书的倡导者和主要撰稿者,他撰写的"政策论",既有国家部委的权威发布,又有专家学者的权威分析,使本书增添不少权威权重。

同时,本书还有一个重要特色,那就是从业外看业内,从行内看行外。

如原央视——索福瑞副总经理、我国资深受众市场专家郑维东撰写的"受众论""竞争论",首先将我国电视文艺节目的受众环境以及竞争环境作为研究对象,深刻分析了这一重要电视资源的市场沿革,并用大量数据图表来证实了电视文艺节目的受众现状及市场现状。

由中国传媒大学广告学院副教授和群坡撰写的"产业论",几易其稿，根据多方面建议，列举了大量我国电视文艺节目成功范例，并提供了充实的广告市场数据，为电视文艺节目的产业拓展提供了有效思路。

在本书策划时，就非常注重节目一线人员的实践体验。来自湖南广播电视台几位节目生产骨干的工作感受，也让人受益匪浅，如湖南广电视台卫视频道研发部主任罗晰撰写的"模式论"、湖南广播电视台技术制作中心虚拟工作室主任喻迪撰写的"制作论"、湖南广播电视台宣传管理部主任编辑刘飒飒撰写的"类型论"等，都是根据身边的事、手头的活，随手拈来，一气呵成，期待对全国同行有一定借鉴与启迪。

对于电视剧艺术的讨论也是本书的重点。以《文艺报》评论部主任高小立老师牵头撰写的"题材论"以及"剧评论"，以精细的梳理和高瞻的见解使人对中国电视剧发展沿革与题材演变有了更深的认识。

早在本书的策划会上，国家广电总局艺委会负责人易凯就郑重地提出，关于我国电视文艺与新媒体融合的现状，必须要纳入本书范围。于是，他和中国传媒大学教授、博士生导师戴清等人撰写的"融合论"被列入写作提纲。从其完成稿来看，是目前国内在此方面论述透彻、信息充实的一篇专论。

此外，与美国国际艾美奖有深度合作的肖永亮教授撰写的"国际论"，不但以国际化视野介绍了我国电视文艺在国际上的影响及合作，同时也详细介绍了美国国际艾美奖与中国电视文艺的关联与协作。

最后要提到的是中国电视文艺泰斗级人物，原中央电视台文艺部

后记

> 盛伯骥

主任邹友开老师。当邹老师听到编写这本书的消息后，马上愿意承担一个篇章的写作任务，然后以最短的时间里将"实践论"送到我们手里。试想，如果没有邹老师的加入，这本以中国电视文艺为主题的专著，肯定会逊色不少。

至于我自己撰写的"人才论"和"批评论"，虽然不是很精到，但其中的直言直语，还是希望有人重视。

作为本书主编，我认认真真阅读了各位专家的每一篇文章，甚至每一个字。这对我从事电视文艺工作快40年的人来讲，不但温习了经验与知识，而且学习了和涉猎了更多领域的新知识、新经验和新话题。

可以直言不讳地讲，在中国电视文艺几十年的创新与实践里，是受到赞扬最多的，也是受到批判最多的艺术类别之一。不管是20世纪的电视剧《渴望》，还是去年热播的《人民的名义》的万人空巷；又或是一个除夕春晚的失利，让全国人民在大年初一齐声痛骂，无不显示了电视文艺与人民大众的亲密无间和鱼水之情；更不要说一个"超级女声"选秀，或者一个"非诚勿扰"的波及而带来的恩恩怨怨了。

因此，搭建常态电视艺术评论平台，建立以艺术评论为手段的监督环境，这对于我国电视事业的发展是十分有利。这本书的问世，不知是否顺合了大家的心愿。

2018年秋于湖南长沙

（作者系中国视协艺术评论专业委员会常务副主任兼秘书长、

湖南省政府参事、高级编辑）

本 书 撰 稿

综　论　撰稿：张华立

政策论　撰稿：杨明品

综艺论　撰稿：王羽

实践论　撰稿：邹友开　胡迎节

剧评论　撰稿：高小立

环境论　撰稿：陆绍阳　符夏菁　任惠颖　刘已粲

批评论　撰稿：盛伯骥　吴让平

类型论　撰稿：刘飒飒

人才论　撰稿：盛伯骥

模式论　撰稿：罗昕

制作论　撰稿：喻狄

受众论　撰稿：郑维东　周欣欣

题材论　撰稿：高小立　刘子琪　王晓娟　薛晋文

产业论　撰稿：和群坡

竞争论　撰稿：郑维东　李红玲

国际论　撰稿：肖永亮

融合论　撰稿：易凯　邵将　戴清

图书在版编目（CIP）数据

中国电视文艺通论：1958—2018 / 盛伯骥主编. --北京：中国广播影视出版社，2018.9
ISBN 978-7-5043-8188-0

Ⅰ.①中… Ⅱ.①盛… Ⅲ.①电视-文艺评论-中国-1958-2018 Ⅳ.① G229.2

中国版本图书馆 CIP 数据核字 (2018) 第 218405 号

中国电视文艺通论（1958—2018）

主编　盛伯骥

图 书 策 划：	林曦
责 任 编 辑：	宋蕾佳
封 面 设 计：	谭婷婷
版 式 设 计：	智达设计
责 任 校 对：	龚晨

出 版 发 行：	中国广播影视出版社
电　　　话：	010-86093580　010-86093583
社　　　址：	北京市西城区真武庙二条 9 号
邮　　　编：	100045
网　　　址：	www.crtp.com.cn
微　　　博：	http://weibo.com/crtp
电 子 信 箱：	crtp8@sina.com

经　　　销：	全国各地新华书店
印　　　刷：	三河市人民印务有限公司

开　　　本：	710 毫米 ×1000 毫米　1/16
字　　　数：	330（千）字
印　　　张：	23.75
版　　　次：	2018 年 9 月第 1 版　2018 年 9 月第 1 次印刷

书　　　号：	ISBN 978-7-5043-8188-0
定　　　价：	62.00 元

（版权所有　翻印必究·印装有误　负责调换）